行政法學(下)

설계경 · 김기재 공저

법률출판사

머리말

저자는 수년간 대학 및 공무원학원에서 행정법강의를 하면서 항상 아쉬움이 남았던 것은 학생들에게 간략하고 총체적으로 공부할 수 있는 교재가 없다는 것이었다. 특히 행정법(하)의 경우는 그 내용이 너무 방대하므로 수험생들이 접하기에는 너무 힘들다. 따라서 본서는 방대한 내용을 보다 간략하고 명확하게 하여 다음과 같은 의도로 집필하였다.

첫째, 복잡하고 잡다한 설명을 줄이고 행정법 분야의 핵심이 되는 내용을 정리하여 간략하게 하였다.

둘째, 본문의 내용을 간략하고 한글화 하여 한자를 잘 모르는 초학자는 물론 상당한 수준에 있는 고시준비생 및 각종 수험생에게 행정법 각론의 총체적인 내용을 한눈에 볼 수 있는 교과서가 되도록 노력하였다.

셋째, 행정법에 관하여 이론적인 설명에만 머물지 않고 각종 분야에서 일어나고 있는 판례를 소개함으로써 사례문제를 푸는 데 도움을 주게 하였다.

본서는 또한 실무경험이 많은 김기재 박사와 공저를 하게 되었다. 김기재 박사는 학문은 물론 법조계의 많은 실무경험을 가지고 있어 행정법분야의 전문가로서 행정구제와 판례 등의 부분에서 많은 공헌을 하였다. 따라서 본서는 행정법을 공부하는 초보자나 수험생에게 많은 도움이 되리라고 본다.

끝으로 이 책을 편찬하는 데 많은 교과서를 참고하였는바, 박규하 교수님, 김남진 교수님, 김동희 교수님, 김철용 교수님, 박윤흔 교수님, 석종현 교수님, 홍정선 교수님, 박균성 교수님 등 여러 교수님들께 감사를 드리며, 아울러 무더운 삼복더위에 본 저서의 출판을 위해 애써주신 법률출판사 김용성 사장님 이하 직원 여러분께 심심한 감사의 마음을 드립니다.

2011년 9월

저자 씀

차 례

제5편 行政組織法

제1장 行政組織法 通則 11

제1절 行政組織法의 意義 및 範圍 11

제2절 現代行政組織의 特色과 類型 12

제3절 行政機關 13

제2장 行政官廳 17

제1절 行政官廳의 權限 17

제2절 行政官廳의 權限의 代理 19

제3절 行政官廳의 權限의 委任 23

제4절 行政官廳 相互間의 關係 27

제3장 國家行政組織法 34

제1절 槪說 34

제2절 中央行政組織 34

제3절 地方行政組織 42

제4장 地方自治法 44

제1절 槪說 44

제2절 地方自治團體의 種類·性質 및 構成要素 46

제3절 地方自治團體의 區域과 名稱 48

제4절 地方自治團體의 住民 49

제5절 地方自治團體의 事務 55

제6절 地方自治團體의 自治權(自治高權) 59

제7절 地方自治團體의 機關 75

제8절 地方自治團體에 대한 國家의 關與 87

제9절 地方自治團體 相互間의 關係 94

제5장 公務員法 99

제1절 公務員의 槪念과 種類 99

제2절 우리나라 公務員制度의 基本原則 103

제3절 公務員關係의 發生·變更·消滅 106

제4절 公務員의 權利 117

제5절 公務員의 義務 122

제6절 公務員의 責任 129

제6편 特別行政作用法

제1장 警察行政法(秩序行政法) 141

제1절 槪說 141

제2절 警察의 組織 144

제3절 警察權發動의 根據와 限界 150

제4절 警察作用 159

제5절 警察行政의 實效性 確保手段 167

제2장 給付行政法 179

제1절 槪說 179

제2절 供給行政 183

제1관 公物法 183

제2관 營造物法 210

제3관 公企業法 214

제1항 公企業 214

제2항 特許企業과 特許企業의 特許 226

제3절 社會保障行政法 235

제4절 助成行政法 241

제3장 土地行政法 247

제4장 經濟行政法 266

제1절 槪說 266

제2절 經濟行政組織 268

제3절 經濟行政의 任務 272

제4절 經濟行政의 行爲形式 273

제5장 環境行政法 275
제1절 槪說 275
제2절 環境行政法의 憲法的 基礎와 環境行政의 基本原理 275
제3절 環境行政의 特徵 277
제4절 環境行政의 行爲形式과 手段 279
제5절 環境侵害와 被害者의 權利救濟 287

제6장 公用負擔法 294
제1절 公用負擔法總說 294
제2절 人的 公用負擔 295
제3절 物的 公用負擔 300

제7장 財務行政法 326
제1절 槪說 326
제2절 財政作用 330
제3절 租稅 336
제4절 專賣 350
제5절 會計 351

제8장 軍事行政法 358
제1절 槪說 358
제2절 軍事行政組織 360
제3절 軍事行政作用 361

第 5 編

行政組織法

제1장 행정조직법 통칙
- 제1절 행정조직법의 의의 및 범위
- 제2절 현대행정조직의 특색과 유형
- 제3절 행정기관

제2장 행정관청
- 제1절 행정관청의 권한
- 제2절 행정관청의 권한의 대리
- 제3절 행정관청의 권한의 위임
- 제4절 행정관청 상호간의 관계

제3장 국가행정조직법
- 제1절 개설
- 제2절 중앙행정조직
- 제3절 지방행정조직

제4장 지방자치법
- 제1절 개설
- 제2절 지방자치단체의 종류 · 성질 및 구성요소
- 제3절 지방자치단체의 구역과 명칭
- 제4절 지방자치단체의 주민
- 제5절 지방자치단체의 사무
- 제6절 지방자치단체의 자치권(자치고권)
- 제7절 지방자치단체의 기관
- 제8절 지방자치단체에 대한 국가의 관여
- 제9절 지방자치단체 상호간의 관계

제5장 공무원법
- 제1절 공무원의 개념과 종류
- 제2절 우리나라 공무원제도의 기본원칙
- 제3절 공무원관계의 발생 · 변경 · 소멸
- 제4절 공무원의 권리
- 제5절 공무원의 의무
- 제6절 공무원의 책임

제1장 行政組織法 通則

제1절 行政組織法의 意義 및 範圍

Ⅰ. 行政組織法의 意義

행정조직법은 행정주체의 조직에 관한 법, 즉 활동의 전제가 되는 행정기관의 설치·구성 및 권한에 관한 법을 의미한다.

Ⅱ. 行政組織法의 範圍

1. 廣義의 行政組織法

이는 행정주체를 대표하는 행정기관의 설치·직무범위·구성·상호관계 등에 관한 법과, 이러한 행정기관을 구성하는 모든 인적 요소(공무원), 물적 요소(공물), 인적·물적 종합시설(영조물)에 관한 법을 포함한다. 따라서 광의의 행정조직법에는 국가행정조직법·자치행정조직법·공무원법·공물법·영조물법이 포함된다.[1)]

2. 狹義의 行政組織法

협의의 행정조직법은 광의의 행정조직법에서 행정조직의 물적 요소인 공물·영조물에 관한 부분과 인적 요소인 공무원에 관한 부분이 제외된다. 따라서 협의의 행정조직법은 국가와 지방자치단체 기타 공공단체의 조직에 관한 법을 말하며, 일반적으로 행정기구법이라고도 한다.[2)]

---

1) 김남진, 행정법Ⅱ, 4면.
2) 김도창, 일반행정법론(하), 45면; 박윤흔, 최신행정법강의(하), 4면; 이상규, 신행정법론(하), 41면.

제2절 現代行政組織의 特色과 類型

Ⅰ. 現代行政組織의 特色

현대 행정조직의 특색으로는 ① 행정조직의 거대화, ② 행정조직의 통일성과 계층성, ③ 행정조직의 독임성과 책임의 명확성, ④ 행정조직의 관료성, 전문성 등을 들 수 있다.

Ⅱ. 行政組織의 類型

1. 中央集權型·地方分散型

중앙집권형은 권력을 중앙정부에 집중시키는 것을 말하며, 지방분권형은 권력을 지방에 분산시키 것을 말한다. 지방분권형의 경우에도 국가로부터 독립한 지방자치단체에 자치권을 부여하는 것(자치처분권)과, 단순히 국가의 지방행정기관에 행정권한을 분장시키는 것(행정권한의 분권)의 두 가지 유형이 있다.

2. 權力統合型과 權力分散型

권력통합형은 권력을 단일기관에 통합시키는 것을 말하며, 권력분산형은 권력을 복수기관에 분산시키는 것을 말한다.

3. 官治行政型과 自治行政型

관치행정형은 국가가 스스로의 기관으로 하여금 행정을 행하게 하는 것을 원칙으로 하는 형태를 말하며, 자치행정형은 국가 밑에 국가에 대하여 독립적 지위를 가지는 자치단체를 두어, 그에 일반적·포괄적 수권을 하여 사무를 처리하게 하는 행정조직 형태를 말한다.

4. 直接民主型과 間接民主型

직접민주형은 행정의 운영을 직접 국민(또는 주민)의 의사에 따라서 하는 것을 말하고, 간접민주형은 간접적으로 국민의 대표자를 통하여 하는 것을 말한다. 오늘날에는 간접민주형이 원칙이나, 직접민주형이 부분적·보충적으로 채택되기도 한다.

5. 獨任型과 合議型

행정업무를 단독공무원의 책임하에 두게 하는가, 복수공무원이 합의에 의하여 하도록 하는가에 의한 구별이다. 전자는 책임의 소재를 명확히 하고 신속·통일적인 사무처리에 적합한 반면, 후자는 판단의 신중·공정성과 이해의 공평한 조정을 도모하는 데 적합하다.

Ⅲ. 우리나라 行政組織의 基本原理

우리나라 행정조직의 기본원리로는 ① 행정조직의 민주성(책임행정주의), ② 행정조직의 법정성(행정조직법정주의), ③ 행정조직의 능률성(독임제의 원칙), ④ 행정조직의 분권성(자치성), ⑤ 행정조직의 관료성(전문직업성) 등을 들 수 있다.

제3절 行政機關

Ⅰ. 行政機關의 意義 및 性質

1. 行政機關의 意義

행정기관이란 광의로는 국가 또는 공공단체의 행정사무를 담당하는 모든 기관을 의미하고, 협의로는 국가 또는 공공단체 등 행정주체의 의사를 스스로 결정하고 이를 자기이름으로 외부에 표시하는 권한을 가진 기관을 의미한다.

2. 行政機關의 性質

국가 또는 지방자치단체의 행정기관에 있어서는 행정기관이 스스로의 인격을 가지느냐 하는 것이 문제로 되어 있다. 일반적으로 행정기관은 권한은 가지지만 권리는 가지지 않으며, 기관 그 자체로서는 인격을 가지지 않는다.[3] 다만 법률이 예외적으로 그 경우의 기관에 법률관계의 당사자로서의 지위를 부여하는 경우가 있는데(행정소송법 제13조[4]), 이러한 경우에는 그 한도에서 인격자에 준한 지위를 가진다.[5]

Ⅱ. 行政機關의 種類

행정기관의 종류는 권한을 기준으로 분류하면 다음과 같다.

1. 行政官廳

행정관청이란 국가의 의사를 결정하고 그것을 외부에 표시할 수 있는 권한을 가진 기관을 말한다. 좁은 의미로는 외부에 대하여 국가의 의사 또는 판단을 결정·표시하는 권한을 가진 기관(각부장관 등과 같이 주로 국민에 대하여 의사 또는 판단을 결정·표시하는 권한을 가진 기관)을 말하나, 넓은 의미로는 내부의 특정자에 대하여 이를 결정·표시하는 권한을 가진 기관(국무총리 직속기관인 처장관 또는 처장과 같이 국민에 대하여서가 아니고 주로 다른 행정관청에 대하여 의사 또는 판단을 결정·표시하는 기관)을 포함한다. 그러나 일반적으로 외부에 대하여 행정주체의 의사를 결정·표시할 수 있는 기관(좁은 의미의 행정관청)만을 가리킨다.

한편 지방자치단체의 의사 또는 판단을 결정·표시하는 기관을 행정청이라

---

3) 김도창(하), 55면.

4) 제13조(피고적격) ① 취소소송은 다른 법률에 특별한 규정이 없는 한 그 처분등을 행한 행정청을 피고로 한다. 다만, 처분등이 있은 뒤에 그 처분등에 관계되는 권한이 다른 행정청에 승계된 때에는 이를 승계한 행정청을 피고로 한다. ② 제1항의 규정에 의한 행정청이 없게 된 때에는 그 처분등에 관한 사무가 귀속되는 국가 또는 공공단체를 피고로 한다.

5) 이상규(하), 57면; 김남진(Ⅱ), 11면.

하는바, 행정관청과 행정청을 합하여 행정청이라고도 한다(행정심판법 제2조 제2항, 행정소송법 제2조 제2항).

2. 補助機關

행정관청에 소속되어 행정주체의 의사를 결정・표시하는 행정청의 권한행사를 보조함을 임무로 하는 기관을 말한다. 이에는 차관・차장・실장・국장・부장・과장 등이 있다(정부조직법 제2조 제3항).

3. 補佐機關

보좌기관이란 행정관청 또는 그 보조기관을 보좌하는 행정기관을 말한다.[6] 이에는 대통령비서실・국무총리비서실・국무조정실 및 각 부・처의 차관보 및 담당관 등이 있다(정부조직법 제2조 제5항).

4. 諮問機關

행정청의 자문에 응하여 또는 자진하여 행정관청의 의사 또는 판단의 결정에 참고가 될 의사를 제시함을 주된 임무로 하는 행정기관을 말한다. 자문기관의 예로는 행정안전부 지방행정연구위원회・문화체육관광부 문화재위원회 등 각종위원회 및 심의회가 있으며, 단독기관으로서의 고문 등도 있다.

5. 議決機關

행정주체 내부에서 행정에 관한 의사 또는 판단을 결정할 수 있는 권한만 있고 내외적으로 표시할 권한은 없는 합의제행정기관을 말한다. 징계위원회, 행정심판위원회, 경찰위원회, 지방의회 등이 그 예이다.

6) 보좌기관을 보조기관의 일종으로 보는 견해도 있다(김남진(Ⅱ), 12면; 이상규(하), 58면).

6. 執行機關

행정관청의 명을 받아 국가의사를 사실상 집행하는 기관을 집행기관이라 한다(예, 경찰공무원·세무공무원·소방공무원·무허가건물철거반 등). 이러한 집행기관은 실력을 행사함으로써 국가의사를 강제적으로 실현할 수 있음을 특색으로 한다.

제2장 行政官廳

제1절 行政官廳의 權限

Ⅰ. 權限의 意義

행정관청의 권한이란 행정관청이 법령상 유효하게 국가의사 또는 판단을 결정·표시할 수 있는 범위를 말한다. 행정관청은 법령상 인정된 경우에 그 범위 안에서만 국가의사 또는 판단을 결정·표시할 수 있다. 실정법은 직무범위 등의 용어를 사용한다(정부조직법 제2조 제1항).

Ⅱ. 權限의 限界

1. 事項的 限界

행정권은 그 목적과 종류에 따라 각 행정청에 배분되어 있다. 그리하여 행정청의 권한에는 사항적으로 일정한 한계가 있는데, 이를 사항적 권한이라고 한다. 예컨대 "법무부장관은 검찰·행형·인권옹호·출입국관리 기타 법무에 관한 사무를 掌理(장리)한다"(정부조직법 제31조 제1항)고 하는 것과 같다.

2. 地域的 限界

행정관청의 권한에는 지역적으로 한계가 정해져 있는 경우가 있다. 이를 지역적 권한이라고 한다. 그 권한이 전국에 미치는 경우 이를 중앙관청(각부처장관)이라 하고, 특정지방에 한정되는 경우를 지방관청(영림서장·세무서장·경찰서장 등)이라 한다.

3. 對人的 限界

행정관청의 권한이 미치는 인적범위에 한계가 있는 경우가 있는데, 이를 대인적 권한이라고 한다. 예컨대 국방부장관의 권한이 군인·군무원의 신분을 가진 자에만 미치고, 국립대학교총장의 권한이 그 직원과 학생에 대해서만 미치는 것과 같다.

4. 形式的 限界

행정관청의 권한행사에 일정한 형식이 제한되는 경우가 있는데, 이를 형식적 한계라 한다. 예컨대 국무총리와 각부장관의 입법권의 행사는 각각 총리령과 부령의 형식에 의하여야 한다.

5. 時間的 限界

행정청의 권한행사가 시간적으로 제한되어 있는 경우를 시간적 한계라고 한다.

Ⅲ. 權限의 效果

1. 外部的 效果

대외적 관계의 경우 그 권한 내에서는 스스로의 의사 또는 판단의 결정에 의하여 직접 행정주체의 의사 또는 판단을 구성하며, 행정관청의 행위는 행정주체로서 효력을 가지므로, 행정관청이 행한 행위의 법률효과는 행정관청 자신에게가 아니고 직접 행정주체에 귀속한다.

2. 內部的 效果

각 행정관청에게 개별적 지위를 부여하여 한계를 획정하므로, 동급의 행정관청간에 있어서는 물론 상급관청일지라도 법규의 명시적 규정이 없는 한 하급관청의 권한 내의 행위를 행사할 수 없다.

제2절 行政官廳의 權限의 代理

Ⅰ. 槪說

1. 代理의 意義

행정관청의 권한의 대리란 행정관청의 권한의 전부 또는 일부를 다른 행정기관(보조기관 또는 하급행정관청)이 피대리관청을 위한 것임을 표시하고 자기의 이름으로 행사하고, 그 행위는 피대리관청의 행위로서의 법적 효과를 발생하는 것을 말한다. 단순히 권한의 대리 또는 직무의 대행이라고도 한다.

2. 類似 槪念과의 區別

(1) 權限의 委任과의 區別

양자는 행정관청의 권한을 다른 자가 대신하여 행하는 점에서 공통성을 가지나 그 성질이 다르다. 즉, ① 권한의 대리는 행정관청의 권한의 전부 또는 일부를 대리자가 대리행사하는 것으로 권한 그 자체가 이양되는 것은 아니나, 권한의 위임은 행정관청이 법령상 정하여진 자기의 권한의 일부를 다른 행정기관의 권한으로 이양하는 것으로 권한 그 자체가 수임자의 권한으로 된다. ② 권한의 대리 중에서 임의대리는 반드시 법령의 명시적 근거를 요하는 것은 아니라는 것이 통설이나, 권한의 위임은 법령상 정하여진 권한분배를 변경하는 것이므로 법령의 명시적 근거를 요한다. ③ 권한의 대리에 있어서 대리자는 보통 보조기관이나, 권한의 위임은 하급행정관청에 대하여 행하여지는 것이 보통이다.

(2) 委任專決과의 區別

행정관청이 보조기관 또는 하급기관에 대하여 소관사무의 처리를 위임하면서 그 업무에 관한 대외적인 권한행사는 행정관청 자신의 이름으로 하는 경우가 있는데, 이런 경우를 내부위임 또는 위임전결이라고 한다.

내부위임은 실질적으로 권한자체의 이양이 아니라는 점에서 권한위임과 구별되고, 당해 위임관청의 명의에서 수임자가 권한행사를 사실상 대행함에 지나지 않고 법적으로 위임관청 자신의 행위로 간주되는 점에서 임의대리와 구별된다.

(3) 代決과의 區別

대결은 행정청 기타 결재권자의 부재시 및 사고가 있는 때에 그 직무를 대리하는 자가 대신 결재한 다음, 중요한 사항에 관하여는 사후에 결재권자에게 보고하게 하는 것을 말한다. 대결은 당해 관청의 명의에서 그 권한을 사실상 대행하는 점과 중요한 문서는 후결을 받는 점 등에서 법정대리와 구별되고, 일시적인 것인 점에서 내부위임과 구별된다.

(4) 代表와 區別

대표는 대리와 같이 대리·피대리와 같은 대립관계가 있는 것이 아니라, 대표자인 행정청의 행위가 직접 국가 또는 지방자치단체의 행위가 되는 점에서 대리와 구별된다. 국가를당사자로하는소송에관한법률 제2조의 "법무부장관이 국가를 대표한다"는 경우의 대표가 이에 해당되며, 다른 예로는 감사원장이 '감사원을 대표'하는 경우(감사원법 제4조 제2항[7])와 같이 합의제행정관청의 구성원 중 특정한 자가 그 행정청을 외부에 대하여 표시하는 경우이다.

(5) 私法上 代理와의 區別

행정관청의 권한의 대리는 하나의 인격자 내부에 있어서의 행정관청의 권한행사능력을 보충하여 주는 제도인데, 사법상의 대리는 인격자간의 관계로서 사적 자치의 원칙을 배경으로 그것을 확장 또는 보충함을 목적으로 하여 계약에 의하여 대리관계가 성립하는 점에서 양자는 제도의 취지·발생원인 내지는 기반을 달리한다.

(6) 署理와의 區別

서리는 피대리청의 구성원이 궐위되어 있는 경우의 대리이나, 행정청의 지위에 있는 자에게 사고가 있는 경우의 대리와는 달리 대리되는 자가 없는 점에 특징이 있다. 그러나 피대리청의 지위에 있지 않는 자의 행위가 피대리청의 행위로서의 효과를 발생하는 점은 일반의 대리와 같다.

---

7) 원장은 감사원을 대표하며 소속 공무원을 지휘하고 감독한다(제4조 제2항).

Ⅱ. 代理의 種類

대리는 그 발생원인에 따라 임의대리(수권대리)와 법정대리로 구분된다.

1. 任意代理

(1) 意義 및 根據

임의대리란 피대리관청의 수권에 의하여 대리관계가 발생하는 경우를 말한다. 이는 상대방의 동의를 요하지 않는 일방적 행위로서 성립하는 것으로 수권대리 또는 위임대리라고도 한다. 한편, 임의대리는 법령의 근거가 없는 경우에도 허용된다고 보는 견해[8](다수설)와 행정조직에 대한 민주적 통제의 견지에서 법령의 명시적 근거를 요한다는 견해[9]가 대립되고 있다.

(2) 代理權의 範圍

수권은 일반적·포괄적 권한에 대하여만 가능하며, 권한의 일부에 대해서만 한정된다. 따라서 법령에서 개별적으로 지정되어 있는 권한(대통령령·총리령·부령을 발하는 권한 등)은 당해 행정청 자신이 행하여야 하고, 그 수권은 허용되지 않는다.

(3) 監督 및 責任

임의대리의 경우 피대리관청은 대리자의 권한행사를 지휘·감독할 수 있으며, 대리자의 행위에 대하여 피대리관청이 감독에 대한 책임을 진다.

2. 法定代理

(1) 意義

법정대리란 피대리관청의 수권에 의한 것이 아니고, 법정사실의 발생으로 법령상 당연히 대리관계가 발생하는 경우를 말한다. 근거법으로는 각 개별법에 규정이 있는 외에 일반법으로 직무대리규정(대통령령)이 있다.

---

8) 김도창(하), 74면; 김동희, 행정법Ⅱ, 17면; 박균성, 행정법론(하), 23면; 석종현, 일반행정법(하), 26면; 이상규(하), 63면; 홍정선, 행정법원론(하), 21면.
9) 박윤흔(하), 35면.

(2) 種類

1) 狹義의 法定代理

법령에 의해 대리자가 명시되어 있음으로서 법정사실의 발생으로 직접 대리관계가 발생하는 경우이다. 예컨대 대통령의 궐위 등에 따르는 대리, 국무총리의 사고로 부총리에 의한 대리, 장관의 유고시에 차관에 의한 대리 등이 있다.

2) 指定代理

법정사실의 발생에 기하여 일정한 대리자를 지정함으로써 대리관계가 발생하는 경우이다. 예컨대 국무총리가 사고로 인하여 직무를 수행할 수 없는 때 대통령이 지명하는 국무위원이 국무총리를 대리하는 것이 그 예이다. 한편, 피대리관청 구성자가 사망·면직 등의 사유로 궐위된 때에 일시적으로 대리자를 지정하는 경우도 있는바, 이를 서리라 한다. 서리는 자기의 책임에서 권한의 전부를 행사하고, 행정관청에 의한 권한행사의 효과는 행정관청의 지위에 있는 자에게 귀속하는 것이 아니라 행정주체에 귀속하므로 행정관청의 지위에 있는 자의 존부는 행정관청의 대리관계의 성립에 아무런 영향이 없다. 따라서 행정관청의 대리를 인격의 대리가 아니라 권한(직무)의 대리로 보는 입장에서는 서리도 법정대리(지정대리)의 일종으로 볼 수 있다.

(3) 代理權의 範圍

법정대리에 있어서의 대리권의 범위는 특별한 정함이 없는 한 피대리관청의 권한의 전부에 미친다.

(4) 監督 및 責任

피대리관청은 대리자를 지휘감독할 수 없으며, 대리자는 자기의 책임으로 그 권한을 행사한다. 그러나 피대리관청에 해외출장이나 보행곤란과 같은 사유가 발생한 경우에는 피대리관청의 행위능력·의사능력은 온전한 것이므로, 전화 기타 가능한 수단에 의한 피대리관청의 지휘·감독은 가능하다고 보아야 한다.

Ⅲ. 複代理의 問題

행정관청의 권한의 복대리에 있어서 법령에 규정이 있는 경우에는 그에 의할 것이나, 법령에 규정이 없는 경우에는 임의대리와 법정대리로 나누어 보아야 한다. ① 임의대리의 경우에는 그 수권은 대리자의 구체적 사정을 고려하여 행하여진다고 할 것이므로 복대리는 원칙적으로 허용되지 않는다고 하겠으나, ② 법정대리는 대리인의 행위에는 대리인 스스로 책임을 지고 대리권은 피대리관청의 권한의 전부에 걸치는 것이므로 대리인은 그 대리권의 일부에 대한 복대리인을 선임할 수 있다.

Ⅵ. 代理關係의 終了

① 임의대리의 경우에는 수권행위의 실효(종기의 도래, 해제조건의 성취) 및 수권행위의 해제, 대리자의 사망 및 신분의 상실 등에 의해 대리관계가 종료된다. ② 법정대리의 경우에는 대리권을 발생하게 한 법정사유의 소멸(질병의 치료 등), 서리의 경우에는 그 피대리청을 구성하는 자의 선임(궐위 중인자의 보충) 등에 의해 대리관계는 당연히 종료한다.

제3절 行政官廳의 權限의 委任

Ⅰ. 槪說

1. 權限의 委任의 意義

권한의 위임이란 행정관청이 그 권한의 일부를 다른 행정기관에 위양하여 그 수임기관이 자기의 명의와 책임아래 권한을 행사하는 것을 말한다.[10] 예컨

---

10) 대법원은 "전결과 같은 행정권한의 내부위임은 법령상 처분권자인 행정관청이 내부적인 사무처리의 편의를 도모하기 위하여 그의 보조기관 또는 하급 행정관청으로 하여금 그의 권한을 사실상 행사하게 하는 것으로서 법률이 위임을 허용하지 않는 경우에도 인정되는 것이므로, 설사 행정관청 내부의 사무처리규정에 불과한 전결규정에 위반하여 원래의 전결권자 아닌 보조기관 등이 처분권자인 행정관청의 이름으로 행정처분을 하였다고 하더라도 그 처분이 권한 없는 자에 의하여 행하여진 무효의 처분이

대 장관이 그 권한에 속하는 사무의 일부를 도지사에게 위임하여, 도지사가 그 권한의 일부를 시장·군수에게 위임하는 경우이다.

권한의 위임은 자기의 명의와 책임에서 행사하며, 보통 하급행정기관이나 보조기관에 의하지만, 위임행정관청이 직접적인 지휘감독권이 없는 행정청이나 사인에 대해서도 할 수 있다(정부조직법 제6조).

2. 類似槪念과의 區別

(1) 權限의 代理

권한의 위임은 실질적인 권한의 이양으로서 수임기관의 권한으로 되어 버리는 것이기 때문에 법적인 근거가 있어야 하나, 대리는 제3자가 행정관청의 권한을 대행할 뿐 실질적인 권한의 귀속자체를 변경하는 것이 아니므로 법적인 근거가 필요 없을 때도 있다.

(2) 專決

전결은 행정관청이 그의 권한에 속하는 사무처리에 관한 결정권을 보조기관 또는 하급행정기관에 맡길 뿐, 행정관청의 권한에 변경을 초래하지 않는 점에서 권한의 위임과 구별된다. 이러한 이유로 전결을 내부위임이라고도 한다.

(3) 民法上의 委任

민법상의 위임은 수임자가 위임받은 것을 자기의 명의와 책임으로 처리하고, 그의 법률적 효과도 수임자에게 귀속되는 점에서 행정법상의 위임과 유사하다. 그러나 행정법상의 위임은 인격주체간의 관계가 아니며, 위임관계가 계약에 의해서가 아니라 법규 또는 위임청의 일방적 행위에 의해 발생하는 점에서 구별된다.

(4) 委託

행정관청이 그 권한의 일부를 그 지휘감독하에 있지 아니한 대등한 행정기

라고는 할 수 없다"(대판 1998.2.27, 97누1105)라고 판시하여 법률이 위임을 허용하지 않는 경우에도 내부위임은 인정된다고 한바 있다.

관 또는 하급행정기관에 위양하는 경우를 위탁이라고 하며, 이 경우의 위탁은 위임과 같은 성질을 가진다. 위탁과 비슷한 용어로 촉탁이 있는 바, 이는 위탁 중에서 등기·소송에 관한 사무를 위양하는 것을 말한다. 이러한 촉탁도 행정청의 권한의 이전을 수반으로 하는 것이 아니므로 권한의 위임과 구별된다.

Ⅱ. 委任의 根據 및 方式

① 권한의 위임으로 그 권한은 위임의 범위 안에서 수임기관의 권한이 되므로 이에는 위임을 허용하는 법적 근거가 있어야 한다. 권한의 위임에 관한 일반법으로는 정부조직법 제6조와 이에 의거한 행정권한의위임및위탁에관한규정 제4조, 그리고 지방자치법 제104조와 그에 의거한 조례가 있고, 기타 의료법 제86조 등의 개별법상의 규정들이 있다. ② 위임에는 상대방에의 통지는 물론 일반에의 공시를 요한다. 위임의 방식은 대체로 법령 등에서 정하고 있으며, 중앙행정기관과의 협의하여 행하여짐이 일반적이다.

Ⅲ. 委任의 形態(相對方)

1. 補助機關·下級行政官廳에 대한 委任

지휘감독하에 있는 보조기관 또는 하급행정기관에 대하여 위임하는 것이 가장 전형적인 방법인바, 이러한 위임은 위임청의 일방적 위임행위에 의하여 성립하고 수임기관의 동의를 요하지 아니한다. 또한 위임사무에 대한 위임청의 수임청에 대한 지휘·감독도 여전히 가능하다.

2. 對等行政官廳 또는 다른 行政官廳에 대한 委任

자기의 지휘감독하에 있지 아니한 행정기관에 위임하는 경우가 있는 바, 이를 위탁이라고 하나 위임과 성질은 다를 바 없다. 위탁 중에서 등기·소송에 관한 사무를 이양하는 것을 특히 촉탁이라고 한다.

3. 地方自治團體 또는 그 機關에 대한 委任

국가는 그 행정권한의 일부를 지방자치단체나 그 기관에 위임할 수 있다. 지방자치법은 지방자치단체의 관할구역 내에서 시행하는 국가행정사무는 법령에 다른 규정이 없으면 당해 자치단체의 장에게 위임하여 행하도록 하고 있는바, 현재 행하여지고 있는 위임의 대부분은 이러한 기관위임이다.

4. 私人에 대한 委託

관계법령이 조사·검사·검정·관리업무 등 국민의 권리·의무와 직접 관계되지 아니하는 사무를 지방자치단체가 아닌 법인·단체 또는 그 기관이나 개인 등 사인에게 위탁할 수 있는바, 이것을 민간위탁이라고 한다(정부조직법 제6조 제3항, 행정권한의위임및위탁에관한규정 제10조 내지 제16조). 민간위탁의 경우에는 사인의 신청 또는 동의가 있어야 한다.

Ⅳ. 委任事項 및 費用負擔

① 위임은 위임관청의 권한의 일부에 한하여 인정되며, 권한의 전부의 위임은 위임관청의 그에 관한 권한의 소멸을 가져오므로 허용되지 않는다. 권한의 일부가 위임된 경우에 재위임도 가능할 것이다.

② 행정권한의위임및위탁에관한규정은 위임 또는 위탁에 있어서는 사전에 수임기관의 수임능력 여부를 점검하고 필요한 인력 및 예산을 이관하도록 하여야 한다고 규정하고 있다. 그러나 법인격을 달리하는 국가와 지방자치단체간에는 이러한 인력이나 예산의 이관은 허용되지 아니하므로, 지방재정법은 국가가 스스로 행하여야 할 사무를 지방자치단체 또는 그 기관에 위임하여 수행하게 하는 경우에 소요되는 경비는 국가가 그 전부를 당해 지방자치단체에 교부하여야 한다고 규정하고 있다.

Ⅴ. 委任의 效果

① 권한이 위임되면 당해 권한은 수임기관의 권한으로 되어 수임기관이 행한 행위의 효과는 수임기관 자신에게 귀속하며, 그에 대한 책임도 수임기관이

진다. 따라서 위임된 사항에 관해서는 취소소송 등 항고소송의 피고도 수임기관이 된다. ② 수임기관이 위임관청의 보조기관이나 그 지휘・감독하에 있는 하급기관인 때에는 위임관청은 상급관청으로서의 본래의 권한에 기하여 이를 지휘・감독할 수 있으나, 그 지휘・감독하에 있지 않는 행정기관인 경우에는 지휘・감독권이 없다고 보는 것이 일반적이다.

Ⅵ. 委任의 終了

위임은 위임의 해제, 위임근거의 소멸, 조건의 성취, 종기의 도래 등에 의하여 종료되고, 당해 권한은 다시 위임청의 권한으로 된다.

제4절 行政官廳 相互間의 關係

Ⅰ. 槪說

행정관청은 상하 또는 대등의 관계에서 병존하면서 전체로서 행정목적의 통일적 수행을 기한다. 이를 위하여 행정관청 상호간에는 상하관청간의 관계와 대등관청간의 관계가 인정되는 바, 이하에서는 이 두 가지 관계를 나누어 고찰하기로 한다.

Ⅱ. 上・下官廳間의 關係

1. 權限의 委任

행정청이 자기의 권한의 일부를 하급행정청에 위임하여 그의 이름과 책임하에 처리하게 하는 경우가 많이 있다. 그러한 권한의 위임에 관하여는 이미 앞에서 상설한 바 있으므로 여기서는 생략하기로 한다.

2. 權限行使의 監督

(1) 意義

권한행사의 감독이란 상급관청이 하급관청의 권한행사를 지휘하며, 그 적법성과 합목적성을 확보하기 위하여 행사하는 지시·통제적 작용을 말한다.

(2) 法的 根據

감독권은 상급관청에 대하여 일반적으로 가지는 권한이므로 하급관청감독에 대한 개별적·구체적 법적 근거는 필요하지 않으나(다만, 취소권·정지권의 행사에 관하여는 견해 대립이 있다), 감독권 자체에 대한 일반적·추상적인 법적 근거는 필요하다.

(3) 監督의 手段

감독권한의 범위의 수단·방법은 행정관청의 종류와 사무의 성질에 따라 다르지만, 통상적으로 인정되는 상급관청의 감독수단으로는 감시권·훈령권·인가권과 승인권·취소 또는 정지권과 권한쟁의결정권 등이 있다.

1) 監視權

상급관청이 감독권행사의 기초로서 하급관청의 사무처리 상황을 파악하기 위하여 보고를 받거나(보고징수), 서류장부를 검사하고 현장의 사무집행을 검열·시찰하는(사무감독) 등을 행하는 권한이다. 이는 개별적인 법적 근거가 필요 없으며, 예방적·교정적 목적으로 행하는 감독수단이다.

2) 訓令權

(가) 意義

상급관청이 하급관청 또는 보조기관의 권한행사를 지휘하는 권한을 훈령권이라 하며, 지휘를 위하여 발하는 명령을 훈령이라 한다. 훈령권은 예방적 감독의 중추적 수단이며, 특별한 법적 근거를 요하지 않는다. 훈령은 상급관청의 하급관청에 대한 명령인 점에서, 상관의 부하공무원에 대한 직무상의 명령인 직무명령과는 구별된다. 다만, 훈령은 직무명령을 겸할 수도 있으나, 하급행정청의 권한행사를 대행할 수는 없다. 훈령권은 오직 하급관청의 권한행사를 지휘감독할 수 있음에 그치며 법령에 특별한 규정이 없는 한 하급관청이 훈령에 위반하더라도 상급관청이 권한을 대행(대집행)할 수는 없다.

(나) 訓令의 性質

다수설 및 판례에 의하면 훈령은 행정조직 내부에 있어서 준거할 준칙을 정하는 일종의 행정규칙에 불과하므로 법규의 성질을 가지지 않는다고 한다. 즉, 훈령은 일반국민에 대하여 대외적 구속력은 없다는 것이다.

그러나 판례 가운데에는 훈령(국세청장훈령, 국무총리훈령 등)에 대해 법규적 성질을 인정하는가 하면, 위임명령으로서의 대통령령에 대해서는 법규적 효력을 인정하면서, 부령에 대해서는 법규적 효력을 부인하는 등 일관성을 결여하고 있다.

(다) 訓令의 種類

훈령의 종류에는 협의의 훈령, 지시, 예규, 일일명령이 있다(사무관리규정 제7조).

(a) 狹義의 訓令

상급기관이 하급기관에 대하여 장기간에 걸쳐 그 권한행사를 일반적으로 지시하기 위하여 발하는 것이다.

(b) 指示

상급기관이 하급기관에 대하여 개별적 · 구체적으로 발하는 명령이다.

(c) 例規

행정사무의 통일을 기하기 위하여 반복적 행정사무의 처리기준을 제시하는 명령이다.

(d) 日日命令

당직 · 출장 · 특근 · 각종 휴가 등 일일업무에 관하여는 발하는 명령이다.

(라) 訓令의 要件

훈령은 우월한 지배의사의 발동이라는 점에서 행정행위의 요건에 관한 원칙이 유추 적용된다고 할 것이다. 따라서 형식적 및 실질적 요건을 갖추어야 유효하게 성립한다. 형식적 요건으로서는 ① 훈령권있는 상급관청이 발해야 하고, ② 하급관청의 권한에 관한 사항에 대하여 발해야 하고, ③ 권한행사의 독립성이 보장되고 있는 하급관청(감사원 등)에 대한 것이 아니어야 하는 것이 있으며, 실질적 요건으로서는 ① 적법·타당하고, ② 가능하며, 명백한 것이라야 한다.

하급관청이 상급관청의 훈령의 요건을 심사할 수 있는지 여부가 문제되는바, 형식적 요건에 대하여는 가능하나, 실적적 요건에 대하여는 심사권이 없다. 그러나 훈령의 내용이 범죄를 구성하거나 중대하고 명백한 법규위반으로 절대무효인 경우에는 복종을 거부하여야 하고, 그에 따른 때에는 하급관청 스스로 책임을 져야 한다고 보는 것이 통설적 견해이다.

(마) 訓令의 形式·節次

훈령은 특별한 형식과 절차를 요하지 않고 문서·구술 등 어느 형식으로도 가능하다. 그런데 사무관리규정은 일정한 형식을 규정하고 있으나 이는 훈시적 규정에 불과하다. 또한 훈령은 관보에 공포함이 보통이나, 공포하지 않을 때도 있다(내훈·내규).

(바) 訓令의 競合

내용이 서로 모순되는 둘 이상의 상급관청의 훈령이 경합되는 때에는 하급행정기관은 주관상급관청의 훈령에 따라야 하고, 주관상급관청이 서로 상하관계에 있는 때에는 직근상급관청의 훈령에 따라야 하며, 주관상급관청이 불명확한 때에는 주관쟁의의 방법으로 해결하여야 한다.

3) 認可(承認)權

하급관청의 일정한 권한행사에 대하여 미리 상급관청의 동의나 승인을 받게 하는 것을 말한다. 이는 하급관청의 권한행사의 적법타당성을 보장하기 위한 예방적 감독수단인 것이다.

이 경우의 인가는 일반적으로 하급관청의 권한 행사의 유효요건은 아니지만, 인가를 받도록 법령에 명시되어 있는 경우에는 원칙으로 유효요건이 된다. 따라서 하급관청이 인가를 받을 행위를 인가없이 한 경우에도 그로 인하여 당연히 위법한 행위가 되는 것은 아니며, 법령에 명시적으로 규정된 경우에 한하여 위법의 문제가 발생한다.[11]

4) 主管爭議決定權

상급관청이 그 소속 하급관청 상호간에 있어서 그 주관권한에 대해 다툼이 있는 경우에 이것을 결정하는 권한이다. 권한쟁의의 결정은 원칙적으로는 쌍방하급관청의 공통상급관청이 행하고, 그러한 기관이 없는 때에는 쌍방의 상급관청이 협의·결정하며, 협의가 불성립할 때에는 최종적으로 행정각부간의 주관쟁의로 되어 국무회의의 심의를 거쳐 대통령이 결정한다(헌법 제89조 제10호).

행정관청간의 권한쟁의는 행정조직 내부의 문제로서 법률상쟁송이 아니다. 따라서 행정권에 의하여 해결되어야 하고 명문의 규정이 없으면 법원에 제소할 수 없다.

5) 取消·停止權

상급관청이 직권 또는 당사자의 신청에 따라 하급관청의 위법·부당한 행위를 취소하거나 정지하는 권한을 말한다. 훈령이 원칙적으로 사전적인 예방적 감독수단인데, 취소·정지는 원칙적으로 사후적인 교정적 감독수단이다.

그런데 취소·정지권이 명문의 규정이 없는 경우에도 지휘감독권으로 발동할 수 있는지에 대해서는 견해의 대립이 있다. 적극설은 하급관청의 행위가 위법·부당하다고 인정되는 경우에 이를 교정하는 것은 감독목적 달성을 위한 필수요건이라는 이유로 이를 긍정하며,[12] 소극설은 취소·정지권이 대집행의 성질을 가짐을 이유로 법령에 특별한 규정이 없는 한 하급관청의 행위는 취소·정지할 수 없고, 피감독청에게 그 취소를 명할 수 없다고 한다.[13]

그러나 정부조직법(제11조 제2항)과 지방자치법(제169조)은 하급관청의 행위의 취소·정지에 관한 일반적인 근거규정을 두고 있으므로 이를 논할 실익은 없다.

---

11) 박윤흔(하), 54면; 석종현(하), 34면.
12) 김도창(하), 85면; 박윤흔(하), 55면; 석종현(하), 36면; 이상규(하), 86면.
13) 박윤흔(하), 55~56면.

Ⅲ. 對等官廳 相互間의 關係

1. 權限의 相互尊重

대등관청 사이에는 서로 다른 관청의 권한을 존중하여야 하고, 동시에 그를 침범하지 못한다. 행정관청이 그 권한 내에서 행한 행위는 비록 흠이 있더라도 그 흠이 중대·명백하지 않는 한 공정력이 인정되므로, 다른 행정청은 그에 구속되며, 대등관청간에 그 주관권한에 대하여 다툼이 있는 때에는 상급관청의 주관쟁의결정권에 의하여 결정된다.

2. 相互協力關係

(1) 協議

하나의 사안이 둘 이상의 대등한 행정관청의 권한에 관련될 때에는 관청간의 협의에 의하여 처리한다. 협의에는 ① 둘 이상의 관청이 공동주관관청으로서 협의하는 경우가 있으며, 이 경우에는 그 공동명의로 외부에 표시하며, 합의는 당해 조치의 유효요건이 된다. ② 주관관청이 일정한 사업을 경영함에 있어서 그 사업의 주관관청과 협의하거나 그의 승인을 받는 경우 등이 있다. 이 경우는 주관관청의 명의로 외부에 표시하며, 협의가 의무적인 경우에 이를 거치지 아니한 주관관청의 행위는 무효이다.

(2) 事務의 委託(囑託)

하나의 관청의 직무상 필요한 사무가 대등한 다른 관청의 관할에 속하는 경우에, 그 행정청에 사무처리를 위탁하는 것을 사무위탁이라 한다. 사무위탁 중에서 등기·소송에 관한 사무의 이양을 특히 촉탁이라 부른다.

(3) 行政應援

대등한 행정관청 사이에서 직무수행상 필요한 특정한 행위(예, 장부서류의 제출), 필요한 공무원의 파견근무, 기타 일반적 협력 등을 다른 관청에 요구하는 경우가 있는데, 이를 넓은 의미의 행정응원이라 한다. 이것은 법률상 근거가 없어도 할 수 있으나, 명문규정이 있는 때에는 그 요구를 받은 관청은 이를 거부하지 못한다.

행정응원은 좁은 의미로는 재해·사변 기타 비상시에 처하여, 당해 관청의 요청에 의하여 다른 관청이 자기의 기능의 일부 또는 전부를 동원하여 응원하는 경우를 말한다.[14] 현행법상으로는 경찰응원, 소방응원 군사응원 등이 있다.

14) 행정응원을 행정상 공조라 부르기도 한다(이상규(하), 79면.

제3장 國家行政組織法

제1절 概說

국가행정조직법은 국가의 직접적 행정 및 간접적 국가행정을 담당하고 있는 인격주체 및 기관의 설치·구성·권한 등에 관하여 규율하는 법을 말한다. ① 국가의 직접적 행정은 국가의 행정관청을 통한 행정을 의미하며, ② 간접적 국가행정은 국가로부터 독립한 인격을 가지고 있는 법인(공공단체) 및 자연인, 즉 공무수탁사인에 의한 국가행정을 말한다.

제2절 中央行政組織

Ⅰ. 大統領

1. 大統領의 地位

(1) 國家元首로서의 地位

대통령은 국가원수로서 대외적으로 국가를 대표하며, 조약을 체결·비준하며, 선전포고와 강화를 맺고, 외교사절을 신임접수하며, 기타 일정한 권한을 행사한다(사면권·영전수여권 등).

(2) 行政府의 수반으로서의 地位

1) 國家機關構成者로서의 地位

대통령은 국무총리·국무위원·행정각부장관·감사원장 기타 행정부 구성원과 헌법기관의 주요 구성원에 대한 임명권을 가진다.

2) 國務會議議長으로서의 地位

대통령은 국무회의의 의장이 된다. 국무회의는 정부의 중요정책에 관한 심의기관에 불과하나, 대통령은 국무회의의 구성원이라는 지위에서는 다른 구성원과의 사이에 지위의 우열이 없고 오직 국무회의의 사회 등 의장으로서의 권한을 가지는데 불과하다.

3) 最高行政官廳으로서의 地位

대통령은 정부의 최고행정관청으로서, 행정에 관한 최고결정권과 헌법·법률의 집행권을 가진다. 즉 국무총리를 포함한 모든 중앙행정기관의 장을 지휘·감독하며, 국무총리와 중앙행정기관의 장의 명령이나 처분이 위헌·부당한 경우에는 직접 또는 국무총리를 통하여 이를 취소·중지할 수 있다.

(3) 國家守護者로서의 地位

대통령은 헌법의 수호자로서 국가의 독립·영토보전·계속성을 유지해야 한다.

(4) 主權行使機關으로서의 地位

대통령은 국민의 대표자로서 위헌정당해산제소권·헌법개정안제안권·국민투표회부권 등을 갖는다.

2. 大統領의 權限

대통령의 권한행사는 대부분 사전에 국무회의의 심의를 거쳐야 하고, 문서로서 하여야 하며, 국무총리와 관계국무위원의 부서가 있어야 한다. 대통령의 권한은 다음과 같은 것이 있다.

1) 國政最高責任者로서의 權限

중요정책에 대한 국민투표부의권, 헌법개정제안권, 긴급명령권 등이 이에 해당한다.

2) 行政에 관한 權限

외교권(조약의 체결·비준, 외교사절의 신임·접수·파견, 선전포고·강화), 국군통제권, 계엄선포권, 공무원임면권, 영전수여권, 정당해산제소권, 재정에 관한 권한, 행정감독권, 법령집행권 등이 이에 해당한다.

3) 立法에 관한 權限

입법관여권(법률안제출권·법률안거부권·임시국회소집요구권), 긴급재정·경제명령권, 긴급명령권 등이 이에 해당한다.

4) 司法에 관한 權限

대법원장·대법관의 임명권, 비상계엄선포권, 사면권 등이 이에 해당한다.

Ⅱ. 大統領直屬의 中央行政機關

대통령의 직속기관으로서는 감사원·국가정보원·중앙인사위원회·국가청렴위원회·국민고충처리위원회·중소기업특별위원회와 자문기관인 국가안전보장의회·민주평화통일자문회의·국가과학기술자문회의·국민경제자문회의·보좌기관인 대통령비서실 및 집행기관인 대통령경호실 등이 있다.

1. 監査院

(1) 地位

감사원은 국가의 세입·세출의 결산, 국가 및 법률에 정한 단체의 회계검사와 행정기관 및 공무원의 직무에 관한 감찰을 하는 기관이다. 이러한 감사원은 대통령에 소속된 독립된 중앙행정관청인 헌법기관이다. 따라서 입법부와 행정부 그 어느 편에도 속하지 않는다.

(2) 構成

감사원은 원장을 포함한 5인 이상 11인 이하의 감사위원으로 구성하는데(헌법 제98조 제1항), 감사원법은 감사위원의 수를 7인으로 규정하고 있으며, 합의제관청인 감사위원회와 보조기관인 사무처를 두도록 하고 있다. 원장은 국회의 동의를 얻어 대통령이 임명하며, 감사위원은 원장의 제청으로 대통령이 임명하는바, 그 임기는 모두 4년이며 1차에 한하여 중임할 수 있다.

(3) 權限

감사원의 권한은 ① 국가기관·지방자치단체 기타 감사원법 제22조와 제23조에 규정된 단체 등의 결산 및 회계검사권, ② 국가 및 지방자치단체 기타 감사원법 제24조에 규정된 단체 등과 공무원의 직무감찰권, ③ 감사결과에 따르는 시정 또는 개선 등의 요구, 변상판정과 징계요구권 및 그에 대한 재심의, ④ 회계관계법령의 제정·개폐에 관한 의견진술권, ⑤ 심사청구에 대한 결정권 및 ⑥ 감사원규칙 세정권 등이 있다.

2. 國家情報院

국가정보원은 국가안전보장업무에 관계되는 정보보안 및 범죄수사에 관한 사무를 담당하는 대통령 소속의 특별한 중앙행정기관이다. 국가정보원의 조직은 국가정보원장이 정하되, 국가안전보장을 위하여 필요한 경우에는 이를 공개하지 않을 수 있다(국가정보원법 제4조・제6조).

3. 諮問機關

대통령의 자문기관으로서는 국가원로자문회의, 국가안전보장회의, 민주평화통일자문회의, 국민경제자문회의 등이 설치될 수 있다(헌법 제90조).

4. 大統領秘書室

대통령비서설은 대통령의 직무를 보좌하기 위한 대통령 직속의 보좌기관이다. 대통령비서실에는 실장 1일을 두되, 실장은 정무직으로 한다.

Ⅲ. 國務會議

1. 地位

국무회의는 정부의 권한에 속하는 중요한 정책을 심의하는 국가의 최고정책심의기관이다(헌법 제88조 제1항). 국무회의의 법적 지위에 관하여는 다툼이 있으나, 국가정책의 필수적 심의기관인 점에서 단순한 심의기관과 구별되며, 대통령이 심의내용에 구속되지 않는 점에서 의결기관과 구별된다. 따라서 국무회의는 의결기관과 자문기관의 중간적인 성격을 가진 심의기관으로 보는 통설의 견해[15]가 타당하다.

---

15) 이상규(하), 105면.

2. 構成

국무회의는 대통령 · 국무총리 및 15인 이상 30인 이하의 국무위원으로 구성하고, 그 의장은 대통령이 되고, 국무총리는 부의장이 된다(헌법 제88조).

3. 審議事項

국무회의의 심의사항에 관하여는 정부의 권한에 속하는 중요정책으로 그 구체적인 사항은 헌법 제89조[16]에 규정되어 있다. 국무회의의 심의와 관련하여 두 가지가 문제되는바, ① 헌법에 국무회의의 심의사항으로 규정되어 있는 사항을 그 심의를 거치지 않고 대통령이 권한을 행사한 경우 그 유효여부가 문제로 된다. 이에 대하여는 견해의 대립이 있으나 심의를 거치는 것은 적법요건이므로 심의를 거치지 아니하면 위헌이 되지만, 효력에는 영향이 없다고 하는 것이 정당하다. 그리고 ② 대통령이 국무회의의 심의결과에 구속되는가이다. 이에 대하여 우리 헌법상 국무회의는 중요정책을 심의할 뿐이라는 입장에서 구속당하지 않는다는 것이 일치된 견해이다.

4. 召集 및 主宰

국무회의는 정례국무회의와 임시국무회의로 구분되고, 의장인 대통령이 소

---

16) 국무회의의 심의를 거쳐야 하는 사항은 다음과 같다. 즉, 1. 국정의 기본계획과 정부의 일반정책, 2. 선전·강화 기타 중요한 대외정책, 3. 헌법개정안·국민투표안·조약안·법률안 및 대통령령안, 4. 예산안·결산·국유재산처분의 기본계획·국가의 부담이 될 계약 기타 재정에 관한 중요사항, 5. 대통령의 긴급명령·긴급재정경제처분 및 명령 또는 계엄과 그 해제, 6. 군사에 관한 중요사항, 7. 국회의 임시회 집회의 요구, 8. 영전수여, 9. 사면·감형과 복권, 10. 행정각부간의 권한의 획정, 11. 정부안의 권한의 위임 또는 배정에 관한 기본계획, 12. 국정처리상황의 평가·분석, 13. 행정각부의 중요한 정책의 수립과 조정, 14. 정당해산의 제소, 15. 정부에 제출 또는 회부된 정부의 정책에 관계되는 청원의 심사, 16. 검찰총장·합동참모의장·각군참모총장·국립대학교총장·대사 기타 법률이 정한 공무원과 국영기업체관리자의 임명, 17. 기타 대통령·국무총리 또는 국무위원이 제출한 사항

집·주재권을 가지며, 국무위원은 의장에게 의안을 제출하고 국무회의의 소집을 요구할 수 있다. 회의는 구성원 과반수의 출석으로 개의하고, 출석구성원 3분의 2이상의 찬성으로 의결한다.

Ⅳ. 國務總理

1. 地位

현행 헌법은 대통령제를 취하면서도 이례적으로 국무총리를 두고 있다. 정부의 수반은 대통령인 까닭에 국무총리가 의원내각제하에서의 국무총리와 같은 지위를 가지고 있지 않음은 명백하다. 그러면서도 국무총리는 다음과 같은 지위를 가진다.

(1) 大統領의 權限代行者로서의 地位

국무총리는 대통령이 궐위되거나 사고로 인하여 직무를 수행할 수 없을 때 대통령의 권한을 대행하는 제1순위에 있다.

(2) 國務會議 副議長으로서의 地位

국무총리는 국무회의 구성원인 동시에 부의장으로서의 지위에 있다.

(3) 政府의 제2인자로서의 地位

국무총리는 국무위원과 함께 국무회의의 구성원이 되며, 그 점에서 국무위원과 동료적 지위를 가진다. 그러나 국무총리는 대통령의 명을 받아 행정각부를 통할하고, 국무회의의 부의장이 되며, 대통령의 권한을 대행하고, 모든 사항에 대하여 부서할 수 있으며, 국무위원과 행정각부장관의 임명제청권과 국무위원해임건의권을 가진다는 점에서 정부의 제2인자로서 대통령 다음가는 중앙행정관청의 지위에 선다.

(4) 獨自的 中央行政廳으로서의 地位

국무총리는 행정각부의 통할적 성질의 사무를 스스로 관장·처리하는 중앙행정기관의 지위를 가진다.

2. 權限

국무총리의 권한은 ① 국무위원 및 행정각부의 장의 임명제청권과 해임건의권, ② 대통령권한 대행권, ③ 국무회의에서의 심의권, ④ 국회출석발언권, ⑤ 행정각부통할권, ⑥ 부서권, ⑦ 총리령제정권, ⑧ 서울특별시행정에 대한 조정권 등이 있다.

Ⅴ. 國務總理直屬 中央行政機關

국무총리 직속의 중앙행정기관으로는 부총리 2인과 그 밖의 직속기관이 있다. 이들 기관은 독임제행정관청과 합의제행정관청의 두 가지로 분류되는바, 독임제행정관청으로는 부총리 · 기획예산처 · 법제처 · 국가보훈처 · 국정홍보처가 있으며, 합의제행정관청으로는 공정거래위원회 · 금융감독위원회 · 대통령비상기획위원회 및 청소년위원회가 있다.

Ⅵ. 行政各部

1. 行政各部의 意義

대통령 및 그의 명을 받은 국무총리의 통할하에 국무회의의 심의를 거친 정부의 정책과 정부의 권한에 속하는 사무를 부문별로 집행하는 중앙행정관청이다. 행정각부는 정부의 정책 실현자로서 현대복리국가의 기능을 담당하는 가장 중요한 지위에 있는 국가기관이다.

헌법은 행정각부의 설치 · 조직과 직무범위는 법률로 정하도록 되어 있는데, 그에 관한 기본법이 정부조직법이다. 동법은 행정각부로서 기획재정부(국세청, 관세청, 조달청, 통계청) · 교육과학기술부 · 외교통상부 · 통일부 · 법무부(검찰청) · 국방부(병무청, 방위사업청) · 행정안전부(경찰청, 소방방재청) · 문화체육관광부(문화재청) · 농림수산식품부(농촌진흥청, 산림청) · 지식경제부(중소기업청, 특허청) · 보건복지부(식품의약품안전청) · 환경부(기상청) · 고용노동부 · 여성가족부 · 국토해양부(해양경찰청, 행정중심복합도시건설청) 등 15부와 18청을 규정하고 있다.

2. 行政各部長官의 地位

행정각부에 장관 1인과 차관 1인을 두되 장관은 국무위원 중에서 국무총리의 제청으로 대통령이 임명한다(헌법 제94조·정부조직법 제22조 제2항). 따라서 장관은 국무위원의 신분과 행정각부의 장의 신분을 동시에 갖는다. 국무위원으로서 장관은 국무회의의 구성원이 되며, 이러한 지위에서 장관은 대통령이나 국무총리와 신분상의 차이가 없다.

국무위원이 아닌 자는 행정각부의 장이 될 수 없다. 그러나 행정각부의 장이 아닌 자라도 국무위원이 될 수 있는바, 이를 정무장관이라 한다. 행정각부장관은 국무위원인 동시에 행정각부장관인 이중의 지위를 가지나, 두 법적 지위는 구별되는 것이다. 즉, 국무위원으로는 국무회의의 1구성원으로서 정책심의에 참여하고 분장사무가 없으나, 각부장관으로서는 집행기관으로서 대통령과 국무총리의 통할하에 국가의 행정사무의 일부를 분장처리하는 중앙행정기관이다.

3. 行政各部長官의 權限

행정각부장관은 각부에 공통된 권한과 그 부에만 특수한 권한이 있다. 중앙행정관청으로서 공통된 권한은 소관사무통할권, 소속공무원에 대한 지휘·감독권, 소속공무원임면권, 인·허가의 각종행정처분권, 부령제정권, 예산의 편성 및 집행권 등이 있다. 또한 지방자치단체에 대한 중앙행정관청으로서의 권한으로 국가의 위임사무에 대해 지방자치단체나 그 장에 대해 감독권을 갖는다. 그밖에 법률안이나 대통령령안 기타 의안을 국무회의에 제출할 권한을 갖는다.

Ⅶ. 行政委員會(合議制行政機關)

1. 行政委員會의 意義

행정위원회란 체계상으로는 행정각부에 소속되면서도 직무에 관하여는 독립성을 가진 합의제행정관청으로, 행정권의 일부를 담당하여 직접 행정객체에 대하여 행정을 행하는 권한을 가지고 직접 그 책임자가 되는 기관을 말한다.

2. 行政委員會의 地位와 權限

행정위원회는 정도의 차이는 있으나 관련전문가, 각 계층·각 당파의 이익대표자, 정치적 중립자 등으로 구성되고, 그 권한은 행정적 권한뿐만 아니라, 쟁송판정·규칙제정 등의 준사법·준입법적 권한도 부여되어 있는 것이 보통이다. 행정위원회는 형식상으로는 행정기관의 일부로서 행정각부 또는 행정수반에 소속하는 것이나, 그 직무수행에 있어서는 상당한 독립성이 인정되고 있다.

3. 우리나라의 行政委員會

우리나라에서 현행법상 위원회의 명칭을 가진 기관에는 세 가지 종류가 있으나, ① 그 대부분은 대통령령 또는 조례로 설치되는 자문기관이고, ② 각종 징계위원회·소청심사위원회·행정심판위원회·교육위원회 등의 의결기관인 위원회도 약간 있다. ③ 중앙노동위원회에 해당하는 중앙기관으로는 감사원·중앙선거관리위원회 외에 중앙노동위원회·중앙토지수용위원회·본부배상심의회·공정거래위원회·특허심판소·특허상고심판소·중앙해난심판원·국세심판소·통신위원회 등을 들 수 있다. 한편 정부조직법은 행정위원회 등 합의제행정기관을 법률로 설치할 수 있음을 규정하고 있다(제5조[17]).

제3절 地方行政組織

Ⅰ. 意義

지방행정조직이란 중앙행정기관의 소관사무를 분장하기 위하여 필요한 경우에 지방에 일정한 관할구역을 획정하여 설치한 국가의 행정기관을 말한다. 지방행정기관 중에서 특정한 중앙행정기관에 소속되지 아니하고, 특별행정기

17) 행정기관에는 그 소관사무의 일부를 독립하여 수행할 필요가 있는 때에는 법률로 정하는 바에 따라 행정위원회 등 합의제행정기관을 둘 수 있다.

관이 관장하는 사무를 제외하고는 그 관할구역 내에서 국가의 행정사무를 일반적으로 관장하는 지방행정기관을 보통지방행정기관이라 하고, 특정한 중앙행정기관에 소속되어 그의 소관사무만을 관장하는 지방행정기관을 특별지방행정기관이라고 한다.

Ⅱ. 普通地方行政機關

현재 우리나라에는 국가행정사무만을 담당하기 위하여 설치된 보통지방행정기관은 없다. 다만, 지방자치법상 특별시·광역시·도 및 자치구·시·군에서 시행하는 국가사무는 법령에 다른 규정이 없는 한, 특별시장·광역시장·도지사 및 자치구의 구청장·시장·군수에게 위임하여 행하는 형식을 취하고 있다(지방자치법 제93조).

Ⅲ. 特別地方行政機關

정부조직법 제3조 제1항은 「중앙행정기관은 소관사무를 수행하게 하기 위하여 필요한 때에는 특히 법률로 정한 경우를 제외하고는 대통령령이 정하는 바에 의하여 지방행정기관을 둘 수 있다」라고 규정함으로써 국가의 지방행정기관을 설치할 수 있는 근거를 마련하고 있다.

현재 특별지방행정기관은 전국에 산재하고 있는 바, 기획재정부 산하의 세무서·세관, 행정안전부 산하의 경찰서, 농림수산식품부 산하의 농산물검사소, 지식경제부 산하의 우체국, 국토해양부 산하의 역 등이 대표적 예이다.

제4장 地方自治法

제1절 概說

Ⅰ. 地方自治의 意義

자치행정이란 국가 안에 있는 단체가 국가로부터 독립된 지위에서 직접 스스로의 기관에 의하여 행하는 행정을 말한다. 이러한 자치행정 중 일정한 지역을 기초로 하는 지역단체가 행하는 행정을 특히 지방자치라 한다. 즉, 지방자치란 일정한 지역적 사무를 지역주민의 의사에 기하여 행하는 주민자치와 국가로부터 독립된 지역적 단체가 법인으로서 자주적으로 처리하는 단체자치를 말한다.

Ⅱ. 地方自治의 形態

지방자치의 성립과 발전은 각국의 민주주의의 요청과 지방분권주의의 기조 위에서 다양한 형태를 띠고 있으나, 대체로 주민자치와 단체자치의 형태로 나누어진다.

1. 住民自治

주민자치란 지역주민이 대표자를 선임하여 그 지역의 행정사무를 처리하며, 특정의 현안문제에 대하여 주민이 직접 스스로의 의사를 반영하는 방식으로 이루어지는 것이다. 따라서 지방자치를 구체적으로 시행하기 위한 기관과 공무원은 명예직으로서 주민의 대표자가 되며 국가로부터 광범위한 자율권을 보장받는다.

주민자치는 정치적 의미의 지방자치라고도 하며, 민주주의를 실현하기 위한 불가결의 요소이기 때문에 국가의 불가피한 관리와 감독이 필요한 경우에도 그 최소한에 그쳐야 하는바, 주민자치에 대한 국가의 감독은 행정적 감독이 아니라 주로 입법적, 사법적 감독이 중심이 된다.

2. 團體自治

단체자치란 국가로부터 독립하여 법인격을 갖는 지방자치단체가 스스로의 권한과 책임하에 공적임무를 수행하는 행정이다.[18] 이는 독일・프랑스 등 유럽대륙에서 국가가 독립된 법인격을 가진 단체를 설치하고 이들로 하여금 국가가 부여한 일정한 자치권을 행사하게 한데서 유래한 것으로 법적 의미의 지방자치라고 한다.

단체자치는 국가의 사무가 지방자치단체의 기관에 의하여 광범위하게 수임되고 그 한도 내에서 국가에 의한 광범위한 감독권이 인정되며, 주민자치를 실현하는 불가결의 수단이다.

3. 兩者의 接近

지방자치는 역사적으로 각 국가의 역사적・정치적・사회적・경제적 여건 등에 따라 다양한 형태와 내용을 보이며 발전하였으나, 대체로 주민자치와 단체자치로 나누어진다. 그러나 이러한 구분은 어디까지나 하나의 이상적인 모델의 제시에 불과하며, 현실적으로는 양자의 혼합적인 형태가 존재하며 양자는 상호접근하는 경향을 보이고 있다.

Ⅲ. 地方自治의 法源

지방자치법의 법원은 성문법인 헌법, 법률, 법규명령, 자치법규와 불문법인 관습법, 판례법, 조리를 들 수 있다. 헌법은 국민의 기본권보장과 국가의 통치조직에 관한 두 가지 근본원칙을 정한 최고법 이며, 국가의 통치조직으로서의 지방자치를 직접 규정하고 있다(제117조・제118조). 따라서 헌법은 지방자치의 법원으로서 최고규범이 된다. 법률은 지방자치일반에 관하여 국회가 제정한 것으로서 지방자치에 관한 가장 기본적인 법원이다. 그 일반법으로 지방자치법이 있으며, 그 외에도 개별법으로서 지방재정법・지방세법・지방교부세법, 지방공기업법, 지방공무원법, 지방양여금법, 공직선거법, 지방교육자치에관한법률, 지방교육재정교부금법 등이 있다.

---

18) 田中二郎, 行政法(中), 弘文堂, 73면.

Ⅳ. 地方自治의 憲法的 保障

헌법은 「지방자치단체는 주민의 복리에 관한 사무를 처리하고 재산을 관리하며, 법령의 범위 안에서 자치에 관한 규정을 제정할 수 있다」(헌법 제117조 제1항)라고 하여 지방자치를 제도적으로 보장하고 있다. 또한 각 지방자치단체는 자치행정권, 자치재정권, 자치입법권 등의 자치권을 가지고, 의결기관으로서의 지방의회와 집행기관으로서의 지방자치단체의 장과 같은 자주적 기관이 자치사무를 처리하고 있다.

자치사무 중에서 교육·과학·기술·체육 기타 학예에 관하여는 지방자치단체의 일반자치기관과는 별도의 기관으로서 의결기관인 교육위원회와 집행기관인 교육감을 두도록 하고 있다.

제2절 地方自治團體의 種類·性質 및 構成要素

Ⅰ. 地方自治團體의 種類

지방자치단체는 그 조직 및 권능의 일반성 여부에 따라 보통지방자치단체와 특별지방자치단체로 구분된다.

1. 普通地方自治團體

보통지방자치단체는 그 목적·조직·권한 등에 있어서 일반적 성격을 가지고 전국에 걸쳐 보편적으로 존재하는 지방자치단체를 말한다. 현행 지방자치법은 서울특별시·광역시·도·특별자치도를 광역지방자치단체, 시·군·자치구를 기초자치단체로 규정하고 있다(제2조). 현재 광역자치단체는 1개의 특별시, 6개의 광역시, 8개의 도, 1개의 특별자치도 등 16개가 있으며, 기초자치단체는 75개의 시, 86개의 군, 69개의 자치구 등이 있다.

2. 特別地方自治團體

특별지방자치단체는 특정한 목적을 위하여 설치되는 것으로, 그 구성방식 또는 처리사무가 특수한 성격의 지방자치단체를 말한다. 특히 기초지방자치단체의 구역이 소규모인 나라의 경우 상하수도·지하철·도시개발·소방 등 업무를 광역적으로 처리하기 위한 수단으로 이용된다.

지방자치법은 특정한 목적을 위하여 필요한 경우에는 특별지방자치단체를 설립할 수 있다고 규정하고 있으나(제2조 제3항), 아직은 이에 따라 설치된 지방자치단체는 없다. 지방자치법은 2개 이상의 지방자치단체가 그 사무의 공동처리를 위하여 규약을 정하여 당해 지방의회의 의결을 거쳐 설립하는 독립법인으로서의 지방자치단체조합(제149조 제1항·2항)을 규정하고 있는데, 지방자치단체조합도 넓은 의미에서는 특별지방자치단체의 일종이다.

Ⅱ. 地方自治團體의 性質

지방자치단체는 일정한 지역을 지배하는 법인이다(지방자치법 제3조 제1항). 특별지방자치단체인 지방자치단체조합 또한 같다(동법 제 149조 제2항). 따라서 지방지치단체는 권리·의무의 주체가 될 수 있으며, 그 점에서 행정기관과 구별된다.

지방자치단체는 자기책임성, 의사능력 및 의사결정기관을 가지는 지역적 통치단체이며, 단순한 국가행정구역은 아니다. 그러나 지방자치단체의 관할지역은 국가영토의 일부이고, 그 권한은 국가로부터 전래된 것이라는 점에서 국가와는 성격이 다른 것이다.

Ⅲ. 地方自治團體의 構成要素

지방자치단체는 일정한 구역·주민·자치권을 그 구성요소로 하고 있다. 구역은 지방자치단체의 사무가 미치는 일정한 지역의 범위이고, 주민은 그 지방자치단체안에 주소를 두고 있는 인적요소이고, 자치권은 법제도적으로 허용되는 자치적인 사무의 권한을 말한다. 다음에서 이들에 관하여 차례로 살펴보기로 한다.

제3절 地方自治團體의 區域과 名稱

Ⅰ. 地方自治團體의 區域

1. 區域의 劃定

지방자치단체의 구역이란 지방자치단체의 자치권이 미치는 지역적 범위를 말하며, 이 구역은 모두 종전의 구역에 의한다. 종전의 구역이란 최초의 지방자치법 시행당시(1985년 5월 1일)의 구역을 의미한다. 지방자치단체의 구역은 국가의 행정구역과 일치하는 것이 보통이지만, 국가의 행정구역과는 개념상 구별된다.[19] 지방자치단체의 구역은 당해 지역의 전통성과 역사성에 입각하여 설정되고, 당해 지역주민의 자치의식 내지 공동체의식을 중시하는 점이 그것이다. 구역에는 지방자치단체가 위치하는 곳에 따라 육지·하천·호수는 물론 이들과 접한 해면도 포함된다.

2. 區域의 變更

(1) 廢置·分合

지방자치단체를 신설 또는 폐지하는 것을 말하며, 이러한 폐치·분합에는 ① 하나의 지방자치단체를 둘 이상의 단체로 나누는 분할, ② 둘 이상의 지방자치단체를 합하여 하나의 단체로 만드는 합체(신설합병), ③ 하나의 지방자치단체를 다른 지방자치단체에 흡수시키는 편입(흡수합병) 등이 있다. 폐치·분합은 지방의회의 의견을 들어 법률로 정하여야 한다(지방자치법 제4조 제1항).

(2) 境界變更

지방자치단체의 존폐와는 관계없이 단지 경계만을 변경하는 것을 말한다. 경계변경을 하는 경우에도 관계지방의회의 의견을 들어 법률로 정하지만, 시·군·자치구의 경계변경은 대통령령으로 정한다(지방자치법 제4조 제1항·2항).

---

19) 석종현(하), 86면.

(3) 未所屬地의 編入

자연적 또는 인공적으로 새로운 땅이 형성되거나 새로이 발견된 경우 그 지역을 어느 지방자치단체의 구역에 편입시키는 것이다. 예컨대, 공유수면매립에 의하여 조성된 지역을 어느 지방자치단체의 구역에 편입시키는 것을 말한다.

Ⅱ. 地方自治團體의 名稱

지방자치단체의 명칭은 종전의 예에 의하되, 이를 변경하거나 지방자치단체를 폐치·분합 할 때에는 관계지방의회의 의견을 들어 법률로써 정한다(동법 제4조 제1항). 다만, 자치구가 아닌 구와 읍·면·동의 명칭은 종전의 예에 의하고, 이를 변경하거나 폐치·분합할 때에는 행정안전부장관의 승인을 얻어 당해 지방자치단체의 조례로 정한다(동법 제4조 제3항).

제4절 地方自治團體의 住民

Ⅰ. 住民의 意義

① 지방지차단체의 주민은 지방자치단체의 인적 구성요소로서 지방자치단체의 구역안에 주소를 가진 자를 말한다(지방자치법 제12조). 지방자치단체 내에 주소를 가진 자이면 국적·성별·연령·행위능력에 상관없이 주민이 되는 것이므로 본인의 동의는 물론 어떤 행정행위나 절차적 등록 및 공증행위를 요하지 아니하며, 자연인은 물론 법인도 이에 포함되며 자연인에는 외국인도 포함된다.

② 일반적 의미의 주민과 구분하여 참정권의 주체 즉 선거권과 피선거권을 가진 주민을 공민이라고 부르기도 한다. 이러한 공민은 주민 중에서 대한민국의 국민인 자, 법정의 연령·거주기간에 도달한 자, 자연인 이어야 된다.

Ⅱ. 住民의 權利

1. 公共施設利用權

(1) 利用權의 意義

주민은 법령이 정하는 바에 의하여 소속지방자치단체의 재산 및 공공시설(도서관·병원·공원·수도 등)을 이용할 수 있는 권리를 가진다(지방자치법 제13조 제1항). 주민의 공공시설이용권은 주민의 생존배려와 관련되는 것으로서 지방자치제의 전통적인 내용으로서 역사성을 갖는 것으로 평가되고 있다.

(2) 利用權의 主體

공공시설이용권은 주민이 갖는 권리이다. 따라서 비주민에게는 공공시설의 이용이 제한될 수도 있다. 그러나 그 이용이 일반적으로 모든 사람에게 개방되어 있는 성질을 가지기 때문에 실제적으로 비주민에 대하여 차등하여 그 이용을 제한하는 경우가 그리 흔한 것은 아니다.

(3) 利用權의 內容과 限界 및 利用手數料

공공시설이용권의 내용과 한계는 법령과 조례에 의하여 정해진다. 따라서 그 이용에 사법적인 이용료(통행료, 입장료)와 공법상의 사용수수료 등을 부과하는 것이 가능하며, 공공시설의 수용능력이나 정원의 범위 내에서의 이용과 같은 사실상의 한계에 의하여 이용권을 제한하는 것은 가능하다.

2. 均等한 行政惠澤을 받을 權利

주민은 누구나 지방자치단체로부터 균등하게 행정의 혜택을 받을 권리가 있다(지방자치법 제13조 제1항). 행정의 혜택을 받을 권리란 앞에서 언급한 공공시설의 이용을 제외한 그 밖의 일체의 행정서비스의 혜택을 받을 수 있는 권리를 말한다.

3. 選擧에 참여할 權利

(1) 選擧權

선거일 현재 19세 이상인 국민으로서 선거인명부작성 기준일 현재 당해 지방자치단체의 관할구역 안에 주민등록이 되어 있는 자는 그 구역에서 선거하는 지방의회의원 및 지방자치단체의 장의 선거권이 있다(공직선거법 제15조 제2항).[20]

(2) 被選擧權

선거일 현재 계속하여 60일 이상(공무로 외국에 파견되어 선거일전 60일후에 귀국한 자는 선거인명부작성기준일부터 계속하여 선거일까지) 당해 지방자치단체의 관할구역안에 주민등록(국내거소신고인명부에 올라 있는 경우를 포함한다. 이하 이 조에서 같다)이 되어 있는 주민으로서 25세 이상의 국민은 그 지방의회의원 및 지방자치단체의 장의 피선거권이 있다. 이 경우 60일의 기간은 그 지방자치단체의 설치·폐지·분할·합병 또는 구역변경(제28조 각호의 어느 하나에 따른 구역변경을 포함한다)에 의하여 중단되지 아니한다(공직선거법 제16조 제3항).

(3) 住民投票權

지방자치단체의 폐치·분합 또는 주민에게 과도한 부담을 주거나 중대한 영향을 미치는 지방자치단체의 주요결정사항 등에 대하여 지방자치단체의 장은 주민투표에 붙일 수 있으며, 이 경우 주민은 주민투표권을 가진다(지방자치법 제13조의2).

4. 請願權

주민은 지방의회에 청원을 할 수 있다(지방자치법 제73조~제76조). 청원권은 지방자치단체의 현안문제에 대한 의사결정과정에 주민의 참여를 보장하는 것으로서 지방의회의원의 소개를 얻어 청원서의 제출로서 행한다. 청원사항에

---

20) 외국인에게 지방선거권을 부여한 제15조 제2항 제2호의 규정은 헌법 제1조 제2항과 제118조 제2항에 위반된다는 견해가 있다(김주환, "외국인의 지방선거권", 고시계, 2006.10, 25면.

는 제한이 없지만, 재판에 간섭하거나 법령에 위반되는 것은 허용되지 아니한다(제74조).

5. 條例制定權 및 改廢請求權

(1) 請求權者

19세 이상의 주민으로서 ① 해당 지방자치단체의 관할 구역에 주민등록이 되어 있는 사람, ② 재외동포의 출입국과 법적 지위에 관한 법률 제6조제1항에 따라 해당 지방자치단체의 국내거소신고인명부에 올라 있는 국민, ③ 출입국관리법 제10조에 따른 영주의 체류자격 취득일 후 3년이 경과한 외국인으로서 같은 법 제34조에 따라 해당 지방자치단체의 외국인등록대장에 올라 있는 사람(공직선거법 제18조에 따른 선거권이 없는 자는 제외한다)은 시·도와 제175조에 따른 인구 50만 이상 대도시에서는 19세 이상 주민 총수의 100분의 1 이상 70분의 1 이하, 시·군 및 자치구에서는 19세 이상 주민 총수의 50분의 1 이상 20분의 1 이하의 범위에서 지방자치단체의 조례로 정하는 19세 이상의 주민 수 이상의 연서로 해당 지방자치단체의 장에게 조례를 제정하거나 개정하거나 폐지할 것을 청구할 수 있다(지방자치법 제15조 제1항).

(2) 請求權의 制限

법령을 위반하는 사항, 지방세·사용료·수수료·부담금의 부과·징수 또는 감면에 관한 사항, 행정기구를 설치하거나 변경에 관한 사항이나 공공시설의 설치를 반대하는 사항은 청구대상에서 제외된다(동조 제2항).

(3) 請求의 效果

지방자치단체의 장은 제1항에 따른 청구를 받으면 청구를 받은 날부터 5일 이내에 그 내용을 공표하여야 하며, 청구를 공표한 날부터 10일간 청구인명부나 그 사본을 공개된 장소에 갖추어두어 열람할 수 있도록 하여야 한다(동조 제4항).

지방자치단체의 장이 청구를 수리한 날부터 60일 이내에 조례의 제정안·개정안 또는 폐지안을 지방의회에 부의하여야 하며, 그 결과를 청구인의 대표자에게 알려야 한다(동제 제7항)

(4) 異議申請

청구인명부의 서명에 관하여 이의가 있는 자는 제4항에 따른 열람기간에 해당 지방자치단체의 장에게 이의를 신청할 수 있다(동조 제5항).

지방자치단체의 장은 제5항에 따른 이의신청을 받으면 제4항에 따른 열람기간이 끝난 날부터 14일 이내에 심사·결정하되, 그 신청이 이유 있다고 결정한 때에는 청구인명부를 수정하고, 이를 이의신청을 한 자와 제3항에 따른 청구인의 대표자에게 알려야 하며, 그 이의신청이 이유 없다고 결정한 때에는 그 뜻을 즉시 이의신청을 한 자에게 알려야 한다(동조 제6항).

6. 住民의 監査請求權

(1) 請求權의 內容과 制限

지방자치단체의 19세 이상의 주민은 시・도는 500명, 인구 50만 이상 대도시는 300명, 그 밖의 시・군 및 자치구는 200명을 넘지 아니하는 범위에서 그 지방자치단체의 조례로 정하는 19세 이상의 주민 수 이상의 연서로, 시・도에서는 주무부장관에게, 시·군 및 자치구에서는 시・도지사에게 그 지방자치단체와 그 장의 권한에 속하는 사무의 처리가 법령에 위반되거나 공익을 현저히 해친다고 인정되면 감사를 청구할 수 있다. 그러나 ① 수사나 재판에 관여하게 되는 사항, ② 개인의 사생활을 침해할 우려가 있는 사항, ③ 다른 기관에서 감사하였거나 감사 중인 사항(다만, 다른 기관에서 감사한 사항이라도 새로운 사항이 발견되거나 중요 사항이 감사에서 누락된 경우와 제17조제1항에 따라 주민소송의 대상이 되는 경우에는 그러하지 아니하다), ④ 동일한 사항에 대하여 제17조제2항 각 호의 어느 하나에 해당하는 소송이 진행 중이거나 그 판결이 확정된 사항의 경우에는 해당하는 사항은 감사청구의 대상에서 제외한다(제16조 제1항).

(2) 請求의 效果

주무부장관이나 시·도지사는 감사청구를 수리한 날부터 60일 이내에 감사청구된 사항에 대하여 감사를 끝내야 하며, 감사결과를 청구인의 대표자와 해당 지방자치단체의 장에게 서면으로 알리고, 공표하여야 한다. 다만, 그 기간에 감사를 끝내기가 어려운 정당한 사유가 있으면 그 기간을 연장할 수 있다. 이 경우 이를 미리 청구인의 대표자와 해당 지방자치단체의 장에게 알리고,

공표하여야 한다(제16조 제3항).

주무부장관이나 시·도지사는 주민이 감사를 청구한 사항이 다른 기관에서 이미 감사한 사항이거나 감사 중인 사항이면 그 기관에서 실시한 감사결과 또는 감사 중인 사실과 감사가 끝난 후 그 결과를 알리겠다는 사실을 청구인의 대표자와 해당 기관에 알려야 한다(동조 제4항).

7. 其他의 權利

이 밖에도 주민은 법령(조례 포함)이 정하는 바에 따라 행정쟁송제기권·손해배상청구권·손실보상청구권을 가지며 지방의회방청권과 지방의회회의록의 열람권 등을 가진다.

Ⅲ. 住民의 義務

1. 費用分擔義務

주민은 법령이 정하는 바에 의하여 그 소속 지방자치단체의 비용을 분담하는 의무가 있는바, 지방세·사용료·수수료·분담금 등이 있다. 사용료는 공공시설의 사용료를 말하고, 수수료는 1개인을 위한 사무처리에 대한 대가로서의 수수료를 말한다. 분담금은 지방자치단체의 재산 또는 공공시설로 인하여 주민의 일부가 특히 이익을 받는 때 그 이익을 받는 범위에서 부담하게 되는 비용이다.

2. 勞役 및 物品提供義務

주민은 지방자치법상의 의무로서가 아니라 개별법에서 정한 의무의 내용으로서 노역 및 물품을 제공하여야 할 의무를 진다. 예컨대, 재해로 인한 도로의 구조 또는 교통에 대한 위험을 방지하기 위하여 특히 필요하다고 인정하는 경우에는 그 도로의 부근에 거주하는 자에게 노무의 제공을 요청하거나 재해현장에서 필요로 하는 토지, 가옥 기타 공작물을 일시사용하며 장애물을 변경 또는 제거하거나 토석, 죽목, 운반기구 기타의 물건을 사용 또는 수용할 수 있게 하는 것(도로법 제49조) 등이 이에 속한다.

3. 利用强制義務

지방자치단체내의 주민의 토지는 공적필요를 위해 공적사용에 제공될 수 있도록 강제될 수 있다. 예컨대, 상하수도 등 주민건강을 위한 것과 같은 공적필요를 위하여 주민의 토지제공을 강제할 수 있다. 이때 경우에 따라서는 공적보상이 주어질 수도 있으며, 또한 주민이 일정한 시설을 이용하도록 강제되기도 한다. 예컨대 공설상하수도이용 또는 사설화장장이 없는 지역에서 공설화장장을 이용하도록 하는 것 등이 있는바, 이를 이용강제라 한다.

제5절 地方自治團體의 事務

Ⅰ. 概說

전통적 견해에 의하여 지방자치단체의 사무를 자치사무와 위임사무로 나누고 있다. 자치사무는 주민의 복리에 관한 사무로서 헌법과 법률에 의하여 지방자치단체의 사무로 규정된 것을 말하고 이런 사무를 흔히 고유사무라고도 한다. 이는 지방자치단체의 자치권을 고유권으로 보는 고유권설에서 유래한다. 지방자치단체는 주민의 복리사무의 주체로서 주민의 복리배려(생활배려)의 의무를 진다. 한편, 위임사무는 주민의 복리사무 이외의 국가사무를 지방자치단체가 수행하는 것을 말한다.

Ⅱ. 地方自治團體의 事務의 種類

1. 自治事務(固有事務)

(1) 意義

자치사무란 당해 지방자치단체의 존립을 위한 사무 및 주민의 복리를 증진시키기 위하여 행하는 사무 등과 같은 자치단체의 본래의 사무를 말하며, 이를 흔히 고유사무라고도 한다. 현행 지방자치법은 자치사무를 포괄적으로 예시하고 있는 한편(제9조), 지방자치단체가 처리할 수 없는 국가의 사무를 명시하고 있다(제11조).

(2) 種類

지방자치법이 자치단체의 자치사무로서 예시하고 있는 것으로는 ① 지방자치단체의 구역·조직·입법재정에 관한 사무(관할구역안 행정구역의 명칭·위치 및 구역의 조정·산하행정기관의 조직·관리, 조례·규칙의 제정·개폐 및 그 운영·관리, 예산의 편성·집행 및 회계감사와 재산관리 등), ② 주민의 복지증진에 관한 사무(복지시설, 아동보호, 전염병예방, 폐기물처리, 지방공기업 운영 등), ③ 농림·상공업 등 산업진흥에 관한 사무(농림·축산·수산업의 진흥, 중소기업의 육성, 소비자보호 등), ④ 지역개발 및 주민의 생활환경시설의 설치·관리에 관한 사무(토목·건설사업, 도시계획사업, 지방도로·공원·하천관리, 상·하수도설치 등), ⑤ 교육·체육·문화·예술의 진흥에 관한 사무(초·중·고등학교설치·운영, 도서관·체육관·미술관 등의 설치·관리, 지방문화제의 지정·보존·관리 등), ⑥ 지역민방위 및 소방에 관한 사무 등이다.

(3) 自治團體別 事務配分

지방자치법은 상급자치단체와 하급자치단체의 사무의 중복·혼동을 막기 위하여 사무배분의 기준을 정하고 있다. 즉, 상술한 자치사무 중 특별시·광역시·도가 처리하는 사무와 이들 광역자치단체가 처리하는 사무이외의 사무는 시·군·자치구에게 사무를 배분하는 것이 바람직하며, 지방자치법도 사무가 경합되지 아니하도록 하되 경합되는 경우에는 시·군·자치구가 우선적으로 처리한다고 함으로써 이러한 입장에 있다(제10조 3항).

(4) 國家事務의 明示

지방자치단체는 ① 외교, 국방, 사법(사법), 국세 등 국가의 존립에 필요한 사무, ② 물가정책, 금융정책, 수출입정책 등 전국적으로 통일적 처리를 요하는 사무, ③ 농산물·임산물·축산물·수산물 및 양곡의 수급조절과 수출입 등 전국적 규모의 사무, ④ 국가종합경제개발계획, 국가하천, 국유림, 국토종합개발계획, 지정항만, 고속국도·일반국도, 국립공원 등 전국적 규모나 이와 비슷한 규모의 사무, ⑤ 근로기준, 측량단위 등 전국적으로 기준을 통일하고 조정하여야 할 필요가 있는 사무, ⑥ 우편, 철도 등 전국적 규모나 이와 비슷한 규모의 사무, ⑦ 고도의 기술을 요하는 검사·시험·연구, 항공관리, 기상행정, 원자력개발 등 지방자치단체의 기술과 재정능력으로 감당하기 어려운 사무에 해당하는 국가사무를 처리할 수 없다. 다만, 법률에 이와 다른 규정이 있는 경우에는 국가사무를 처리할 수 있다(제11조).

2. 委任事務

(1) 意義

위임사무란 지방자치단체가 법령에 의하여 국가 또는 다른 자치단체로부터 위임받아 행하는 사무를 말한다. 위임사무는 자치단체 자체에 위임되는 단체위임사무와 집행기관의 장에게 위임되는 기관위임사무가 있는데, 좁은 의미의 위임사무는 전자만을 의미한다.

(2) 團體委任事務

자치사무가 지방자치단체에 고유한 사무로서 헌법에 근거한 사무인데 대하여, 단체위임사무는 국가나 다른 공공단체가 법령에 의하여 그 자치단체에 구체적으로 위임한 사무이다. 지방자치법상으로는 '법령에 의하여 지방자치단체에 속하는 사무'이며 지방자치단체 자체에 위임된 사무이다. 단체위임사무는 성격상 국가와 지방자치단체가 함께 이해관계를 가지는 사무를 말하며, 현행법상 그 예는 별로 많지 않다. 예컨대 ① 국세징수의 시・군・자치구에 대한 위임(국세징수법 제8조), ② 도세징수의 시・군・자치구에의 위임(지방세법 제53조), ③ 국가하천의 점용료 징수의 특별시・광역시・도에의 위임(하천법 제38조 3항) 등이 이에 해당한다.

(3) 機關委任 事務

기관위임사무는 국가의 사무이지만 국가 스스로가 처리하지 아니하고 업무의 능률과 국민의 편의를 위하여 지방자치단체의 장에게 위임한 사무로서, 주로 국가적 이해관계가 있는 사무이다. 지방자치법은 「지방자치단체에서 시행하는 국가사무는 법령에 다른 규정이 없는 한 지방자치단체의 장에게 위임하여 행한다」라고 규정(제102조)하여 기관위임의 법적근거를 제시하고 있다. 현행법상 기관위임사무에 해당하는 것으로는 병무・선거・지적・통계사무와 식품위생・환경・건설・교통・관광 등에 관한 대부분의 인・허가사무 및 행정지도・감독 등의 업무 등이다.

(4) 自治事務・團體委任事務・機關委任事務의 差異點

1) 事務의 性質

자치사무 및 단체위임사무는 그 사무처리효과가 당해 자치단체에 귀속하는데 반하여, 기관위임사무는 그 처리효과가 국가에 귀속된다. 지방자치단체의 장은 기관위임사무처리에 있어서 국가기관의 지위에 있으므로 그 사무수행에 있어서 자율성이 약한 반면, 자치사무 및 단체위임사무는 사무의 수행여부・수행방법 등에 있어서 자율성이 강하다 하겠다.

2) 監督廳의 行使

자치사무는 당해 자치단체 자체의 사무이므로 인격을 달리하는 국가의 감독권(시정명령권, 취소・정지권 등)은 위법한 경우에 한하고, 기관위임사무・단체위임사무는 위법뿐만 아니라 부당한 경우(합목적성감독)에도 취소・정지할 수 있다.

3) 經費負擔 및 損害賠償責任

자치사무의 경비는 당연히 당해 자치단체가 부담하지만, 기관위임사무는 국가가 그 전부를 지치단체에게 교부하여야 한다. 단체위임사무는 양자가 함께 이해관계를 가지는 사무이므로 양자가 분담한다.

한편, 손해배상책임문제에 있어서는 기관위임사무의 수행과 관련하여 손해가 발생한 경우 지방자치단체는 국가기관의 지위에서 사무를 집행하는 것이므로 국가에게 사무처리의 효과와 함께 그 손해배상책임까지도 귀속된다고 하겠다. 다만, 수임자가 속한 지방자치단체가 비용부담자인 경우 국가배상법 제6조의 규정에 따라 지방자치단체가 비용부담자로서 배상책임자가 될 경우도 있다.

4) 地方議會의 關與

고유사무인 자치사무와 자치단체 자체의 사무로 전환되는 단체위임사무는 집행기관의 전속적 권한에 속하는 사항을 제외하고는 지방의회의 의결, 사무감사・조사, 회계감사 등에 의한 관여가 인정된다. 이에 대하여 기관위임사무에 대하여서는 지방의회가 관여할 수 없는 것이 원칙이다. 그러나 이 경우에도 국회 또는 상급지방자치단체(위임자로서의 상급자치단체)의 의회가 직접감사하기로 결정한 사무를 제외하고는 당해 지방의회가 감사할 수 있으며, 당해 자치단체가 사무처리의 경비를 부담하는 경우에도 예외적으로 당해 지방의회가 감사할 수 있다.

5) 條例制定權

자치사무와 단체위임사무의 처리에 관하여 필요한 경우에는 조례를 제정하여 스스로 규율할 수 있으나, 기관위임사무는 국가사무이므로 국가의 법령에 의하여 규율되며 법령에서 특별히 위임받은 경우를 제외하고는 조례를 제정하여 규율할 수 없다. 그러나 기관위임사무이지만 부동산중개수수료, 건축물의 건폐율·용적률·높이제한 등에 관하여 법령은 상한선만 규정하고, 그 범위안에서 자치단체의 실정에 맞게 조례로 구체적으로 정하도록 특별히 위임한 예가 많으며, 이를 특히 위임조례라고 한다.

제6절 地方自治團體의 自治權(自治高權)

Ⅰ. 槪說

국가가 자신의 과제를 수행하기 위하여 통치권을 가지고 있는 것과 같이 지방자치단체도 당해 지역내에서 자신의 과제를 적절히 수행하기 위하여 일정한 고권적 권리를 가진다. 지방자치단체가 헌법과 지방자치법에 의하여 부여된 사무를 국가로부터 독립하여 수행할 수 있는 이러한 고권적 권리를 자치권 또는 자치고권이라 한다.

헌법은 제117조 1항에서 「지방자치단체는 주민의 복리에 관한 사무를 처리하고 재산을 관리하며 법령의 범위 안에서 자치에 관한 규정을 제정할 수 있다」고 규정하고 있는바, 이러한 자치고권은 국가에 의하여 승인된 것이므로 법령의 범위 안에서만 인정되고 있다. 자치권의 내용은 보통 자치입법권·자치조직권·자치행정권·자치재정권 등을 들 수 있다.

Ⅱ. 自治立法權

지방자치단체는 자치권에 기하여 그 관할구역 내에서 통용될 자치법규(조례·규칙·교육규칙)를 제정할 수 있는 권능이 있는바, 이를 자치입법권이라 한다. 헌법은 지방자치단체가 「법령의 범위 안에서 자치에 관한 규정을 제정할 수 있다」고 규정하여 자치입법권을 보장하고 있다(제117조 제1항). 이에 근거하여 지방자치법은 조례와 규칙을 인정하였고(지방자치법 제15조·제16조),

지방교육자치에관한법률은 교육규칙을 인정하였다(동법 제35조).

1. 條例制定權

(1) 條例의 意義

조례는 지방자치단체가 법령의 범위 안에서 그 권한에 속하는 사무에 관하여 지방의회의 의결로써 제정하는 법규이다(지방자치법 제15조·제19조). 조례는 보통 법규의 성질을 가지는 것이 원칙이지만 자치단체의 조직 내부를 규율하거나 도시계획 등의 사항을 규율하는 행정규칙의 성질을 가지는 것도 있다.

(2) 條例의 法的 性質

조례의 성질에 관하여 자주입법으로 보는 조례자주입법설과 위임입법으로 보는 조례위임입법설의 견해로 나누어진다.

1) 條例自主立法說

이 설은 내용적으로 다시 2가지 견해로 나누어진다. 즉 ① 고유권설에 입각한 조례자주입법설은 자치단체의 고유사무에 관한 한 조례의 전권사항이므로 법률과 저촉하는 경우에도 조례가 우선한다고 한다. 이 견해에서는 헌법 제117조의 '법령의 범위 안에서'라는 규정은 고유사무에 관한 한 아무런 의미가 없거나 극히 완화하여 해석하게 된다. 즉 법률우위·법률유보를 부정한다. ② 전래설에 입각한 조례자주입법설은 지방자치단체의 조례제정권은 국가로부터 전래된 것이므로 고유사무에 있어서도 법령에 위배되어서는 아니되지만 적어도 법령의 개별적인 위임은 필요 없다고 한다. 즉 법률우위는 인정하지만, 법률유보는 부정한다. 따라서 이 견해에서는 헌법 제117조의 '법령의 범위 안에서'라는 표현은 법령에 위반되어서는 아니 된다는 의미이고, 위임이 있어야 조례를 제정할 수 있다는 의미는 아니라고 한다.

2) 條例委任立法說

이 설은 전래설에 입각하여 지방자치단체의 권능은 모두가 국가권력으로부터 유래하기 때문에 조례제정권도 당연히 국가권력으로부터 유래한다고 본다. 즉 조례는 국가의 위임에 의하여 제정되는 행정상 입법의 일종이므로 법률우위의 원칙과 법률유보의 원칙이 모두 적용된다고 한다. 그러나 이러한 조례위임입법설의 입장은 조례도 형식적으로는 국법하에 있다 하더라도 실질적으로는 당해 자치사무에 관하여 자치단체와 주민과의 관계를 규율하는 법이라는 점에서 이 설의 주장에는 한계가 있다.

3) 結語

지방자치권은 국가로부터 전래된 것이므로 조례제정권도 국가권력에서 유래한다 할 것이므로 전래설에 입각한 조례자주입법설이 타당하다고 본다. 우리 헌법은 '법령의 위임에 의하여'라는 표현을 하지 않고 '법령의 범위 안에서' 조례를 제정할 수 있다고 하였기 때문에 조례위임입법설은 채택하기 곤란하다. 따라서 전래설에 입각한 조례자주입법설을 채택하는 한 헌법 제117조 1항의 '법령의 범위 안에서'의 표현은 법률유보는 의미하지 않고 법률우위만을 의미한다 하겠다.

(3) 條例制定權의 範圍와 限界

지방의회의 조례제정행위는 국회의 입법권을 넘어서까지 행사할 수 없다. 헌법과 지방자치법도 지방자치단체는 '법령의 범위 안에서' 조례를 제정할 수 있다고 규정하고 있다. 따라서 법령에 위반되는 조례는 무효라 할 것이다. 여기서 '법령의 범위 안에서' 라는 의미는 '법령에 위반되지 아니하는 범위 안에서' 라는 의미로 새겨야 할 것이므로 법령에 저촉되지만 아니하면, 법령의 위임 없이도 자치단체는 그 권한에 속하는 사항에 관하여 조례를 제정할 수 있다할 것이다.

1) 法律優位의 原則

조례가 법령을 위반하여서는 안됨은 명백하다. 헌법 제117조 제1항과 지방자치법 제22조 본문의 '법령의 범위 안에서'의 표현은 이를 의미한다 할 것이다. 또한 시·군 및 자치구의 조례는 시(특별시·광역시)·도의 조례에 위반하여서는 안된다(지방자치법 제24조).

【판례】: ① 법규보다 보호대상 확대한 조례의 효력(유효)

「조례가 규율하는 특정 사항에 관하여 그것을 규율하는 국가의 법령이 이미 존재하는 경우에도 조례가 법령과 별도의 목적에 기하여 규율함을 의도하는 것으로서 그 적용에 의하여 법령의 규정이 의도하는 목적과 효과를 전혀 저해하는 바가 없을 때, 또는 양자가 동일한 목적에서 출발한 것이라고 할지라도 국가의 법령이 반드시 그 규정에 의하여 전국에 걸쳐 일률적으로 동일한 내용을 규율하려는 취지가 아니고 각 지방자치단체가 그 지방의 실정에 맞게 별도로 규율하는 것을 용인하는 취지라고 해석되는 때에는 그 조례가 국가의 법령에 위반되는 것은 아니다. 그리하여 조례의 내용이 생활보호법보다 생활보호의 대상과 방법을 확대하여도 그 조례는 생활보호법을 위반하는 것이 아니다」(대판 1997.4.25, 96추244).

② 상위법령의 제한범위를 초과한 조례는 무효

「차고지확보 대상을 자가용자동차 중 승차정원 16인 미만의 승합자동차와 적재정량 25t 미만의 화물자동차까지로 정하여 자동차운수사업법령이 정한 기준보다 확대하고, 차고확보 입증서류의 미제출을 자동차등록거부사유로 정하여 자동차관리법령이 정한 자동차등록기준보다 더 높은 수준의 기준을 부가하고 있는 차고지확보제도에 관한 조례안은 비록 그 법률적 위임근거는 있지만 그 내용이 차고지확보기준 및 자동차등록기준에 관한 상위법령의 제한범위를 초과하여 무효이다」(대판 1997.4.25, 96추251).

2) 法律留保의 原則

헌법 제117조 제1항은 지방자치단체는「법령의 범위 안에서 자치에 관한 규정을 제정할 수 있다」고 규정하고 있다. 이러한 헌법규정을 구체화하여 지방자치법 제22조 본문에서「지방자치단체는 법령의 범위 안에서 그 사무에 관하여 조례를 제정할 수 있다」고 규정함으로써 조례는 기존법령에 위배되지 아니하며(법률우위의 원칙), 법령의 위임없이도 자치사무에 대하여 조례를 제정할 수 있다.

그런데 위의 헌법규정과 지방자치법 제15조 본문의 규정에도 불구하고 지방자치법 제22조 단서는「다만 주민의 권리제한 또는 의무부과에 관한 사항이나 벌칙을 정할 때에는 법률의 위임이 있어야 한다」고 규정하여, 주민의 권리제한 또는 의무부과나 벌칙에 관한 사항을 정할 때에는 법률의 위임이 있을 때에만 조례로 정할 수 있게 하여 이른바 법률유보의 원칙이 적용되도록 하였다. 이러한 지방자치법 제22조 단서에 대하여 그 위헌론과 합헌론이 대립하고 있다.

(가) 違憲說

지방자치법 제15조 단서조항을 위헌으로 보는 견해는 다양하나, 대체로 다음과 같은 논거가 있다. 즉, ① 헌법 제117조 제1항에서 강조하고 있는 '법령의 범위 안에서'가 하위법인 지방자치법에서 '법률의 위임 하에서'로 변경되어 표현되고 있으므로, 지방자치법규정은 헌법의 취지를 제약하는 것이라고 할 수 있다. ② 조례는 주민의 투표에 의하여 선출된 주민대표기관에 의하여 제정되므로 민주적 정당성을 갖는데, 이러한 성질에 비추어 조례의 경우에는 법률유보의 원칙은 수정될 수 있으므로 지방자치법 제15조 단서는 문제가 있다.

(나) 合憲說

지방자치법 제15조 단서조항을 합헌으로 보는 견해도 다양하나, 대체로 다음과 같은 논거가 있다. 즉, ① 헌법은 국민의 권리와 자유를 제한하는 경우에 법률에 근거하도록 규정하고 있는바(헌법 제37조 제2항), 이에 따라 조례에 의하여 국민의 권리를 제한하거나 의무를 부과하기 위해서는 법률의 위임이 있어야 한다. 즉, 조례의 내용이 침해적인 조례인 때에는 법률유보가 적용되므로 지방자치법 제15조 단서조항은 합헌이다. ② 지방자치법 제15조 단서의 의미는 조례제정권의 한계와 관련되는 규정으로서 자치사무의 특정영역에 대하여 법률유보의 원칙적용에 의해 법령이 직접 규율하고 있는 때에는 조례가 독자적으로 규정하여 법령과 충돌되거나 경합되는 내용을 마련할 수 없다.

(다) 結語

지방자치단체가 제정하는 조례는 지역적인 민주적 정당성을 가지고 지역실정에 맞는 사무를 규율할 수 있는 자주법의 성격이 있는 것은 부인할 수 없으나, 주민의 권리를 제한하고 의무를 부과하며 벌칙을 제정하는 경우에는 전형적인 침해적 행정작용으로서 법적 근거가 필요하다 하겠다.

다만, 조례는 위임명령과는 달리 지방자치단체의 의회가 제정하는 자주법으로서의 성격이 있으므로 법률의 위임에 있어서 일정한도의 포괄적 위임이 허용된다 하겠다. 즉 침해적 행정작용을 규율하는 법률적 근거는 명시적으로 요구되나 그 규율의 밀도는 법규명령의 경우와는 달리 구체적인 위임이 아니라도 상관없다 할 것이다.

【판례】: ① 「지방자치법 제15조는 원칙적으로 헌법 제117조 제1항의 규

정과 같이 지방자치단체의 자치입법권을 보장하면서, 그 단서에서 국민의 권리제한, 의무부과에 관한 사항을 규정하는 조례의 중대성에 비추어 입법정책적 고려에서 법률의 위임을 요한다고 규정하고 있는바, 이는 기본권제한에 대하여 법률유보원칙을 선언한 헌법 제37조 2항의 취지에 부합하므로 조례제정에 있어 위와 같은 경우에 법률의 근거를 요하는 것이 위헌성이 있다고 할 수 없다」(대판 1995.5.12, 94추28).

② 「공유수면관리법 제7조가 점용료의 산정기준, 방법 등에 관하여 구체적 범위를 정하지 아니한 체 포괄적으로 조례에 위임하였다 하더라도, 조례는 위임명령과는 달리 지방의회의 의결로 제정되는 지방자치단체의 자주법인 만큼, 법령에 위반되지 않는 범위 내에서 주민의 권리의무에 관한 사항을 조례로 제정할 수 있는 것이다」(대판 1991. 8. 27, 90누6613).

(4) 條例와 罰則

조례는 벌칙에 의하여 그 실효성이 담보되어야 하는 경우가 적지 않다. 그에 따라 지방자치법은 제27조와 제139조에서 과태료에 관한 규정을 두고 있다. 지방자치법 제27조 제1항은 「지방자치단체는 조례로써 조례위반행위에 대하여 1천만원 이하의 과태료를 정할 수 있다」고 규정하고, 제139조 제2항에서는 사기 기타 부정한 수단으로 사용료·수수료·분담금의 징수를 면한 자에 대하여는 그 징수를 면한 금액의 5배 이내의 과태료를, 공공시설을 부정사용한 자에 대하여는 50만원 이하의 과태료에 처하는 규정을 조례로써 정할 수 있도록 하고 있다.

(5) 條例의 種類

1) 自治條例

자치단체의 자치사무와 법령에 의하여 지방자치단체자치에 속하는 단체위임사무가 조례제정의 대상이 되는 바, 단체위임사무로 자치단체 자치의 사무로 전환되기 때문에 이를 대상으로도 조례를 제정할 수 있다. 판례(대판 2000.5.30, 99추85)도 이를 명백히 하고 있다.

2) 委任條例

법령에 의하여 자치단체 자체에 위임된 사무(단체위임사무)가 아닌 지방자치단체의 장에게 위임된 사무(기관위임사무)는 지방자치단체 자체의 사무라 할 수 없으므로 조례를 제정할 수 없다. 그러나 법령의 개별적 위임이 있는 경우에도 기관위임사무에 관해서도 법령의 위임의 범위 내에서 이른바 위임조례를 정할 수 있다. 이러한 위임조례는 국가법인 행정입법과 마찬가지로 취급되며 따라서 위임입법의 한계에 관한 원리(구체적·개별적 위임)가 그대로 적용된다.

(6) 條例의 制定節次

1) 提案

조례안은 지방자치단체의 장, 광역자치단체의 교육감이 제안하거나, 지방의회의원 5분의 1이상 또는 10인 이상의 연서로 제안된다. 다만 교육김이 제안하는 교육조례는 교육위원회의 의결을 거쳐야 제안이 가능하다(지방교육자치에관한법률 제22조).

2) 議決

조례안은 본회의나 위원회에서의 심의를 거쳐 본회의에서 의결하는데, 의결정족수는 특별한 경우를 제외하고는 재적의원 과반수의 출석과 출석의원 과반수의 찬성이다(지방사지법 제64조 제1항).

3) 移送과 公布

조례안이 지방의회에서 의결된 때에는 의장은 의결된 날로부터 5일 이내에 그 지방자치단체의 장에게 이를 이송하여야 하며, 지방자치단체의 장은 그 이송받은 조례안을 20일 이내에 공포하여야 한다(지방자치법 제26조 제1항·2항). 조례는 전문을 붙여 공보·신문에의 게재 또는 게시판에의 게시로써 공포한다(시행령 제11조 제1항, 제12조 제1항).

4) 再議要求 및 確定

(가) 地方自治團體長의 再議要求

지방자치단체의 장은 조례안에 대하여 이의가 있는 때에는 조례안이 이송된 때로부터 20일 이내에 이유를 붙여 지방의회로 환부하고 그 재의를 요구할 수 있다. 이 경우 지방자치단체의 장은 조례안의 일부에 대하여 또는 조례안을 수정하여 재의를 요구할 수 없다(제19조 제3항).

재의의 요구가 있을 때 지방의회에서 재적의원 과반수의 출석과 출석의원

3분의 2 이상의 찬성으로 전과 같은 의결을 하면 그 조례안은 조례로 확정된다. 자치단체장이 정해진 기일 이내에 공포나 재의의 요구를 하지 아니한 때에도 그 조례안은 조례로 확정되며, 자치단체장은 확정된 조례를 지체없이 공포하여야 한다(제19조 제4항 · 5항 · 6항).

(나) 監督廳의 再議要求

지방의회에서 의결된 조례안이 법령에 위반되거나 공익을 현저히 해한다고 판단될 때에는 시 · 도에 대하여는 행정안전부장관이 시 · 군 및 자치구에 대하여는 시 · 도지사가 재의를 요구하게 할 수 있고, 재의의 요구를 받은 자치단체장은 지방의회에 이유를 붙여 재의를 요구하여야 한다. 지방의회에서 조례안에 대한 재의결과 재적의원 과반수의 출석과 출석의원 3분의 2의 찬성으로 전과 같은 의결이 이루어지면 조례안은 조례로 확정된다(제26조 제4항).

(다) 再議要求에 不應하는 경우

감독청의 재의요구를 받은 지방자치단체의 장이 지방의회에 조례안의 재의를 요구하지 않은 채 20일이 경과하는 경우, 그 조례안은 조례로서 확정된다고 보지 않을 수 없다(제26조 제7항). 그리고 현행법상으로는 이 경우, 감독청이 취할 수 있는 법적 대응수단은 존재하지 않는 상태이다.

(7) 條例에 대한 統制

1) 地方自治團體의 長에 의한 統制

지방자치단체의 장은 이송받은 조례안에 대하여 이의가 있을 때에는 20일 이내에 이유를 붙여 지방의회로 환부하여 재의를 요구할 수 있다(거부권 행사). 또한 지방의회에서 재의결된 사항이 법령에 위반된다고 인정할 때에는 대법원에 소를 제기할 수 있으며(제107조 3항), 지방자치단체의 장이 대법원에 제소하는 경우 필요하다고 인정하는 때에는 그 의결의 집행을 정지하게 하는 집행정지결정을 신청할 수 있다(제170조 제3항).

2) 國家 등의 監督機關에 의한 統制

조례안을 포함하여 모든 지방의회의 의결이 법령에 위반하거나 공익을 현저하게 해한다고 판단되면 시 · 도에 대하여는 행정안전부장관이, 시 · 군 · 자치구에 대해서는 시 · 도지사가 재의를 요구할 수 있는바, 재의를 요구받은 지방자치단체의 장은 이유를 붙여 재의를 요구하여야 한다. 지방자치단체의 장은 재의결된 사항이 법령에 위반한다고 판단되면 재의결된 날로부터 20일 이내에 제소할 수 있으며, 이 경우 지방자치단체의 장이 소를 제기하지 아니하는 때에는 행자부장관 또는 시·도지사는 당해 지방자치단체의 장에게 대법원에의 제소를 지시하거나, 직접 제소하면서 그 의결의 집행을 정지하게 하는 집행정지결정을 신청할 수 있다(제170조 제3항).

3) 法院에 의한 統制

(가) 具體的 規範統制

조례에 근거한 행정처분에 의하여 개인의 권리·이익이 침해된 경우 그 주민은 그 처분의 취소를 구하는 취소소송에서 당해 처분의 위법사유로서 처분의 근거가 되는 근거법규인 조례의 위법을 주장할 수 있다.

(나) 抗告訴訟

조례는 그 자체 법규범으로서 일반적·추상적 규율로서의 성질을 가지며 처분으로서의 성질을 가지지 않음이 일반적이다. 그러나 예외적으로 조례 그 자체로서 주민의 권리·이익을 직접 침해한 경우에는 당해 조례는 행정소송법상의 '처분성'을 가지는 것으로 조례자체에 대한 항고소송을 제기하여 이를 다툴 수 있다.

4) 憲法訴願에 의한 統制

지방자치단체의 주민은 조례에 근거한 행정처분에 의하여 또는 조례 그 자체에 의하여 개인의 기본권이 침해당한 경우에 조례에 대하여 헌법소원을 제기할 수 있다. 이는 주민으로서의 권리이기 이전에 기본권의 주체로서의 국민이 당연히 가지는 권리이다.

헌법재판소는 그 결정에서 「헌법재판소법 제68조 제1항에서 말하는 '공권력'에는 입법작용이 포함되며, 지방자치단체에서 제정하는 조례도 불특정다수인에 대해 구속력을 가지는 법규이므로 조례제정행위도 입법작용의 일종으로서 헌법소원의 대상이 된다(헌재결 1994.12.29, 92헌마216). 다만 이 경우에 그 적법요건으로서 조례가 별도의 구체적인 집행행위를 기다리지 아니하고 직접 그리고 현재 자기의 기본권을 침해하는 것이어야 함을 요한다(헌재결 1995.4.20, 92헌마264. 279병합)」라고 판시하여 조례에 의한 기본권 침해에 대하여 헌법소원의 제기를 인정하고 있다.

2. 規則制定權

(1) 規則의 意義

규칙은 지방자치단체의 장이 법령 또는 조례가 위임한 범위 안에서 그 권한에 속하는 사무에 관하여 제정하는 법규범이다. 규칙에는 법규적 성질을 가지는 것과 행정규칙의 성질을 가지는 것이 있다. 전자의 예로는 지방세징수조례의 시행세칙을 들 수 있고, 후자의 예로는 소속공무원의 임면·교육훈련, 내부조직에 관한 규칙을 들 수 있다.

(2) 規則의 規定事項

1) 法令의 委任

규칙은 법령 또는 조례의 위임이 있는 사항에 관하여서 규정할 수 있다. 이 경우의 위임은 개별·구체적인 위임이어야 한다. 이 점이 개괄적 위임도 가능한 조례의 경우와 다른 점이다.

2) 規律의 範圍

교육·학예의 사무를 제외하고는 규칙의 규율범위는 자치사무, 단체사무 및 기관위임사무의 전부에 미칠 수 있다.

3) 法令優位의 原則

규칙은 상위법령에 위배될 수 없다. 지방자치법은 특히 시·군 및 자치구의 규칙이 시(특별시·광역시)·도의 규칙에 위반할 수 없음을 명기하고 있다(제24조).

4) 罰則

현행법은 규칙에 대하여 벌칙을 위임하지 않고 있다. 동시에 죄형법정주의에 비 추어 볼 때, 법률의 위임없이 규칙이 독자적으로 벌칙을 설정할 수 없다고 보아야 할 것이다.

(3) 制定節次

규칙을 제정할 경우, 공포예정 15일 전에 시・도지사는 행정안전부장관에게, 시장・군수 및 자치구의 구청장은 시・도지사에게 그 전문을 첨부하여 각각 보고하여야 하며, 보고를 받은 행정안전부장관은 이를 관계 중앙행정기관의 장에게 통보하여야 한다(제28조)

(4) 效力發生

규칙은 특별한 규정이 없는 한 공포한 날로부터 20일을 경과함으로써 효력을 발생한다(제26조 제7항).

3. 教育規則制定權

교육규칙은 교육・학예에 관한 사무의 집행기관인 교육감이 법령 또는 조례의 범위안에서 자신의 권한에 속하는 사무에 관하여 제정하는 법이다. 그리고 그의 성질・제정절차・공포・효력발생 등은 상술한 규칙의 경우와 같다(지방교육자치에관한법률 제28조).

Ⅲ. 自治組織權

자치조직권이란 지방자치단체가 그 조직을 스스로 결정할 수 있는 권한을 말한다. 지방자치단체는 지방의회의원 및 지방자치단체의 의장을 선거하여 필요한 조직을 갖추는 등 자주적 조직권을 보장받고 있다고 보아야 한다(권한의 일반성 보장). 현행 헌법은 제118조 제2항에서 「지방자치단체의 조직과 운영에 관한 사항은 법률로 정한다」고 규정하였고, 이에 의거하여 지방자치법과 지방교육자치에관한법률 등이 지방자치단체의 조직의 기본적인 사항을 정하고 있으며, 따라서 지방자치단체는 법령의 범위 안에서 자치입법(조례・규칙・교육규칙) 또는 의결 기타 형식에 의하여 자기의 조직을 자주적으로 정할 수 있다.

자치조직권에 근거하여 현행법상 지방자치단체는 ① 조례로서는 지치구 아닌 구・읍・면・동・리의 명칭・구역의 변경・폐치・분합, 직속기관의 설치(소방기관・보건진료기관・시험연구기관 등), 사업소・출장소・합의제 행정기관・자문기관・지방공사・공단의 설치 등을 할 수 있으며, ② 규칙으로는 지방자치단체의 공무원 정원, 시·군·자치구와 자치구 아닌 구·읍·면·동의 행정기구, 읍·면·동·이장의 임명절차 등을 규정할 수 있다.

Ⅳ. 自治行政權

자치행정권이란 지방자치단체가 중앙의 간섭을 받지 아니하고 자기의 사무를 독자적으로 처리할 수 있는 권한을 말한다. 지방자치단체는 경제단체·사업단체로서 주민의 공공복리를 위하여 각종의 공기업·공공시설의 설치·경영 등 비권력적 사업을 그 주된 사업으로 한다. 그러나 그밖에도 이러한 공기업·공공시설의 설치·관리와 관련하여 부수적으로 일정한 범위에서 권력적 작용이 인정되고 있다. 권력적 작용에는 다음과 같은 것이 있다.

(1) 消防權

소방권은 원래 국가사무였으나 지방자치법 개정으로 광역자치단체(서울특별시· 광역시·도·특별자치도)의 자치사무로 되어 있으며, 서울특별시장·광역시장 또는 도지사의 지휘·감독을 받는 소방본부장 또는 소방서장이 소방업무를 수행한다(소방법 제3조 제1항·3항).

(2) 公用負擔特權

지방자치단체는 공기업 또는 공공시설의 관리·경영과 관련하여 사용자에게 사용료 또는 수수료를, 그리고 그 재산이나 공공시설의 수익자에게 분담금(수익자부담금)을 징수할 수 있는 외에, 공용제한·공용수용·공용환권 등의 특권을 가진다(토지보상법·토지구획정리사업법 등).

(3) 財政權

지방자치단체는 조세 기타 공과금 징수권 등 재정권을 가지는바, 이에 관해서는 다음의 자치재정권 부문에서 설명한다.

Ⅴ. 自治財政權

1. 槪說

지방자치단체는 그 자치사무의 수행에 필요한 경비와 단체위임사무처리에 필요한 경비를 지출할 의무를 지고 있으므로(지방자치법 제132조), 그 경비에 충당하기 위하여 지방자치단체는 스스로 필요한 세입을 확보하고 지출을 관리하는 권한을 가지는바, 이것을 자치재정권이라 한다.

2. 地方財政運營의 基本原則

(1) 健全財政의 運營

지방자치단체는 그 재정을 수지균형의 원칙에 따라 건전하게 운영하여야 하고, 국가는 지방재정의 자주성과 건전한 운영을 조장하여야 하며, 국가의 부담을 지방자치단체에 전가하여서는 아니된다(제122조).

(2) 國家施策의 具現

지방자치단체는 국가시책의 구현을 위하여 노력하여야 하며, 이를 위하여 소요되는 경비에 대한 국고보조율과 지방비부담율은 법령으로 정한다(제123조).

3. 地方自治團體의 收入

지방자치단체의 수입은 크게 세수입과 세외수입으로 구분되며, 세외수입은 다시 사용료·수수료·분담금·과태료 등 협의의 세외수입과 보조금·교부금 등으로 구분된다.

(1) 地方稅

1) 意義

지방자치단체가 자치상 필요한 경비를 충당하기 위하여 법률(지방세법)이 정하는 바에 따라 주민에게 부과하는 조세이며, 이 지방세는 지방자치단체의 가장 중요한 재원이다.

2) 法的 根據

지방세도 역시 조세이므로 헌법상의 조세법률주의가 적용된다. 조세법률주의는 과세의 요건·부과·절차 등을 법률로 정하여야 함을 의미한다. 헌법상의 조세법률주의 규정에 근거하여 지방세법은 지방세의 종류·과세요건·부과징수절차 등을 상세히 규정하고 있고, 조례로도 지방세에 관하여 필요한 사항을 정할 수 있게 하였으나, 실제로는 국가의 법인 지방세법과 그 시행령·시행규칙에서 대부분을 정해놓고 있어서 조례는 극히 경미한 절차적 세부사항만 규정하고 있는 실정이다.

3) 地方稅의 種類

지방세는 과세주체에 따라 서울특별시세·광역시세·도세와 시세·군세·자치구세로 분류되며, 과세목적에 따라 보통세와 목적세로 분류된다.

4) 地方稅의 賦課·徵收 및 異議申請

사용료·수수료 또는 분담금은 공평한 방법으로 부과하거나 징수하여야 하며, 사용료·수수료 또는 분담금의 징수는 지방세 징수의 예에 따른다.

사용료·수수료 또는 분담금의 부과나 징수에 대하여 이의가 있는 자는 그 처분을 통지받은 날부터 90일 이내에 그 지방자치단체의 장에게 이의신청할 수 있으며, 지방자치단체의 장은 이의신청을 받은 날부터 60일 이내에 이를 결정하여 알려야 한다.

사용료·수수료 또는 분담금의 부과나 징수에 대하여 행정소송을 제기하려면 결정을 통지받은 날부터 90일 이내에 처분청을 당사자로 하여 소를 제기하여야 하며, 결정기간 내에 결정의 통지를 받지 못하면 그 결정기간이 지난 날부터 90일 이내에 소를 제기할 수 있다(제140조 참조).

(2) 狹義의 稅外收入

1) 使用料·手數料

사용료는 자치단체가 공공시설의 이용 또는 재산의 사용대가로 부과·징수하는 것을 말하고, 수수료는 지방자치단체가 특정인을 위한 사무를 행하는 경우에, 그 역무를 제공받는 자로부터 그 대가로 부과·징수하는 것을 말한다. 사용료의 예로는 시립주차장·운동장의 사용료와 도로·하천·공원의 점용허가의 대가로 부과하는 점용료 등이 있으며, 수수료의 예로는 각종 인·허가·

면허 · 등록수수료 각종 증명서발급수수료 등이 있다. 사용료 · 수수료의 징수에 관한 포괄적 근거규정은 지방자치단체에 규정되어 있으나(동법 제135조 · 제136조), 요금이나 징수절차에 관한 자세한 것은 조례로 정한다.

2) 分擔金

분담금은 지방자치단체의 재산 또는 공공시설로부터 주민의 일부가 특히 이익을 받을 때, 그 이익을 받은 자에 대하여 그 이익의 범위 안에서 부과 · 징수하는 금전을 말한다(제138조). 분담금의 부과는 수익자의 수익의 한도를 넘어서 징수할 수 없고, 도시계획세 · 공공시설세 등의 목적세와 같은 성질의 것이므로 분담금과 목적세를 이중으로 징수할 수 없다. 분담금의 징수에 관한 사항은 조례로 정한다(제139조 제1항). 그 징수절차는 지방세 징수의 예에 의하며, 그 부과 · 징수에 대하여 이의가 있는 자는 이의신청 및 행정소송을 제기할 수 있다. 그 절차는 사용료 · 수수료의 경우와 같다.

3) 過怠料

과태료는 행정질서를 유지하기 위하여 과하는 벌과금(행정질서벌)으로서, 지방자치단체는 조례로써 조례위반행위에 대하여 1천만원 이하의 과태료를 징수할 수 있는 일반적 규정(제27조) 이외에 사기 기타 부정한 수단으로 사용료 · 수수료 · 분담금의 징수를 면한 자에 대하여서는 그 징수를 면한 금액의 5배 이내의 과태료, 그리고 공공시설을 부정 사용한 자에 대하여는 50만원 이하의 과태료에 처하는 벌칙을 조례로 정할 수 있다(제139조 제2항).

4) 事業收入

사업수입이란 지방자치단체의 재산 및 공공시설이외의 사업에서 생기는 수입을 말한다(시내버스운행사업 등).

5) 雜收入

잡수입이란 타인으로부터의 기부에 의한 기부금(기부채납에 의한 수입), 재산의 매각대금, 복권수입, 공과금징수의 수탁에 따른 징수교부금 등을 말한다.

(3) 地方交付稅・地方讓與金・補助金

1) 地方交付稅

지방교부세는 지방자치단체의 운영에 필요한 재원을 교부하여 그 재정을 조성함으로써 지방행정의 건전한 발전을 도모하기 위하여 국가가 재정적 결함이 생긴 지방자치단체에 교부하는 금액을 말한다. 국가는 원칙적으로 매년 내국세 총액의 100분의 15를 지방교부세로 교부하여야 하는바, 지방교부세는 그 교부목적의 특정여부에 따라 보통교부세와 특별교부세로 구분된다.

2) 地方讓與金

지방양여금이란 지방재정의 확충을 위하여 국세수입의 전부 또는 일부를 지방자치단체에 양여하는 것을 말한다. 국세와지방세의조정등에관한법률은 국세의 수입 중 주세의 전액, 교통세의 1000분의 142의 금액을 지방자치단체에 양여할 것을 규정하고 있으며(제5조 제1항), 또한 교육세수입의 전액을 교육세법의 규정목적에 사용하기 위하여 지방자치단체에 양여하도록 하고 있다(제5조 제2항).

3) 補助金

보조금이란 국가 또는 상급지방자치단체가 자치단체의 재정의 적정을 도모하기 위하여 교부하는 금액을 말한다. 지방재정법은 국가나 상급지방자치단체는 시책상 필요한 때 또는 재정사정상 필요하다고 인정한 때에는 예산의 범위 안에서 보조금을 교부할 수 있다(지방재정법 제20조).

(4) 地方債 및 一時借入金

1) 地方債

지방채란 국채와 같은 공채의 일종이다. 지방자치단체는 지방자치단체의 항구적 이익 또는 비상재해복구 등의 필요가 있을 때에는 행정안전부장관의 승인을 받은 범위 안에서 지방의회의 의결을 거쳐 지방채를 발행할 수 있다(지방재정법 제8조).

2) 一時借入金

일시차입금이란 당해 회계연도의 일시적 자금부족을 보충하기 위하여 지방의회의 의결을 거쳐 금융기관 등에서 차입하는 금전이며, 그 차입금은 그 회계연도의 수입으로 상환하여야 한다(지방재정법 제11조).

4. 地方自治團體의 豫算・決算

지방자치단체의 예산・결산에 관하여는 지방자치법 제125조~제134조에 개괄적인 규정이 있으며 그밖에 지방재정법・지방공기업 등에 규정이 있으므로 이에 의하여야 한다. 지방자치단체의 장은 매 회계연도마다 예산안을 편성하여 의회에 제출하여 의결을 얻어야 한다.

교육・학예에 관한 예산・결산에 관하여서는 지방교육자치에관한법률에 특별규정을 누고 있다. 교육감은 예산을 편성하여 교육위원회의 심의・의결을 거쳐 지방의회에 제출하여야 하는데, 교육감의 동의 없이 교육위원회는 지출예산 각항의 금액을 증액하거나 새 비목을 설치할 수 없다(제42조・제43조).

제7절 地方自治團體의 機關

Ⅰ. 槪說

지방자치단체의 조직형태는 각국의 전통에 따라 다양하지만, 대체로 의결기능과 집행기능이 하나의 기관에 통합되는 기관통합형과 권력분립주의에 입각하여 위의 두 가지 기능을 각각 다른 기관에 분담시키는 기관대립형과 두 가지를 혼합한 절충형으로 나눌 수 있다.

우리 헌법 제118조 제1항은 「지방자치단체에 의회를 둔다」고 규정하여 헌법상의 필수기관으로서의 지방의회를 두며, 제2항에서는 「… 지방자치단체의 장의 선임방법 기타 지방자치단체의 조직과 운영에 관한 사항은 법률로 정한다」고 하여 집행기관으로서의 지방자치단체의 장에 대한 규정을 두고 있다.

Ⅱ. 地方議會

1. 地方議會의 法的 地位

(1) 住民代表機關

지방의회는 주민에 의해 선출된 의원으로 구성되므로 주민대표기관이라 할 수 있다. 다만 지방의회는 주민의 대표기관일 뿐, 지방자치단체의 대표기관이 되는 것은 아니다. 한편 지방자치단체의 대표기관은 자치단체의 장이다.

(2) 最高議決機關

지방의회는 당해 지방자치단체에서의 최고의결기관으로서의 지위를 가진다. 그 의결결과에 대해서는 지방자치단체의 장 기타 기관이 그에 기속된다. 다만, 지방자치단체의 교육에 관한 사항은 교육위원회의 의결이 시·도의회의 의결로 간주되므로 이 범위 안에서는 최고의결기관의 지위가 교육위원회로 이관된다.

(3) 自治立法機關

지방의회는 자치법규의 근간을 이루는 조례제정권을 가진 자치입법기관이다. 지방의회는 국회와 같은 의미의 의회는 아니며, 따라서 지방의회는 지방자치단체의 구성부분의 하나로서 지방자치단체의 장과 마찬가지로 지방자치단체의 행정기관의 지위를 가지고 있다.

(4) 監視·統制機關

지방의회는 집행기관에 대한 감시·통제기관으로서의 지위도 가진다. 이에 따라 지방의회는 행정사무에 대한 사무감시·조사권, 자치단체의 장과 관계공무원에 대한 서류제출 및 출석·답변요구권, 예산의결 및 결산승인권을 가진다.

(5) 行政機關性 問題

지방의회는 주민의 대표기관으로서 입법기관이라는 견해와 지방의회의 자치입법권을 '행정권의 일부'로 보아 행정기관으로서의 성질을 가진다고 보는 견해가 대립한다. 생각건대, 조례제정권을 가지는 지방의회는 그 한도에서 입법기관의 지위에 있는 것이다. 그럼에도 불구하고 지방의회는 본질적으로 행정기관으로서의 성질을 가진다고 보겠다. 왜냐하면 지방자치단체의 자치권의 본질을 고유권으로 보는 고유권설을 취하지 않는 한, 지방자치도 지방행정의 하나의 실현형태에 불과한 것이고, 지방자치단체도 행정권의 일부를 구성하는 것으로 보아야 할 것이기 때문이다.

2. 地方議會의 構成

(1) 地方議會의 構成

지방의회는 선거일 현재 19세 이상인 국민으로서 선거공고일 현재 당해 지방자치단체의 관할구역 안에 주민등록이 된 주민의 보통·평등·직접·비밀선거에 의하여 선출된 의원으로 구성된다(지방자치법 제31조, 공직선거법 제15조).

지방자치법은 시·도의회의 구성방식과 자치구·시·군의회의 구성방식을 달리하고 있다. 시·도의회는 지역구를 단위로 하여 주민에 의하여 직선되는 지역구의원과 시·도 단위로 선출되는 비례대표의원으로 구성된다. 그러나 자치구·시·군의회는 오로지 지역구를 단위로 하여 주민에 의하여 직선되는 지역구의원만으로 구성된다(공직선거법 제20조 제1항·2항).

(2) 地方議會 議員의 任期

지방의회 의원의 임기는 선거에 의하여 선출된 지방의회의원으로서의 지위를 누리는 기간을 의미한다. 현행 지방자치법은 지방의회 의원의 임기를 4년으로 하고 있다(제32조).

(3) 報酬

지방의회의원은 ① 의정 자료를 수집하고 연구하거나 이를 위한 보조 활동에 사용되는 비용을 보전하기 위하여 매월 지급하는 의정활동비,[21] ② 본회의

---

21) "지방의회의원에 대한 회기수당의 지급요건으로서의 '회기'는 정례회 및 임시회의 회기만을 의미하는 것이라고 해석함이 상당하므로, 행정사무조사특별위원회가 지방자치법 제53조의 규정에 의하여 폐회 중에도 본회의의 의결이 있거나 의장이 필요하다고 인정할 때, 재적위원 3분의 1 이상의 요구 또는 지방자치단체의 장의 요구가 있는 때에 한하여 개회할 수 있고, 같은 법 제36조의 규정에 의하여 본회의 의결로 활동기

의결, 위원회의 의결 또는 의장의 명에 따라 공무로 여행할 때 지급하는 여비, ③ 지방의회의원의 직무활동에 대하여 지급하는 월정수당을 지급받는다(제33조 제1항).

(4) 地方議會 議員의 法的 地位

1) 權利

지방의회의원은 ① 의정활동비 · 여비 · 회의수당과 회기중에 직무로 인하여 신체에 상해를 입거나 사망한 때와 그 상해 또는 직무로 인한 직병으로 사망한 때에 보상금을 지급받을 수 있으며(제33조, 제34조), ② 의장 · 부의장 위원회위원 등 기관의 선거권과 피선거권을 가지며(제48조, 제56조), ③ 의안을 발의하고 질문 · 발언 · 표결 등 의사에 참여할 수 있는 권리를 갖는다(제42조, 제64조, 제66조 등 참조).

2) 義務

지방의회의 의원은 직무수행상 공익우선의무 · 청렴의무 · 지위남용금지의무 등을 지며(지방자치법 제36조), 국회의원 · 다른 지방의회의원 · 공무원 · 정부투자기관과 지방공사의 임 · 직원 등의 직을 겸할 수 없는 겸직금지의무(제35조 제1항)를 지며, 당해 자치단체와 영리목적의 거래를 할 수 없다(제35조 제5항).

3. 地方議會의 權限

(1) 議決權

지방의회는 지방자치단체의 의결기관이므로 의결권은 그 기본적 권한에 속한다. 지방자치법 제35조는 지방의회의 의결사항으로서 지방자치단체의 주요

간을 부여받는 것이라 하더라도 그러한 사유만으로 '비회기 중의 회의 등 활동'을 정례회 및 임시회의 '회기 중의 활동'에 준하는 것이라거나 '회기 중의 활동'이라고 의제할 수는 없는바, 행정사무조사특별위원회가 비회기 중에 회의 등 활동할 경우 그 활동에 참석한 위원에게 참석 일수에 따라 수당을 지급할 수 있도록 한 조례안은 헌법 제117조, 지방자치법 제15조, 제32조 제1항 제3호의 규정에 위반되어 위법하고 이와 같은 경우에는 이 조례안에 대한 재의결은 전부 효력이 부인되어야 한다"(대판 2004.7.22, 2003추51)

사무를 열거하고 있다(열기주의). 즉, 조례의 제정・개폐, 예산의 심의확정, 결산의 승인, 지방세・사용료・수수료의 징수, 기금・중요재산・공공시설의 설치・운용, 청원의 수리・처리 등이다.

(2) 行政事務監査・調査權 등

지방의회는 매년 1회 시・도에 있어서는 10일 이내에, 시・구・자치구에 있어서는 7일 이내에 당해 특정사안에 관해서는 본회의의 의결로써 본회의 또는 위원회로 하여금 조사하게 할 수 있다. 조사의 발의는 그 이유를 명시한 서면으로 하여야 하고, 재적의원 3분의 1 이상의 연서가 있어야 한다(제41조 제1・2항).

지방의회는 본회의 또는 위원으로 하여금 매 회계연도마다 검사위원을 선정하여 자치단체의 출납・회계검사를 실시한다.

(3) 出席・答辯 및 書類提出要求權

지방의회 또는 그 위원회는 지방자치단체의 장 또는 그 공무원에 대하여 출석하여 답변할 것을 요구할 수 있으며, 안건심의와 관련된 서류의 제출을 요구할 수 있다(제40조).

(4) 請願의 審査・處理權

지방의회는 의원의 소개로 제출된 청원을 수리・처리할 수 있는데, 재판에 간섭하거나 법령에 위반되는 내용의 청원은 이를 수리하지 아니하고 각하한다. 청원의 내용이 자치단체의 장이 처리하는 것이 타당하다고 인정되는 것은 의견서를 첨부하여 지방자치단체의 장에게 이송한다. 이 경우 지방자치단체의 장은 그 청원을 처리하고 그 결과를 지체없이 지방의회에 보고하여야 한다(제75조～제76조).

(5) 承認權

지방의회는 지방자치단체의 장이 행한 선결처분에 대한 승인권을 가지고 있다. 장의 처분이 의회의 승인을 받지 못할 때에는 그 효력을 상실한다(제100조 제2항・3항).

(6) 自律權

지방의회는 그 조직·의원의 신분·운영 등에 관한 사항에 대하여 스스로 결정·규제할 수 있는 권한을 가진다. 의회의 자율사항으로는 ① 내부조직권, ② 의회운영권, ③ 의원자격심사 및 징계권, ④ 의장·부의장의 불신임권, ⑤ 의원경찰권 등이 있다.

4. 地方議會의 會議

(1) 정례회

지방의회의 회의는 정례회와 임시회로 나누어진다. 정례회는 매년 2회 개최되며, 정례회의 집회일 및 기타 운영에 관한 필요한 사항은 대통령령이 정하는 바에 따라 당해 지방자치단체의 조례로 정한다(제44조).

(2) 임시회

① 총선거 후 최초로 집회되는 임시회는 지방의회 사무처장·사무국장·사무과장이 지방의회의원 임기 개시일부터 25일 이내에 소집한다. ② 지방의회 의장은 지방자치단체의 장이나 재적의원 3분의 1 이상의 의원이 요구하면 15일 이내에 임시회를 소집하여야 한다. 다만, 의장과 부의장이 사고로 임시회를 소집할 수 없으면 의원 중 연장자의 순으로 소집할 수 있다. ③ 임시회의 소집은 시·도에서는 집회일 7일 전에, 시·군 및 자치구에서는 집회일 5일 전에 공고하여야 한다. 다만, 긴급할 때에는 그러하지 아니하다(제45조).

(3) 회기

회기란 지방의회의 개회로부터 폐회까지의 기간을 의미하며, ① 지방의회의 개회·휴회·폐회와 회기는 지방의회가 의결로 정한다. ② 연간 회의 총일수와 정례회 및 임시회의 회기는 해당 지방자치단체의 조례로 정한다(제47조).

Ⅲ. 地方自治團體의 長

1. 地方自治團體의 長의 地位

지방자치단체의 장으로 서울특별시에 서울특별시장, 광역시에 광역시장, 도에 도지사, 시에 시장, 군에 군수 그리고 자치구에 구청장 등이 있다. 이들은 지방자치단체의 집행기관의 장으로서 최고 집행기관으로서의 지위, 국가의 지방행정기관으로서의 지위, 지방자치단체의 대표기관으로서의 지위 등을 가진다. ① 지방자치단체의 최고집행기관으로서 당해 자치단체의 사무(자치사무·단체위임사무)를 관장·집행하고 당해 자치단체를 통할·대표하며(제101조), ② 국가의 지방행정기관으로서 지방자치단체의 장은 일정한 국가의 기관위임사무를 수임·처리하는바, 그 한도에서는 국가의 지방행정기관으로서 지위를 가지며, ③ 지방의회도 대표기관으로서의 지위를 가지지만, 그것은 지방의회가 정치적 의미에서 전체 지방이익을 대표한다는 의미이지만, 자치단체의 장은 법적으로 지방자치단체를 내부적으로 대표권을 가진다는 의미이다.[22]

지방자치단체의 장은 4년 임기로 주민이 직접 선출하며, 계속 재임은 3기에 한한다(제95조).

2. 地方自治團體의 長의 權限

(1) 統轄·代表權

지방자치단체의 장은 최고집행기관으로서 당해 지방자치단체를 통할하고 대표한다(제101조). 여기서 '대표한다'고 함은 지방자치단체의 장이 외부에 대해 행한 행위는 바로 당해 지방자치단체의 행위가 된다는 의미이며, '통할한다'고 함은 자치단체의 장이 당해 자치단체의 사무의 최종적 일체성을 유지한다는 의미이다.

(2) 事務의 管理·執行權

지방자치단체의 장은 당해 자치단체의 사무(자치사무·단체위임사무)와 법령에 의하여 자치단체의 장에게 위임된 사무(기관사무)를 관리하고 집행한다(제103조).

(3) 規則制定權

지방자치단체의 장은 법령 또는 조례가 위임한 범위 안에서 그 권한에 속하는 사무에 관하여 규칙을 제정할 수 있다(제23조). 규칙에 대한 위임은 개별

---

22) 김남진(Ⅱ), 141면.

적・구체적 위임만 가능하고 일반적인 위임은 인정되지 않는다. 규칙은 자치사무・단체위임사무뿐만 아니라 기관위임사무에 관하여서도 제정할 수 있다.

(4) 職員의 任用・監督權

지방자치단체의 장은 소속직원을 지휘・감독하고, 법령과 자치법규가 정하는 바에 따라 소속직원의 임면・교육훈련・복무 및 징계에 관한 사항을 처리하는 권한을 가진다(제105조).

(5) 行政監督權

1) 委任事務의 指導・監督

국가로부터의 기관위임사무 또는 단체위임사무에 관하여 시・도는 각 주무부장관의 지도・감독을 받고, 시・군・자치구는 제1차로 시・도지사의, 제2차로 각 주무부장관의 지도・감독을 받는다. 시・군・자치구가 시・도로부터 기관위임사무 또는 단체위임사무를 위임받은 경우 그 처리에 관하여 시・도지사의 지도・감독을 받는다(제170조).

2) 違法・不當한 處分의 是正命令

시・도지사는 시・군・자치구의 장의 명령이나 처분이 법령에 위반되거나 현저히 부당하여 공익을 해친다고 인정될 때에는 기간을 정하여 서면으로 시정을 명하고 그 기간내에 이행하지 아니할 때에는 이를 취소하거나 정지할 수 있다. 이 경우 자치사무에 관한 것은 법령위반에 한한다. 또한 그 취소・정지처분에 대하여 이의가 있을 때에는 당해 지방자치단체의 장은 취소・정지처분을 통보 받은 날로부터 15일 이내에 대법원에 제소할 수 있다(제172조).

3) 職務履行命令 및 代執行

지방자치단체의 장이 법령의 규정에 의하여 그 업무에 속하는 국가위임사무 또는 시・도의 위임사무(모두 기관위임사무를 말함)의 관리 및 집행을 명백히 해태하고 있다고 인정되는 때에는 시・도에 대하여는 주무부장관이, 시・군・자치구에 대하여는 시・도지사가 기간을 정하여 서면으로 그 이행할 사항을 명령할 수 있으며(직무이행명령), 그 기간내에 이를 이행하지 아니할 때에는 당해 자치단체의 비용부담으로 대집행을 하거나 행정・재정상의 필요한 조치를 할 수 있다(제170 제2항).

4) 下級行政機關의 指揮・監督

지방자치단체의 장은 소속 직속기관・사업소・출장소・읍・면・동 등의 하급행정기관을 지휘・감독한다.

(6) 行政機關設置權

지방자치단체의 장은 지방자치단체의 사무를 수행하기 위하여 소방기관・교육훈련기관・보건진료기관・시험연구기관・중소기업지도기관 등의 직속기관이나, 사업소・출장소・합의제행정기관・자문기관 등을 설치할 수 있다(제113조~제116조).

(7) 住民投票附議權

지방자치단체의 장은 지방자치단체의 폐치・분합 또는 주민에게 과도한 부담을 주거나 중대한 영향을 미치는 지방자치단체의 주요 결정사항 등에 대하여 주민투표에 붙일 수 있다. 주민투표의 대상・발의자・발의요건・기타 투표절차에 관해서는 따로 법률로 정한다(제13조의2).

3. 地方自治團體의 長과 地方議會와의 關係

(1) 地方議會의 地方自治團體의 長에 대한 關係

지방의회는 ① 최고의결기관의 지위에서 예산・결산 등 자치사무의 대부분의 중요사항에 대한 의결권, ② 자치입법기관으로서 조례제정권, ③ 감시・통제기관으로서 행정감사・조사권, 출석 및 서류제출요구권 등을 행사함으로써 자치단체의 집행기관을 구체적으로 통제할 수 있다.

지방의회의 이러한 권한은 지방자치단체의 장 및 집행기관에 대한 견제수단인 동시에 협동을 위한 장치로 볼 수 있다.

(2) 地方自治團體의 長의 地方議會에 대한 關係

지방자치단체의 장은 지방의회에 대하여 ① 의회에 출석하여 행정처리상황을 보고하거나 진술할 수 있는 의회출석・진술권, ② 의회로부터 조례안을 이송받은 때에 20일 이내에 이를 공포하는 조례안 공포권, ③ 재의요구권, ④ 선결처분권을 가진다.

4. 地方自治團體의 長의 補助機關 및 行政機構

(1) 補助機關

지방자치단체의 장의 보조기관으로서 특별시·광역시 및 특별자치시에 부시장, 도와 특별자치도에 부지사, 시에 부시장, 군에 부군수, 자치구에 부구청장을 두며, 그 정수는 ① 특별시의 부시장의 정수는 3명을 넘지 아니하는 범위에서 대통령령으로 정하며, ② 광역시와 특별자치시의 부시장 및 도와 특별자치도의 부지사의 정수는 2명(인구 800만 이상의 광역시나 도는 3명)을 초과하지 아니하는 범위에서 대통령령으로 정하며, ③ 시의 부시장, 군의 부군수 및 자치구의 부구청장의 정수는 1명으로 한다(제110조 제1항).

특별시·광역시 및 특별자치시의 부시장, 도와 특별자치도의 부지사는 대통령령으로 정하는 바에 따라 정무직 또는 일반직 국가공무원으로 보한다. 다만, 제1항제1호와 제2호에 따라 특별시·광역시 및 특별자치시의 부시장, 도와 특별자치도의 부지사를 2명이나 3명 두는 경우에 1명은 대통령령으로 정하는 바에 따라 정무직·일반직 또는 별정직 지방공무원으로 보하되, 정무직과 별정직 지방공무원으로 보할 때의 자격기준은 해당 지방자치단체의 조례로 정한다(제110조 제2항 이하 참조).

(2) 行政機構

지방자치단체는 그 사무를 분장하기 위하여 필요한 행정기구와 지방공무원을 둔다. 행정기구의 설치와 지방공무원의 정원은 인건비 등 대통령령으로 정하는 기준에 따라 그 지방자치단체의 조례로 정한다(제112조 제1항·2항).

Ⅳ. 特別機關

지방자치단체에는 지방의회와 지방자치단체의 장 이외에 의회 또는 장과의 관계에서 일정한 독립성을 가지고 특정사무를 처리하는 행정위원회적 성격을 가지는 기관들이 있는바, 현재 이에 해당하는 것으로는 지방공무원법에 의하여 설치된 인사위원회와 지방공무원소청심사위원회가 있다(지방공무원법 제7조 및 제13조).

1. 人事委員會

인사위원회는 각 지방자치단체에 임용권자(특별시장·광역시장·도지사·시장·자치구청장·교육감 등, 단 임용권을 위임받은 자는 제외되나, 시의 구청장과 지방자치단체의 장이 필요하다고 인정하는 소속기관의 장은 이에 포함된다)별로 둔다. 인사위원회는 위원 7명 이상 9명 이하로 구성하되, 제3항 각호에 따라 위촉되는 위원이 2분의 1 이상이어야 하고, 그 밖에 위원회의 구성에 관하여 필요한 사항은 대통령령으로 정한다(지방공무원법 제7조).

2. 地方訴請審査委員會

지방공무원의 징계 기타 그 의사에 반하는 불이익처분에 대한 소청을 심사·결정하기 위하여, 서울특별시·광역시·도에 임용권자별로 의결기관인 지방소청심사위원회 및 교육소청심사위원회를 둔다(제13조). 소청심사위원회의 결정은 처분행정청을 기속한다(제20조).

Ⅴ. 教育·學藝에 관한 特別機關

교육학예의 전문성과 자주성을 감안하여, 이 영역에 있어서는 지방자치단체의 기관인 지방의회 및 자방자치단체의 장과 별도의 특별기관이 필요하므로 지방자치법과 별도의 법인 '지방교육자치에관한법률'에 의하여 집행기관인 교육감과 의결기관인 교육위원회가 설치되어 있다.

지방교육자치에관한법률은 특별시·광역시·도에 교육·학예에 관한 사무의 심의·의결기관으로 교육위원회와 그 집행기관으로서 교육감을 설치하도록 하고, 교육위원회 및 교육감의 선출은 초·중등교육법에 의한 학교운영위원회 위원으로 구성된 선거인단에서 선출하도록 하고 있다(제62조).

1. 教育委員會

(1) 組織

교육위원회는 7인 내지 15인의 교육위원으로 구성하며, 시·도별 교육위원의 수는 인구, 지역적 특성 등을 고려하여 별표로 정하고 있는바, 서울특별시는 15인으로 한다(제57조 별표 1).

교육위원은 학교운영위원회 위원으로 구성된 선거인단에 의해 선출되며 그 선거인단의 통할·관리는 중앙선거관리위원회가 행한다(제51조·제62조). 교육위원은 명예직이며, 국회의원·지방의회의원 기타 일정한 공사의 직을 겸하지 못한다(제5조). 교육위원회의 의장과 부의장은 교육위원회에서 선출되며, 그 임기는 2년이다(제11조 제4항).

(2) 權限

교육위원회의 권한은 의결권으로서 교육·학예에 관한 다음 각호의 사항은 심의·의결한다. 즉, ① 시·도의회에 제출할 조례안, ② 시·도의회에 제출할 예산 및 결산, ③ 시·도의회에 제출할 특별부과금·사용료·수수료·분담금 및 가입금의 부과와 징수에 관한 사항, ④ 시·도의회에 제출할 기채안, ⑤ 기금의 설치·운용에 관한 사항, ⑥ 대통령령으로 정하는 중요재산의 취득처분에 관한 사항, ⑦ 대통령령으로 정하는 공공시설의 설치·관리 및 처분에 관한 사항, ⑧ 법령과 조례에 규정된 것을 제외한 예산의 의무부담이나 권리의 포기에 관한 사항, ⑨ 청원의 수리와 처리, ⑩ 외국지방자치단체와의 교류협력에 관한 사항, ⑪ 기타 법령이나 조례가 정하는 사항이다(제8조 제1항).

2. 敎育監

(1) 地位·選任

교육감은 시·도의 교육·학예에 관한 사무에 관하여 지방자치단체의 집행기관이며, 국가의 행정사무를 수임하여 처리하는 한도 안에서는 국가의 행정기관으로서의 지위도 가진다(제21조).

교육감은 주민의 보통·평등·직접·비밀선거에 따라 선출하며, 교육감의 임기는 4년으로 하며, 교육감의 계속 재임은 3기에 한한다(제21조, 제43조).

(2) 權限

교육감의 권한으로는 ① 통할대표권, ② 사무집행권, ③ 사무의 위임·위탁, ④ 교육규칙제정권, ⑤ 직원임용권, ⑥ 재의요구 및 제소권, ⑦ 선결처분권 등이 있다.

(3) 敎育監의 補助機關

교육감 밑에 특별시·광역시·도에 국가공무원으로 보하는 부교육감을 두며, 부교육감은 교육감의 추천과 교육과학기술부장관의 제청으로 국무총리를 거쳐 대통령이 임명한다(제40조). 부교육감은 교육감을 보좌하여 사무를 처리하며, 교육감이 사고가 있을 때에는 그 직무를 대리한다. 그 외에도 교육감 밑에 기타 필요한 보조기관을 두되, 그 설치·운영 등에 관하여 필요한 사항은 대통령령이 정한 범위 안에서 시·도의 조례로 정한다(제33조).

(4) 下級敎育行政機關

교육감의 하급교육행정기관으로 1 또는 2 이상의 시·군·자치구를 관할구역으로 하는 교육청을 두며, 교육청에 교육장을 두되 장학관으로 보하고, 그 임용에 관하여 필요한 사항은 대통령령으로 정한다(제36조).

교육장은 시·도의 교육·학예에 관한 사항 중 ① 공·사립의 유치원·초등학교·중학교·공민학교·고등공민학교 및 이에 준하는 각종 학교의 운영·관리에 관한 지도·감독, ② 기타 시·도의 조례로 정하는 사무를 위임받아 분장한다(제37조).

제8절 地方自治團體에 대한 國家의 關與

Ⅰ. 槪說

지방자치단체에 대한 국가의 관여는 ① 그 감독주체에 따라 입법적 관여, 사법적 관여, 행정적 관여로 나누어지고, ② 관여의 내용에 따라 공무원인사에 관한 관여, 조례·규칙의 제정에 관한 관여, 지방의회의 권한행사에 대한 관여, 장의 명령·처분에 대한 지도·감독, 지방행정의 감사 및 지방자치단체간의 분쟁조정 등이 있다.

Ⅱ. 立法的 關與

1. 法律에 의한 關與

입법부는 법률제정에 의하여 지방자치단체를 규율하고 있다. 헌법은 지방자치단체의 조직과 운영에 관한 사항을 지방자치단체의 자율에 맡기지 않고 법률을 정하도록 하고 있다(제118조). 이에 따라 지방자치단체의 조직에 대해서는 지방자치법과 지방교육자치에관한법률에서 정하는 바에 따르게 하고 있으며, 그 외에도 지방세법・지방재정법・지방공무원 등이 지방자치단체의 재정・인사 등에 관하여 규율하고 있다.

2. 行政立法에 의한 關與

행정부도 지방자치법 등 각 법률에서 위임을 받은 범위 내에서 대통령령・총리령・부령 등의 행정입법으로 지방자치단체에 관여하여 규율한다. 또한 행정부는 법령의 해석과 관련하여 예규 등에 의한 규율도 간과할 수 없는 수단이 되고 있다.

Ⅲ. 司法的 關與

1. 行政審判

① 감사원, 국가정보원장, 그 밖에 대통령령으로 정하는 대통령 소속기관의 장, ② 국회사무총장·법원행정처장·헌법재판소사무처장 및 중앙선거관리위원회 사무총장, ③ 국가인권위원회, 진실·화해를위한과거사정리위원회, 그 밖에 지위·성격의 독립성과 특수성 등이 인정되어 대통령령으로 정하는 행정청 또는 그 소속 행정청의 처분 또는 부작위에 대한 행정심판의 청구에 대하여는 ①②③의 행정청에 두는 행정심판위원회에서 심리・재결한다(행정심판법 제6조).

그리고 다음 각 호의 행정청의 처분 또는 부작위에 대한 심판청구에 대하여는 중앙행정심판위원회에서 심리・재결한다. 즉, ① 제1항에 따른 행정청 외의 국가행정기관의 장 또는 그 소속 행정청, ② 특별시장・광역시장・도지사・특별자치도지사(특별시·광역시·도 또는 특별자치도의 교육감 포함) 또는 특별시·광역시·도·특별자치도의 의회(의장, 위원회의 위원장, 사무처장 등 의회 소속 모든 행정청 포함), ③ 지방자치법에 따른 지방자치단체조합 등 관계 법률에 따라 국가·지방자치단체·공공법인 등이 공동으로 설립한 행정청. 다만, 제3항 제3호에 해당하는 행정청은 제외한다.

또한 다음 각 호의 행정청의 처분 또는 부작위에 대한 심판청구에 대하여는 시·도지사 소속으로 두는 행정심판위원회에서 심리·재결한다. 즉, ① 시·도 소속 행정청, ② 시·도의 관할구역에 있는 시·군·자치구의 장, 소속 행정청 또는 시·군·자치구의 의회(의장, 위원회의 위원장, 사무국장, 사무과장 등 의회 소속 모든 행정청 포함), ③ 시·도의 관할구역에 있는 둘 이상의 지방자치단체(시·군·자치구)·공공법인 등이 공동으로 설립한 행정청(행정심판법 제6조 참조).

2. 行政訴訟

(1) 抗告訴訟 및 當事者訴訟

항고소송은 지방자치단체의 장 등 행정청의 처분이나 부작위에 대하여 제기하는 소송이며, 취소소송·무효등확인소송·부작위위법확인소송이 있다.

당사자소송은 자치단체의 장 등 행정청의 처분 등을 원인으로 하는 법률관계에 관한 소송 그밖에 공법상의 법률관계에 관한 소송으로서 그 법률관계의 한쪽 당사자를 피고로 하는 소송이다.

(2) 民衆訴訟

현행 공직선거법에서 지방의회의원 또는 지방자치단체의 장의 선거의 효력에 관하여 선거소송제도가 인정되고 있는바, 지방의회의원 또는 장의 선거에 대하여 다툼이 있는 자(선거인·성낭·후보사)는 시·도시사 선거에 있어서는 대법원에, 지방의회의원 및 시·군·자치구의 장의 선거에 있어서는 관할 고등법원에 선거소송을 제기하여 그 효력을 다툴 수 있다(동법 제222조).

(3) 機關訴訟

1) 地方議會와 地方自治團體의 長 사이의 機關訴訟

지방의회 의결(조례안의 의결 포함)이 법령에 위반되거나 공익을 현저히 해한다고 판단될 때에는 시·도에 대하여는 행정안전부장관이, 시·군·자치구에 대하여서는 시·도지사가 해당 자치단체의 장에게 재의를 요구하게 할 수 있고 재의요구를 받은 자치단체의 장은 지방의회에 이유를 붙여 재의를 요구하여야 하는바, 재의결의 결과 재적의원과반수의 출석과 출석의원 3분의 2 이상의 찬성으로 전과 같은 의결을 하면 원래의 안이 확정된다. 그러나 재의결된 사항이 다시 법령에 위반된다고 판단될 때에는 지방자치단체의 장이 20일 이내에 집행정지결정신청과 함께 대법원에 제소할 수 있으며, 재소하지 아니한 때에는 감독관청이 직접 제소 및 집행정지결정을 신청하거나, 제소할 것을 지시할 수 있다(지방자치법 제172조).

2) 地方自治團體의 長과 國家機關사이의 機關訴訟

이에는 다음의 두 가지가 있다. 하나는 감독관청 또는 감독청의 취소·정지에 이의가 있을 때이고, 다른 하나는 직무집행명령에 이의가 있을 때 대법원에 제소하는 경우이다.

지방자치단체의 장의 명령·처분이 법령에 위반되거나 현저히 부당하여 공익을 해한다고 인정할 때(단, 자치사무는 법령위반에 한함)에는 시·도에 대하여서는 주무부장관이, 시·군·자치구에 대하여는 시·도지사가 지정을 명하고 기간내에 이를 이행하지 아니할 때에는 취소·정지할 수 있으며, 특히 자치사무에 관하여는 지방자치단체의 장이 그 취소·정지에 이의가 있는 때에는 15일 이내에 대법원에 제소할 수 있으며, 주무장관의 직무이행명령에 이의가 있을 때에는 지방자치단체의 장은 15일 이내에 대법원에 제소할 수 있다(동법 제170조).

3. 憲法訴訟

(1) 權限爭議審判

국가기관과 지방자치단체간 및 지방자치단체 상호간에 권한의 존부 또는 범위에 관하여 다툼이 있을 때에는 당해 지방자치단체는 헌법재판소에 권한쟁의심판을 청구할 수 있다(헌법재판소법 제61조 제1항).

(2) 憲法訴願審判

지방자치단체에 의한 공권력의 행사 또는 불행사로 인하여 헌법상 기본권을 침해받은 자는 헌법재판소에 헌법소원을 청구할 수 있다. 다만, 다른 법률상의 구제절차가 있는 경우에는 그 절차를 모두 거치지 않고는 헌법소원을 청구할 수 없다. 헌법재판소는 이러한 헌법소원에 의하여 지방자치단체의 위법한 공권력 행사를 통제할 수 있게 된다(동법 제68조·제75조).

Ⅳ. 行政的 關與

1. 關與機關

국가에 의한 지방자치단체의 행정적 관여에는 여러 가지가 있을 수 있다. 대통령, 국무총리 및 행정각부장관 등에 의한 관여가 이에 해당한다. 대통령은 행정권의 수반으로서 지방자치단체에 대한 최종적 감독기관이며, 대통령의 명을 받아 국무총리도 감독기관이 된다.

행정각부장관 기타 중앙행정기관은 그 소관사무와 관련된 지방자치단체의 사무(고유사무·위임사무)에 관하여 서울특별시·광역시와 도에 대하여 지도·감독권을 가지며, 상급지방자치단체의 장은 국가기관의 지위에서 그 구역내의 시·군·자치구에 대하여 지도·감독권을 가진다(지방자치법 제166조 내지 제167조). 그리고 행정안전부장관은 자치단체에 대한 일반적인 감독권을 가지며(정부조직법 제29조), 교육과학기술부장관은 교육·학예에 관한 집행기관인 교육감에 대한 감독권을 가진다(지방교육자치에관한법률 제49조). 또한 자치단체의 회계검사와 직무감찰에 관하여서는 감사원이 그 권한을 가진다(감사원법 제22조, 제24조).

2. 關與方法

(1) 命令·處分의 是正命令 및 取消·停止

① 자치사무에 관한 지방자치단체의 장의 명령·처분이 위법한 경우에는 주무부장관 또는 시·도지사가 그 시정을 명하고, 기간내에 이행하지 않을 때에는 그 명령 또는 처분을 취소정지할 수 있다.

② 기관위임사무·단체위임사무 등 위임사무에 관한 자치단체의 장의 명령·처분이 위법하거나 현저히 공익을 해하는 것인 때에는 그 시정을 명하고, 기간내에 시정하지 않을 때에는 이를 취소·정지할 수 있다(제169조 제1항).

그런데 여기서 주의할 것은 자치단체의 자치사무에 관한 명령·처분에 대한 감독관청의 취소·정지에 대하여 이의가 있을 때에는 당해 자치단체의 장은 대법원에 제소할 수 있으나, 위임사무에 대한 취소·정지에 대해서는 대법원에 제소할 수 없다는 점이다.

(2) 職務履行命令 및 代執行

지방자치단체의 장이 법령의 규정에 의하여 그 의무에 속하는 국가위임사무 또는 시·도 위임사무(기관위임사무)의 관리 및 집행을 명백히 해태하고 있다고 인정되는 때에는 시·도에 있어서는 주무부장관이, 시·군·자치구에 있어서는 시·도지사가 기간을 정하여 그 이행할 사항을 명령할 수 있으며(제170조 제1항), 그 기간 내에 이를 이행하지 아니할 때에는 당해 지방자치단체의 비용부담으로 대집행하거나 행정·재정상의 필요한 조치를 취할 수 있다(제170조 제2항). 그러나 지방자치단체의 장은 이 이행명령에 이의가 있는 때에는 이행명령의 집행정지결정신청과 함께 대법원에 제소할 수 있다(제170조 제3항).

(3) 命令·指示·指定 등

① 지방의회의 의결이 법령에 위반되거나 공익을 현저히 해친다고 판단되면 시·도에 대하여는 주무부장관이, 시·군 및 자치구에 대하여는 시·도지사가 재의를 요구하게 할 수 있고, 재의요구를 받은 지방자치단체의 장은 의결사항을 이송받은 날부터 20일 이내에 지방의회에 이유를 붙여 재의를 요구하여야 한다제172조 제1항). 지방자치단체의 장은 재의결된 사항이 법령에 위반된다고 판단되면 재의결된 날부터 20일 이내에 대법원에 소를 제기할 수 있다. 이 경우 필요하다고 인정되면 그 의결의 집행을 정지하게 하는 집행정지결정을 신청할 수 있다(동법 제3항).

② 시·도가 구성원인 지방자치단체조합은 행정안전부장관의, 시·군 및 자치구가 구성원인 지방자치단체조합은 1차로 시·도지사의, 2차로 행정안전부장관의 지도·감독을 받는다. 다만, 지방자치단체조합의 구성원인 시·군 및 자치구가 2개 이상의 시·도에 걸치는 지방자치단체조합은 행정안전부장관의 지도·감독을 받는다. 또한 행정안전부장관은 공익상 필요하면 지방자치단체조합의 설립이나 해산 또는 규약의 변경을 명할 수 있다(제163조).

(4) 事務會計監査

행정안전부장관이나 광역지방자치단체의 장은 지방자치단체의 자치사무에 관하여 서류·장부·회계를 감사할 수 있는 감사권을 가지며(제171조), 그밖에도 감사원은 지방자치단체의 회계를 검사하고(감사원법 제22조) 직무를 감찰할 수 있다(제24조).

(5) 承認

지방자치단체의 행위에 대하여 국가의 승인이 필요한 경우가 적지 아니한데, 이는 국가의 사전감독수단의 하나이다. 지방채기채·지방자치단체조합설립 등에 행정안전부장관의 승인이 그 예이다.

(6) 報告

사후감독의 일환으로 일정한 행위에 대하여 보고하도록 하는 것으로서, 규칙의 공포예정 15일전 또는 조례가 의회에서 의결되어 이송되어온 경우, 예산·결산이 의회의 의결 또는 승인을 얻은 경우 자치단체의 장은 행정안전부장관 등에게 보고하여야 한다.

(7) 懲戒處分 등

감사원은 지방공무원의 비위를 감찰하여 징계사유에 해당할 경우에는 소속 지방자치단체의 장에게 징계요구를 할 수 있으며(감사원법 제32조), 또한 감사결과 변상책임의 유무를 판정하고 그 직권으로 재심의를 한다(제36 내지 제40조).

(8) 紛爭調整

지방자치단체 또는 지방자치단체의 장 상호간에 분쟁이 있는 경우에는 행정안전부장관 또는 시·도지사는 원칙적으로 당사자의 신청에 의하여 이를 조정한다(지방자치법 제148조 이하 참조). 분쟁조정에 있어서는 행정안전부장관 또는 시·도지사는 관계중앙행정기관과의 협의를 거쳐 지방자치단체중앙분쟁조정위원회 또는 지방자치단체지방분쟁조정위원회의 의결에 따라 이를 행한다. 행정안전부장관 또는 시·도지사가 조정결정을 한 때에는 관계지방자치단체의 장은 그 결정사항을 이행하여야 한다.

이러한 절차로도 해결되지 아니하면 국무회의의 심의를 거쳐 국무총리 및 대통령이 이를 해결하고 궁극적으로는 헌법재판소의 권한쟁의심판에 의하게 된다.

제9절 地方自治團體 相互間의 關係

Ⅰ. 協力關係

지방자치법은 지방자치단체 상호간의 협력에 관하여 일반적인 협력의무규정을 두고 있는바, 제147조는 「지방자치단체는 다른 지방자치단체로부터 공동처리에 관한 요청이나 사무처리에 관한 협의·조정·승인·지원의 요청이 있는 때에는 법령의 범위 안에서 이에 협력할 의무가 있다」고 규정하고 있다. 따라서 이러한 지방자치단체 상호간의 협력의 방법으로는 사무위탁, 사무의 일부를 공동으로 처리하기 위한 행정협의회의 구성과 지방자치단체조합의 설립 등이 있다.

1. 事務委託

(1) 意義

사무위탁이란 자치단체 또는 그 장이 소관사무의 일부를 다른 자치단체 또는 그 장에게 위탁하여 처리하게 할 수 있는 제도이다. 이러한 사무위탁은 공법상계약으로서의 성질을 가지며,[23] 사무위탁은 소관사무의 일부에 대해서만 가능하다. 시·도 또는 그 장이 사무를 위탁하는 경우에는 행정안전부장관 및 중앙행정기관의 장에게, 시·군·자치구 또는 그 장이 위탁하는 경우에는 시·도지사에게 이를 보고하여야 한다. 사무를 위탁하고자 하는 경우에는 관계 자치단체와의 협의에 따라 규약을 정하여 고시하여야 한다(제151조).

(2) 事務委託規約

사무위탁에 관한 규약에는 ① 사무를 위탁하는 지방자치단체와 사무를 위탁받은 지방자치단체, ② 위탁사무의 내용과 범위, ③ 위탁사무의 관리와 처리방법, ④ 위탁사무의 관리 및 처리에 소요되는 경비부담 및 지출방법, ⑤ 기타

23) 김동희(Ⅱ), 125면; 김성수, 개별행정법, 431면; 박윤흔, 176면.

사무위탁에 관한 필요한 사항을 정하여야 한다.

2. 行政協議會

(1) 意義 및 構成

행정협의회란 2개 이상의 지방자치단체에 관련된 사무의 일부를 공동으로 처리하기 위하여 관계자치단체의 행정협의회를 구성하는 것이다. 이 경우에는 관계자치단체간의 협의에 따라 규약을 정하여 관계지방의회의 의결을 거친 다음 공고하여야 한다.

(2) 組織

행정협의회는 회장과 회원으로 조직되며, 규약이 정하는 바에 따라 관계지방자치단체의 직원 중에서 선임된다(제153조).

(3) 協議會規約

협의회의 규약에는 협의회의 명칭·처리할 사무·운영 및 경비부담 등에 관한 사항을 규정하여야 한다(제154조).

(4) 協議事項의 調整

행정협의회에서 합의가 이루어지지 아니한 사항에 대하여 관계 지방자치단체의 요청이 있는 때에는 시·도간의 협의사항에 대해서는 행정안전부장관이, 시·군·자치구간의 협의사항에 대하여서는 시·도지사가 이를 조정할 수 있다. 다만, 관계 시·군·자치구가 2개 이상의 시·도에 걸치는 경우에는 행정안전부장관이 이를 조정할 수 있다.

(5) 協議事務處理의 效力

행정협의회를 구성하는 관계지방자치단체는 협의회가 결정한 사항이나 행정안전부장관 또는 시·도지사가 조정한 사항이 있는 경우에는 이에 따라 그 사무를 처리하여야 하며, 행정협의회가 지방자치단체 또는 그 장의 명의로 행한 사무처리는 관계 지방자치단체 또는 그 장이 행한 것으로 본다(제157조).

3. 地方自治團體의 長 등의 協議體

지방자치단체의 장 또는 지방의회의 의장은 상호간의 교류와 협력을 증진하고 공동의 문제를 협의하기 위하여 시·도지사간, 시·도의회의 장간, 시장·군수·구청장간 또는 시·군·자치구 의회의장들 간에 전국적인 협의체를 설립할 수 있다. 협의체를 설립할 때에는 당해 협의체의 대표자는 이를 지체없이 행정안전부장관에게 신고하여야 한다. 협의체는 지방자치에 직접적인 영향을 미치는 법령 등에 관하여 정부에 의견을 제출할 수 있다. 협의체의 설립 신고와 운영 기타 필요한 사항은 대통령령으로 정한다(제165조).

4. 地方自治團體組合

(1) 意義 및 設立

지방자치단체조합이란 2개 이상의 지방자치단체가 하나 또는 둘 이상의 사무를 공동으로 처리하기 위하여 설립한 법인으로서, 특별지방자치단체의 일종이다.

2개 이상의 지방자치단체가 하나 또는 둘 이상의 사무를 공동으로 처리할 필요가 있을 때에 규약을 정하여 당해 지방의회의 의결을 거쳐 시·도는 행정안전부장관의 승인을, 시·군 및 자치구는 시·도지사의 승인을 얻어 지방자치단체조합을 설립할 수 있다(제159조).

(2) 組織 및 運營

① 조합에는 조합회의와 조합장 및 사무직원을 둔다(제160조). ② 조합회의는 규약이 정하는 바에 따라 조합의 중요사항을 심의·의결하고 조합이 제공하는 역무 등에 관한 사용료·수수료 또는 분담금을 조합의 구성원인 자치단체의 조례의 범위 안에서 정할 수 있다(제161조 제1항·2항). ③ 조합장은 조합을 대표하며, 조합의 사무를 통할한다. ④ 그밖에 조합의 운영에 관하여 필요한 사항은 조합의 규약으로 정하게 된다(제163조).

(3) 指導·監督

행정안전부장관은 시·도가 구성원인 조합과 구성원인 시·군·자치구가 2개 이상의 시·도에 걸치는 조합에 대하여 지도·감독을 행하며, 시·군·자치구가 구성원인 조합에 대하여서는 1차로 시·도지사가, 2차로 행정안전부장관이 지도·감독한다(제163조 제1항).

5. 地方公社·地方工團의 共同設立

지방공기업법에 의하면 지방자치단체가 상호간에 규약을 정하여 지방공사 또는 지방공단을 공동으로 설립할 수 있다고 규정하였다. 지방공사 등을 공동설립하고자 할 때에는 규약에 공사의 정관을 첨부하여 행정안전부장관의 설립인가를 받아야 한다(제50조·제96조).

Ⅱ. 紛爭의 調整

1. 紛爭調整委員會의 設置·構成

지방자치단체 상호간 또는 지방자치단체의 장 상호간에 분쟁이 있는 경우에는 다른 법률에 특별한 규정이 없는 한 행정안전부장관 또는 시·도지사가 당사자의 신청에 의하여 이를 조정할 수 있다. 즉 특별시·광역시·도 또는 그 장이 당사자인 경우에는 행정안전부장관이, 시·군·지치구 또는 그 장이 당사자인 때에는 특별시장·광역시장·도지사가 중앙행정기관의 장과의 협의를 거쳐 중앙 또는 지방분쟁조정위원회의 의결에 따라 조정하여야 한다(지방자치법 제147조 및 148조).

2. 節次·效力 등

행정안전부장관 또는 시·도지사가 조정의 결정을 한때에는 이를 서면으로 지체없이 관계 지방자치단체의 장에게 통보하여야 하며, 통보를 받은 지방자치단체의 장은 그 조정결정사항을 이행하여야 한다(제148조 제4항). 행정안전부장관 또는 시·도지사는 조정결정사항이 성실히 이행되지 아니한 때에는 당해 지방자치단체에 대하여 제170조의 규정을 준용하여 이를 강제적으로 이행하게 할 수 있다(제148조 제7항).

그러나 이러한 규정에 의하여서도 분쟁이 해결되지 아니할 경우에는 헌법에 의하여 국무회의의 심의를 거쳐 대통령이 조정하며, 궁극적으로는 헌법재판소의 권한쟁의심판을 청구할 수 있다(헌법 제111조, 헌법재판소법 제61조 이하).

3. 紛爭調整委員會의 運營 등

중앙분쟁조정위원회 및 지방분쟁조위원회는 각각 위원장을 포함한 11인 이내의 위원으로 구성한다. 분쟁조정위원회는 위원장을 포함한 위원 7인 이상의 출석으로 개의하고, 출석위원 3분의 2 이상의 찬성으로 의결한다.

위원장은 분쟁의 조정과 관련하여 필요하다고 인정되는 때에는 관계공무원, 지방자치단체조합직원, 또는 관계 전문가를 출석시켜 의견을 듣거나 관계기관 또는 단체에 대하여 자료 및 의견제출 등을 요구할 수 있다. 이 경우 분쟁의 당사자에게는 의견진술의 기회를 주어야 한다. 지방자치법이 정한 사항 이내에 분쟁조정위원회의 구성 및 운영 등에 관하여 필요한 사항은 대통령령으로 정한다.

제5장 公務員法

제1절 公務員의 概念과 種類

Ⅰ. 公務員의 概念

공무원이란 국가 또는 지방자치단체의 공무를 담당하는 자로서 그 기관의 구성자이지만 원칙적으로 법인격이 부인되는 국가기관자체와는 달라서 국가 또는 지방자치단체와 별개의 법인격체이므로 국가 또는 지방자치단체와 일정한 권리·의무관계를 형성한다.

공무원의 의의나 범위는 각 실정법상 그 내용을 달리하고 있는 경우가 많으므로 공무원의 범위를 일반적으로 획정할 수는 없고, 개별법에 따라 구체적으로 정할 수밖에 없다.

1. 廣義의 公務員

광의의 공무원은 국가 또는 지방자치단체의 공무를 담당하는 일체의 자를 의미한다. 헌법이 「공무원은 국민전체에 대한 봉사자이며, 국민에 대하여 책임을 진다」(제7조 제1항)라고 규정한 것은 이러한 의미의 공무원의 관념에 해당한다.

위와 같은 의미의 공무원은 국가나 지방자치단체에 의하여 임명되는 공무원뿐만 아니라 대통령·국회의원 등과 같이 선거에 의하여 취임하거나 국회의 동의를 요하는 공무원은 물론이고 계약에 의해 공무를 담당하는 자, 고용직 및 임시직 등 모든 공무담당자가 포함된다.

2. 狹義의 公務員

협의의 공무원이란 국가 또는 지방자치단체와 공법상의 특별권력관계(특별행정법관계)를 맺고 공무를 담당하는 기관구성자를 의미한다. 이러한 의미의 공무원은 보통 국가 또는 지방자치단체의 피용자로서의 지위를 가지고 있다는 점에 초점을 맞추어 이 관념을 국가·지방자치단체에 의하여 임명되어 그 공무에 종사하는 자로 파악한다. 공무원제도의 기본법이라 할 수 있는 국가공무원법이나 지방공무원법은 공무원의 개념을 정의하지 않고, 공무원을 경력직공무원과 특수경력직공무원으로 대별하고 있는 바, 경력직공무원이 협의의 공무원관념에 해당한다. 국가공무원법과 지방공무원법의 규정들은 대체로 이들에 관하여 규율하고 있다.

Ⅱ. 公務員의 種類

1. 國家公務員과 地方公務員

국가공무원과 지방공무원의 구분에 관해서는 학설의 다툼이 있으나,[24] 실무상으로는 선임주체(選任主體)에 따라 구분하고 있다.[25]

2. 經歷職公務員과 特殊經歷職公務員

국가공무원법 및 지방공무원법은 경력직공무원과 특수경력직공무원으로 대별하고 다시 전자를 일반직공무원 · 특정직공무원 · 기능직공무원으로 분류하고 있고, 특수경력직공무원은 다시 정무직공무원 · 별정직공무원 · 계약직공무원 · 고용직공무원으로 분류하고 있다.

(1) 經歷職公務員

경력직공무원이란 실적과 자격에 의하여 임용되고 그 신분이 보장되며 평생토록 공무원으로 근무하는 것이 예정되는 공무원 즉 직업공무원을 말한다. 그 종류로는 일반직 공무원, 특정직 공무원, 기능직 공무원이 있다(국가공무원법 제2조 제2항).

1) 一般職公務員

일반직공무원이란 기술 · 연구 또는 행정일반에 대한 임무를 담당하며 직군(학예 · 공안 · 행정직 등 15개) · 직렬(행정직군에 있어서의 일반행정 · 재무 ·

---

24) 국가에 대하여 근무의무를 지고 국가가 경비를 부담하면 그 공무원은 국가공무원이고, 지방자치단체에 대하여 근무의무를 지고 지방자치단체가 경비를 부담하면 그 공무원은 지방공무원이다(김철용(Ⅱ), 176면).

25) 김동희(하), 123면.

교육・사회・문화・홍보)별로 분류된다.

2) 特定職公務員

특정직공무원은 특수분야의 업무를 담당하는 공무원으로서 다른 법률이 특정직공무원으로 지정하는 공무원을 말한다. 각 개별법에 의한 법관・검사・외무공무원・경찰공무원・소방공무원・교육공무원・군인・군무원 및 국가정보원 직원 등이 이에 속한다.

3) 機能職公務員

기능직공무원이란 기능적인 업무를 담당하며 그 기능별로 분류되는 공무원을 말한다.

(2) 特殊經歷職公務員

특수경력직공무원이란 경력직공무원이외의 공무원을 말한다. 즉 비직업공무원을 말한다. 그 종류는 다음과 같다(국가공무원법 제2조 제3항).

1) 政務職公務員

정무직공무원으로는 ① 선거에 의하여 취임하거나 임명에 있어 국회의 동의를 요하는 공무원, ② 감사원의 원장・감사위원 및 사무총장, 국회의 사무총장・차장・의정연수원장 및 도서관장, 헌법재판소의 재판관・사무처장 및 차장, 중앙선거관리위원회의 상임위원・사무총장 및 차장, ③ 국무총리, 국무위원, 처의 처장, 각부의 차관, 청장(통계청장・기상청장・문화재청장・경찰청장 및 해양경찰청장과 중앙행정기관이 아닌 청의 장은 제외), 국무조정실장, 차관급상당이상의 보수를 받는 비서관, ④ 국가정보원의 원장 및 차장, 국가과학기술자문회의의 위원장, 중앙인사위원회의 위원장, ⑤ 기타 다른 법령이 정무직으로 지정하는 공무원 등이 있다.

2) 別定職公務員

별정직공무원은 특정한 업무를 담당하기 위하여 별도의 자격기준에 의하여 임용되는 공무원으로서 법령에서 별정직으로 지정하는 공무원이다. 이에는 ① 국회수석전문위원, ② 감사원 사무차장 및 특별시・광역시・도선거관리위원회의 상임위원, ③ 국가정보원 기획조정실장, 각급노동위원회 상임위원, 해양안전심판원의 원장 및 심판관, ④ 비서관·비서 기타 다른 법령이 별정직으로 지정하는 공무원 등이 있다.

3) 契約職公務員

계약직공무원은 국가와 계약에 의해서 일정한 기간 전문지식이 요구되는 특수업무에 종사하는 공무원이다.[26] 계약직공무원은 일반계약직공무원과 전문계약직공무원으로 구분된다.

4) 雇傭職公務員

고용직공무원은 단순한 노무에 종사하는 공무원이다.

(3) 適用法規

경력직공무원에는 국가공무원법·지방공무원법이 적용되는데 대하여 특수경력직공무원에는 원칙적으로 이들 법률이 적용되지 않는다(국가공무원법 제3조·지방공무원법 제3조). 그러나 특수경력직의 국가공무원·지방공무원에 대하여서도 보수·복무에 관한 규정은 적용되고(보수및복무에관한규정(대통령령)으로 정하는 특수경력직공무원에 대해서는 복무에 관한 규정 중 정치활동금지 및 집단행동금지 규정은 적용되지 않음), 또한 징계규정이 준용된다.

특수경력직공무원에 대해서는 그에 적용되는 특별법이 있는 경우가 많고(감사원법, 교육공무원법, 경찰공무원법, 법원조직법 등), 특수경력직국가공무원 중 별정직공무원·계약직공무원·고용직공무원의 인사에 관하여는 국회규칙·대법원규칙·헌법재판소규칙·중앙선거관리위원회규칙 또는 대통령령으로 정하며(국가공무원법 제2조 제4항), 특수경력직지방공무원 중 위에 해당하는 공무원의 인사에 관하여는 대통령령 또는 조례로 정하도록 되어 있다(지방공무원법 제2조 제4항).

---

26) "고용계약에 의하여 지방자치단체의 잡급직원 등으로 근무하다가 퇴직하고 그 다음날 지방공무원에 의한 고용직공무원으로 임용된 경우에 양자는 신분상 관계가 판이하여 그 고용관계가 계속된 것으로 볼 수 없고, 잡급직원으로서의 고용관계는 그 퇴직한 날 종료된 것으로 보아야 한다"

3. 正公務員과 準公務員

국가공무원법, 지방공무원법 등 공무원법이 정하고 있는 신분을 가지고 있는 공무원을 정공무원 또는 정규공무원이라 하고, 개별법에서 일정한 범위에서 정공무원의 신분에 준하는 취급을 하도록 규정되어 있는 자를 준공무원이라 한다. 대부분 정부투자기관의 임원과 일부의 직원이 이에 해당하지만, 공법인의 임·직원의 신분관계가 공무원에 준하여 되어 있어도 그 근무관계가 공법관계라 보기는 어렵고 사법관계에 속한다고 보아야 한다.

제2절 우리나라 公務員制度의 基本原則

Ⅰ. 序說

현대적 공무원제도는 그 존재목적이 국민을 위함에 있고, 현대사회의 고도의 전문화·기술화에 대응하여 전문적·직업적인 지식·경험·기술로 무장된 관료집단을 필요로 하므로 민주적 공무원제·직업적 공무원제가 그 근간으로 되어있다. 우리나라의 공무원제도 내지 공무원제도의 기본원칙도 민주적·직업적 공무원제도에 의해 특징지어진다.

Ⅱ. 民主的 公務員制度

1. 國民에 대한 奉仕

헌법이 명시하고 있는 바와 같이 공무원은 국민전체에 대한 봉사자이며, 과거의 관리와 같이 특정인에 대한 봉사자도 아니며 또한 집권당에 대한 봉사자도 아니다. 공무원은 국민전체에 대한 봉사자로서 국민전체의 이익(공익)을 위하여 근무하는 것이므로 그 한도에서는 일반근로자와는 달리 특별한 의무와 책임을 지고 기본권을 제한 받을 수도 있다(근로기본권·선거운동·입후보권 등).

2. 國民에 대한 責任

공무원은 주권자인 국민의 수임자이므로 ① 국민으로부터 위임받은 임무를 충실히 수행하지 못할 경우, ② 법을 위배한 경우 등에는 그에 대한 정치적·법적책임을 진다. 정치적 책임은 주로 선거를 통해 묻게 되며, 법적책임은 공무원이 직무상 불법행위를 하였을 때 민사책임·형사책임·공무원법상의 징계책임을 진다.

3. 公務擔任의 機會均等

헌법은 국민의 공무담임권을 기본권으로 보장하고 있으며(제25조), 또한 「누구든지 성별·종교 또는 사회적 신분에 의하여 … 모든 영역에 있어서 차별을 받지 아니한다」(제11조 제1항)라고 규정하고 있다.

Ⅲ. 職業公務員制度

헌법은 「공무원의 신분과 정치적 중립성은 법률이 정하는 바에 의하여 보장된다」(제7조 제2항)라고 규정하여 직업공무원제도를 채택하고 있다. 직업공무원제도는 신분보장과 정치적 중립성의 요소이외에 성적주의·능률성 등을 들 수 있다.

1. 身分保障

공무원의 신분보장은 직업공무원제의 핵심적 요소이다. 그런 이유로 헌법은 「공무원의 신분 … 은 법률이 정하는 바에 의하여 보장된다」(제7조 제2항)고 규정하고 있으며, 국가공무원법 등 각종의 공무원법이 그 내용을 구체화하고 있다.

2. 政治的 中立性

헌법은 공무원의 신분보장과 더불어 '정치적 중립성'의 보장을 규정하고 있는바, 이는 정권의 교체에도 불구하고 공무원의 지위가 인정되고 행정의 능률성을 보장하기 위해서는 공무원의 정치적 중립성이 전제되어야 하기 때문이다. 이러한 원칙에 따라 공무원의 일정한 정치운동 및 집단행위가 금지되어 있다(국가공무원법 제65조 · 제66조, 지방공무원법 제57조 · 제58조 등).

3. 成績主義

① 성적주의란 공무원의 임명 등 인사행정에 있어 정치적 고려나 정실을 배제하고 오직 공무원의 능력, 즉 성적을 기초로 하여야 한다는 원칙이다. 각종의 법률이 「공무원의 임용은 시험성적 · 근무성적 기타 능력의 실증에 의하여 행한다」고 규정하고 있다(국가공무원법 제26조, 지방공무원법 제25조, 교육공무원법 제10조 등).

② 직위분류제는 직업공무원제의 필수적 요소는 아니지만 성적주의를 실현하는데 기여할 수 있는 제도이다. 국가공무원법상 직위분류제란 1인의 공무원에게 부여할 수 있는 직무와 책임(양자를 합하여 직위라 한다)을 그 직위를 담당할 특정인과는 상관없이 직무의 종류 · 곤란성 · 책임도 및 자격요건에 따라 직렬 및 직위별로 분류하는 제도이다(제22조). 동일직급에 속하는 직위에 대하여 동일한 자격요건이 필요하고 동시에 동일한 보수가 지급되는 인사제도이다.

③ 직위분류제와 달리 사람을 중심으로 학력 · 경력 · 능력을 기본으로 하여 공무원을 계급으로 분류한 제도가 계급제(계층제)인바, 신분상의 자격 · 지위에 중점을 둔다. 직위분류제와 계층제 중 어느 것이 직무수행의 능률을 높이는데 더 효과적인가는 일률적으로 말하기 어려운 면이 있다

4. 能率性의 擔保

직업공무원제도의 요소로서 능률성의 보장을 들 수 있다. 공무원으로 하여금 그 직무에 필요한 지식 · 기술 · 경험을 습득하게 하고, 그 직무를 의욕적이고 능률적으로 수행할 수 있게 하는 제도를 확보하는 것은 오늘날의 공무원제도에 있어 중요한 과제의 하나이다. 이러한 관점에서 국가공무원법 · 지방공무원법 등은 사회보장, 훈련, 근무성적평정, 제안제도, 경력평정, 특별승진, 고충처리 등 여러 제도를 규정하고 있다.

제3절 公務員關係의 發生·變更·消滅

Ⅰ. 公務員關係의 發生

공무원관계의 발생원인에는 ① 임명에 의하는 경우, ② 선거에 의하는 경우, ③ 법률의 규정에 의해 당연히 성립하는 경우(병역법에 의한 징집), ④ 계약에 의하는 경우(국가공무원법상 계약직공무원), ⑤ 사무위탁에 의한 경우(조세원천징수의무자) 등이 있다. 이중 임명에 의한 것이 가장 중요하고 보편적이다.

1. 任命의 意義 및 性質

(1) 任命의 意義

임명은 특정인에게 공무원으로서의 신분을 부여하며, 공법상의 근무관계를 설정하는 행위이다. 그러한 의미에서 임명은 공무원의 신분을 취득한 자에게 일정한 직위를 부여하는 행위, 즉 보직과 구별된다.

임명과 보직은 논리상 동시에 이루어지는 경우도 있고 그러하지 아니한 경우도 있다. 전자의 경우는 임관과 직위부여가 결합되어 있는 경우(예, 서기관에 임하는 행위를 하면서 A과장직에 보하는 행위)이고 후자는 임관과 직위부여가 분리된 경우(예, 서기관으로 임명한 후 A과장에 보직을 명하는 경우)이다.

(2) 任命의 性質

임명의 성질에 관하여서는 쌍방적 행정행위설과 공법상 계약설로 나누어져 있으나 다수설[27] 및 판례는 쌍방적 행정행위설을 취한다. 공무원의 임명행위는 임명주체인 국가와 공무원이 되고자 하는 자가 대등한 관계에서 공법상 계약으로 보기는 곤란하고 상대방의 협력을 요하는 행정행위(쌍방적 행정행위)로 보는 것이 타당하다. 그러나 보직행위는 국가의 일방적 행위이다.

27) 김도창(하), 237면; 김동희(Ⅱ), 141면; 박윤흔(하), 222면; 석종현(하), 192면.

2. 公務員의 任命權者

행정부소속의 공무원의 경우, 국가공무원의 임명권은 정부수반인 대통령에게(헌법 제78조), 지방공무원의 임명권은 지방자치단체의 장에게 있는 것이 원칙이다.

그러나 일반적으로 5급 이상의 일반직국가공무원의 경우는 소속장관의 제청으로 행정안전부장관과의 협의를 거쳐 국무총리를 경유하여 대통령이 임용하되, 1급 내지 3급의 경우에는 중앙인사위원회의 심의·의결을 거쳐야 한다(국가공무원법 제32조). 그 밖의 공무원의 임명에 있어서는 소속장관이 임용권을 가지되, 소속장관은 소속기관장에게 그 임용권의 일부를 대통령령이 정하는 바에 따라 위임할 수 있다(제32조 제3항).

일반직지방공무원의 경우, 임용권자는 지방자치단체의 장(교육감 포함)이며, 이 경우도 임용권자는 그 권한의 일부를 그 지방자치단체의 조례가 정하는 바에 의하여 보조기관 또는 소속기관의 장에게 위임할 수 있다(지방공무원법 제6조).

3. 任命의 要件

(1) 能力要件

일정한 결격사유에 해당하는 자는 공무원이 될 수 없다. 즉 공무원이 되기 위해서는 법정의 결격사유가 없어야한다. 국가공무원법(제33조)과 지방공무원법(제31조)이 규정하고 있는 결격사유로는 ① 금치산자 또는 한정치산자, ② 파산자로서 복권되지 아니한 자, ③ 금고이상의 형을 받고 그 집행이 종료되거나 집행을 받지 아니하기로 확정된 후 5년을 경과하지 않은 자, ④ 금고이상의 형을 받고 그 집행유예기간이 완료된 날로부터 2년을 경과하지 않은 자, ⑤ 금고이상의 형의 선고유예를 받은 경우에 그 선고유예기간중에 있는 자, ⑥ 법원의 판결 또는 다른 법률에 의하여 자격이 상실·정지된 자, ⑦ 징계에 의하여 파면처분을 받은 때로부터 5년을 경과하지 않은 자 및 징계에 의하여 해임된 날로부터 3년을 경과하지 않은 자이다.

그런데 위의 결격사유에 해당하는 자를 공무원으로 임용하는 행위는 무효로 보아야 하며,[28] 재직중에 결격사유가 발생할 때에는 당연 퇴직사유가 된다(국가공무원법 제69조, 지방공무원법 제61조).

(2) 成績要件(資格要件)

공무원의 임용은 능력요건을 갖춘 자 중에서도 일정한 자격요건을 갖추어야 한다. 그 자격은 시험성적·근무성적 기타 능력의 실증에 의한다(국가공무원법 제26조, 지방공무원법 제25조).

4. 任用節次

일반직공무원을 임명할 때에는 다음의 절차를 거쳐야 한다.

(1) 任用候補者名簿

시험실시기관의 장(행정안전부장관, 지방자치단체의 장)은 채용시험합격자를 채용후보명부에 등재하여야 하며, 임명권자는 이 명부에 의해 임용함을 원칙으로 한다. 임용후보자명부의 유효기간은 5급 이상의 경우는 5년이고, 기타의 경우는 2년의 범위 내에서 정하되 1년 이내로 더 연장할 수 있다(국가공무원법 제38조, 지방공무원법 제36조).

(2) 任用候補者의 推薦

시험실시기관의 장은 채용후보명부에 등재된 채용후보자를 국회규칙·대법원규칙·대통령령이 정하는 바에 따라 임용권자 또는 임용제청권자에게 추천하되, 공개경쟁합격자의 우선임용을 위하여 필요한 경우에는 국무총리의 명을 받아 행정안전부장관이 근무기관을 지정하여 채용후보자를 임용 또는 임용제청할 수 있다(국가공무원법 제39조 제1항).

(3) 試補任用

5급공무원을 신규채용하는 경우에는 1년, 6급 이하 공무원 및 기능직공무원을 신규채용하는 경우에는 6월의 기간 시보로 임용하고, 그 기간중에 근무성적이 양호한 경우에는 정규공무원으로 임용한다. 시보기간 중에는 공무원으로서 신분보장을 받지 못하며, 그 기간 중 근무성적 또는 교육훈련성적이 불

---

28) "경찰공무원법에 규정되어 있는 경찰관임용 결격사유는 경찰관으로 임용되기 위한 절대적인 소극적 요건으로서 임용 당시 경찰관임용 결격사유가 있었다면 비록 임용권자의 과실에 의하여 임용결격자임을 밝혀내지 못하였다 하더라도 그 임용행위는 당연무효로 보아야 한다"(대판 2005.7.28, 2003두469).

량한 때에는 면직시킬 수 있다(국가공무원법 제29조, 지방공무원법 제28조).

5. 任用의 形式 및 效力發生時期

임명은 임용장의 교부에 의하는 것이 원칙이다. 그러나 그것이 임용의 효력요건이 아니라 기존의 임명행위를 형식적으로 증명·표시하는 선언적·공증적 효력밖에는 없다고 보는 것이 일반적 견해이다. 공무원은 원칙적으로 임명장(임용장)에 기재된 날자에 임용된 것으로 보며(공무원 임용령 제6조 제1항), 소급임용은 원칙적으로 금지된다(동령 제7조).

Ⅱ. 公務員關係의 變更

공무원관계의 변경이란 공무원으로서의 신분을 유지하면서 공무원관계의 내용의 전부 또는 일부를 일시적 또는 영구적인 변경이 생기는 것을 말한다. 공무원관계의 변경의 종류로는 다음과 같은 것이 있다.

1. 昇進·轉職·轉補·復職

(1) 昇進

승진이란 동일직렬내의 상위직급에 임용되는 것을 말한다. 계급간 승진 임용은 근무성적평정·경력평정 기타 능력의 실증에 의한다. 다만, 1급 내지 3급 공무원에의 승진 임용에 있어서는 능력과 경력 등을 고려하고,[29] 5급공무원에의 승진은 승진시험에 의한다(국가공무원법 제40조 제1항).

(2) 轉職

전직이란 직렬을 달리하는 임용을 말하며, 시험을 거치는 것이 원칙이나 시험의 일부 또는 전부를 면제할 수 있다(국가공무원법 제28조의3, 지방공무원법 제28조의2). 전직의 예로는 행정사무관에서 외무사무관으로 임용되는 경

---

29) "4급 공무원이 당해 지방자치단체에 인사위원회의 심의를 거쳐 3급 승진대상자로서 결정되고 임용권자가 그 사실을 대내외에 공표까지 하였다면 그 공무원은 승진임용에 관한 법률상 이익을 가진 자로서 임용권자에 대하여 3급 승진임용 신청을 할 조리상의 권리가 있다"(대판 2008.4.10, 2007두1861).

우이다.

(3) 轉補

전보는 예컨대 A과 과장에서 B과 과장으로 발령하는 것과 같이 동일직급 내에서의 보직변경(직위변경)을 말한다. 전보는 정실인사로 악용될 소지가 있으므로 당해직위에 임용된 날로부터 1년 내에는 할 수 없음이 원칙이다(공무원임용령 제45조 제1항).

(4) 復職

복직이란 휴직·직위해제 또는 정직중에 있는 공무원을 원래의 직위에 복귀시키는 임용행위를 말한다. 휴직의 경우에는 복직이 보장된다(국가공무원법 제73조).

2. 休職·職位解除·降任

(1) 休職

휴직이란 공무원의 신분을 보유하면서 직무담임을 일시적으로 해제하는 행위이다. 휴직에는 공무원의 의사여하에 불구하고 임용권자가 행하는 직권휴직과 공무원 본인이 휴직을 원할 때 임용권자가 행하는 의원휴직이 있다. 휴직기간이 만료된 공무원은 30일 이내에 복직신고를 함으로써 당연히 복직된다(동법 제73조 제3항).

(2) 職位解除

1) 職位解除의 意義와 解除事由

직위해제는 공무원의 신분을 유지하면서 직무담당을 해제하는 행위이다. 공무원 본인의 무능력 등으로 인하여 그에 대한 제재적 의미를 가지는 보직의 해제행위이며, 복직이 보장되지 않는다. 직위해제의 사유로는 ① 직무수행능력이 부족하거나 근무성적이 극히 불량한 자, ② 징계의결이 요구중인 자, ③ 형사사건으로 기소중인 자 등이다.

2) 職位解除의 效力

직위해제를 받은 공무원은 직무에 종사할 수 없으며 출근도 할 수 없다.

직무수행능력이 부족하거나 근무성적이 극히 불량한 사유로 직위해제된 자에게 임용권자 또는 임용제청권자는 3월내의 기간 대기를 명하여, 능력회복이나 근무성적의 향상을 위한 교육훈련 또는 특별한 연구과제의 부여 등 필요한 조치를 하여야 한다(국가공무원법 제73조의2 제3항・제4항). 대기명령을 받은 자가 그 기간 중 능력향상이나 개전의 정이 없다고 인정할 때에는 징계위원회의 동의를 얻어 직권면직시킬 수 있다.

(3) 降任

강임이란 동일한 직렬 내에서 하위직급의 직위에 임명하거나, 하위직급이 없어서 다른 직렬의 하위직급에 임명하거나 고위공무원단에 속하는 일반직공무원을 고위공무원단 직위가 아닌 하위직위에 임명하는 것을 말한다(국가공무원법 제5조 제4호). 강임은 불이익처분이므로 본인의 의사에 반하여 할 수는 없는 것이 원칙이며, 단지 직제 또는 정원의 변경이나 예산의 감소에 의하여 직위가 폐지 또는 강등되었거나 본인이 동의한 경우에 한하여 할 수 있다(제73조의3의 제1항). 이 경우 강임된 자는 상위직급에 결원이 있을 때에는 시험없이 우선적으로 승임된다(제73조의3의 제2항).

3. 停職・減俸

정직・감봉은 징계의 일종으로 정직은 1월이상 3월 이하의 기간으로 하고, 정직처분을 받은 자는 그 기간 중 공무원의 신분은 보유하나 직무에 종사하지 못하며 보수의 3분의 2를 감하는 것을 말하고, 감봉은 1월 이상 3월 이하의 기간동안 보수의 3분의 1을 감하는 것을 말한다(제80조 제3항・4항).

Ⅲ. 公務員關係의 消滅

공무원관계는 공무원이 공무원으로서의 신분을 상실함으로써 소멸한다. 이와 같은 소멸원인에는 당연퇴직과 면직의 2종이 있다.

1. 當然退職

당연퇴직이란 일정한 사유의 발생으로 별도의 행위를 요하지 않고 당연히 공무원관계가 소멸하는 경우이다. 따라서 퇴직발령은 퇴직한 사실을 알리는 관념의 표시에 지나지 않으며, 행정행위(처분)의 성질을 가지지 않는다.[30] 판례도 같은 취지이다.

【판례】: 당연퇴직의 인사발령은 행정소송의 대상이 아님

「주한미군측의 고용해제 통보가 있었다면, 위 번역사들은 군무원관계를 소멸시키기 위한 임면권자의 별도 행정처분을 요하지 아니하고 임기만료로 당연퇴직하였으며, 국방부장관 등이 위 번역사들에 대하여 한 위 직권면직의 인사발령은 그 문언상의 표현에도 불구하고 법률상 당연히 발생된 퇴직의 사유 및 시기를 공적으로 확인하여 알려주는 관념의 통지에 불과할 뿐 군무원의 신분을 상실시키는 새로운 형성적 행위가 아니므로 항고소송의 대상이 되는 행정처분이라고 할 수 없다」(대판 1997.10.24, 97누1686).

당연퇴직사유는 ① 공무원법상 결격사유발생(단, 금고 이상의 형의 선고유예를 받은 경우에 그 선고유예기간에 있는 자는 제외), ② 사망·임기만료·정년, ③ 국적상실, 다만 조사적·자문적·교육적인 직무를 담당하는 직에는 외국인도 임명될 수 있다고 볼 것이므로, 그러한 직에 있는 공무원은 국적을 상실하여도 당연퇴직되지 않는다고 할 것이다.

2. 免職

(1) 依願免職

의원면직이란 공무원자신의 사의표시(본인의 사직원)에 의하여 공무원관계를 소멸시키는 행위이다. 그러나 사의표시만으로써 공무원관계가 소멸되는 것은 아니고 면직처분이 있기까지는 공무원관계가 유지된다. 따라서 면직처분이 있기 전에 사직원만 제출해 놓고 직장을 무단이탈하면 징계책임 및 형사책임의 원인이 될 수 있다. 의원면직은 공무원의 자유로운 사의표시를 전제로 하는 것이므로 강요로 인한 사의표시에 의한 면직처분은 위법한 것으로 취소 또는 무효사유가 된다.

의원면직의 한 형태로서 명예퇴직제가 있다. 명예퇴직이란 공무원으로서 20년 이상 근무한 자가 정년에 달하기 전에 자진퇴직하는 경우에 명예퇴직수

---

30) 김남진(Ⅱ), 206면; 김동희(Ⅱ), 149면; 홍정선(하), 297면.

당을 지급하는 제도이다.

(2) 一方的 免職

일방적 면직은 국가의 일방적 의사에 의하여 공무원관계를 소멸시키는 단독행위이다. 이에는 징계면직과 직권면직이 있다.

1) 懲戒免職

이는 징계로 면직시키는 것이며 파면과 해임의 두 가지 종류가 있다. 이는 징계처분이므로 징계절차를 거쳐 행해진다. 해임의 경우는 연금이 지급되는 점에서 파면과 다르다.

2) 職權免職

이는 임용권자가 직권으로 하는 면직처분이며 법정사유가 있는 경우에는 본인의 의사여하에도 불구하고 일방적으로 행해진다. 국가공무원법(제70조), 지방공무원법(제62조)에 그 사유가 열거되어 있다. 또한 근무성적평정결과 근무성적이 불량한 자는 직권면직시킬 수 있다.[31] 직권면직을 시킬 때에는 미리 관할 징계위원회의 의견을 들어야 한다. 다만 다음의 ③의 경우는 징계위원회의 동의를 얻어야 한다.

직권면직사유는 ① 직제와 정원의 개폐 또는 예산의 감소 등으로 폐직 또는 감원이 되었을 때, ② 휴직기간만료 또는 휴직사유가 소멸된 후에도 직무에 복귀하지 않거나 직무를 감당할 수 없을 때, ③ 직위해제로 대기명령을 받

31) "임용권자가 별정직 공무원을 직권면직함에 있어서도 자의는 허용되지 않고 객관적이고도 합리적인 근거를 갖추어야 할 것이지만, 별정직 공무원은 특정한 업무를 담당하기 위하여 경력직 공무원과는 별도의 자격 기준에 의하여 임용되는 공무원으로 지방공무원법 제7장의 '신분보장', 제8장의 '권익의 보장'의 규정이 적용되지 아니하고, 지방자치단체의 지방별정직 공무원의 임용 등에 관한 조례에서 '임용권자가 필요하다고 인정할 때'를 직권면직사유로 정하여 임용권자에게 광범한 재량권이 부여되고 있는 점에 비추어 보면, 별정직 공무원을 직권면직함에 있어 객관적이고도 합리적인 근거를 갖추었는지의 여부는 당해 직무를 별정직 공무원에게 담당하게 한 제도의 취지, 직무의 내용과 성격, 당해 별정직 공무원을 임용하게 된 임용조건과 임용과정, 직권면직에 이르게 된 사정 등을 종합적으로 고려해서 판단하여야 한다"(대판 2007.8.24, 2005두16598).

은 자가 그 기간중에 능력 또는 근무성적의 향상을 기대하기 어렵다고 인정될 때, ④ 전직시험에서 3회이상 불합격한자로서 직무수행능력이 부족하다고 인정할 때, ⑤ 징병검사 · 입영 또는 소집의 명령을 받고 정당한 이유없이 기피하거나 군복무로 휴직중인자가 재영 중 군무를 이탈한 때, ⑥ 당해직급에서 직무를 수행하는데 필요한 자격증의 효력이 상실되거나 면허가 취소되어 담당 직무를 수행할 수 없게 된 때이다.

Ⅳ. 不利益處分에 대한 救濟

징계처분 기타 본인의 의사에 반하는 불이익처분이나 행정청의 부작위에 대한 구제수단으로 행정심판의 일종인 소청과 소송이 있다. 행정심판법상의 행정심판이 일반적 행정심판이라면 국가공무원법의 소청은 이른바 특별행정심판이다. 소청심사위원회의 심사 · 결정을 거치지 않으면 행정소송을 제기할 수 없다.

교육공무원과 사립학교교원은 '교원의지위향상을위한특별법'(1991)에 의하여 교육과학기술부에 설치된 교원징계재심사위원회에 처분이 있음을 안날로부터 30일이내에 재심청구를 할 수 있다(교원의지위향상을위한특별법 제17조).

1. 訴請

(1) 訴請制度

1) 訴請의 意義

소청이란 공무원에 대한 권익침해의 처분이나 행정청의 부작위에 대해 불복하는 경우 소청심사위원회에 심사를 청구하는 행정심판이다.

2) 訴請審査委員會

소청심사위원회는 행정안전부에만 설치되어 있는 것이 아니라 국회 · 법원 · 헌법재판소 및 선거관리위원회소속공무원의 소청에 관한 사항을 심사결정하게 하기 위하여 국회사무처 · 법원행정처 · 헌법재판소사무처 및 중앙선거관리위원회사무처에 각각 당해 소청심사위원회를 둔다(국가공무원법 제9조 제2항).

행정안전부에 두는 소청심사위원회는 일정한 자격자 중에서 행정안전부장관의 제청으로 대통령이 임명하는 5인 이상 7인 이내의 상임위원으로 구성되며 위원은 강한 신분보장을 받는다. 위원의 임기는 3년이고 1차에 한하여 연임될 수 있다(제10조 제2항).

3) 訴請事項

소청의 대상은 징계처분·강임·직위해제·면직처분 기타 본인의 의사에 반하는 불리한 처분이다(국가공무원법 제75조, 소청절차규정 제2조). 여기서 '본인의 의사에 반하는 불리한 처분'이 무엇을 의미하느냐가 문제되는바, 의원면직의 형식에 의한 면직, 대기명령, 전보, 전직, 경력평정, 당연퇴직, 복직청구, 봉급청구 등이 예시되고 있다.

4) 訴請節次

(가) 提起

징계처분·강임·휴직·직위해제 또는 면직처분을 행할 때에는 공무원에게 처분사유설명서를 교부하여야 하는데, 이 경우는 그 설명서를 받은 날로부터 30일 이내에 기타 불리한 처분의 경우에는 그 처분이 있음을 안 날로부터 30일 이내에 소청을 제기할 수 있다(국가공무원법 제76조 제1항). 사유설명서의 교부가 없으면 그 처분은 무효가 되는가에 관하여 판례는 소극적이고, 사유설명서의 교부가 소송서류의 송달로 보아 민사소송법상(제161조~제165조)의 송달방법에 의한 것인가에 관하여 역시 판례는 소극적이다.

(나) 審査

소청심사위원회는 소청을 심사함에 있어 필요한 경우에는 검증·감정 기타 사실조사 또는 증인을 환문(喚問)하거나 관계서류의 제출을 명할 수 있고, 소속직원으로 하여금 사실조사를 하게 하거나 전문가에게 검정 또는 감정을 의뢰할 수 있다(동법 제12조). 소청을 심사할 때에는 반드시 소청인 또는 그 대리인에게 진술의 기회가 주어져야 하며 이를 거치지 않고 한 결정은 효력이 없다(동법 제13조). 인사행정의 적정성보장이라는 공익성을 고려하여 심리에 있어 불고불리의 원칙은 적용되지 않으나, 징계의 원인 또는 소청의 원인이 된 사실이외의 사실에 대하여 심리하지 못한다(소청절차규정 제14조).

(다) 決定

소청심사위원회의 결정은 위원회가 심사청구를 접수한 날로부터 60일 이내에, 가결정이 있을 경우에는 가결정을 한 날로부터 20일 이내에 최종결정을 하여야 하며,[32] 각 임용권자는 그 최종결정이 있을 때까지 후임자를 보충발령하지 못한다(동법 제76조 제4항·5항).

결정에는 각하·기각·취소 또는 변경·무효확인 및 의무이행결정 등이 있다. 변경은 소극적 변경인 일부취소에 한하지 않고 행정심판의 경우와 같이 적극적 변경, 즉 징계의 종류를 변경시키는 것도 가능하다 할 것이다. 예를 들면 파면을 감봉으로 변경시키거나 감봉처분을 견책처분으로 변경시키는 것이 그것이다.

(2) 再審請求制度

교육공무원과 사립학교 교원의 징계처분 기타 그 의사에 반하는 불리한 처분에 대한 재심을 하게 하기 위하여 교육과학기술부에 교원징계재심위원회를 둔다.

교원이 징계처분 기타 그 의사에 반하는 불리한 처분에 대하여 불복이 있을 때에는 그 처분이 있은 것을 안날로부터 30일 이내에 재심위원회에 재심을 청구할 수 있다. 이 경우에 재심청구인은 변호사를 대리인으로 선임할 수 있다(동법 제9조 제1항).

2. 行政訴訟

(1) 訴請決定에 대한 行政訴訟

소청을 제기한 자가 소청심사위원회의 결정에 불복이 있는 때에는 위법하다고 생각되는 경우에 한하여 위원회의 결정서의 송달을 받은 날로부터 90일 이내에 행정소송을 제기할 수 있다. 국가공무원법 제16조와 지방공무원법 제20조 제2항은 행정심판전치주의를 취하고 있으므로 행정소송을 제기하기에 앞서 소청심사위원회의 결정을 거쳐야하나, 소청제기 후 60일이 지나도 결정이

32) "소청심사위원회가 절차상 흠이 있다는 이유로 의원면직처분을 취소하는 결정을 한 후 징계권자가 징계절차에 따라 당해 공무원에 대하여 징계처분을 하는 경우에는 국가공무원법 제14조 제6항에 정한 불이익변경금지의 원칙이 적용되지 아니한다"(대판 2008.19.9, 2008두11860).

없거나, 그 결정을 기다림으로써 발생할 중대한 손해를 예방하기 위하여 긴급한 필요가 있는 때에는 결정을 거치지 아니하고 바로 행정소송을 제기할 수 있다(행정소송법 제18조 제2항).

(2) 再審決定에 대한 行政訴訟

교원의지위향상을위한특별법은 「교원은 재심위원회의 결정에 대하여 그 결정서의 송달을 받은 날로부터 60일 이내에 행정소송이 정하는 바에 의하여 소송을 제기할 수 있다」고 하여 교육공무원인 교원이나 사립학교교원의 경우의 불복절차를 규정하고 있다.

제4절 公務員의 權利

Ⅰ. 身分上의 權利

공무원의 신분상의 권리는 공무원의 신분과 직접 관계되는 권리로서 다음과 같은 것이 있다.

1. 身分保障權

헌법은 「공무원의 신분과 정치적 중립성은 법률이 정하는 바에 의하여 보장된다」(제7조 제2항)고 규정하였고, 이에 의거하여 국가공무원법은 「공무원은 형의 선고·징계처분 또는 이 법이 정하는 사유에 의하지 아니하고는 그 의사에 반하여 휴직·강임 또는 면직을 당하지 아니한다」(제68조)고 규정하고 있으며, 공무원에 대한 징계처분은 법정사유에 기하여 법정절차에 의하여서만 행할 수 있도록 하였다(동법 제78조 내지 제83조의3). 그러나 경력직공무원 중 1급공무원과 시보중에 있는 공무원, 그리고 특수경력직공무원은 신분보장을 받지 못한다.

2. 職位保有權

공무원은 법정사유(직무수행능력의 부족)가 있는 경우를 제외하고는 자기의 직위를 해제당하지 아니하며, 직위해제된 경우에도 그 해제사유가 소멸된 때에는 지체없이 직위를 부여받을 권리를 가진다.

3. 職務執行權(職務遂行權)

공무원은 그 직위에 속하는 직무를 방해받지 않고 수행할 권리를 가진다. 따라서 공무원의 공무집행을 방해하게 되면 공무집행방해죄를 구성한다.

4. 職名使用權·制服着用權

공무원은 직명(이사관·국장 등)을 사용할 권리를 가지며, 일정한 직에 있는 공무원(군인·경찰관·교도공무원·소방공무원·세관공무원 등)은 제복을 착용할 권리(이것은 동시에 의무이기도 함)를 가진다.

Ⅱ. 財産上의 權利

1. 報酬請求權

(1) 意義

공무원은 근로의 대가로서 보수청구권을 가진다. 여기서 보수란 봉급 기타 각종 수당을 합산한 액을 말한다. 공무원 보수의 성질에 관하여 보수가 공무원의 노동력에 대한 반대급부라고 보는 반대급부설과 공무원의 생활보장을 위한 생활자료라고 보는 생활자료설이 있으나, 국가공무원법은 「공무원의 보수는 일반의 표준생계비·민간의 임금 기타 사정을 고려하여 직무의 곤란성 및 책임의 정도에 적응하도록 계급별로 정한다」(제46조)고 규정하고 있다.

(2) 性質 및 讓渡·消滅時效

공무원의 보수청구권은 공무원관계에서 발생하는 권리이므로 공법상의 권리로 보아야 한다. 따라서 보수에 관한 분쟁은 공법상당사자소송에 의하여야 할 것이나, 현재의 소송실무상으로는 민사소송으로 다루고 있다. 보수청구권은 이를 양도하거나 포기할 수 없고, 보수에 대한 압류는 그 금액의 2분의 1에 대해서만 가능하고(민사소송법 제57조, 국세징수법 제33조), 보수청구권의 소멸시효는 5년이다(예산회계법 제96조, 지방제정법 제69조).

2. 年金請求權

(1) 意義 및 性質

① 공무원의 연금은 공무원이 일정기간 근무하고 퇴직 또는 사망하였거나, 공무로 인한 부상이나 질병으로 퇴직 또는 사망한 경우에 공무원 또는 그 유족에 지급되는 급여를 말한다.

② 연금은 질병·부상·퇴직 등의 이른바 사회적 위험에 대비한 급여라는 점에서 사회보장제도의 일환으로서의 성질을 가진다. 그러나 우리 공무원연금법상의 연금은 갹출금에 의거한 급여라는 점에서 엄격한 의미의 사회보장적 급여는 아니고 사회보험원리에 입각한 급여로서의 성질을 가진다 할 것이다.[33]

(2) 年金의 種類

연금은 단기급여와 장기급여로 나누어지는데, ① 단기급여는 공무원 요양비·공무상 요양일시금·재해부조금 및 사망조의금으로 구분되고, ② 장기급여는 퇴직급여·장해급여·유족급여로 나누어진다(공무원연금법 제34조·제42조). 이 밖에 국가유공자로서의 전몰군경·전상군경·순직공무원·공상공무원과 그 유족 등은 '국가유공자등예우및지원에관한법률'에 의한 예우를 받는다.

(3) 給與의 決定 등

① 각종급여는 그 급여를 받을 권리가 있는 당해 공무원이 자기소속 기관장의 확인을 얻어 신청하는 바에 의하여 행정안전부장관이 결정하고 공무원연금관리공단이 지급하는 것을 원칙으로 하는바, 현재 행정안전부장관의 결정권은 공단에 위탁되어 있다. 행정안전부장관의 결정은 확인행위의 성질을 가진다.

33) "공무원연금제도는 공무원이라는 특수직역을 대상으로 한 노후소득보장, 근로보상, 재해보상, 부조 및 후생복지 등을 포괄적으로 실시하는 종합적인 사회보장제도이므로, 공무원연금법상의 각종 급여는 기본적으로 모두 사회보장적 급여로서의 성격을 가짐과 동시에 공로보상 내지 후불임금으로서의 성격도 함께 가지며 특히 퇴직 연금수급권은 경제적 가치 있는 권리로서 헌법 제23조에 의하여 보장되는 재산권으로서의 성격을 가진다"(헌재 2005.6.30, 2004헌바42).

② 급여에 관한 결정 등에 이의가 있는 자는 행정안전부소속 공무원연금급여재심위원회에 심사를 청구할 수 있다. 그 심사청구는 결정(처분)이 있는 날로부터 180일, 그 사실을 안날로부터 60일 이내에 하여야 한다(동법 제80조).

③ 연금을 받을 권리는 원칙적으로 양도·압류하거나 담보에 제공할 수 없다. 다만, 대통령령이 정하는 금융기관에 담보로 제공할 수 있고, 국세징수법 등에 의한 체납처분의 대상으로 할 수 있다. 연금의 급여를 받을 권리는 그 사유가 발생한 날로부터 1년간, 장기급여는 5년간 이를 행사하지 않으면 시효로 소멸된다(동법 제81조).

3. 實費辨償請求權

공무원은 그 직무를 수행하기 위하여 특히 비용이 소요되는 경우에 그 실비(여비 등)를 국가 또는 지방자치단체에 대하여 실비변상을 청구할 권리를 가진다. 국내외 출장시의 그 운임·일비·숙박료 등의 청구권이 여기에 해당한다.

Ⅲ. 勞動運動에 관한 權利

공무원은 일반적으로 노동운동이 금지되어 있지만, 사실상 노무에 종사하는 공무원은 예외이다. 국가공무원으로서 '사실상 노무에 종사하는 공무원'은 지식경제부 및 철도청소속의 현업기관과 국립의료원의 직업현장에서 노무에 종사하는 기능직공무원 및 고용직공무원은 ① 서무·인사 및 기밀업무에 종사하는 자, ② 경리 및 물품출납사무에 종사하는 자, ③ 노무자의 감독사무에 종사하는 자, ④ 보안업무규정에 의한 보안목표시설의 경비업무에 종사하는 자, ⑤ 승용자동차 및 구급차의 운전에 종사하는 자 이며, 지방공무원으로서의 '사실상 노무에 종사하는 공무원'의 범위는 조례로 정한다.

Ⅳ. 公務員職場協議會에 의한 勞動環境改善 등의 請求

1. 協議會의 設立

국가기관·지방자치단체 및 그 하급기관에 근무하는 공무원은 근무환경개선·업무능률향상 및 고충처리 등을 위한 직장협의회(이하 '협의회'라 함)를 설립할 수 있다. 이 협의회는 기관단위로 설립하되, 하나의 기관에는 하나의 협의회만을 설립할 수 있다(공무원직장협의회의설립·운영에관한법률 제1조·제2조). 결국 '1직장 1협의회 원칙'을 취함으로써 복수협의회의 설립이나 협의회의 연합회 결성 등이 금지되는 셈이며, 이점이 노동조합과 그 성격을 달리하는 점이라 하겠다.

2. 加入範圍

협의회에 가입할 수 있는 공무원은 ① 6급 이하의 일반직공무원 및 이에 준하는 연구·특수기술직렬의 일반직, ② 특정직공무원 중 6급 이하의 외무공무원, ③ 기능직공무원·고용직공무원, ④ 6급이하의 일반직공무원에 상당하는 별정직공무원, ⑤ ①에 상당하는 별정직공무원을 그 범위로 한다. 다만, 국가공무원법·지방공무원법상 노동운동이 허용되는 공무원과 지휘·감독의 직책이나 인사·예산·경리·물품납부·비서·기밀·보안·경비 또는 자동차운전 기타 이와 유사한 업무에 종사하는 공무원은 협의회에 가입할 수 없다(동법 제3조).

3. 協議事項

협의회가 기관장과 협의할 수 있는 사항으로는 ① 당해 기관 고유의 업무, ② 업무능률사항, ③ 소속공무원의 공무와 관련된 일반적 고충, ④ 기타 기관의 발전에 관한 사항이다(동법 제5조).

V. 人事相談 및 苦衷審査請求權

공무원은 누구나 인사·조직·처우 등 각종의 직무조건 기타 신상문제에 대하여 인사상담이나 고충의 심사를 청구할 권리를 가진다. 심사청구를 할 경우 청구를 받은 중앙인사기관의 장·임용권자·인용제청권자는 이를 고충심사위원회에 부의하여 심사하게 하여야 한다(국가공무원법 제76조의2 제1항·제2항).[34]

---

34) 공무원의 고충심사제도는 공무원에게 근로3권의 계약에 대한 대상적 의미를 갖는다고 말하기도 한다(김남진(Ⅱ), 215면; 이상규(하), 224면.

제5절 公務員의 義務

Ⅰ. 槪說

오늘날의 공무원은 종래의 전통적인 특별관계이론에서와 같이 국가에 대한 권리는 부정되고 법적 근거도 없이 포괄적인 의무를 부담하는 근무관계도 아니다. 즉, 현대 민주국가에서의 공무원은 국가와의 관계에 있어서 권리의무관계인 법률관계이며, 기본적으로는 근로관계이다.

헌법은 공무원은 국민전체에 대한 봉사자라고 규정하고 있고, 이에 의거하여 공무원법은 공무원은 국민 또는 국민 전체의 봉사자로서 직무를 민주적이고 능률적으로 수행할 것을 규정하고 있는바, 이것은 공무원의 근무상의 기본원칙을 천명한 것이다.[35]

Ⅱ. 義務의 種類와 그 內容

1. 宣誓義務

공무원은 취임할 때에 소속기관장 앞에서 국회규칙·대법원규칙·헌법재판소규칙·중앙선거관리위원회규칙 또는 대통령령이 정하는 바에 따라 선서를 하여야 한다. 다만, 불가피한 사유가 있을 때에는 취임후에 선서를 하게 할 수 있다(국가공무원법 제55조).

2. 誠實義務

모든 공무원은 성실히 직무를 수행할 의무를 진다(국가공무원법 제56조). 성실의무는 공무원에게 부과된 가장 기본적인 중요한 의무로서 최대한으로 공

---

35) "공무원은 누구나 국가공무원법 제56조의 성실의무, 제57조의 복종의무, 제58조의 직장이탈금지의무가 있고, 공무원이 노동조합 전임자가 되어 근로제공의무가 면제된다고 하더라도 이는 노동조합 전임자로서 정당한 노동조합의 활동에 전념하는 것을 보장하기 위한 것에 그 의미가 있으므로, 노동조합 전임자인 공무원이라 하여도 정당한 노동조합활동의 범위를 벗어난 경우까지 국가공무원법에 정한 위 의무들이 전적으로 면제된다고 할 수는 없다"(대판 2008.10.9, 2006두13626).

공의 이익을 도모하고 그 불이익을 방지하기 위하여 전인격과 양심을 바쳐서 성실히 직무를 수행하는 것이다. 성실의무위반 여부의 판단이 용이한 것은 아니지만 국가공무원법에 성실의무가 규정되어 있는 이상 단순히 정치적·윤리적 의무가 아니라 법적인 의무로 보아야 한다. 따라서 사회의 건전한 법감정과 상식의 기준에 따라서 볼 때 지극히 불성실하게 직무를 집행하는 경우(예컨대 상습적인 지각, 근무시간의 음주행위 등)는 징계의 대상이 된다고 보아야 할 것이다(국가공무원법 제78조 제1항 제2호).

3. 職務上 義務

(1) 法令遵守義務

모든 공무원은 법령을 준수할 의무를 지닌다(국가공무원법 제56조). 공무원의 법령준수의무는 법치국가에서 너무나 당연한 것이고 가장 기본적인 의무중의 하나이다. 공무원의 법령위반행위는 그 행위의 무효·취소의 문제, 손해배상·징계책임의 문제를 야기시킨다.

(2) 服從義務

공무원은 직무를 수행함에 있어 소속상관의 직무상 명령에 복종하여야 한다(국가공무원법 제57조). 공무원의 조직은 계층체질서로 되어 있기 때문에 상명하복의 원칙 없이는 업무의 집행과 효율성을 기대하기 어렵다. 따라서 공무원의 복종의무는 행정조직에 있어서 필수적이다. 공무원이 소속상관의 정당한 명령에 복종하지 않은 경우에 징계의 대상이 됨은 물론이다(국가공무원법 제78조 제1항 제1호). 다만 복종의무는 직무의 독립성이 인정된 공무원(감사위원·의결기관의 구성원 등)에게는 적용되지 아니한다.

1) 所屬上官

소속상관이란 공무원소속 기관의 장(행정관청)뿐만 아니라 보조기관 여부에 관계없이 공무원의 직무에 관하여 지휘·감독권을 가진 모든 상급자를 말한다.

2) 職務命令

직무명령은 직무에 관하여 상관이 부하에 발하는 명령이다. 직무명령은 상관이 부하에 대하여 발하는 명령이라는 점에서 상급기관이 하급기관에 대하여 내리는 명령인 훈령과 구별된다. 훈령은 기관 대 기관의 관계에서 발하는 것이므로, 공무원 대 공무원관계에서의 직무명령과는 다르다. 그러나 훈령은 수명기관의 구성원인 공무원에 대해서도 구속력을 가지는 점에서 직무명령의 성질도 아울러 가지고 있다.

직무명령의 형식에 관하여 특별한 규정이 없는 한 구술·서면의 어느 형식에 의하든 무방하며, 직무명령에 대한 위반은 위법은 아니지만 복종의무위반으로 징계사유가 된다.

3) 服從義務의 限界

공무원은 '적법한' 상관의 직무명령에는 복종해야할 의무를 지니는바, 직무명령이 적법·유효하기 위한 형식적 요건과 실질적 요건을 구비하여야 한다. 이러한 요건에 하자가 있는 직무명령에 대한 복종의무의 한계가 문제되고 있다.

(가) 職務命令의 要件

형식적 요건으로는 ① 직무상의 상관이 발한 명령일 것, ② 부하공무원의 직무에 관한 사항일 것, ③ 부하공무원에게 직무상 독립이 보장되어 있는 사항에 관한 것이 아닐 것, ④ 법정의 형식·절차가 있으면 이를 갖출 것이 요구되고, 실질적 요건으로는 직무명령의 내용이 법령과 공익에 적합할 것 등이 요청된다.

(나) 形式的 要件과 服從義務

직무명령의 형식적 요건은 그 구비여부가 외관상 명백한 것이 보통이므로 부하공무원은 이를 심사할 수 있고, 그 요건이 결여되어 위법이 명백한 경우에는 복종을 거부할 수 있다.

(다) 實質的 要件과 服從義務

직무명령의 실질적 요건의 구비여부에 대하여 수명공무원이 심사하여 복종여부를 결정할 수 있는지에 대하여 ① 직무명령은 행정행위의 공정력과 같은 효력이 인정되므로 그것이 중대하고 명백한 하자가 있어 무효로 인정되는 경우를 제외하고는 수행공무원은 그 위법성을 판단하여 복종을 거부할 수 없다(소극설)는 견해[36]와 ② 공무원은 복종의무이외에도 법령준수의무가 있으므로 스스로 심사하여 위법한 직무명령에는 복종을 거부할 수 있다(적극설)고 보는 견해[37]가 있다.

4) 職務命令이 競合된 경우

상하관계에 있는 2 이상의 상관으로부터 서로 모순되는 직무명령을 받을 때 상급상관에게 복종하여야 한다는 견해와 직근상관의 명령에 복종하여야 한다는 견해가 대립하고 있으나, 통설은 행정조직의 계층체적 구조를 고려하면 직근상관의 명령에 복종하여야 할 것으로 본다.

(3) 職務專念義務

1) 職場離脫禁止

① 공무원은 직무에 전념할 의무를 지며, 따라서 소속상관의 허가 또는 정당한 이유없이 직장을 이탈하지 못한다. ② 수사기관이 공무원을 구속하고자 할 때에는 사전에 소속기관의 장에게 통보하여야 한다. 다만, 현행범은 그러하지 아니하다(국가공무원법 제58조).

2) 營利業務 및 兼職의 禁止

① 공무원은 공무이외에 영리를 목적으로 하는 업무에 종사하지 못하며, 소속기관장의 허가 없이 다른 직무를 겸하지 못한다(국가공무원법 제64조 제1항). ② 영리를 목적으로 하는 업무의 한계는 국회규칙·대법원규칙·헌법재판소규칙·중앙선거관리위원회규칙 또는 대통령령으로 정한다(제64조 제2항).

3) 榮譽制限

공무원은 대통령의 허가 없이 외국정부로부터 영예 또는 증여를 받지 못한다(국가공무원법 제62조).

4) 政治運動禁止

정치적 공무원을 제외한 경력직공무원 등은 헌법상 정치적 중립성을 지켜야 하는바(헌법 제7조 제2항), 정당 기타 정치단체에 가입 또는 그 조직 등 일정한 정치적 목적을 가진 행위가 금지된다(국가공무원법 제65조). 또한 공무원

---

36) 김도창(하), 255면.
37) 김동희(Ⅱ), 163면.

은 선거에 있어서 특정정당 또는 특정인의 지지나 반대를 하여서는 아니 된다. 특정정당 또는 특정인의 지지 내지 반대운동을 하는 선거운동에 해당되는 것으로는 ① 투표를 하거나 하지 아니하도록 권유하는 운동을 하는 것, ② 서명운동을 기도·주재하거나 권유하는 것, ③ 문서 또는 도서를 게시하는 것, ④ 기부금을 모집 또는 모집하게 하거나 공공자금을 이용 또는 이용하게 하는 것, ⑤ 타인으로 하여금 정당 기타 정치단체에 가입하게 하거나 가입하지 않도록 권유운동을 하는 것 등이다.

5) 集團行爲의 禁止

헌법은 「공무원인 근로자는 법률이 정하는 자에 한하여 단결권·단체교섭권·단체행동권을 가진다」(제33조 제2항)고 규정하여 노동3권을 행사할 수 있는 공무원의 범위를 법률로 제한할 수 있도록 하고 있다. 이에 따라 사실상 노무에 종사하는 공무원을 제외한 모든 공무원에 대하여 노동운동 및 공무이외의 모든 집단행동을 금지하고 있다(국가공무원법 제66조 제1항, 지방공무원법 제58조 제1항). 노동기본권이 인정되는 공무원도 단체행동권은 금지된다(노동조합및노동관계조정법 제12조 제2항).

(4) 親切·公正의 義務

공무원은 국민전체에 대한 봉사자로서 친절·공정히 집무해야할 의무를 지닌다(국가공무원법 제59조). 공무원의 직무상의 친절·공정은 단순한 도덕상의 의무가 아니라 법적인 의무이므로 이에 위반하면 징계의 원인이 된다.

(5) 秘密嚴守義務

① 공무원은 재직중은 물론 퇴직 후에도 직무상 지득한 비밀을 엄수하여야 한다(국가공무원법 제60조). 여기에서 '직무상 지득한 비밀'이란 자신이 처리하는 직무에 관한 비밀뿐만 아니라, 직무와 관련하여 알게 된 모든 비밀도 포함한다. 여기서 '비밀'이란 일단은 법령에 의하여 비밀사항으로 정해진 사항, 관계기관이 비밀문서로 분류해 놓은 사항이 그에 해당한다고 할 수 있다. 그러나 사안의 성질상 객관적으로 비밀임이 명백한 사항도 그에 포함된다고 볼 수 있다.

② 공무원의 비밀누설은 징계의 원인이 될 뿐 아니라, 형사상 피의사실공표죄(형법 제125조), 공무상 비밀누설죄(동법 제127조) 등을 구성한다. 공무원

의 비밀엄수의무는 소송사건에서 실체적 진실의 발견을 위하여 불가피한 경우에는 이러한 의무를 부분적으로 해제할 필요가 있다. 민사소송법 및 형사소송법은 공무원 또는 공무원이었던 자가 그 직무에 관하여 알게 된 사실에 관하여 증인이나 감정인으로서 심문을 받을 경우에는 소속기관의 장의 승인을 얻은 사항에 관해서만 진술할 수 있다(형사소송법 제177조, 민사소송법 제276조 · 제305조).

③ 공무원이 직무상 지득한 비밀이라 하더라도 공공기관의 정보공개에 관한 법률에 의하여 공개대상 정보에 해당하는 경우에는 이 법이 정하는 절차에 따라 공개되어야 한다. 다만, 정보공개법은 비공개대상정보를 규율하여 일정한 범위의 정보공개를 금하고 있다(동법 제7조).

④ 국회로부터 증언요구를 받은 경우에 그것이 직무상 비밀에 속한다는 이유로 증언을 거부할 수 있는가? 증언을 요구받은 사항이 군사 · 외교 · 대북관계에 관한 국가기밀로서 국가안전보장에 중대한 영향을 미친다고 주무부장관의 소명이 있는 경우를 제외하고는 거부할 수 없다(국회에서의 증언 · 감정등에관한법률 제4조).

(6) 品位維持義務

공무원은 직무의 내외를 불문하고 그 품위를 손상하는 행위를 하여서는 아니 된다(동법 제63조). 공무원이 이러한 품위유지에 위반하는 경우에는 징계사유가 된다(동법 제78조 제1항 제3호). 일반적으로 도박 · 축첩 · 알코올중독 · 상스런 언사 등이 품위유지위반행위로 거론되고 있다. 판례상 고등학교교장의 공무원훈련원에서의 시험부정행위, 夫妾관계에 있는 여인을 구타한 행위 등을 품위유지위반행위로 판시한바 있다. '품위를 손상하는 행위'라는 개념은 지극히 주관적인 판단이 개입될 여지도 있는 일종의 불확정개념이다. 따라서 공무원으로서의 품위를 유지하지 못하였는가의 여부를 판단함에 있어서는 행위의 외관뿐만 아니라 공무원자신의 주관적인 사정도 고려되어야 할 것이다.

(7) 淸廉義務

공무원은 직무와 관련하여 직접 또는 간접을 불문하고 사례 · 증여 또는 향응을 접수하여서는 안되고, 또한 직무상의 관계여하를 불문하고 그 소속 상관에 증여하거나 소속 공무원으로부터 증여를 받아서도 아니 된다(국가공무원법

제61조, 지방공무원법 제53조). 청렴의무의 위반은 징계사유가 되며 경우에 따라서는 형법상 처벌(증·수뢰죄)의 대상이 될 수 있다.

1) 財産登錄 및 公開義務

(가) 登錄義務者

대통령·국무총리 등 국가의 정무직공무원과 지방자치단체의 장, 지방의회의원 및 4급 이상 공무원이 그 대상이 된다.

(나) 財産登錄

등록의무자가 등록할 재산은 본인·배우자·본인의 직계존비속의 재산이다. 그리고 등록 대상인 재산의 내역을 부동산, 1천만원 이상의 현금 등 동산과 각종의 권리이다.

공직자가 등록재산을 등록기관에 등록하면 공직자윤리위원회가 등록사항을 심사한다. 심사결과 허위기재사실이 인정되는 경우 위원회는 경고·과태료 부과·징계의결 요청 등을 해야한다(공직자윤리법 제10조의2). 동법상의 의무에 위반하는 경우에는 징계책임 이외에 재산등록 거부의 죄, 허위자료제출 등의 죄, 무허가열람·복사의 죄·취업제한위반의 죄 등의 형사책임을 진다(동법 제24조~제29조).

(다) 登錄財産의 公開

공직자위원회는 대통령·국무총리·국무위원·국회의원·국가정보원원장·차장 등 정무직공무원과 지방자치단체의 장·지방의회의원, 1급인 일반직국가·지방공무원, 별정직공무원 등의 경우에 공직자 본인과 배우자, 직계존비속의 재산내용을 관보·공보에 게재하여 공개하도록 하고 있다.

2) 膳物申告義務

공무원과 공직유관단체의 임·직원이 외국으로부터 또는 그 직무와 관련하여 외국인으로부터 선물을 받은 때에는 소속기관·단체의 장에게 신고하고 물건을 인도하여야 한다. 신고된 선물은 즉시 국고에 귀속된다(동법 제16조).

3) 退職公務員의 就業制限

퇴직공직자는 퇴직일로부터 2년간 유관 사기업체의 취업이 제한된다(동법

제17조).

(8) 兵役事項의 申告義務

공직자등의병역사항신고및공개에관한법률 제2조는 공직자 및 공직후보자는 그와 그 직계비속의 병역사항을 신고하도록 하고, 병무청장은 이를 공개하도록 함으로써 공직을 이용한 부정한 병역면탈을 방지하고 병역의무의 자진이행을 촉진하도록 하고 있다.

제6절 公務員의 責任

Ⅰ. 槪說

공무원의 책임이란 공무원이 공무원의 신분에서 의무를 위반함으로써 받게 되는 불이익이나 법적 제재를 말한다. 공무원의 책임은 협의의 책임과 광의의 책임으로 나눌 수 있다.

① 협의의 공무원책임은 공무원이 공무원으로서 지는 의무를 위반하였기 때문에 공무원관계 내부에서 지게 되는 책임을 말한다. 이에는 징계책임과 국가에 대한 변상책임이 있다. ② 광의의 공무원책임은 징계책임과 변상책임뿐만 아니라 사회법의 침해로 인하여 지는 책임으로서 공무원만이 특히 해당하거나 공무원이라는 신분으로 인하여 가중되는 형사상 책임 및 민사상 책임을 포함하는 책임을 말한다.

Ⅱ. 公務員法上 責任(行政上의 責任)

1. 懲戒責任

(1) 懲戒責任의 意義

징계란 공무원의 의무를 위반하거나 비행이 있는 경우에 공무원관계(특별신분관계)의 질서를 유지하기 위하여 임용권자에 의해 공무원법에 따라 과해지는 제재를 말한다. 그 제재로서의 벌을 징계벌이라 하고, 이 벌을 받아야 할 책임을 징계책임이라 한다.

(2) 懲戒罰과 刑罰의 차이

징계벌과 형벌은 의무위반행위에 대한 제재라는 점에서 공통점을 가지고 있으나 양자는 다음의 여러 점에서 그 성질상 차이가 있다.

1) 權力의 基礎

징계벌은 직접적으로 공무원관계에 입각한 특별권력에 기초하여 과해지는 처벌이지만, 형벌은 국가의 통치권에 근거하여 과해진다.

2) 目的

징계벌은 공무원관계 내부의 질서를 유지하는 것을 목적으로 하는데 대하여, 형벌은 반사회적 법익침해에 대하여 국가사회의 일반적 법질서를 유지함을 직접 목적으로 하여 과하는 제재이다.

3) 內容

징계벌은 공무원의 신분상 이익의 일부 또는 전부를 박탈하는 것을 내용으로 하는데 대하여, 형벌은 신분상의 이익뿐만 아니라 재산적 이익이나 신체적 자유의 박탈까지도 그 내용으로 한다. 징계벌은 의무위반이라는 객관적 사실에 대하여 과하는 제재이므로, 형벌과는 달리 고의·과실을 요하지 않고 또한 상관은 부하공무원의 의무위반에 대한 감독상의 책임도 면하지 못한다.

4) 對象

징계벌은 공무원법상의 의무위반을 그 대상으로 하는데 대하여, 형벌은 형법상의 의무위반, 즉 형사범을 그 대상으로 한다. 징계벌은 공무원법상의 의무위반행위에 대한 제재이므로 퇴직후에는 과할 수 없으나 형벌은 퇴직여부와 상관없이 가해진다.

(3) 懲戒罰과 刑罰의 竝科

징계벌과 형사벌은 목적·내용 등에 있어서 상이하므로 양자를 병과할 수 있으며 병과하더라도 일사부재리원칙에 반하지 아니한다. 예컨대 공무원의 뇌물수수행위에 대하여 형사재판에서 형벌을 과하고 행정조직 내부에서 징계절차에 의하여 징계벌을 과할 수 있다.

현행법은 형사벌과의 관계에 있어서 형사소추선행의 원칙을 취하지 아니하므로 징계벌과 형벌을 과하는 것은 어느 것을 먼저 행해도 관계없다. 다만, 수사중인 사건에 대하여 징계절차를 중지할 수 있으며(국가공무원법 제83조 제2항), 감사원에서 조사중인 사건에 대하여서는 제3항의 규정에 의한 조사개시의 통보를 받은 날로부터 징계의결의 요구 기타 징계절차를 진행하지 못한다(동법 제83조 제1항).

(4) 懲戒罰과 法治主義

종래 특별권력관계론에서는 공무원의 근무관계는 특별권력관계의 일종으로 간주되어 법률이 침투할 수 없으며, 따라서 법으로부터 자유로운 영역으로 간주되었다. 그 결과 공무원의 징계행위는 공무원 개인의 법적지위를 침해하는 행위라 하더라도 법적근거를 요하지 아니하였다. 그러나 특별권력관계론이 극복되면서 공무원의 징계에 법률의 근거를 요하게 되었다. 우리 헌법도 공무원의 신분은 법률이 정하는 바에 의하여 보장된다고(제7조 제2항)하여 법률의 수권을 요하게 하고 있다. 따라서 공무원을 징계함에 있어서는 징계사유・징계내용・징계절차・징계에 대한 불복 등을 규정한 법률적 근거가 마련되는 것이 당연하다.

(5) 懲戒原因

1) 懲戒原因의 內容

징계원인(사유)으로는 ① 국가공무원법(또는 지방공무원법) 및 동법에 의한 명령에 위반하였을 때, ② 직무상의무에 위반하거나 직무에 태만하였을 때, ③ 직무의 내외를 불문하고 그 체면 또는 위신을 손상하는 행위를 한 때 등 세 가지가 있다(국가공무원법 18조, 지방공무원법 제69조).

2) 懲戒原因의 時點과 時效

(가) 時點

징계원인은 재직중에 발생한 것이어야 하나, 재직전(임용전)이라도 그 행위가 재직을 허용하지 못할 정도로 중대한 것인 때에는 임용행위는 취소 또는 철회할 수 있다고 볼 수 있다. 다만 임용권의 행위가 임용후에도 계속하여 공무원의 품위를 손상시킬 경우에는 징계처분이 가능하다 하겠다.

(나) 時效

징계사유가 발생한 경우에도 공무원관계의 안정을 도모하기 위하여 징계의 결의 요구는 징계사유가 발생한 날로부터 2년(금품 및 향응수수, 공금횡령·위용의 경우에는 3년)이 경과하면 징계권은 소멸한다(국가공무원법 제83조의2 제1항).

(6) 懲戒의 種類

징계의 종류로는 파면·해임·강등·정직·감봉·견책의 6종이 있다(국가공무원법 제79조, 지방공무원법 제70조).[38]

1) 罷免과 解任·降等

① 파면은 징계종류 중 가장 중한 것으로 공무원의 신분을 박탈하는 행위이다. 파면을 당한자는 이후 5년간 공무원에 임용될 수 없다. 또한 공무원 연금법상의 퇴직금급여 및 퇴직수당일부를 감하여 지급한다. ② 해임은 파면과 같이 공무원관계를 해제하는 점에서는 같으나, 해임을 당한자는 이후 3년간 공무원에 임용될 수 없다. 반면에 공무원연금법상의 퇴직급여나 퇴직수당의 감액은 없다. ③ 강등은 1계급 아래로 직급을 내리고(고위공무원단에 속하는 공무원은 3급으로 임용하고, 연구관 및 지도관은 연구사 및 지도사로 한다) 공무원신분은 보유하나 3개월간 직무에 종사하지 못하며 그 기간 중 보수의 3분의 2를 감한다.

2) 停職·減俸·譴責

38) "지방계약직공무원규정의 시행에 필요한 사항을 규정하기 위한 '서울특별시 지방계약직공무원 인사관리규칙' 제8조 제3항은 근무실적 평가 결과 근무실적이 불량한 사람에 대하여 봉급을 삭감할 수 있도록 규정하고 있는바, 보수의 삭감은 이를 당하는 공무원의 입장에서는 징계처분의 일종인 감봉과 다를 바 없음에도 징계처분에 있어서와 같이 자기에게 이익이 되는 사실을 진술하거나 증거를 제출할 수 있는 등(지방공무원징계및소청규정 제5조)의 절차적 권리가 보장되지 않고 소청(지방공무원징계및소청규정 제16조) 등의 구제수단도 인정되지 아니한 채 이를 감수하도록 하는 위 규정은, 그 자체 부당할 뿐만 아니라 지방공무원법이나 지방계약직공무원규정에 아무런 위임의 근거도 없는 것이거나 위임의 범위를 벗어난 것으로서 무효이다"(대판 2008.6.12, 2006두16328}.

① 정직이란 공무원으로서의 신분과 직위를 보유하면서 일정기간 직위를 행사하지 못하도록 하는 징계처분이다. 정직은 1월 이상 3월 이하의 기간으로 하고, 정직처분을 받은 자는 그 기간 중 보수의 3분의 2를 감하는 것이다. ② 감봉은 1월 이상 3월 이하의 기간동안 보수의 3분의 1을 감하는 징계처분이다. ③ 견책이란 공무원의 과오에 대하여 이를 지적하고 반성을 요구하는 징계 중 가장 경한 처분이다. 즉, 견책은 전과에 대하여 훈계하고 회개하게 하는 것이다.

(7) 懲戒權者

징계권은 임용권에 포함되는 것이므로 징계권자는 임용권자가 되는 것이 원칙이다. 국가공무원의 경우 소속기관장이 징계위원회의 의결을 거쳐 행하되, 국무총리소속하의 중앙징계위원회에서 의결한 징계는 각 중앙행정기관의 장이 행한다. 다만 파면과 해임은 각 임용권자 또는 임용권을 위임한 상급감독기관의 장이 행한다(국가공무원법 제82조 제1항). 지방공무원의 경우도 임용권자가 인사위원회의 의결을 거쳐 징계권을 행사한다. 다만, 5급이상의 공무원의 징계 또는 이와 관련된 하위직 공무원의 징계와 소속기관(시·군·구)을 달리하는 동일사건에 관련된 자의 징계는 시·도 인사위원회의 의결로 행한다.

대통령 또는 국무총리의 명에 의한 감사결과 징계사유가 있다고 인정되는 공무원에 대하여서는 국무총리가 직접 관할징계위원회에 징계의결을 요구하는 것이 적당하지 않은 경우에는 당해 공무원의 소속 중앙행정기관의 장에게 그 징계사유를 통보하고 통보받은 기간의 장은 지체없이 징계의결을 요구하고 그 처리결과를 국무총리에게 보고한다(공무원징계령 제8조 제3항).

(8) 懲戒의 節次

1) 懲戒委員會

공무원의 징계는 관할 징계위원회(지방공무원은 인사위원회) 의결을 거쳐야 하는바, 징계위원회는 국무총리소속의 제1중앙인사위원회·제2중앙위원회가 있고, 5급이상의 공무원을 장으로 하는 행정기관에 두는 보통징계위원회가 있다(공무원징계령 제3조).

제1중앙징계위원회는 1급공무원의 징계사건을 심의·의결하고, 제2중앙징계위원회는 2급 내지 5급 이상 국가공무원의 징계사건과 대통령 또는 국무총리의 명에 의한 각종 감사의 결과에 따라 국무총리가 징계의결을 요구한 6급

이하 국가공무원의 징계사건을 심의·의결한다(공무원징계령 제3조 제2항 내지 제5항).

2) 懲戒節次

(가) 懲戒議決의 要求

공무원이 징계사유에 해당할 때 관할징계위원회에 징계의결을 요구하여야 한다. 그런데 보통징계위원회가 설치된 행정기관의 장은 징계사건의 내용이 중대하거나 당해기관에 설치된 징계위원회에서는 공정한 의결을 못할 우려가 있다고 인정할 때에는 상급기관에 설치된 징계위원회에 징계의결을 요구할 수 있다(공무원징계령 제7조 제5항, 지방공무원징계및소청규정 제2조).

(나) 懲戒委員會의 審議·議決

(a) 審議方式

징계사건의 심의에서 징계위원회(지방공무원의 경우는 인사위원회)는 징계협의자를 출석시킴이 원칙이지만 본인이 출석하지 아니하거나, 해외체재, 여행기타의 사유가 있는 경우에는 출석없이 징계의결할 수 있다(공무원징계령 제10조). 징계위원회는 출석한 징계협의자에게 협의내용에 관한 심문을 행하고 필요하다고 인정할 때에는 관계인의 출석을 요구하여 심문할 수 있다(공무원징계령 제11조 제1항, 지방공무원징계및소청규정 제5조 제1항). 징계위원회는 징계협의자에게 충분한 진술을 할 수 있는 기회를 부여하야야 하며, 징계협의자는 서면 또는 구술로써 자기에 이익이 되는 사실을 진술하거나 증거를 제출할 수 있다. 진술의 기회를 부여하지 아니한 징계의결은 무효이다(국가공무원법 제81조 제3항, 제13조 제2항, 공무원징계령 제11조 제2항).

(b) 懲戒의 議決

징계위원회는 징계의결요구서를 접수한 날로부터 30일(제1중앙징계위원회와 제2중앙징계위원회의 경우는 60일)이내에 징계에 관한 의결을 하여야 한다. 부득이한 사유가 있을 때에는 위원회의 의결을 30일에 한하여 그 기간을 연장할 수 있다(공무원징계령 제9조 제1항, 지방공무원징계및소청조정 제3조 제1항).

(c) 再審査請求

징계의결을 요구한 기관의 장은 징계위원회의 의결이 경하다고 인정한 때에는 그 처분을 하기 전에 직근상급기관에 설치된 징계위원회(국무총리소속하에 설치된 징계위원회의 의결에 대해서는 그 징계위원회)에 심사 또는 재심사를 청구할 수 있다(국가공무원법 제82조 제2항, 지방공무원법 제72조 제3항). 재심사청구는 징계의결의 통보를 받은 날로부터 15일 이내에 하여야한다(공무원징계령 제24조).

(다) 懲戒의 執行

징계권자는 징계위원회의 징계의결서를 받은 날로부터 15일 이내에 이를 집행하여야 하는바, 징계권자가 징계의결을 집행할 때에는 징계의결서의 사본을 첨부하여 징계처분사유설명서를 피징계자에게 교부하여야 한다(공무원징계령 제19조 제2항, 지방공무원징계령및소청규정 제10조 제3항).

(9) 懲戒處分에 대한 不服

징계처분을 받은 자는 처분사유설명서를 받은 날로부터 30일 이내에 소청심사위원회에 심사를 청구할 수 있고, 소청심사위원회의 결정에 불복이 있으면 행정소송을 제기할 수 있다.

2. 辨償責任

(1) 國家賠償法에 의한 辨償責任

공무원이 그 직무를 집행함에 당하여 고의 또는 과실로 법령에 위반하여 타인에게 손해를 가한 경우에, 국가 또는 지방자치단체가 손해를 배상하도록 되어 있다. 이 경우, 국가 또는 지방자치단체는 가해공무원에게 구상권을 행사할 수 있게 되어 있으므로 그 공무원은 국가 또는 지방자치단체에 대하여 변상책임을 지게된다. 또한 도로·하천 등 공공의 영조물의 설치·관리의 하자로 인하여 타인에게 손해를 발생케한 경우에 있어서도 국가 또는 지방자치단체가 그 손해를 배상하도록 하고, 다만 공무원에게 책임이 있는 경우 그에게 구상할 수 있도록 되어 있는바, 이에 의해서도 공무원은 국가 또는 지방자치단체에 대하여 변상책임을 지게된다(국가배상법 제2조·제5조).

(2) 會計關係公務員의 辨償責任

회계관계공무원(세입징수관·재무관·지출관·계약관·출납공무원 등)은 국가나 지방자치단체의 회계 및 재정을 책임지고 있는 공무원이므로 이들에게는 일반공무원에 비하여 보다 높은 주의의무가 요구된다. 따라서 '회계관계직원등의책임에관한법률'은 회계관계직원 등의 변상책임의 성립요건·유무 및 배상액의 판정과 그 행사방법에 관하여 규정하고 있다.

일반법으로서의 회계관계직원등의책임에관한법률에 의하면, ① 예산회계법은 회계관계직원의 책임에 관하여 '다른 법률로 정한다'고 규정하고 있고(동법 제122조), ② 물품관리법도 물품관리공무원·물품출납공무원과 물품출납을 보관하는 자·물품을 사용하는 공무원 등의 변상책임은 '따로 법률로 정한다'고 규정하고 있으며(동법 제45조), ③ 군수품관리법도 물품관리법과 유사한 규정을 두고 있다(동법 제28조·제29조).

회계관계직원등의책임에관한법률상의 변상책임의 유형으로는 ① 회계관계직원등이 고의 또는 중대한 과실로 법령 기타 관계규정 및 예산에 정해진 바에 위반하여 국가 또는 지방자치단체에 대하여 재정상의 손해를 끼친 때에 지는 변상책임(동법 제4조 제1항), ② 현금 또는 물품을 출납보관하는 자가 그 보관에 속하는 현금 또는 물품을 망실·훼손하였을 경우에 선량한 관리자의 주의를 태만히 하지 아니한 증명을 하지 못하였을 때에 지는 변상책임(동법 제4조 제2항), ③ 물품사용공무원이 고의 또는 중대한 과실로 사용중인 물품을 망실·훼손하였을 때 부담하는 변상책임(동법 제2조 제1항 제4호·제4조)의 3가지가 있다.

Ⅲ. 刑事上의 責任

형사상의 책임이란 공무원의 행정법상의 의무위반행위가 동시에 형법 등 형사법에 위반하는 범죄가 되어, 공무원이 그 범죄에 대하여 부담하는 책임을 말한다. 형사상 책임은 광의로는 형사법에 위반한 경우뿐만 아니라 행정형벌이 따르는 행정법규에 위반한 경우에 부과하는 책임까지 포함한다. 어느 경우든 형사소송법이 정하는 바에 따라 처벌받게 된다.

1. 刑事罰責任(狹義의 刑事責任)

형사벌책임은 공무원이 형법상의 '공무원의 직무에 관한 죄'(형법 제122조~제135조)를 범한 경우에 받게 되는 책임을 말한다. 형법이 정하고 있는 '공무원의 직무에 관한 죄'는 내용적으로 보아 직무범과 준직무범으로 구분된다.

① 직무범은 공무원이 직권을 남용하는 등 직무행위 그 자체에 의하여 법익을 침해하는 경우를 말하는 것으로서, 직무유기죄, 직권남용죄, 불법체포·감금죄, 폭행·가혹행위죄, 피의사실공표죄, 공무상 비밀누설죄, 선거방해죄 등이 이에 해당한다.

② 준직무범은 직무행위 그 자체가 범죄를 구성하는 것이 아니라 공무원이라는 신분상 또는 공무원의 직무와 관련이 있기 때문에 일정한 행위가 법익침해행위가 되어 형법상 범죄를 구성하는 경우이다. 수뢰죄, 제3자뇌물공여죄, 사후수뢰죄, 알선수뢰죄, 뇌물공여죄 등이 이에 해당한다.

③ 준직무범 중 수뢰죄·제3자 뇌물공여죄 및 알선수뢰죄에 있어서 공무원이 수수·요구 또는 약속한 금액이 일정 한도를 넘는 경우에는 가중처벌하도록 되어있다(특정범죄가중처벌등에관한법률 제2조).

2. 行政罰責任

각종 행정법규가 특히 공무원의 범죄를 규정하고 있는바, 이 경우 형법에 규정되어 있는 형벌이 가해지는 행정벌이며 원칙적으로 형법총칙과 형사소송법이 적용된다. 공무원의 의무위반행위가 형법상의 범죄행위를 구성하는 경우에는 일반형법이론이 적용되지만, 행정법상의 벌칙에 해당하는 행정범의 경우에는 이에 관한 행정법상의 일반이론이 적용된다.

Ⅳ. 民事上의 責任(公務員의 私人에 대한 賠償責任)

공무원이 직무와 관련없이 순수한 개인적 행위로 인하여 타인에게 손해를 가하였을 경우에 피해자에 대하여 민사상의 손해배상책임을 지는 것은 당연하지만, 공무원이 직무상 불법행위로 타인에게 손해를 가한 경우에 가해공무원이 국가 또는 지방자치단체의 구상권 행사에 대한 변상책임을 진다. 그러나 가해공무원이 직접 피해자인 사인에 대해서도 배상책임을 지는가가 문제이다. 이것은 피해자가 국가나 지방자치단체에게 손해배상을 청구할 수도 있고 가해공무원에게도 직접 청구할 수 있는가의 이른바 선택적 청구권의 문제이다. 이에 관해서는 학설상 다툼이 있고 판례 또한 변천을 거듭하고 있다.

과거의 판례는 선택적 청구권을 긍정하는 경우도 있었고 부정하는 경우도 있었으나 1996년 대법원은 이른바 절충설의 입장을 취하였다(대판 1996.2.15, 95다38677). 이에 따르면 공무원에게 고의 또는 중과실이 있는 경우에는 국가기관의 행위라고 볼 수 없으므로 피해자는 공무원 개인에게도 선택적으로 손해배상을 청구할 수 있도록 하여 가해공무원의 민사상 책임을 인정하였고, 반면에 공무원에게 경과실만 있는 경우에는 피해자는 오로지 국가·지방자치단체를 상대로 해서만 손해배상을 청구할 수 있다는 것이다. 따라서 경과실의 경우에는 공무원은 민사상책임을 지지 않는다.

第 6 編

特別行政作用法

제1장 경찰행정법(질서행정법)
제1절 개설
제2절 경찰의 조직
제3절 경찰권발동의 근거와 한계
제4절 경찰작용
제5절 경찰행정의 실효성 확보수단
제2장 급부행정법
제1절 개설
제2절 공급행정법
제3절 사회보장행정법
제4절 조성행정법
제3장 토지행정법
제4장 경제행정법
제1절 개설
제2절 경제행정조직
제3절 경제행정의 임무
제4절 경제행정의 행위형식
제5장 환경행정법
제1절 개설
제2절 환경행정법의 헌법적 기초와 환경행정의 기본원리
제3절 환경행정의 특징
제4절 환경행정의 행위형식과 수단
제5절 환경침해와 피해자의 권리구제
제6장 공용부담법
제1절 공용부담법총설
제2절 인적 공용부담
제3절 물적 공용부담
제7장 재무행정법
제1절 개설
제2절 재정작용
제3절 조세
제4절 전매
제5절 회계
제8장 군사행정법
제1절 개설
제2절 군사행정조직
제3절 군사행정작용

제1장 警察行政法(秩序行政法)

제1절 槪說

Ⅰ. 形式的 意味의 警察

형식적 의미의 경찰은 제도상의 경찰의 개념을 말하며, 이는 곧 실정법상 보통경찰기관(경찰청장, 지방경찰청장, 해양경찰청장, 경찰서장, 해양경찰서장)의 권한에 속하는 모든 작용을 말한다.

경찰법 제3조는 「경찰은 국민의 생명·신체 및 재산의 보호와 범죄의 예방·진압 및 수사, 치안정보의 수집, 교통의 단속 기타 공공의 안녕과 질서유지를 그 임무로 한다」고 규정하고 있다. 이 규정에 의하면 실질적 의미의 경찰관념에 해당하지 않는 범죄의 수사·범인의 체포 등의 사법경찰작용과 비권력적 작용인 치안정보의 수집 등도 경찰기관의 소관사무로 된다.

Ⅱ. 實質的 意味의 警察

1. 意義

실질적 의미의 경찰은 특정한 국가의 실정법질서나 일정한 행정기관의 소관사항과는 관계없이 학문적인 면에서 고찰된 개념이다. 이러한 의미의 경찰은 "사회공공의 안녕과 질서를 유지하기 위하여 일반통치권에 의거하여 기본적으로는 국민에게 명령·강제하는 권력적 작용"으로 정의 될 수 있다.

이러한 실질적 의미 또는 학문상의 경찰관념은 그 목적·수단 및 권력의 기초라는 세 가지 점에서 다른 행정작용과 구별되고 또한 그 특성을 갖는다.

2. 警察의 目的

경찰은 국민의 생명·신체 및 재산의 보호와 공공의 안녕과 질서유지를 그 임무로 한다(경찰법 제3조). 여기서 '공공의 안녕'이라고 함은 한편으로 개인의 생명·신체·건강·자유·재산과 같은 개인적 법익과 다른 한편으로 국가적 공동체의 존속 및 기능과 같은 국가적 법익이 침해되지 않는 상태를 말하며,

'공공의 질서'라 함은 사회의 지배적인 가치관 및 윤리관에 비추어 건전한 공동생활을 위하여 불가결하다고 여겨지는 규범의 총체로서 법규범 이외의 것을 말한다.

실질적 의미의 경찰은 공공의 안녕과 질서의 유지라는 소극목적을 위하여 발동되는 작용이며, 따라서 적극적으로 사회공공의 복리를 증진시키기 위하여 발동될 수 없다. 이것을 '경찰소극목적설'이라 한다.

3. 警察의 手段

경찰은 그의 목적 실현을 위하여 국민에게 일정한 의무를 명하거나 강제하는 작용으로 경찰하명·경찰허가·경찰강제 등을 그의 수단으로 하는 바, 이 점에서 비권력적 작용인 급부행정 등과 구별된다.

경찰이 권력으로 국민에게 명령·강제하는 작용이라는 것은 경찰작용이 반드시 권력적 수단에 의해서 행하여지고, 준법률행위적 행정행위 또는 비권력적 작용에 의하여 행하여지지 않는다는 것은 아니다. 즉, 경찰작용도 확인·공증·통지·수리 등의 준법률행위적 행정행위와 비권력적 작용으로서의 행정지도(계몽·권고, 비공식적 행정작용)에 의하여서도 행하여진다.

4. 警察의 權力的 基礎

경찰은 일반통치권에 기초를 둔 작용이다. 즉 경찰권은 국가통치권의 일부로서, 통치권이 직접적으로 사회공공의 안녕과 질서유지를 위하여 사인에게 명령·강제하는 권력으로 발동되는 경우에 그 권력을 경찰권이라고 한다. 따라서 경찰권은 통치권에 의거한 작용이기 때문에 일정한 조직의 내부질서를 유지하기 위한 작용, 즉 특별권력관계와는 구별된다. 예컨대 국회의 질서를 유지하기 위하여 의장이 행하는 명령·강제작용인 의원경찰이나, 법정의 질서를 유지하기 위하여 재판장이 행하는 명령·강제작용인 법정경찰은 경찰이 아니다.

경찰은 국가의 일반통치권에 의거한 작용이므로 통치권의 지배를 받는 자는 모두 경찰권의 대상이 된다. 즉 경찰권의 대상으로서 경찰하명 또는 경찰강제를 받는 자는 법률의 특별한 규정이 없는 한은 통치권에 복종하는 자이다. 따라서 자연인·법인·내국인·외국인을 불문하고 경찰권에 복종해야 한다.

Ⅲ. 警察의 種類

1. 行政警察과 司法警察

경찰을 행정경찰과 사법경찰로 구분하는 것은 프랑스에서 비롯되어 대륙법계 여러 나라에서 일반화된 것이나, 영미에서는 양자를 구별하지 않고 사법경찰사무는 일반경찰기관의 고유사무로 이해되고 있다.

행정경찰과 사법경찰의 분류는 경찰의 직접적인 목적에 따른 것인데, ① 행정경찰은 사회공공의 안녕과 질서를 유지하는 권력작용인 실질적 의미의 경찰을 말하고, ② 사법경찰은 범죄를 수사하고 범인을 체포하는 것 등을 목적으로 하는 형사사법적 권력작용을 말한다.

우리나라에서는 조직상으로 행정경찰과 사법경찰을 구분하지 않고, 일반경찰기관이 양자를 아울러 관장하고 있는바(형사소송법 제196조, 경찰관직무집행법 제2조, 경찰청과그소속기관등직제 제11조), 이론상으로는 양자의 구별을 인정하고 있다.

2. 保安警察과 狹義의 行政警察

행정경찰은 다시 보안경찰과 협의의 행정경찰로 구분되는데, ① 보안경찰은 사회공공의 안녕과 질서를 유지하기 위하여 다른 종류의 행정작용에 부수되지 아니하고, 그것 자체가 독립하여 행하여지는 경찰작용(예, 교통, 집회, 결사, 위험물단속, 풍속, 해양, 소방 등에 관한 경찰)을 말하며, ② 협의의 행정경찰은 다른 행정작용에 부수하여 그 행정작용의 분야에서 생길 수 있는 공공의 안녕질서에 대한 위해를 예방하고 현실적으로 발생한 위해를 제거하기 위하여 행해지는 경찰작용을 말한다(예, 위생경찰, 관세경찰, 산업경찰, 어업경찰, 건축경찰, 문화경찰, 철도경찰 등).

3. 豫防警察과 鎭壓警察

경찰권 발동의 시점을 기준으로 한 분류이며, ① 예방경찰은 범죄를 대상으로 하여 범죄의 발생을 예방하기 위하여 하는 권력작용을 말하고(교통경찰, 방범경찰 등), ② 진압경찰이란 범죄가 이미 발생한 후에 범죄를 수사하고 피의자를 체포하기 위하여 하는 권력작용을 말한다. 대체로 행정경찰과 사법경찰의 구별에 상응한다.

4. 高等警察과 普通警察

① 고등경찰이란 당초에는 '높은 가치를 가지는 사회적 이익을 보호하기 위한 경찰'을 의미하였으나, 오늘날에 와서는 국가조직의 근본에 대한 위해의 예방 및 제거를 위한 경찰작용(사상·종교·집회·결사·언론·출판 등)을 뜻하며, ② 보통경찰은 일반사회공공의 안녕과 질서유지를 그 목적으로 하는 경찰작용을 뜻한다.

5. 平時警察과 非常警察

이는 경찰기관에 의한 분류이다. ① 평시경찰은 일반경찰기관이 일반경찰법규에 의하여 행하는 공공의 안녕과 질서유지작용을 말하고, ② 비상경찰은 병력에 의한 공공의 안녕과 질서유지작용을 말한다. 후자의 경우는 보통 계엄이 선포된 경우에 계엄사령관(헌법 제77조, 계엄법)이, 재해 또는 비상사태의 경우에 위수사령관(위수령 제12조)이 행하는 경우이다.

6. 國家警察과 地方自治團體警察

이것은 경찰행정의 직권이 국가에 있는가 지방자치단체에 있는가를 표준으로 한 분류이다. ① 국가경찰(중앙경찰)은 국가가 경찰유지의 권능과 책임을 지는 경찰이며, ② 지방자치단체경찰(지방경찰)은 지방자치단체가 경찰유지의 기능과 책임(조직권, 인사권 및 경비부담권)을 지는 경찰이다.

제2절 警察의 組織

Ⅰ. 槪說

우리나라의 경찰조직은 중앙집권적인 국가행정조직으로서 원칙적으로 경찰권의 작용은 모두 국가행정기관에 의하여 행하여지고 있다. 경찰권도 행정권의 일부이므로 대통령과 국무총리의 통할 아래, 보안경찰을 관장하는 보통경찰기관, 협의의 행정경찰을 관장하는 협의의 행정경찰기관(예 위생경찰로서의 보건복지부공무원), 비상시의 비상경찰기관(예, 비상계엄시의 군인) 등이 있다.

Ⅱ. 普通警察機關

보통경찰기관이란 다른 행정작용과 직접 관련됨이 없이 그 자체로서 공공의 안녕과 질서의 유지를 위하여 경찰작용을 주된 관장사무로 하는 경찰기관을 말하는 바, 그의 권한 및 기능에 따라 경찰관청과 경찰집행기관으로 나누어진다.

1. 普通警察官廳

경찰일반사무에 관한 국가의사를 결정·표시하는 권한을 가진 경찰행정기관을 말한다. 1991년 5월 31일의 정부조직법의 개정과 경찰법의 제정에 의하여 행정안전부의 외청으로 경찰청을 두어 경찰청장을 중앙보통경찰관청으로 하였다. 이에 따라 일반경찰조직은 경찰청장을 중앙관청으로 하여 지방경찰청장과 경찰서장으로 구성되는 계층제를 형성하고 있다. 종래에는 내무부장관이 일반경찰사무를 관장하였으므로 그를 최상급의 경찰관청으로 볼 수 있었다. 현행법상으로도 경찰청이 행정안전부장관소속하에 있으며, 행정안전부장관은 경찰청장·경찰위원회위원을 임명·제청할 뿐만 아니라(경찰법 제6조, 제11조), 3급 이상 경찰공무원의 인사권과 중요정책수립에 관하여 경찰청장을 직접 지휘할 수 있는 권한을 가지고 있다(정부조직법 제7조 제4항).

(1) 警察廳長

치안에 관한 사무를 관장하게 하기 위하여 행정안전부장관 소속하에 경찰청을 둔다(경찰법 제2조 제1항). 경찰청장은 치안총감으로 보하며, 경찰위원회의 동의를 얻어 행정안전부장관의 제청으로 국무총리를 거쳐 대통령이 임명한다. 경찰청장은 경찰에 관한 사무를 통할하며 소속공무원 및 각급 경찰기관의 장을 지휘·감독한다(동법 제11조). 경찰청장은 퇴직 후 2년 이내에는 정당의 발기인이 되거나 당원이 될 수 없다(동법 제11조). 경찰청장의 경찰사무에 관한 보조기관으로는 차장·국장·부장 등이 있으며, 보좌기관으로는 담당관이 있다(동법 제12·제13).

(2) 地方警察廳長

경찰관의 사무를 지역적으로 분담·수행하기 위하여 특별시장·광역시장 및 도지사(이하 시·도지사라 한다) 소속하에 지방경찰청을 둔다(경찰법 제2조 제2항). 지방경찰청장은 치안정감·치안감 또는 경무관으로 보한다(동법 제14조 제1항). 지방경찰청장은 경찰청장의 지휘·감독을 받아 관할구역안의 경찰사무를 관장하고 소속공무원 및 소속경찰기관의 장을 지휘·감독한다(동법 제14조 제2항). 지방경찰청장을 시·도지사 소속하에 둔 것은 지방에 있어서 경찰사무도 행정사무의 일환으로서 시·도지사의 통할하에 다른 행정과 협의·조정을 거쳐 처리되어야 함을 나타내는 것이라 할 것이며, 또한 장래 지방경찰을 자치체경찰로 전환하는 경우에 대비하고 있는 것으로 보인다.

(3) 警察署長

지방경찰청장 소속하에 경찰서를 두며(경찰법 제2조 제2항), 경찰서장은 총경 또는 경정으로 보한다(동법 제17조 제1항). 경찰서장 소속하에 지구대 또는 파출소를 둔다. 다만 필요한 경우에는 출장소를 둘 수 있다(동법 제17조 제3항).

(4) 海洋警察廳長

해양에서의 경찰 및 오염방지 업무를 담당하기 위하여 국토해양부장관소속하에 해양경찰청을 두고, 해양경찰청장 소속하에 해양경찰서를 둔다(정부조직법 제37조 제3항). 해양경찰청의 업무는 국토해양부장관이 관장하는 행정작용에 부수하여 일어나는 질서유지에 관한 사무에 한정되는 것이 아니라, 해양에서의 모든 경찰사무를 담당하며, 또한 그 구성원도 경찰청의 구성원과 동일한 경찰공무원법의 신분을 가진다.

2. 警察議決機關·協議機關

(1) 警察委員會

경찰행정에 관한 중요사항을 심의·의결하기 위하여 행정안전부에 경찰위원회를 둔다. 위원회는 위원장 1인을 포함한 7人의 위원으로 구성하되, 위원장 및 5人의 위원은 비상임, 1인의 위원은 상임으로 한다(경찰법 제5조). 위원은 행정안전부장관의 제청으로 국무총리를 거쳐 대통령이 임명하며 그 임기는 3년이고 연임할 수 없다(동법 제6조 제1항·제7조 제1항). 위원회는 경찰청장의 임명에 대한 동의권을 가지며, ① 경찰의 인사·예산·장비·통신 등에 관한 주요정책 및 경찰사무 발전, ② 인권보호와 관련되는 경찰의 운영·개선, ③ 경찰임무 외의 다른 국가기관으로부터의 업무요청에 관한 사항, ④ 그밖에 행정안전부장관 및 경찰청장이 부의한 사항을 심의·의결한다(동법 제9조).

(2) 治安行政協議會

지방행정과 치안행정의 업무협조 그 밖의 필요한 사항을 협의·조정하기 위하여 시·도지사 소속하에 치안협의회를 둔다(동법 제16조).

3. 普通警察執行機關

경찰집행기관은 소속 경찰관청의 명을 받아 경찰에 관한 국가의사를 실력으로써 행정의사를 실현하는 경찰기관이다. 이러한 경찰집행기관은 그 직무의 일반성 여하에 따라 일반경찰집행기관과 특별경찰집행기관으로 구분할 수 있다.

(1) 一般警察執行機關

경찰업무 일반에 관한 집행기관을 말하는바, 이러한 경찰집행기관으로는 치안총감·치안정감·치안감·경무관·총경·경정·경감·경위·경사·경장·순경 등이 있다. 이들은 특정직국가공무원으로서, 제복을 착용하고, 무기를 휴대할 수 있음을 특징으로 한다(경찰공무원법 제2조·제20조).

일반경찰집행기관을 이루는 경찰공무원은 사법경찰에 관한 사무를 아울러 담당하며(형소법 제196조), 이 경우 경찰기관을 사법경찰관리라고 부른다. 사법경찰관리는 검사의 지휘를 받아 형사소송법이 정하는 바에 따라 수사를 행하거나(사법경찰관의 경우), 수사를 보조한다(사법경찰리의 경우).

(2) 特別警察執行機關

일반경찰작용 중에서도 특별한 분야의 경찰임무를 담당하는 경찰작용에 관한 경찰집행기관을 말하는바, 이에는 소방공무원, 전투경찰대, 헌병 등이 있다.

1) 消防公務員

화재를 예방·진압·경계하는 데 종사하는 기관이 소방공무원이다. 국가소방공무원에는 소방총감·소방정감·소방감·소방정·소방령·소방경·소방위·소방장·소방교·소방사가 있으며, 지방소방공무원에는 지방소방정감·지방소방감·지방소방정·지방소방령·지방소방경·지방소방위·지방소방장·지방소방교·지방소방사가 있다(소방공무원법 제2조).

2) 戰鬪警察隊

전투경찰대는 간첩(무장공비를 포함)의 침투거부·포착·섬멸 기타의 대간첩작전을 수행하고, 치안업무를 보조하기 위하여 지방경찰청장 및 대통령령이 정하는 경찰기관의 장 소속하에 설치하는 특별경찰집행기관이다(전투경찰대설치법 제1조 제1항). 다만 경찰청장은 필요한 때에는 그 소속하에 따로 전투경찰대의 통활기관을 둘 수 있다(동법 제1조 제2항).

3) 憲兵

헌병은 군사 및 군인·군무원에 관한 경찰집행기관으로서, 그에 대한 행정경찰(보안경찰)과 사법경찰작용을 담당한다(군사법원법 제43조 내지 제46조, 헌병령 제2조). 헌병은 행정경찰사무의 수행에 있어서는 서울특별시장·광역시장·도지사의 지휘를 받고, 사법경찰사무의 수행에 있어서는 서울특별시장·광역시장·도지사 또는 지방검찰청검사의 지휘를 받는다(헌병령 제2조 제2항).

Ⅲ. 特別警察機關

1. 狹義의 行政警察機關

협의의 행정경찰이란 다른 주된 행정작용에 부수하여, 그 영역에서 일어나는 안녕·질서에 대한 위해를 방지하는 임무를 담당하고 있는 기관이다. 각 중앙행정기관은 그의 소관사무와 관련되는 범위 안에서 협의의 행정경찰작용을 담당하는 경찰기관이 된다(예, 위생경찰에 관한 보건복지부장관, 철도경찰에 관한 철도청장).

협의의 행정경찰기관은 그의 지방경찰기관으로서 특별지방행정기관인 특별지방경찰기관(예, 세관·영림서 등)을 가지는 경우도 있으나, 그러한 특별지방경찰조직을 가지지 아니한 경우에는 서울특별시장·광역시장 및 도지사 또는 시장·군수·자치구청장이 협의의 행정경찰사무를 관장한다(지방자치법 제113조). 협의의 행정경찰집행기관은 당해 행정작용과 관련하여 발생하는 범죄를 수사하고 범인을 체포하는 특별사법경찰관리가 된다(형사소송법 제197조).

2. 非常警察機關

비상경찰기관은 보통경찰기관의 힘만으로는 치안을 유지할 수 없는 비상시에 있어서 병력으로써 공안을 유지하는 것이므로, 당연히 군사기관이 비상경찰기관으로 되며, 이에는 계엄사령관·위수사령관을 들 수 있다.

Ⅳ. 請願警察과 警備業

1. 請願警察

청원경찰이라 함은 ① 국가기관 또는 공공단체와 그 관리하에 있는 중요시설 또는 사업장, ② 국내주재 외국기관, ③ 기타 행정안전부령으로 정하는 중요시설·사업장 또는 장소의 기관의 장 또는 시설·사업장 등의 경영자가 소요경비(청원경찰비)를 부담할 것을 조건으로 경찰의 배치를 신청하는 경우에 그 기관·시설 또는 사업장등의 경비를 담당하게 하기 위하여 배치하는 경찰을 말한다(청원경찰법 제2조). 청원경찰은 관할 경찰서장의 감독을 받아 그 경비구역 안에 한하여 경찰관지무집행법에 의한 경찰관의 직무를 행한다(동법 제3조).

2. 警備業

경비업이라고 함은 다음 각목에 해당하는 업무(경비업무라 한다)의 전부 또는 일부를 도급 받아 행하는 영업을 말한다(경비업법 제2조).

1) 施設警備業務

국가중요시설 · 산업시설 · 공공시설 · 사무소 · 흥행장 · 주택 · 창고 · 주차장 · 행사장 · 유원지 · 항공기 · 차량 기타 경비를 필요로 하는 시설 및 장소에서의 도난 · 화재 기타 혼잡 등으로 인한 위험발생을 방지하는 업무.

2) 護送警備業務

운반중에 있는 현금 · 유가증권 · 귀금속 · 상품 기타 물건에 대하여 도난 · 화재 등 위험발생을 방지하는 업무.

3) 身邊保護業務

사람의 생명이나 신체에 대한 위해발생을 방지하고 그 신변을 보호하는 업무.

제3절 警察權發動의 根據와 限界

Ⅰ. 警察權發動의 根據

1. 槪說

경찰권이라 함은 공공의 안녕과 질서의 유지를 위하여 개인의 자유를 제한하는 법률적 · 사실적 행위를 할 수 있는 법률상의 힘을 뜻한다. 이러한 경찰권의 행사는 국민의 기본권을 침해할 가능성이 크므로, 법치행정의 원칙이 엄격하게 적용되어야 한다. 우리 헌법하에서는 모든 행정작용이 법률에 의하여 수권되고, 또한 헌법과 법률에 의하여 기속될 것이 요청된다. 따라서 경찰권이 경찰작용을 행함에 있어서도, ① 법률에 의한 수권이 있어야 한다. 그 경우, 먼저 조직법에 의한 수권이 필요하며(예, 정부조직법 등), 그에 더하여 작용법에 의한 수권이 필요하다(예, 경찰관직무집행법 등). ② 법률은 단지 경찰작용을 수권함에 그쳐서는 안되고, 더 나아가서 작용법에 의하여 경찰작용을 내용적 · 절차적으로 기속하는 것이어야 한다.

2. 概括的 授權條項

(1) 概括的 授權條項의 意義

경찰법규가 사회공공의 안전과 질서에 위해가 발생하거나 발생할 우려가 있는 경우에 안전의 확보와 질서유지를 위하여 국민 또는 주민에게 명령·강제하여 그 자연적 자유를 제한할 수 있도록 하는 권한을 경찰기관에게 부여하는 일반적인 법적 근거를 둘 때가 있다. 이러한 일반적인 법적 근거를 개괄적 수권조항이라 한다. 개괄조항(일반조항)이라고도 부른다.

(2) 概括的 授權條項의 必要性

경찰권의 발동은 헌법 자체가 예외를 인정하는 경우를 제외하고는 법률유보의 원칙에 따라 개별적이고 직접적인 권한규범을 필요로 한다. 그러나 기술수준의 변화, 사회적 사정의 변화 등으로 인해 입법자가 예상할 수 없는 경찰상의 위해가 발생하는 경우에는 미리 규정된 개별적인 수권규정에 의해 해결되지 못하는 경우가 존재한다. 이러한 경우에 대비하고자 하여 인정되는 것이 개괄적 수권조항이다.

(3) 概括的 授權條項의 認定與否

1) 肯定說

이설은 우리 경찰관직무집행법 제2조 제5호의 '기타 공공의 안녕과 질서유지'를 직접 개괄조항으로 보거나, 제2조 제5호의 유추해석에 의하여 개괄조항을 긍정한다. 그 논거는 ① 기술혁신과 사회상황·가치관의 변화를 고려할 때, 발생이 가능한 모든 위험상태 등을 법률에 포함시키고, 그에 적당한 결과를 결부시키는 것이 불가능하고, ② 개괄적 수권조항의 내용을 이루는 불확정 법개념(공공의 안녕·질서 및 위험)들은 학설과 판례에 의하여 상세하게 정해질 수 있으므로 개괄적 수권조항의 적용영역이 일반의 가치관에 따라 결정되는 경우에는 그의 내용·목적 및 범위가 충분히 특정될 수 있고, ③ 개괄적 수권조항에 근거하여 경찰권을 발동하는 경우에 적용될 법원칙(경찰상의 조리상의 한계)이 충분히 발달되어 있고, ④ 개괄적 수권조항의 확대해석 및 그에 근거한 경찰권의 남용은 모두 사법심사의 대상이 된다고 하여 개괄적 수권조항을 긍정한다.[39]

2) 否定說

이설은 우리나라에 있어서 개괄조항은 존재하지 아니한다는 견해이다. 이설은 다시 둘로 나눌 수 있다. 그 하나는 경찰작용에 대한 법률근거는 개별적 수권법규이어야 하며 포괄적·일반적인 수권법규는 허용되지 아니한다는 입장에서 개괄조항은 존재하지 아니한다는 견해이고, 다른 하나는 개괄조항의 필요성과 입법상의 가능성을 전제로 하는 입장에 서서 우리 경찰관직무집행법 제2조 제5호는 경찰의 임무 내지 직무를 정한 규정이며 따라서 우리나라에서는 현재 개괄조항은 존재하지 아니한다는 견해이다.[40]

3) 折衷說(立法必要說)

이설은 현행법상 개괄조항은 인정되지 아니하지만, 경찰법의 개정을 통해 개괄조항이 규정되어야 한다는 견해이다. 현행 헌법 하에서 개괄조항은 인정될 수 있고, 인정되어야 하지만 아직까지 우리의 입법은 이를 수용하고 있지 않다는 입장이다.[41]

Ⅱ. 警察權發動의 限界

1. 警察權發動의 消極的 限界

(1) 法規上의 限界

경찰작용은 주로 권력적 명령·강제작용으로서 국민의 권리와 자유를 침해하는 가장 전형적 행정작용인 까닭에 법치행정의 원칙에 따라 법률의 수권에 의해 또는 법규가 허용하는 한도 안에서만 발동되어야 한다. 따라서 경찰법규는 경찰권의 근거인 동시에 한계가 되고 있다.

(2) 條理上의 限界

경찰관직무집행법 제1조 2항은 「이 법에 규정된 경찰관의 직무는 그 직무

---

39) 김남진(Ⅱ), 263면; 석종현(하), 262면; 김재호, "경찰권의 근거", 저스티스, 1999.6, 7면.

40) 김동희(Ⅱ), 196~187면; 박윤흔(하), 323면; 정하중, "독일경찰법의 체계와 한국 경찰관직무집행법의 개선방향(하)", 사법행정, 1994.3, 10면.

41) 홍정선(하), 422면.

수행에 필요한 최소한도에서 행사되어야 하며 이를 남용하여서는 아니 된다」라고 규정하여 조리상의 한계를 인정하고 있다고 볼 수 있고, 기타 많은 법률에서 '필요최소한'이라는 재량한계를 인정하고 있다. 경찰권발동을 제약하는 재량한계 내지 조리상의 한계로는 ① 경찰소극목적의 원칙, ② 경찰공공의 원칙, ③ 경찰책임의 원칙, ④ 경찰비례의 원칙, ⑤ 경찰평등의 원칙 등이 있다.

1) 警察消極目的의 原則

경찰은 직접 사회공공의 안녕과 질서를 유지하기 위하여 이에 대한 위해가 되는 행위나 상태를 예방하고 제거함을 목적으로 하는 작용이다. 따라서 명시적 법률규정이 없는 한 적극적으로 사회공공의 복리를 증진하고, 사회경제질서를 일정한 방향으로 유도하는 작용을 할 수 없다. 이런 목적을 벗어나게 되면 목적일탈 또는 권한남용으로 위법이 된다.

2) 警察公共의 原則

(가) 私生活不可侵의 原則

경찰은 사회공공의 안녕과 질서에 직접 관계없는 개인의 생활이나 행동에 간섭하여서는 안 된다는 원칙을 사생활불가침의 원칙이라고 한다. 여기서 '사생활'이란 개인의 생활활동의 영향이 사적인 생활범위에 그치고 사회의 다른 사람들에게 영향을 미치지 않는다고 판단되는 개인의 생활활동을 말하며, 이러한 영역은 공공의 안녕과 질서에 대해 위해를 미치지 않는 영역으로 간주된다. 그러나 개인의 사생활이라도 미성년자의 음주·끽연이나 전염병의 발생과 같이 그것이 동시에 사회공공의 안녕과 질서에 영향을 미치는 경우에는 경찰권 발동의 대상이 된다.

(나) 私住所不可侵의 原則

이는 사주소 내의 행동은 사회공공의 질서에 직접 영향을 미치는 것이 아니므로 원칙적으로 경찰이 관여할 수 없다는 것을 말한다. 여기서 사주소란 직접 공중과 접촉되지 않는 장소를 의미하므로 사인의 주택에 한하지 않고, 공장·사무소·창고 등과 같은 비주거건축물도 이에 포함된다.

그러나 사주소 내의 행위라도 사회공공의 안녕과 질서에 영향을 미치면 그 한도에서 경찰권이 발동되는데, 예컨대, 공중의 눈에 뜨이는 장소에서 신체를 과도하게 노출시키는 행위가 금지되고(경범죄처벌법 제1조(41)), 건물의 소유주 등은 시장·군수가 정하는 계획에 따라 대청소를 실시하여야 할 의무를 지는 것(폐기물관리법 제6조 2항), 화재의 경우 등을 들 수 있다.

(다) 民事關係不干涉의 原則

개인의 재산권의 행사·민사상의 계약·친권의 행사 등과 같은 단순한 민사관계는 당해 특정한 개인적 이익에만 관계되고, 직접 사회공공의 안녕과 질서에 대한 위험이 발생할 개연성이 적은 영역이므로 경찰이 관여할 사항이 아니다. 그러나 민사상의 법률관계라 하더라도 예컨대, 경기장 등 일정한 요금을 받고 입장시키는 장소에서 입장료를 초과한 가격으로 입장권의 전매, 미성년자에 대한 술·담배의 판매 등과 같이 그것이 동시에 사회공공의 안녕과 질서에 영향을 미치는 경우에는 경찰권이 개입할 수 있다.

3) 警察責任의 原則

(가) 意義

경찰권은 원칙적으로 질서위반의 상태에 대하여 책임이 있는 자, 즉 경찰책임자에 대하여만 발동할 수 있다. 이와 같이 경찰권은 원칙적으로 경찰책임자에 대해서만 발동될 수 있다는 경찰권발동의 한계를 경찰책임의 원칙이라 한다.

(나) 警察責任의 種類

(a) 行爲責任

행위책임은 자기의 행위로 인한 경우뿐만 아니라, 타인의 행위를 지배하는 기능을 가지는 자(예, 친권자·사용자)도 그의 범위 안에서 지배자로서 그 피지배자의 행위로 인하여 발생하는 질서위반에 대하여 지는 책임이고(예, 각종 특별법상의 양벌규정), 위해발생에 대한 고의·과실은 묻지 않는다.

그 성질은 대위책임이 아니라 자기의 지배권 내에서 질서위반의 상태가 발생한 데에 대한 '자기책임'인 것이다. 즉 책임의 귀속을 결정하는 기준에 관하여는 질서위반에 대하여 직접적인 원인을 제공한 자에게 행위책임이 귀속된다고 할 수 있다(이때 그 책임귀속의 기준으로서 상당인과관계설, 조건설, 등가설 등이 논의되고 있으나 직접원인설이 타당하다고 본다). 예컨대, 자녀의 행위에 대한 보호자의 책임, 사용인의 행위에 대한 사업주의 책임 등이 있다.

(b) 狀態責任

상태책임은 물건 또는 동물의 소유자·점유자 기타 이를 사실상 관리하고 있는 자는 그 범위에서 그 물건 또는 동물로 말미암아 질서위반의 상태가 발생하는 경우에 지는 책임이다. 이 경우에도 고의·과실의 유무는 불문한다. 상태책임에 있어서도 그 책임의 귀속 및 범위를 정하는 것이 중요한 문제인데 첫째, 책임의 귀속에 있어서는 어떤 자가 물건에 대한 실질적인 지배권 내지는 처분권을 가지는가가 중요하고, 둘째, 상태책임의 범위를 어느 정도로 한정할 것인가 하는 것이 문제된다.

(c) 複合的 責任

복합책임은 다수인의 행위 또는 다수인의 물건이 합쳐져 경찰위해를 일으키고 있는 경우에 누가 이에 대한 책임자인가 하는 문제이다. 결정적인 위해를 일으키고 있는 자나 다수인 전체를 일단 책임자로 볼 수 있다. 그러나 경찰은 이러한 경우에 우선 그 경찰위해를 제거하는 데 있어서 가장 적합한 상황에 있는 자에게 경찰상의 의무를 부과할 수 있다고 본다. 그 한도에서 경찰기관에 선택재량이 인정될 수 있는 셈이다.

(다) 警察責任에 대한 例外

경찰권은 위에서 설명한 바와 같이 경찰책임자에 대하여만 발동되는 것이 원칙이나, 예외적으로 긴급한 필요가 있는 경우에는 질서위반책임이 없는 자에게도 경찰권이 발동된다. 종래에는 이를 경찰긴급권이라고 하였다. 제3자에 대한 경찰권발동은 극히 예외적인 것으로, 목전에 급박한 위해를 제거하는 경우에 한하여 반드시 법령에 근거하여 행하여져야 한다. 예컨대 화재 등의 현장에 있는 자에 대한 소화작업 등에의 동원(소방법 제77조, 경범죄처벌법 제1조 제36호), 경찰관직무집행법 제5조 제3호, 수난구호를 위한 징용(수난구호법 제8조) 등이다.

(라) 警察責任의 承繼

경찰책임이 다른 사람에게 이전될 수 있는가? 이 문제는 행위책임의 경우와 상태책임의 경우로 나누어 보아야 한다. 즉, ① 행위책임의 경우에는 행위책임이 경찰책임자의 행위에 대한 평가와 관련되기 때문에 법률에 명문의 규정이 있거나 대체가능한 경우를 제외하고는 승계가 인정되지 아니한다고 할 것이고, ② 상태책임의 경우에는 상태책임이 물건의 상태와 관련되기 때문에 일반적으로 승계가 인정된다고 본다. 그러나 일반적인 승계가능성 외에 승계요건으로 정한 승계규범을 필요로 한다는 견해도 있다.

4) 警察比例의 原則

(가) 意義

경찰비례의 원칙이란 경찰권의 발동은 사회공공의 질서유지를 위하여 참을 수 없는 위해 또는 위해발생의 위험을 제거하기 위하여 필요한 경우에 그 목적을 달성하기 위하여 필요한 최소한도의 범위 내에 국한되어야 한다는 원칙이다.

(나) 警察權發動의 條件

경찰권에 의한 개인의 자유·권리의 제한은 사회질서유지상 묵과할 수 없는 장해를 제거하기 위해서만 허용된다. '묵과할 수 없는 장해'란 사회통념상 그 장해를 방치함으로써 생기는 사회적 불이익의 정도가 그 장해를 제거함으로써 생기는 사회적 불이익보다 커서 경찰권의 발동이 부득이하다고 평가되는 장해를 말한다.

(다) 警察權發動의 程度

경찰권이 공공의 안녕과 질서유지상 용인될 수 없는 장해 또는 장해발생의 직접적 위험을 제거하기 위하여 발동되는 경우에도 그 발동의 정도는 장해 또는 위험의 정도와 반드시 적정한 비례를 유지하여야 하며, 그 구체적인 판단은 경찰기관이 성실한 재량에 따라 행하여야 할 것이다.

(a) 適合性의 原則

이 원칙은 경찰기관이 취한 조치 또는 수단이 그가 의도하는 목적달성에 적합해야 함을 의미한다.

(b) 必要性의 原則

이 원칙은 경찰의 조치는 설정된 목적을 위해 필요한 것 이상으로 행해져서는 안 된다는 것을 의미한다. 이 원칙에서 행정청이 의무자에게 어떤 작위·수인의무를 명한 경우에 상대방이 대안을 신청한 경우에는 그것이 적합성의 원칙에 맞는 한 받아들여야 한다고 본다. 의무자가 대안을 제공할 수 있는 기간은 보통 행정쟁송을 제기할 수 있는 기간인 것으로 본다.

(c) 相當性의 原則

이 원칙은 어떤 행정조치가 설정된 목적을 위하여 필요한 경우라도 그 행정조치를 취함에 따른 불이익이 그것에 의해 초래되는 효과보다 큰 경우에는 동 행정조치가 취해져서는 안 된다는 것을 의미한다. 즉, 경찰상 규제의 필요(장해제거)와 경찰권행사의 정도(자유제한)간에 정당한 비례가 유지되어야 한다는 원칙이다. 우리 경찰관직무집행법 제11조에서 「경찰관은 범인의 체포·도주의 방지, 자기 또는 타인의 생명·신체에 대한 방호, 공무집행에 대한 항거의 억제를 위하여 필요하다고 인정되는 상당한 이유가 있을 때에는 그 사태를 합리적으로 판단하여 필요한 한도내에서 무기를 사용할 수 있다」고 규정하여 상당성의 원칙을 규정하고 있다.

5) 警察平等의 原則

경찰평등의 원칙이란 경찰권을 행사함에 있어서는 모든 국민에 대하여 성별·종교·인종적·사회적 신분 등을 이유로 하는 불합리한 조건에 의한 차별대우를 의미하는 자유제한을 할 수 없다는 원칙을 말한다. 헌법 제11조에서 규정한 평등원칙은 행정법의 일반원칙으로 모든 행정작용에 일반적으로 타당하나, 경찰작용은 개인의 자유의 제약을 내용으로 하는 권력작용인 탓으로 평등원칙에 대한 요구가 강하게 나타난다고 할 수 있다.

2. 警察權發動의 積極的 限界

(1) 概說

전통적으로 경찰권의 근거와 한계에 관한 논의는 경찰작용이 권력적인 명령·강제 작용으로서 국민의 권리와 자유를 침해하는 가장 전형적인 권력작용인 까닭에 반드시 법률에 근거하여 그리고 일정한 재량한계 안에서만 발동되어야 하며, 법률의 근거와 재량한계를 넘어서 발동하여서는 아니 된다는 소극적 한계에 관한 것이었다. 그런데 오늘날은 이러한 소극적 한계와 더불어 개인의 생명·자유·재산이 중대한 위협을 받고 있는 경우 등에는 경찰은 적극적으로 경찰권을 발동하여야 한다는 적극적 한계에 대한 논의가 포함되게 되었다. 즉 경찰재량권의 영으로의 수축으로 말미암아 경찰개입의 의무가 성립되고, 그것에 대응하여 개인에게 개입청구권이 발생하는 경우이다.

(2) 裁量權의 零으로의 收縮과 介入義務의 發生

공공의 안녕과 질서에 대한 위험이 존재하는 경우에도 원칙적으로 경찰의 개입의무는 인정되지 아니하며, 경찰의 개입여부는 그의 의무적합적 재량에 달려있다. 따라서 원칙적으로 관련된 개인은 제3자에 대하여 경찰권을 발동해 줄 것을 청구할 권리를 갖지 못하며, 단지 형식적인 주관적 공권으로서의 무하자재량행사청구권만을 갖는다. 그러나 경찰이 개입할지의 여부, 혹은 개입한다면 어떠한 조치를 취할 것인지의 여부에 관한 결정에 있어 경찰의 재량이 결코 무제한적인 것은 아니다. 따라서 예외적으로 경찰이 행한 결정외에는 다른 결정을 행할 사실상의 전제조건이나 법적근거가 존재하지 않는 경우에는 단지 하나의 결정만이 의무적합적 재량행사의 요구를 충족시킨 적법한 것으로 간주되고, 다른 모든 결정은 위법한 것이 된다. 이러한 재량권의 영으로의 수축에 대한 결과는 ① 재량권이 영으로 수축된 결과 경찰이 개입하지 않는 것이 단지 유일하게 허용되는 재량결정일 수 있다. 그럼에도 불구하고 경찰이 개입하였다면 재량행사의 하자가 존재하는 것이고, 따라서 관계인이 취소소송을 제기한 경우에는 취소되어야 하며, ② 이에 반하여 경찰이 개입하는 것만이 단지 유일하게 허용되는 재량결정인 경우에는 경찰의 개입의무가 인정되는 바, 이처럼 경찰의 개입의무가 인정되는 경우에는 개인의 경찰개입청구권이 인정될 수 있다.

(3) 警察介入請求權

경찰개입청구권이란 경찰행정청의 부작위로 인하여 자신의 권익을 침해당한 자가 당해 경찰행정청에 대하여 경찰권의 발동을 청구할 수 있는 권리를 말한다.

경찰개입청구권도 개인적 공권의 일종이므로 그의 일반적 성립요건이 충족될 때 비로소 성립할 수 있는 바, 개인적 공권의 성립요건으로는 행정주체에게 일정한 행정의무를 부과하는 강행법규의 존재와 행정법규가 공익의 실현외에 사익의 보호도 목적으로 하여야 한다는 사익보호성이 들어지고 있다. 즉, 국민에게 경찰개입청구권이 인정되기 위하여서는 먼저 경찰행정청에게 공공의 안녕과 질서에 대한 위험의 방지를 위하여 그에 개입할 개입의무가 발생하여야만 하고, 구체적인 경우에 재량권이 영으로 수축되어 경찰에게 객관적으로 개입할 의무가 인정된다는 것으로부터 국민이 법원에 의하여 집행될 수 있는 경찰개입청구권이라는 주관적 공권을 갖는다는 결론이 필연적으로 도출되는 것은 아니다. 오히려 경찰개입청구권은 적용될 법규범이 단지 공익을 보장할 뿐만 아니라 관계인의 개인적 법익을 보호하는 경우에만 인정된다.

제4절 警察作用

Ⅰ. 警察下命

경찰하명은 종래 법령에 의한 하명과 행정행위에 의한 하명을 구별하지 아니하고 경찰하명개념에 포함시켜 "경찰목적을 위하여 일반통치권에 의거하여 개인에게 특정한 작위·부작위·수인 또는 급부의 의무를 명하는 행정행위"로 설명되었다. 이는 국민에 대하여 경찰상의 의무를 명하는 것이면 모두 경찰하명이라고 불렀기에 행정행위로서의 경찰하명, 즉 경찰처분 이외에 법률 또는 법규명령에 의한 경찰의무의 부과까지 경찰하명으로 부르는 것이 되었다. 그러나 최근에는 경찰하명의 개념을 행정행위에 의한 하명만으로 이해하여 경찰처분의 의미로 파악하는 경향이 있다.[42]

Ⅱ. 警察命令

1. 警察命令의 意義

경찰명령이란 경찰행정상의 행정목적을 위하여 경찰권이 정립하는 일반적 명령으로서 법규의 성질을 가지는 것을 말한다. 이와 같이 경찰명령은 법규명령만을 의미하는 점에서, 법규의 성질을 가지지 않는 경찰상의 행정규칙(경찰규칙)은 여기에 포함되지 아니한다.

42) 김남진·김연태, 행정법Ⅱ, 288면; 김성수(개), 512면; 홍정선(하), 410면.

2. 警察命令의 種類

경찰명령은 그 내용에 따라 위임명령과 집행명령으로, 발령권의 소재에 따라 대통령령·총리령·부령 등으로 분류할 수 있으며, 그들 명령은 법규명령이면서도 경찰행정상의 행정목적을 위한 것에 한정된 개념이지만 그 근거는 일반의 법규명령의 경우와 다를 바가 없다. 따라서 경찰명령은 헌법 또는 법률 기타 상위명령의 직접적 또는 간접적인 수권을 근거로 하여서만 정립될 수 있다.

Ⅲ. 警察處分

1. 警察處分의 意義

경찰처분이란 경찰목적, 즉 사회공공의 안녕질서를 유지하기 위하여 통치권(경찰권)에 의거하여 특정인 또는 불특정 다수인에게 작위·부작위·급부·수인 등의 의무를 부과하거나 허가(운전면허 등)와 같은 수익처분의 취소·정지·거부·부작위 등 불이익을 과하는 행위를 말한다.

2. 警察處分의 種類

(1) 作爲處分

적극적으로 어떤 행위를 행할 의무를 부과하는 행정행위를 말한다. 작위처분은 특정인에 대하여 행하여지는 것이 보통이고(예, 소방대상물의 관계자에게 소방상 필요로 하는 개수·제거 등을 명하는 것, 소방법 제6조), 불특정다수인에 대한 것은 그 예가 매우 적다(경범죄처벌법 제1조 제7호 참고).

(2) 不作爲處分

소극적으로 어떤 행위를 행하지 아니할 의무를 명하는 행정행위를 말한다. 이는 경찰금지라고도 한다. 경찰행정청에 의한 주차금지구역의 지정, 일방통행 등 교통표지 등 대물적 처분과 대인적 처분으로 나누어진다.

(3) 受忍處分

경찰청에 의한 실력행사를 감수하고 이에 저항하지 말아야 할 의무를 명하는 행정행위를 말한다. 행정청의 실력행사, 즉 경찰강제 그 자체는 사실상의 작용이지만 그것이 적합하게 행하여지기 위해서는 수인처분이 수반되어야 한다.

(4) 給付處分

금전 또는 물품의 급부의무를 명하는 행정행위로서, 경찰작용이 특정인을 위하여 행하여지거나 특정인을 위하여 필요한 경우에 그 비용을 충당하기 위하여 수수료 등의 급부를 명하기 위하여 행하여진다.

3. 警察處分의 形式

경찰처분은 구술・문서・행동, 그 밖의 여러 가지 표시를 통해 행하여진다. 자동감응장치에 의해 가동되는 교통신호, 교통경찰관의 수동에 의한 교통지시 등도 경찰처분에 해당한다.

4. 警察處分의 有效要件

경찰처분이 적법하게 성립하여 효력을 발생하기 위해서는 일반 행정행위의 경우와 같이 주체・절차・형식・내용 등에 관한 요건을 갖추고 그 내용이 상대방에게 고지되어야 한다.

5. 警察處分의 效果

(1) 警察義務의 發生

경찰처분은 그의 내용(법률효과)에 따라 상대방(특정인 또는 일정범위의 다수인)에게 작위・부작위・급부・수인 등의 의무를 발생시킨다. 경찰처분에 의하여 상대방에게 발생시키는 의무를 특별히 경찰의무라 한다.

(2) 警察義務와 法律行爲의 效力

경찰처분은 그 내용에 따라 직접 상대방에게 작위・부작위・수인・급부의

의무를 사실상으로 행할 의무를 부과하는 하는 것이며, 상대방이 행하는 행위의 법률적 효력에 아무런 영향을 미치지 않는다. 예컨대, 경찰행정청이 특정인에게 총포·도금·화약류의 판매를 금지시킨 경우(부작위처분), 그 부작위처분에 위반하여 매매계약에 의한 양도가 행하여졌다 하더라도 당해 매매계약 등의 효력을 부인하는 효과를 발생하는 것은 아니다.

(3) 警察處分의 效果가 미치는 範圍

1) 對人的·對物的 範圍

이는 경찰처분의 효과가 처분의 직접적 수명자에게만 미치는가 아니면 수명자로부터 다른 사람에게 이전될 수 있는 것인가에 관련된 문제이다. 일신전속적 대인적 처분인 경우에는 처분의 상대방에 대하여서만 효과를 발생하며, 대물적 처분으로서 그 물건이 거래의 대상이 되는 경우에는 그 물건에 대한 점유나 소유권이 이전되면, 그 물건에 대한 처분의 효과도 이전된다.

2) 地域的 範圍

다른 행정행위와 마찬가지로 경찰처분의 지역적 효과도 당해 경찰행정청의 관할구역 내에만 미치는 것이 원칙이다. 다만 대물적 처분의 경우는 그 성질상 관할구역 밖에까지 그 효과가 미친다. 예컨대 서울특별시장으로부터 운행정지처분을 받은 자동차는 전국 어느 곳에서도 운행하지 못한다.

6. 警察處分의 實效性確保手段(義務履行確保手段)

경찰처분에 의하여 명하여진 경찰의무(작위·부작위·급부·수인)를 이행하지 않는 경우에는 경찰상의 강제집행의 방법에 의하여 의무의 실현을 강제할 수 있다. 즉, 경찰상의 대체적 작위의무에 대하여는 대집행이, 금전급부의무의 불이행에 대하여는 국세징수법의 규정에 의한 체납처분절차에 따라 강제징수의 수단이 일반적으로 인정되고 있다. 그 이외의 경찰의무를 위반하는 경우에는 경찰벌을 과하여 간접강제의 효과를 기대하고 있다.

7. 警察處分과 行政救濟

(1) 違法·不當한 警察處分에 대한 救濟

경찰처분과 관련된 직무를 집행함에 당하여 공무원이 고의 또는 과실로 법령에 위반하여 타인이 손해를 입은 때에는 국가 또는 지방자치단체에 대하여 그 손해배상을 청구할 수 있다(국가배상법 제2조 제1항). 또한 경찰처분은 행정심판법·행정소송법에 규정되어 있는 처분에 해당하므로, 그들 법률에 의거한 쟁송을 통해 구제를 받을 수 있다.

(2) 適法한 警察處分에 대한 救濟

적법한 경찰처분으로 인하여 수명자에게 손실이 발생하였을 경우에는 국가는 원칙적으로 보상을 하지 아니한다. 따라서 개별법이 정하는 바에 따라 보상을 청구할 수밖에 없다.

Ⅳ. 警察許可

1. 警察許可의 意義 및 性質

(1) 警察許可의 意義

경찰허가란 경찰상의 목적을 위한 일반적 금지를 특정한 경우에 해제함으로써 일정한 행위를 적법하게 행할 수 있도록 자연적 자유를 회복시켜 주는 경찰처분이다. 경찰허가에 해당하는 행위를 실정법에서는 면허·인허·승인 등의 용어로 표현하기도 하며, 질서허가라고 말하기도 한다.

(2) 警察許可의 性質

1) 命令的 行爲

경찰허가는 상대적 금지를 해제하여 자연적 자유를 회복시켜주는데 그치는 명령적 행위이며, 그 점에서 권리능력 기타 법률상의 힘을 설정하여 주는 형성적 행위와 다르다.

2) 羈束行爲

경찰법규가 허가를 결정하는 기준을 명시하고 있어 경찰기관이 가치판단을 가할 여지가 없는 경우에는 당해 경찰허가가 기속행위에 속함은 물론이지만(예, 의사면허 · 약사면허 등), 그러한 기준을 명시하지 않고 경찰기관에 어느 정도의 재량을 인정하는 경우에도 그 재량권은 자유재량이 아니라 기속재량이다.

2. 警察許可의 種類

경찰허가는 기준에 따라 ① 대인적 허가 · 대물적 허가 · 혼합적 허가, ② 통제허가 · 예외적 승인(예외허가), ③ 부분허가 · 가허가 등으로 분류할 수 있다.

3. 警察許可의 形式

경찰허가는 일반적 · 상대적 금지를 특정한 경우에 해제하는 행위이므로 언제나 구체적인 행정행위의 형식으로 행하여진다. 이 점에서 행정행위뿐만 아니라 법규의 형식으로도 행하여지는 경찰하명과 다르다.

경찰허가는 상대방의 출원에 의하여 서면으로 행하여지는 것이 보통이나, 법령에 특별한 규정이 없으면 반드시 요식행위는 아니며 구술에 의한 출원도 가능하다.

4. 警察許可의 附款

법령에 의하여 엄격하게 기속된 경찰허가는 법정부관 이외에는 경찰기관의 재량에 의하여 부관을 붙일 수 없다. 이에 반하여 재량허가에 있어서는 부관(조건 · 기한 · 부담 · 철회권의 유보 · 법률효과의 일부제한 · 부담의 추가 · 변경 또는 보충권의 유보)을 붙일 수 있다. 다만 부관을 붙일 수 있는 재량이 인정된 경우에도 경찰목적에 필요한 최소한도에 그쳐야 한다.

5. 警察許可의 效果

(1) 警察許可의 效果의 內容

1) 警察禁止解除

경찰허가는 위해방지를 위한 일반적 금지(경찰금지)를 해제하여 자유를 회복시켜 주는데 그친다. 따라서 경찰허가를 받은 자에게 권리·능력 기타의 법률상의 힘을 설정하는 것은 아니며, 경찰허가로 인하여 사실상의 독점 기타의 경제적 이익이 생기더라도 그것은 반사적 이익에 불과하다. 이러한 점에서 경찰허가는 공기업특허 등 형성적 행위와 다르다.

2) 警察許可와 他法律關係

경찰허가는 경찰상의 금지만 해제하는 데 그치며, 다른 법률상의 제한까지 해제하여 주는 것은 아니다. 예컨대 공무원인자가 음식점영업허가를 받더라도 식품위생법상의 금지를 해제하는 데 그치며, 공무원법상의 금지까지 해제되는 것은 아니므로 직접 음식점영업을 하지 못한다.

3) 警察許可와 法律行爲의 效力

경찰허가는 특정행위를 사실상 적법하게 행할 수 있도록 하는 데 지나지 아니하므로 법률행위로서 효력발생여부에 직접 관계되는 것은 아니다. 따라서 허가를 받아야 할 행위를 허가받지 않고 행한 경우에도 제재의 대상은 될지언정 그 효력은 유효함이 원칙이다(예컨대 무허가음식점의 영업행위).

(2) 警察許可의 更新

종기가 있는 기한부 허가는 종기의 도래로 효력을 상실하는 것은 당연하다. 다만, 많은 경우 영업허가에 있어서 기한의 갱신을 신청할 수 있는 경우에는 경찰상의 장해가 발생할 새로운 사정이 없는 한 갱신을 허가하여야 하며, 이 경우 허가의 갱신은 새로운 경찰허가가 아니고 종래의 경찰허가를 전제로 하여 그 효과를 계속시키는 기한의 연장이다.

(3) 警察許可의 效果의 範圍

경찰허가의 효과는 일정한 인적·지역적 한계가 있다.

1) 人的 範圍

(가) 對人的 許可

사람의 경력·기능 등 개인적 사정을 심사하여 행하여지는 경찰허가이다(예, 의사면허·운전면허 등). 그 효과는 허가를 받은 자의 일신에 전속하며, 타인에게 이전 또는 상속될 수 없다.

(나) 對物的 許可

대물적 허가는 물건의 구조·설비나 지리적 환경 등의 객관적 사정을 심사하여 행하여지는 경찰허가이다(예, 건축허가·자동차검사합격처분 등). 그 효과는 허가의 대상이 된 물건의 이전에 따라 동시에 이전·승계됨이 원칙이다.

(다) 混合的 許可

경찰허가가 상대방의 인적 사정과 물적 조건을 아울러 고려하여 행하여진 경우이다(예, 총포등판매영업허가, 가스영업허가 등). 이는 물적 시설의 양도나 상속에 의하여 허가의 효과 역시 당연히 이전되는 것이 아니고, 시설의 양수인 또는 상속인으로 하여금 새로이 허가를 받게 함이 보통이다.

2) 地域的 範圍

경찰허가의 효과는 원칙적으로 관할구역 내에 한정되는 것이지만, 법령의 규정(예, 구도로운송차량법 제52조)이나 행위의 성질상 당해 경찰관리청의 관할구역 밖에까지 미치는 경우도 있다(예, 자동차운전면허·이용사면허 등).

6. 警察許可의 瑕疵(欠)

(1) 警察許可의 無效

경찰허가가 무효인 경우에는, 허가된 행위를 행한 자는 결과적으로 경찰금지를 위반한 것이 되며, 따라서 본인에게 귀책될 수 없는 사유로 당해 허가가 무효임을 알지 못한 경우를 제외하고는 경찰벌의 대상이 된다.

(2) 警察許可의 取消

경찰허가 등 행정행위의 취소는 하자(흠)있는, 즉 위법 또는 부당한 행위를 소멸시키는 행위를 말한다. 이에는 행정청(처분청·상급청 등)이 직권으로 취소하는 직권취소와 상대방 등의 쟁송제기의 결과 취소되는 쟁송취소(취소재결·취소판결)가 있다.

(3) 警察許可의 撤回

경찰허가의 철회는 허가가 흠없이 성립하였으나 그 허가를 더 이상 존속시킬 수 없는 새로운 사정이 발생하였음을 이유로 장래에 향하여 그의 효력을 소멸시키는 행정행위이다. 실정법 및 실무상으로는 철회도 취소라고 함이 보통이다.

제5절 警察行政의 實效性 確保手段

Ⅰ. 警察强制

1. 警察强制의 意義

경찰강제란 경찰목적인 질서유지를 위하여 개인의 신체·재산·가택에 실력을 가하여 경찰상 필요한 상태를 실현하는 사실상의 작용을 말한다. 따라서 경찰강제는 질서유지와 일반통치권에 의거하여 행하는 권력적 작용이라는 점에서는 경찰하명 및 경찰허가와 같으나, 실력에 의한 사실행위라는 점에서 법률행위인 경찰하명 및 경찰허가와 구별된다.

2. 警察强制의 種類

(1) 警察上 强制執行

경찰상 강제집행은 경찰하명(의무부과)에 따르는 의무의 불이행이 있는 경우에 상대방의 신체 또는 재산(가택포함)에 실력을 가하여 의무를 이행시키거나 의무이행이 있는 것과 같은 상태를 실현하는 경찰작용을 말한다.

(2) 警察上 卽時强制

경찰상 즉시강제는 명령에 의한 사전의 의무부과없이 상대방의 신체 또는 재산에 실력을 가하여 경찰목적을 실현하는 작용을 의미한다. 즉시강제는 ① 목전의 급박한 위해를 방지하기 위한 경우와, ② 성질상 미리 의무를 명할 수 없어 즉시로 행해지는 경우가 있다. 이러한 즉시강제의 일부 또는 전부를 직접시행이라고 부르기도 한다.

3. 警察强制의 根據

경찰강제는 실력에 의한 사실상의 작용이기 때문에 개인의 자유와 권리에 미치는 영향이 대단히 크므로, 반드시 법령에 근거가 있는 경우에 한하여 법령이 정하는 바에 따라서만 행하여질 수 있다. 그러나 경찰법규의 성질상 공안에 대한 장래의 위해를 모두 예측하여 입법화한다는 것은 불가능하므로, 그러한 경우에도 엄격한 조리상의 한계가 지켜져야 한다.

경찰강제에 관한 법규로는 ① 경찰상 강제집행에 대하여는 일반법으로 행정대집행법이 있는 외에 건축법 등 각 개별법이 있고, ② 경찰상 즉시강제에 대하여는 일반법으로는 경찰관직무집행법이 있는 외에 감염병의예방및관리에관한법률·식품위생법 등 각 개별법이 있다.

4. 警察强制의 手段

(1) 警察上 强制執行의 手段

경찰상 강제집행의 일반적 수단으로는 대집행·집행벌·직접강제 및 경찰상의 강제징수가 있다.

1) 代執行

경찰상의 대체적 작위의무의 불이행에 대한 제1차적 수단으로써 당해 경찰청이 의무자가 행할 작위를 스스로 행하거나 또는 제3자로 하여금 이를 행하게 하고 그 비용을 의무자로부터 징수하는 것을 경찰상의 대집행이라 한다. 개별법에서 이러한 내용의 대집행을 할 수 있음을 규정하고 있는 예가 있다(예, 도로교통법 제35조). 그러나 그와 같은 규정이 없더라도 행정대집행법이 정한 요건이 충족하는 한 경찰기관은 대집행을 할 수 있다고 새겨진다.

2) 直接强制

이는 의무자가 의무를 불이행한 경우에 직접 의무자의 신체 또는 재산에 실력을 가하여 의무의 이행이 있었던 것과 같은 상태를 실현하는 작용을 말한다. 직접강제의 예로는 식품위생법(제62조), 공중위생법(제25조) 등에 규정되어 있는 폐쇄조치, 도로교통법(제43조)상의 위험방지조치(차의 일시정지 운전면허증제시요구) 등이다.

3) 履行强制金(執行罰)

행정법상의 작위·부작위·수인 등의 의무의 불이행이 있는 경우에 일정한 금액(이행강제금·과태료)을 납부하게 됨을 계고하여 심리적 압박을 줌으로써 의무이행을 확보하려는 수단을 말한다.

4) 警察上의 强制徵收

사인이 경찰상의 금전급부의무의 불이행이 있는 경우에 의무자의 재산에 실력을 가하여 의무의 이행이 있었던 것과 같은 상태를 실현하는 작용을 말한다. 예를 들면, 도로교통법은 「주차위반차의 이동·보관·매각 또는 폐각 등에 소요된 비용은 그 차의 사용자의 부담으로 하고, 그 비용의 징수에 관하여는 행정대집행법 제5조와 제6조의 규정을 적용한다」(제31조 제6항)라고 규정하고 있는데, 행정대집행법 제6조는 「대집행에 요한 비용은 국세기본법의 예에 의하여 징수할 수 있다」(제1항)라고 규정하고 있는 것이다.

(2) 警察上 卽時强制의 手段

1) 警察官職務執行法上의 手段

(가) 概括條項에 의한 手段

동법 제2조상의 경찰권발동에 관한 개괄조항에 의거하여 경찰관이 보충적 성격의 즉시강제를 할 수 있음은 다른 경우에 있어서와 마찬가지이다.

(나) 個別條項에 의한 手段

(a) 不審檢問

경찰관은 수상한 거동 기타 주위의 사정을 합리적으로 판단하여 어떠한 죄를 범하였거나 범하려 하고 있다고 의심할 만한 상당한 이유가 있는 자 또는 이미 행하여진 범죄나 행하여지려고 하는 범죄행위에 관하여 그 사실을 안다고 인정되는 자를 정지시켜 질문할 수 있다(동법 제3조 제1항).[43] 그 장소에서 제1항의 질문을 하는 것이 당해인에게 불리하거나 교통의 방해가 된다고 인정

---

43) 질문에 어느 정도의 신체적 접촉이 불가피하고 소지품을 검사하는 등의 사유로 즉시강제의 성질을 갖는다는 견해와(박윤흔(하), 364면) 불심검문은 조사를 목적으로 하는바 행정조사로서 경찰조사의 성질을 갖는다는 견해가 있다(김동희(Ⅱ), 198면; 홍정선(하), 398면).

되는 때에는 질문하기 위하여 부근의 경찰서·지서·파출소 또는 출장소(이하 '경찰관서'라 하되, 지방해양경찰관서를 포함한다)에 동행할 것을 요구할 수 있다(동조 제2항). 이 경우 당해인은 경찰관의 동행요구를 거절할 수 있다(동조 제3항).

제1항 또는 제2항의 규정에 의하여 질문하거나 동행을 요구할 경우 경찰관은 당해인에게 자신의 신분을 표시하는 증표를 제시하면서 소속과 성명을 밝히고 그 목적과 이유를 설명하여야 하며, 동행의 경우에는 동행장소를 밝혀야 한다(동조 제4항). 제2항의 규정에 의하여 동행을 한 경우 경찰관은 당해인의 가족 또는 친지등에게 동행한 경찰관의 신분, 동행장소, 동행목적과 이유를 고지하거나 본인으로 하여금 즉시 연락할 수 있는 기회를 부여하여야 하며, 변호인의 조력을 받을 권리가 있음을 고지하여야 한다(동조 제5항). 제2항의 규정에 의하여 동행을 한 경우 경찰관은 당해인을 6시간을 초과하여 경찰관서에 머물게 할 수 없다(동조 제6항). 제1항 내지 제3항의 경우에 당해인은 형사소송에 관한 법률에 의하지 아니하고는 신체를 구속당하지 아니하며, 그 의사에 반하여 답변을 강요당하지 아니한다(동조 제7항).

(b) 保護措置와 臨時領置

경찰관은 ① 정신착란 또는 술취한 상태로 인하여 자기 또는 타인의 생명·신체와 재산에 위해를 미칠 우려가 있는 자와 자살을 기도하는 자, ② 미아·병자·부상자 등으로서 적당한 보호자가 없으며 응급의 구호를 요한다고 인정되는 자(다만, 당해인이 이를 거절하는 경우에는 예외)를 발견한 때에는 보건의료기관 또는 공공구호기관에 긴급구호요청를 요청하거나 경찰관서에 보호하는 등 적당한 조치를 하여야 한다(제4조 제1항). 긴급구호효청을 받은 보건의료기관이나 공공구호기관은 정당한 이유없이 긴급구호를 거절할 수 없다(동조 제2항).

경찰관이 보호조치를 한 때에는 지체없이 이를 피구호자의 가족·친지 기타의 연고자에게 그 사실을 통지하여야 하며, 연고자가 발견되지 아니할 때에는 피보호자를 적당한 공중보건의료기관이나 공공구호기관에 즉시 인계하여야 한다(동조 제4항).[44] 보호조치는 24시간을 초과할 수 없다(동조 제7항).

---

44) "긴급구호권한과 같은 경찰관의 조치권한은 일반적으로 경찰관의 전문적 판단에 기한 합리적인 재량에 위임되어 있는 것이나, 그렇다고 하더라도 구체적 상황하에서 경찰관에게 그러한 조치권한을 부여한 취지와 목적에 비추어 볼 때 그 불행사가 현저

한편, 보호조치의 대상자가 무기·흉기 등 위험을 야기할 수 있는 것으로 인정되는 물건을 소지하고 있는 경우, 경찰기관이 일시적으로 그 소지를 박탈하여 보관할 수 있다(동조 제3항). 임시영치기간은 10일을 초과할 수 없다(동조 제7항).

(c) 危險發生의 防止

경찰관은 인명 또는 신체에 위해를 미치거나 재산에 중대한 손해를 끼칠 우려가 있는 천재, 사변, 공작물의 손괴, 교통사고, 위험물의 폭발, 광견·분마류등의 출현, 극단한 혼잡 기타 위험한 사태가 있을 때에 그 위해를 예방하기 위하여 취하는 조치인 바(동법 제5조), 그 구체적인 수단에는 경고, 즉 그 장소에 집합한 자나 사물의 관리자, 기타의 관계인에게 필요한 경고를 발하는 것, 억류조치나 피난조치, 즉 특히 긴급을 요할 때에 위해를 받을 우려가 있는 자에 대하여 필요한 한도 내에서 억류하거나 피난시키는 것, 직접적인 위험발생방지조치, 즉 그 장소에 있는 자나 사물의 관리자 기타의 관계인에게 위험방지에 필요한 조치를 명하거나 스스로 필요한 조치를 취하는 것 등이 있다(동조 제1항)

경찰관서의 장은 대간첩작전수행 또는 소요사태의 진압을 위하여 필요하다고 인정되는 상당한 이유가 있을 때에는 대간첩작전지역 또는 경찰관서·무기고등 국가중요시설에 대한 접근 또는 통행을 제한하거나 금지할 수 있다(동조 제2항).

(d) 犯罪의 豫防·制止

경찰관은 범죄행위가 목전에 행하여지려고 하고 있다고 인정될 때에는 이를 예방하기 위하여 관계인에게 필요한 경고를 발하고, 그 행위로 인하여 인명·신체에 위해를 미치거나 재산에 중대한 손해를 끼칠 우려가 있어 긴급을 요하는 경우에는 그 행위를 제지할 수 있다(동법 제6조 제1항).[45]

하게 불합리하다고 인정되는 경우에는, 그러한 불행사는 법령에 위반하는 행위에 해당하게 되어 국가배상법상의 다른 요건이 충족되는 한, 국가는 그로 인하여 피해를 입은 자에 대하여 국가배상책임을 부담한다"(대판 1996.10.25, 95다45927}.

45) "경찰관직무집행법 제6조 제1항 중 경찰관의 제지에 관한 부분은 범죄의 예방을 위한 경찰 행정상 즉시강제에 관한 근거 조항이다. 행정상 즉시강제는 그 본질상 행정 목적 달성을 위하여 불가피한 한도 내에서 예외적으로 허용되는 것이므로, 위 조

(e) 危險防止를 위한 出入

경찰관은 경찰관직무집행법 제5조 제1항 · 제2항 및 제6조 제1항에 규정한 위험한 사태가 발생하여 인명 · 신체 또는 재산에 대한 위해가 절박한 때에, 그 위해를 방지하거나 피해자를 구조하기 위하여 부득이 하다고 인정할 때에는 합리적으로 판단하여 필요한 한도내에서 타인의 토지 · 건물 또는 선차내에 출입할 수 있다(동법 제7조 제1항).[46] 경찰관은 대간첩작전수행에 필요한 때에는 작전지역안에 있어서의 흥행장 · 여관 · 음식점 · 역 기타 다수인이 출입하는 장소의 관리자 또는 이에 준하는 관계인은 그 영업 또는 공개시간내에 경찰관이 범죄의 예방 또는 인명 · 신체와 재산에 대한 위해예방을 목적으로 그 장소에 출입할 것을 요구한 때에는 정당한 이유없이 이를 거절할 수 없다(동조 제2항 · 제3항). 경찰관이 이러한 출입을 할 때에는 그 신분을 표시하는 증표를 제시하여야 하며, 함부로 관계인의 정당한 업무를 방해하여서는 아니된다(동조 제4항).

(f) 事實의 確認 등

경찰관서의 장은 직무수행에 필요하다고 인정되는 상당한 이유가 있을 때에는 국가기관 또는 공사단체등에 대하여 직무수행에 관련된 사실을 조회할 수 있다. 다만, 긴급을 요할 때에는 소속경찰관으로 하여금 현장에 출장하여 당해기관 또는 단체의 장의 협조를 얻어 그 사실을 확인하게 할 수 있다(동법 제8조).

(g) 警察裝備의 使用

경찰관은 직무수행중 경찰장비(무기, 경찰장구, 최루제 및 그 발사장치, 감지기구, 해안감시기구, 통신기기, 차량 · 선박 · 항공기등 경찰의 직무수행을 위하여 필요한 장치와 기구)를 사용할 수 있다. 다만, 인명 또는 신체에 위해를 가할 수 있는 경찰장비에 대하여는 필요한 안전교육과 안전검사를 실시하여야 한다(동법 제10조).

항에 의한 경찰관의 제지 조치 역시 그러한 조치가 불가피한 최소한도 내에서만 행사되도록 그 발동·행사 요건을 신중하고 엄격하게 해석하여야 한다. 그러한 해석·적용의 범위 내에서만 우리 헌법상 신체의 자유 등 기본권 보장 조항과 그 정신 및 해석 원칙에 합치될 수 있다"(대판 2008.11.13, 2007도9794}.

46) 이러한 출입을 긴급출입이라 부른다(최영규, 경찰행정법, 291면).

(h) 警察裝具의 使用

경찰관은 현행범인인 경우와 사형·무기 또는 장기 3년 이상의 징역이나 금고에 해당하는 죄를 범한 범인의 체포·도주의 방지, 자기 또는 타인의 생명·신체에 대한 방호, 공무집행에 대한 항거의 억제를 위하여 필요하다고 인정되는 상당한 이유가 있을 때에는 그 사태를 합리적으로 판단하여 필요한 한도 내에서 경찰장구(경찰관이 휴대하여 범인검거와 범죄진압 등 직무수행에 사용하는 수갑·포승·경찰봉·방패 등)를 사용할 수 있다(동법 제10조의2).

(i) 噴射機의 使用

경찰관은 범인의 체포·도주의 방지 또는 불법집회· 시위로 인하여 자기 또는 타인의 생명·신체와 재산 및 공공시설안전에 대한 현저한 위해의 발생을 억제하기 위하여 부득이한 경우 현장책임자의 판단으로 필요한 최소한의 범위 안에서 분사기(총포·도검·화약류등단속법의 규정에 의한 분사기와 최루등의 작용제) 또는 최루탄을 사용할 수 있다(동법 제10조의3)

(j) 武器使用

경찰관은 범인의 체포·도주의 방지, 자기 또는 타인의 생명·신체에 대한 방호, 공무집행에 대한 항거의 억제를 위하여 필요하다고 인정되는 상당한 이유가 있을 때에는 그 사태를 합리적으로 판단하여 필요한 한도내에서 무기를 사용할 수 있다. 다만, 형법에 규정한 정당방위와 긴급피난에 해당하는 때 또는 다음 각호의 1에 해당하는 때를 제외하고는 사람에게 위해를 주어서는 아니된다(동법 제10조의4).

각호에 해당하는 경우로는 ① 사형·무기 또는 장기 3년 이상의 징역이나 금고에 해당하는 죄를 범하거나 범하였다고 의심할만한 충분한 이유가 있는 자가 경찰관의 직무집행에 대하여 항거하거나 도주하려고 할 때, 또는 제3자가 그를 도주시키려고 경찰관에게 항거할 때에 이를 방지 또는 체포하기 위하여 무기를 사용하지 아니하고는 다른 수단이 없다고 인정되는 상당한 이유가 있을 때, ② 체포·구속영장과 압수·수색영장을 집행할 때에 본인이 경찰관의 직무집행에 대하여 항거하거나 도주하려고 할 때 또는 제3자가 그를 도주시키려고 경찰관에게 항거할 때 이를 방지 또는 체포하기 위하여 무기를 사용하지 아니하고는 다른 수단이 없다고 인정되는 상당한 이유가 있을 때, ③ 범인 또는 소요행위자가 무기·흉기 등 위험한 물건을 소지하고 경찰관으로부터

3회 이상의 투기명령 또는 투항명령을 받고도 이에 불응하면서 계속 항거하여 이를 방지 또는 체포하기 위하여 무기를 사용하지 아니하고는 다른 수단이 없다고 인정되는 상당한 이유가 있을 때, ④ 대간첩작전수행에 있어 무장간첩이 경찰관의 투강명령을 받고도 이에 불응하는 경우 등이다.

2) 他法令上의 手段

(가) 對人的 强制

경찰관직무집행법 이외의 경찰법규가 인정하고 있는 대인적 강제의 수단은 여러 가지가 있는데, 대부분 공중위생에 관계되는 법규에서 인정되고 있다. 그 대표적인 예로는 ① 법정전염병환자나 마약중독자를 일반사회로부터 격리하여 강제격리시키거나 강제수용시킬 수가 있으며(감염병의예방및관리에관한법률 제47조 · 제49조 제1항, 마약법 제50조), ② 유전이 가능한 정신병환자에 대하여 불임수술을 실시할 수 있으며(모자보건법 제9조 제4항), ③ 수난구호를 위한 원조강제를 할 수도 있으며(수난구호법 제9조), ④ 간첩의 색출이나 범인의 체포를 위하여 17세 이상의 자에게 주민등록증의 제시를 요구할 수도 있다(주민등록법 제26조 제1항).

(나) 對物的 强制

그 중요한 것으로는 ① 물건자체의 존재가 사회장해를 발생시킬 우려가 있기 때문에 그 물건의 존재를 소멸시키는 조치(식품위생법 제17조, 약사법 제65조 제2항), ② 물건의 소지를 영구적으로 박탈함으로써 간접적으로 소유권을 소멸시키는 결과를 발생시키기도 하는 수거 또는 압수가 있는데, 그 가운데 수거는 경찰장해의 제거를 위해 행해지거나 실험상 필요한 경우에 행해지며(식품위생법 제22조 제1항), ③ 기타 위법옥외광고물 제거(옥외광고물등관리법 제10조 등), 물건 등에 대한 방역조치(감염병의예방및관리에관한법률 제47조), 소방을 위한 강제처분(소방법 제78조), 토지 · 물건의 사용 · 처분 · 사용제한(민방위기본법 제32조) 등이 있다.

(다) 對家宅强制

소유자나 관리자의 의사에 반하여 타인의 주택 · 사무실 기타의 건물에 들어가서, 일정한 사실 · 물건 등의 상태나 유무 등을 검사 · 조사하는 즉시강제이다. 이러한 예로는 음식물저장품의 검사(식품위생법 제16조), 화재장소 등의 조사(소방법 제82조), 총포·화약류의 제작소·저장소의 임검(총포·도검·화약류등단속법 제44조) 등이 있다.

Ⅱ. 警察罰

1. 警察罰의 意義

경찰벌이란 경찰법상의 의무위반에 대한 제재로서 일반통치권에 의거하여 과하는 벌을 말한다. 경찰벌이 과하여지는 경찰의무위반행위를 경찰범이라 한다.

2. 警察罰의 根據

경찰벌은 죄형법정주의의 원칙상 법률에 근거가 있어야 한다. 다만, 법률에서 구체적으로 범위를 정하여 위임한 경우에는 행정입법에 근거를 정할 수 있으며, 조례도 일정한 범위 안에서 그 근거가 될 수 있다(지방자치법 제15조·제27조 참조).

3. 警察罰의 種類

경찰벌은 그 처벌의 내용에 따라 형법상의 형벌이 과하여지는 경찰형벌과 과태료가 과하여지는 경찰질서벌이 있다.

(1) 警察刑罰

경찰형벌이란 경찰의무위반에 대한 제재로서 사형·징역·금고·자격상실·자격정지·벌금·구류·과료 및 몰수와 형법상의 형을 과하는 경찰벌을 말한다. 경찰형벌에 관하여는 원칙적으로 형법총칙의 규정이 적용될 것이나(형법 제8조), 법령에 특별한 규정이 있는 경우에는 그에 따른다(동조 단서).

(2) 警察秩序罰

경찰질서벌은 경찰의무위반에 대한 제재로서 형법에 형명이 없는 벌, 즉 과태료를 과하는 경찰벌을 말한다. 경찰질서벌은 일정한 신고·보고·등록·

서류비치 등을 하여야 할 경찰의무를 해태하는 경우와 같이 간접적으로 경찰목적의 달성에 장해를 미칠 위험성이 있는 행위에 대한 제제로서 과하여지는 것이 보통이다.

4. 警察罰의 科罰節次

(1) 警察刑罰의 科罰節次

경찰형벌의 과벌절차는 일반형벌과 같이 형사소송법에 따라 법원의 선고에 의하여 과하여진다. 다만, 이에 대한 예외로서 출입국관리법위반행위와 도로교통법위반행위 중 경미한 것에 대한 통고처분절차가 있다. 즉 출입국관리위반행위나 도로교통법위반행위(차종별·범칙행위별로 통고할 수 있는 금액이 정하여져 있다)가 있을 수 있다(출입국관리법 제102조, 도로교통법 제163조).

(2) 警察秩序罰의 科罰節次

경찰법규는 경찰질서벌의 과벌절차를 직접 규정하고 있다. 경찰법규에서 정한 규정 중 질서위반행위규제법의 규정에 저촉되는 것은 동법의 규정에 따른다(질서위반행위규제법 제5조). 동법에 의하면 ① 행정청은 의견 제출 절차를 마친 후에 서면(당사자가 동의하는 경우에는 전자문서를 포함)으로 과태료를 부과하여야 한다(제17조 제1항). ② 행정청은 당사자가 제20조제1항에 따른 기한 이내에 이의를 제기하지 아니하고 제1항에 따른 가산금을 납부하지 아니한 때에는 국세 또는 지방세 체납처분의 예에 따라 징수한다(제24조 제3항). ③ 제20조제1항에 따른 이의제기를 받은 행정청은 이의제기를 받은 날부터 14일 이내에 이에 대한 의견 및 증빙서류를 첨부하여 관할 법원에 통보하여야 한다. 다만, 당사자가 이의제기를 철회한 경우, 당사자의 이의제기에 이유가 있어 과태료를 부과할 필요가 없는 것으로 인정되는 경우의 어느 하나에 해당하는 경우에는 그러하지 아니하다(제21조). ④ 과태료 재판은 이유를 붙인 결정으로써 한다(제36조 제1항).

Ⅲ. 警察上 調査

1. 警察調査의 意義

경찰조사란 경찰상 필요한 정보・자료 등의 수집하기 위한 일체의 경찰작용을 의미한다. 종래에는 이러한 경찰조사를 경찰상 즉시강제에 포함시켜 다루어 왔으나, 오늘날은 이들 자료수집활동을 경찰조사라 하여 경찰상 즉시강제와는 분리하여 파악하는 것이 일반적 경향이다.

2. 警察調査의 種類

경찰조사는 보는 관점에 따라 여러 가지로 분류된다. 즉, ① 수단에 따라 강제(권력)조사와 임의(비권력)조사로, ② 목적에 따라 개별조사와 일반조사로, ③ 대상에 따라 대인적 조사와 대물적 조사 및 대가택적 조사 등으로 구분된다.

3. 違法한 警察調査와 警察處分

경찰조사가 경찰행정처분에 선행되는 경우에 경찰조사에 위법이 있게 되면 그것이 경찰처분의 위법을 구성하는지의 여부가 문제된다. 경찰조사는 법령에서 특히 경찰처분의 전제요건으로 규정하고 있는 경우를 제외하고는 일응 별개의 제도로 볼 수 있을 것이며, 조사의 위법이 바로 경찰처분을 위법하게 만들지는 않는다고 할 것이다.

4. 警察調査에 대한 救濟

(1) 適法한 警察調査에 대한 救濟

적법한 경찰조사로 재산상의 손실을 받은 자는 그것이 사회적 제약을 넘는 특별한 희생에 해당된 때에는 관계 법률에서 손실보상을 행하도록 정하여야 하며(헌법 제23조), 손실을 받은 자는 이에 따라 보상을 청구할 수 있다.

(2) 違法한 警察調査에 대한 救濟

위법한 경찰조사로 법률상이익을 침해당한 자는 경찰조사는 사실행위이지만 행정심판과 행정소송을 제기할 수 있다. 다만, 즉시강제의 경우와 같이 경찰조사는 단기간의 침해로 행위가 종료되는 일이 많으며 그 경우에는 원상회복이나 손해배상을 청구하는 외에는 행정심판이나 행정소송으로 경찰조사의 취소를 청구할 법률상이익이 없게 된다. 또한 위법한 경찰조사로 재산상의 손해를 받은 자는 국가에 대하여 배상을 청구할 수 있다(국가배상법 제2조).

제2장 給付行政法

제1절 概說

Ⅰ. 給付行政의 登場背景

근대로부터 현대에로의 이행과정에서 자본주의의 모순 내지는 시민사회체제의 모순의 효과도 동시에 초래하게 되었으며, 계층적·지역적 격차의 출현도 그 중의 하나이다. 한편, 도시적·문화적 생활의 진전은 개인의 자급자족능력의 상실을 가져왔으며, 물·연료·교통 등 일상적 중요한 사항에 있어서 국가로부터의 공급이나 도움 없이는 하루도 생활하기 어려운 상태에 이르게 되었다. 따라서 현대국가의 행정에 있어서 시민의 생존배려를 중심으로 하는 급부행정이라는 영역이 형성되기에 이르렀다.

Ⅱ. 給付行政의 概念과 種類

1. 給付行政의 概念

급부행정의 이론은 Forsthoff교수가 '급부주체로서의 행정'이라는 저서에서 처음으로 주장한 것으로 알려져 있으며, 그 이론적 체계화는 Wolff교수에 의하여 행해졌다.[47] 학문상으로는 급부행정의 용어가 정착되어 있으나 그 개념에 관한 논의는 정착되지 못한 상태이기 때문에 그에 관한 정의가 학자들간에 다소 차이가 있다. 현재까지 일반적으로 인식되고 있는 바를 종합해 보면, 급부행정이란 "국가·공공단체 또는 이들로부터 특허를 받은 사인이 국민의 이익을 수익적 활동을 통하여 직접적으로 조성시켜 줌으로써, 사회공공복리를 증진하는 행정활동"을 말한다고 할 수 있다.

2. 給付行政의 種類

47) 볼프는 급부행정을 주는 활동을 통해 공동체 구성원의 이익추구를 직접적으로 촉진하는 공행정이라고 정의하였다(Wolff/Bachof, Verwaltugnsrecht Ⅲ, 4. Aufl., 1978, S.182).

급부행정은 보는 관점에 따라 여러 가지로 분류할 수 있으나, 그 임무에 따라 공급행정, 사회보장행정, 조성행정으로 나눌 수 있다.

(1) 供給行政

공급행정이란 공물·영조물·공기업 등을 통하여 공급해주는 행정으로, 공업화·기술화·도시화를 특색으로 하는 현대문명사회의 구성원의 일상생활에 필요한 재화·역무·시설 등을 공급하는 것을 말한다. 예컨대 ① 교통·통신수단의 제공(도로·철도·버스·교량·전신·전화 등을 제공하는 행정), ② 공급·처리시설의 설치경영(전기·가스·상하수도·쓰레기운반·보물처리 등의 행정), ③ 교육·교양시설의 설치·경영(각종학교·대학·극장·박물관 등), ④ 보건시설의 설치·경영(병원·요양원·온천·묘지 등) 등이 있다.

(2) 社會保障行政

사회보장행정은 개인의 건강하고 문화적인 생활을 확보하게 하기 위한 활동이다. 이에는 ① 사회보험(건강보험·재해보험·연금보험·실업보험 등), ② 사회원호(전쟁·재해원호와 같은 특별원호, 노유·불구·폐질자 등에 대한 일반원호), ③ 공적구조·구빈·생활보호 등의 사회구조, ④ 보건위생 등이 있다.

(3) 助成行政

조성행정이란 개인생활·기업의 능력 등을 구조적으로 개선시켜주는 내용의 행정이다. 농업·공업 등 각종산업의 발전·개인의 기업운영·장학 등을 위한 학자금지원, 기타의 사회적·경제적·문화적 목적을 가진 기술적·재정적 원조가 이에 속한다.

Ⅲ. 給付行政의 基本原則

1. 社會國家의 原則

사회국가원리란 국가 및 기타의 공행정주체에 대해 사회질서를 사회정의에 따라 형성할 권능과 의무를 부여함을 의미한다. 여기서 사회정의라 함은 모든 국민에게 인간다운 생활을 보장하고 적당한 수준의 경제적·문화적 수요를 충족시켜 주는 상태를 의미한다.

우리 헌법은 독일기본법(제20조 제1항)에서처럼 사회국가의 원칙을 명문으로 규정하고 있는지 않으나, 헌법전문에서 국민생활의 균등한 향상을 기할 것과, 국민의 인간다운 생활을 보장하기 위한 사회적 기본권을 규정하고 있고(제31조·제36조), 사회적 시장경제질서에 관한 규정(제119조 제2항) 등으로 보아, 우리 헌법이 사회국가의 원리를 헌법의 기본원리의 하나로 삼고있다.

2. 合法性(法的合性)의 原理

행정의 합법성 내지 법적합성의 원칙은 합법률성 내지 법률적합성의 원칙이라고도 한다. 합법성의 원칙의 주된 내용을 이루는 것은 법률우위와 법률유보이다. 법률우위의 원칙이 급부행정에도 적용되는 것에 대해서는 이론이 없다. 다만, 법률유보의 원칙의 적용에 대하여는 많은 견해가 대립하고 있으나, 대체로 급부행정에서는 원칙적으로 법률적합성의 원칙이 적용되지 않는 것으로 보는 것이 다수설의 입장이다. 그러나 ① 급부받을 권리를 공권으로 보호할 필요가 있는 경우(생활보호·의료보호 등), ② 이용자의 이용강제 또는 제공자의 급부제공의무를 규정할 필요가 있는 경우, ③ 급부와 함께 상대방에게 부담을 과하는 경우, ④ 급부의 형식 또는 급부주체의 조직을 공법적으로 규율할 필요가 있는 경우 등에는 법률유보의 원칙이 적용된다 할 것이다.[48)]

3. 平等原則

평등원칙은 헌법상의 원칙(제11조)이므로 입법·행정·사법에 모두 적용된다. 행정에도 적용되는 원칙이므로 행정청이 행정작용을 함에 있어서 특별한 합리적인 사유가 없는 한 국민을 공평하게 대우해야 한다는 것을 의미한다. 급부행정에 있어서는 '불공평한 수익의 금지', 나아가서는 '평등한 분배의 제공'이 평등원칙의 본질적 내용을 이룬다고 하겠다. 행정주체가 급부주체로서 활동하는 경우에 그 행위형식이 공법상의 행위이든 사법상의 행위이든 이 원칙의 적용을 받는다.

48) 김도창(하), 394면; 박윤흔(하), 382면; 석종현(하), 306면; 이상규(하), 364면.

4. 補充性의 原則

보충성의 원칙이란 내용적으로 국가 및 기타 공행정의 주체는 공동체 전체와 그 구성원에게 중대한 불이익을 초래할 우려가 있는 사인·사단체 또는 하위의 공행정주체의 이익추구만을 박탈해야 함을 의미한다. 생활보호법은 「이 법에 의한 보호는 보호대상자가 자신의 생활의 유지·향상을 위하여 … 최대한 노력하는 것」(제4조 제1항)을 규정하고 있고, 지방자치단체가 사기업과 경쟁적으로 행하는 수익적 경제활동의 한계에 대해서도 이 원칙이 적용된다고 볼 수 있을 것이다.

5. 過剩給付禁止의 原則

과잉급부금지의 원칙은 급부행정의 내용과 정도는 구체적인 경우에 있어서의 개인의 생활관계 및 공익추구를 위하여 소요되는 적절한 범위 내의 것이어야 한다는 것이다. 급부행정에 있어 급부에 의해 달성하려는 목적과 비례관계가 이루어지지 않는 급부는 허용되지 않는다.

이 원칙은 내용적으로 적합성의 원칙·필요성의 원칙·상당성의 원칙(협의의 비례원칙)으로 구성되어 있다. 즉, ① 적합성의 원칙은 행정청에 의한 급부는 그 목적달성에 적합한 것이어야 한다는 원칙이고, ② 필요성의 원칙은 급부행정의 경우 행정청은 납세자인 일반국민에게 가장 적은 불이익이 되는 수단을 선택해야 함을 의미한다. 최소침해의 원칙이라고도 한다. ③ 급부행정목적 달성에 적합한 많은 수단 중에서도 필요한 수단을 선택하여 일반국민에 대한 최소한의 부담을 주어야 하지만 필요한 수단 중에서도 상당성있는 수단만이 선택되어야 한다. 다시 말하면 적합성 및 필요성의 원칙에 부합되는 급부라 하더라도 그 급부가 추구하는 목적과 그에 따르는 불이익사이에는 적정한 비례관계가 있어야 한다는 원칙이 협의의 비례원칙 또는 상당성의 원칙이라 한다. 예컨대 보조금의 교부는 대부 또는 채무보증에 의하여 목적을 달성할 수 있는 경우에는 허용되지 아니한다고 할 것이다.

6. 信賴保護의 原則

급부행정작용의 적법성 또는 존속성에 대한 상대방의 정당한 신뢰는 보호되어야 한다는 원칙이다. 생활보호법 제28조는 「피보호자에 대한 보호는 정당한 사유없이 이를 불리하게 변경할 수 없다」고 규정하여, 생활보호의 불이익변경금지를 규정하고 있는 것은 그 예이다.

제2절 供給行政

제1관 公物法

Ⅰ. 公物槪念

1. 公物槪念의 種類

(1) 廣義의 公物

공물은 광의로는 국가·지방자치단체 등 행정주체가 행정목적에 제공한 모든 물건을 말한다[49]. 직접 행정목적에 제공한 행정재산과 그밖에 간접적으로 행정목적에 이바지하는 재정재산(잡종재산)을 포함하는 개념인바, 재정재산(현금·임야 등)은 사적거래의 대상이 되며 원칙적으로 사법의 적용을 받고 있기 때문에 공법적 특수성을 인정할 수 없다는 점에서 공물개념에서는 제외되어야 한다.

(2) 狹義의 公物

공물은 협의로는 직접 행정목적에 이용되는 물건, 즉 행정재산을 말한다.[50] 행정재산은 다시 행정주체 자신의 이용에 제공된 공용물(시청의 청사건물)과 일반공중의 이용에 제공되는 공공용물(도로·공원 등)로 나누어진다.

(3) 最狹義의 公物

공물은 최협의로는 직접 일반공중의 이용에 제공되는 물건, 즉 공공용물만을 말한다. 공용물과 공공용물은 다 같이 사물에 대한 공법적 특수성이 있기 때문에 공물이라 할 때에는 일반적으로 위의 협의의 공물을 뜻하는 것이라 하

49) 김남진·김태연(Ⅱ), 359면; 박윤흔(하), 452면; 홍정선(하), 475면.
50) 김동희(Ⅱ), 253면; 이상규(하), 430면.

겠다. 그러나 공물개념의 중심은 일반국민의 이용과 직접 관련되는 공공용물에 있음은 물론이다.

2. 公物의 本質

공물개념은 공물의 소유권의 귀속과 무관하므로 공물의 본질은 사법의 적용을 받는 물건(사물)이라 할지라도 일정한 관점과 일정한 범위에서 공법상의 목적에 의해 제약된다. 이러한 목적이 충족되는 한 그 법률관계는 공법관계이며 공법이 적용된다. 공법의 적용을 받는 범위 내에서 그 물건에 대한 소유자·점유자 등의 민법상의 권리는 배제된다. 요컨대 공물의 실질적 전제는 공법상의 목적(즉, 공공복리)과 공법의 적용이다.

3. 公物槪念의 定義

(1) 傳統的 見解와 새로운 見解

전통적으로 공물은 "행정주체가 직접 행정목적에 제공한 개개의 유체물"로 정의되고 있다. 이러한 전통적 견해에 따르게 되면 관습법에 의해 성립되는 자연공물, 전기·열·에너지 등과 같은 무체물, 도서관이나 공원처럼 다수의 물건이 집합하여 하나의 집합물로 되는 공공시설 등은 공물개념으로부터 제외된다. 그러나 이런 집합물이야 말로 급부행정의 중심이 되는 공급행정에 있어 중요한 수단이 되고 있는바, 이것이 제외되는 종래의 공물개념은 더 이상 받아들이기 곤란하다. 따라서 공물을 "행정주체에 의하여 직접 행정목적에 제공된 개개의 유체물과 무체물 및 집합물(시설)"로 의미하는 새로운 견해[51]가 타당하다.

(2) 公物槪念의 要素

1) 개개의 有體物·無體物 및 物件의 集合體

종래의 통설적 견해는 유체물만이 공물이라 하고 있으나 민법이 「본법에서 물건이라 함은 유체물 및 전기 기타 관리할 수 있는 자연력을 말한다」(제98조)라고 규정하고 있는 점을 감안해 보면 공물을 유체물에 국한시킬 필요가

---

51) 김남진(), 352면; 석종현(하), 341면; 홍정선(하), 485면.

없으며 전기·공간 등과 같은 무체물도 공물이 될 수 있다고 보아야 한다. 또한 공급행정의 대표적 수단으로 볼 수 있는 도로·공원·운동장 등 집합물이 공물임은 당연하다.

2) '직접' 行政目的에 제공된 物件

공물은 그 사용가치에 따라 직접 행정목적에 제공된 물건으로서 그 자본가치를 통하여 행정주체의 재정수익의 수단이 되어 간접적으로 행정목적에 기여하는 재정재산과 구별된다.

3) 行政目的에 제공된 物件

공물은 행정목적(공적목적)에 제공된 물건이므로 그 목적에 필요한 한도에서 사법의 적용이 배제되고 특수한 법적 규율이 가해진다. 공적목적에 제공된 물건이면 족하고 그 물건이 국유든 사유든 그 소유권의 귀속과는 관계가 없다. 그리고 여기서 공적목적에는 일반 대중의 일반적 수요의 충족도 있고, 행정주체의 행정사무 등 행정내부적인 수요의 충족도 포함된다. 전자의 목적을 위한 것이 공공용물이고, 후자의 목적을 위한 것이 공용물이다.

4) 行政主體 또는 慣習法에 의해 公的目的에 제공된 物件

공물은 행정주체에 의하여 또는 관습법에 의하여 공적목적에 제공된 물건이다. 따라서 예컨대 사인이 그의 사유지를 사실상 공공목적(도로·공원)에 제공하고 있어도 그것은 사물이지 공물이 아니다. 행정주체에 의해 제공된 물건, 즉 공용지정에 의한 물건(인공공물)뿐만 아니라, 관습법에 의해 공용지정된 물건(자연공물) 역시 공물에 포함된다.

Ⅱ. 公物의 種類

1. 目的(用度)에 의한 分類

(1) 公共用物

공공용물이란 직접적으로 일반공중의 공동이용에 제공된 물건이다. 도로·공원·광장·하천·제방과 그 부속물 등이 이에 해당한다. 국유재산법 및 지방재정법상의 공공용재산은 공공용물에 해당한다.

(2) 公用物

공용물이란 직접적으로 행정주체 자신의 이용에 제공된 물건이다. 행정임무수행을 위하여 행정의 이용에 제공된 물건이므로 독일에서는 행정용물건이라 한다. 관청의 청사·교도소·등대·군 훈련장 등이 이에 해당한다. 국유재산 등은 이를 공용재산이라 한다.

(3) 保存公物(公的 保存物)

보존공물이란 일반공물이나 행정주체의 이용에 제공된 것은 아니지만 일정한 행정목적(문화목적·보안목적)을 위하여 물건 그 자체를 보존하기 위한 물건이다. 문화재법상의 문화재·산림법상의 보안림 등이다.

2. 成立過程에 의한 分類

(1) 人工公物

인공공물이란 도로·공원 등과 같이 행정주체가 그에 인공을 가하여 공공용에 제공함으로써 비로소 공물로서의 실체를 갖추게 되는 물건이다.

(2) 自然公物

자연공물이란 하천·호수·해변 등과 같이 자연의 상태 그대로 공공목적에 이용될 수 있는 실체를 갖춘 물건이다.

3. 所有權者에 의한 分類

(1) 國有公物

그 물건의 소유권이 국가에 있는 물건이다. 국유의 도로·항만 등이다. 국유재산법상의 행정재산·보존재산이 이에 속한다.

(2) 公有公物

그 물건의 소유권이 지방자치단체에 있는 물건을 말하며, 지방자치단체의 사무용 건물 등이 그 예이다. 지방재정법상의 행정재산·보존재산이 이에 해당한다.

(3) 私有公物

사도(사유지상의 도로)나 사유문화재와 같이 소유권이 사인에게 있으나, 행정주체에 의하여 공공목적에 이용되는 물건이다.

4. 私權의 對象與否에 의한 分類

(1) 私權의 목적이 될 수 없는 公物

사권의 목적이 될 수 없는 물건은 대체로 자연공물의 범위와 일치하는바, 해면·하천·호수 등 공유수면이 그 전형적인 예이다(하천법 제3조, 공유수면관리법 제2조). 판례도 공유수면은 사소유권의 목적물이 될 수 없다(대판 1997.12.23, 97다51216)고 판시한 바 있다.

(2) 私權의 目的이 될 수 있는 公物

사권의 목적이 될 수 있는 물건은 대체로 인공공물의 범위와 일치하는 바, 도로·공원 등과 같은 인공공물은 대체로 사권의 목적이 될 수 있다. 그러나 이러한 공물에 대한 사권의 설정·행사는 공공목적에 필요한 한도 내에서 공법상 제한을 받는다. 그리고 이러한 공물은 그 물권변동에 있어서 일반적으로 등기를 요한다(민법 제186조. 부동산등기법 제35조·제36조·제48조의2, 국유부동산의등기촉탁에관한법률 등).

5. 所有權과 管理主體와의 關係에 의한 分類

(1) 自由公物

공물관리주체와 소유권자가 일치하는 경우를 자유공물이라 한다. 공물관리주체가 자기소유의 물건을 공물로 지정하는 경우인바, 국가의 관청이 국가소유의 관청건물을 사무실로 사용하는 것 등이다.

(2) 他有公物

공물의 관리주체이외의 자가 그 공물의 소유권을 가지고 있는 경우의 공물을 말한다. 즉 공물주체와 그 공물의 소유주체가 다른 경우이다. 예컨대 하천은 모두 국유이지만 지방하천은 지방자치단체에게 관리권을 부여하고 있으며, 사도는 소유권은 개인에게 있지만 관리권은 국가·지방자치단체에게 있다. 국가 등이 사인으로부터 토지를 임차하여 도로를 개설하여 일반공중의 이용에 제공하는 경우가 타유공물의 대표적인 예일 것이다.

Ⅲ. 公物의 成立과 消滅

1. 公物의 成立

(1) 公共用物의 成立

1) 自然公物

자연공물은 자연적 상태 그 자체로서 당연히 공물로서의 성질을 가지므로 별도로 행정주체의 의사표시(공용개시행위)를 요하지 아니한다는 것이 통설·판례의 태도이다. 따라서 하천법(제7조 제2항)에 의한 하천의 명칭과 구간의 지정행위는 공물로서의 성립요건은 아니며 이미 성립되어 있는 공물의 범위를 확정하기 위한 확인행위에 불과하다.

2) 人工公物

인공공물의 성립에는 인력을 가하여 일반공중이 사용할 수 있는 형태를 갖춘 것이 필요하고(형체적 요소), 행정주체가 일반공중의 이용에 제공한다는 의사표시(의사적 요소)가 필요하다.

(가) 形體的 要素

도로·공원 등의 인공공물은 용지취득·건설공사 등을 통하여 일반공중의 이용에 제공될 수 있는 형체를 갖추어야 한다.

(나) 意思的 要素(公用開始行爲)

행정주체가 일반공중의 이용에 제공한다는 의사표시인 공용개시행위가 필요하다.[52] 공용개시행위의 특별한 형식은 없으나, 고시·공고 등의 방법으로 국민에게 알릴 필요가 있다.

공용개시행위(공용지정)를 하기 위해서는 그 전제로서 행정주체는 그 물건에 대한 일정한 권원을 가지고 있어야 한다. 즉 행정주체는 타인의 소유에 속

---

52) 김도창(하), 447면; 박윤흔(하), 460면; 이상규(하), 437면.

하는 물건에 대하여는 매매·공용수용 등에 의하여 그 소유권을 취득하거나, 그에 대한 지상권·임차권 등의 제한적 처분권을 취득하거나 소유자의 동의(임의적 공용부담, 예컨대 기부채납)를 얻어야 한다. 아무런 권원없이 행한 공용개시행위는 무효는 아니나 위법한 것으로서 그 물건의 소유자는 당해행위의 취소에 따른 토지의 반환청구를 하거나 손해배상 또는 부당이득반환청구를 할 수 있을 것이다.

(2) 公用物의 成立

공용물은 공공용물과는 달라서 행정주체가 직접 자기의 이용에 제공하는 물건이므로 그 성립에는 특별한 의사표시를 요하지 아니하고 공용에 제공할 수 있는 형체를 갖추어 그 이용을 개시함으로써 성립한다.

(3) 保存公物(公的保存物)의 成立

보존공물의 성립에는 그 물건을 공적보존물로 지정하는 특별한 법령의 규정 또는 의사표시가 필요하다. 보존공물의 지정은 관보에 고시함과 동시에 그 소유권자 또는 관리자에게 통지하여야 하며 그 고시가 있는 때부터 공용지정의 효력이 발생하도록 되어있다(문화재보호법 제11조).

2. 豫定公物

현재 공용개시되고 있는 것은 아니지만, 장래 공물로 할 것이 예정되어 있는 물건을 말한다. 도로법에 의한 도로예정지(제7조), 하천법에 의한 하천예정지(제9조) 등이 그 예이다. 예정공물 역시 지정 등과 같은 행정주체의 의사표시가 필요하며, 공물은 아니지만 공물에 준하는 취급을 하는 것이 보통이다.

3. 公物의 消滅

(1) 公共用物의 消滅

1) 自然公物

자연공물에 있어서는 그 자연적 상태의 영구확정적 멸실에 의하여 당연히 공물로서의 성질을 상실하며, 특별한 의사표시(공용폐지행위)가 필요없다.[53] 예컨대 공유하천의 하천신설·개축 등으로 수류가 완전히 변경된 경우 구하상, 즉 폐천부지는 공물로서의 성질을 상실한다(하천법 제73조). 그러나 판례는 공유수면의 소멸에 관하여 공용폐지행위가 있어야 한다는 입장을 취하고 있다(대판 1993.4.13, 92누18528).

【판례】: ①「공공재산인 하천이 공사로 폐천이 되었다거나 본래의 용도에 공여하지 않았다 하더라도 용도폐지를 하지 않는 이상 잡종재산이 될 수 없다」(대판 1993.4.13, 92누18258).

②「공유수면이라 함은 하천, 바다, 호수 기타 공공의 용에 사용되는 수류 또는 수면으로서 국가의 소유에 속하는 자연공물을 말하고, 매립이라 함은 공유수면에 토사, 토석 기타물건을 인위적으로 투입하고 물을 제거하여 토지로 조성하는 행위를 말하는 것이다. 그러므로 공유수면에 매립공사를 시행하였으나 그 중 일부가 원래의 수면형태로 남아있다면 그 부분은 주변이 매립지로 바뀌었다고 하여도 공유수면성을 상실하지 않는다 할 것이다」(대판 1992.4.28, 91누4300).

2) 人工公物

인공공물은 공용폐지행위에 의하여 소멸하며, 따라서 형체적 요소가 소멸했다하더라도 공용폐지의 의사표시는 필요하다.[54] 예컨대 도로의 형태는 남아있더라도 도로법에 의한 노선폐지로 도로라는 공물은 소멸된다.

공물에 관한 법률관계의 명확을 기하기 위하여 공용폐지는 반드시 명시적인 의사표시를 요한다 하겠지만, 극히 예외적인 경우에는 묵시적 공용폐지행위가 있었다고 볼 수도 있다.

【판례】:「행정재산이 기능을 상실하여 본래의 용도에 제공되지 않는 상태에 있다하더라도 관계법령에 의하여 용도폐지가 되지 아니한 이상 당연히 취득시효의 대상이 되지 아니한 이상 당연히 취득시효의 대상이 되는 잡종재산이 되는 것이 아니고, 공용폐지의 의사표시는 묵시적인 방법으로 가능하나 행정재산이 본래의 용도에 제공되지 않는 상태에 있다는 사정만으로는 묵시적인 공용폐지의 의사표시가 있었다고 볼 수 없으며, 또한 공용폐지의 의사표시는 적법한 것이어야 하는바 행정재산은 공용폐지가 되지 아니한 상태에서는

53) 김남진·김연태(Ⅱ), 361면; 김철용(Ⅱ), 338면; 박균성(하), 247면.
54) 김도창(하), 452면; 박윤흔(하), 467면.

사법상 거래의 대상이 될 수 없으므로 관계당국이 착오로 행정재산을 다른 재산과 교환하였다 하여 그러한 사정만으로 적법한 공용폐지의 의사표시가 있다고 볼 수도 없다」(대판 1999.11.10, 98다42974).

(2) 公用物의 消滅

공용물은 그 형체적 요소의 소멸이나 행정주체가 사실상 그 사용을 폐지함으로써 공물로서의 성질을 상실하며 별도의 공용폐지행위를 요하지 아니한다.

(3) 保存公物의 消滅

보존공물이 그 가치나 기능을 상실한 경우에 행정주체가 지정해제의 의사표시에 의하여 공물로서의 성질을 상실한다. 문화재가 그 가치를 상실하거나 기타 공익상의 특별한 사유가 있는 때에 문화재지정을 해제하는 것이 그 대표적 예이다(문화재보호법 제12조 참조).

Ⅳ. 公物의 法律的 特色

1. 概說

공물은 직접 일반공중 또는 행정주체의 이용에 제공되는 물건이므로 그 공적목적 또는 달성을 위하여 필요한 범위 안에서 사법의 적용이 배제되고 특수한 공법적 규율을 받게 된다. 공물에 관하여 어느 정도로 사법이 적용되고 어느 정도로 공법적 규율을 받는가에 관하여 학설의 대립이 있는바, 공소유권설과 사소유권설의 주장이 그것이다. 그러나 그 문제는 어디까지나 실정법의 문제로서 개개의 실정법에 의해 구체적으로 검토되어야 할 것이다.

2. 公物에 대한 所有權의 性質

(1) 公所有權說

이 설은 공물의 공공성을 중시하여 공물에 대한 사법의 적용이 배제되기 때문에 공물에 대한 사권의 성립을 부인한다. 따라서 공물의 소유권은 공법에 의하여 인정되는 공소유권이라는 견해이다. 프랑스에서는 도로·하천 등의 공물에 대해서는 국가의 공소유권을 인정하고 있다. 그러나 독일에서는 일부 몇개의 주를 제외하고는 공소유권제를 채택하고 있지 않다.

(2) 私所有權說

이 설은 공물도 본질에 있어서는 사물과 같이 사법의 적용을 받고 사권의 대상이 되는 것이 원칙이나, 다만 그 공공복리의 달성에 필요한 한도 내에서 사소유권의 행사가 제약을 받고 공법적 규율이 행해진다고 한다. 독일・일본・우리나라의 통설이다.

우리나라 도로법은 「도로를 구성하는 부지・옹적 기타의 물건에 대하여는 사권을 행사할 수 없다. 다만, 소유권을 이전하거나 저당권을 설정함은 그러하지 아니하다」(제5조)라고 하여 도로는 사소유권의 대상이 되는 것을 전제로 하되, 다만 도로로서의 공공의 이용에 지장을 초래할 우려가 있는 한도 내에서 사권의 행사를 제한한다는 취지로 해석하여 이는 독일법의 영향을 받은 것이라 할 것이다.

(3) 結語

공물은 공소유권의 객체인가 사소유권의 객체인가 양자 중 어느 것으로 볼 것인가의 문제는 그 나라의 역사・사회・경제적 환경에 따라 정책적으로 어느 한 유형으로 결정될 문제이며, 일반적으로 프랑스는 공소유권설에, 독일은 사소유권설에 입각하고 있다.

위의 어느 한 유형을 택해야 되는 것은 이론적으로 결정해야 할 문제가 아니고 입법정책적으로 결정될 문제이다. 따라서 두 가지 법제를 병용할 수도 있다. 위에서 본 바와 같이 우리 실정법 중에서 하천법은 공소유권설의 입장의 법률이고, 도로법은 사소유권설에 입각한 법률이라 하겠다.

3. 公物의 實定法上의 特色

현행법상 공물에 관한 법률로는 국유공물에 관한 일반법으로서 국유재산법과 공유공물에 관한 일반법으로서 국유재산법, 그리고 공유공물에 관한 일반법으로서 지방재정법이 있고, 개별법으로서는 하천법・도로법・문화재보호법 등이 있다. 성문법규범을 통해 개개의 공물의 특색이 충분히 밝혀지지 않는 경우에는 조리법의 일반원칙 등이 성문법을 보충하는 역할을 하게 된다. 우리 실정법상 공물이 가지는 특색 중에서 공통적인 것을 살펴보면 다음과 같다.

(1) 融通性의 制限

공물은 공적목적에 제공된 물건이므로, 그 한도 내에서 사법상 거래가 제한된다. 이러한 불융통성은 공물이기 때문에 당연히 인정되는 것이 아니고 공공목적 달성에 필요한 한도 안에서 인정되는 것이다. 그 불융통성의 정도는 공물의 종류에 따라 상당한 차이가 있다.

1) 嚴格한 制限

융통성을 가장 엄격하게 제한하고 있는 것은 하천법이다. 즉, 동법 제3조는 「하천은 이를 국유로 한다. 다만, 지방2급하천에 있어서는 하천공사 등으로 하천에 편입되는 토지에 대한 보상을 하고 이를 국유로 하는 경우를 제외하고는 그러하지 아니하다」고 하여 지방2급하천을 제외한 모든 하천의 사권설정을 부정한다.

2) 相對的 制限

국유재산법은 국유의 행정재산・보존재산에 대한 사권설정을 부정하면서, 그 용도 또는 목적에 장해가 되지 않는 범위 내에서 그 사용・수익을 허용하고 있다(국유재산법 제20조・제21조)

3) 一部制限

도로법은 도로의 소유권이전, 저당권설정 외의 사권행사금지를 규정하고 있다(제5조). 이는 도로를 구성하는 토지 기타의 물건이 사소유권의 대상임을 오히려 당연한 전제로 하고 직접 도로의 공용을 방해할 우려가 있는 사권의 설정 및 행사를 제한하고 있음을 의미한다.

4) 申告主義

문화재보호법은 문화재의 경우 사권의 설정이나 이전을 당연히 하면서도 소유권의 변동이 있을 때에는 문화재청장에게 신고하도록 의무를 부과하고 있다(제27조). 이는 문화재와 같은 공물은 이전이 가능하다는 당연한 전제 위에서 출발하는 것이다. 판례도 이를 위반한 행정청의 행위를 무효라고 하고 있다.

(2) 强制執行의 制限

공물이 민사소송법에 의한 강제집행의 대상이 될 수 있는지에 대하여는 견해가 대립하고 있다.

1) 否定說

이 설은 공물에 대한 강제집행은 공물이 현재 공적목적에 제공되고 있는 한 이를 압류하여 경매에 붙이는 것은 공물목적을 저해할 우려가 있으므로 부정하는 견해이다.

2) 肯定說

이 설은 공물이라는 이유만으로 당연히 강제집행의 대상에서 제외되는 것은 아니라고 한다. 예컨대 국유공물에 대한 강제집행도 원칙적으로 가능하나, 현행법상 국가에 대한 강제집행의 방법을 국고금의 압류의 방법에 의하도록 제한한 민사소송법(제529조)의 규정에 기인하여 강제집행을 할 수 없을 뿐이라고 한다.

3) 結語

강제집행의 인정여부는 공물에 대한 융통성(사권설정)이 인정되느냐의 여부에 달려있다. 그 융통성이 인정되는 한도 안에서는 그 공물이 국유이든 공유이든 사유이든 강제집행이 가능하다 할 것이다.[55]

그러나 우리 실정법상 국유공물·공유공물에 대하여는 사권설정이 인정되지 아니하기 때문에 강제집행의 대상이 될 수 없고(국유재산법 제24조, 지방재정법 제82조), 결과적으로 사유공물에 대해서만 강제집행의 대상이 될 수 있을 뿐이다. 판례는 사유공물인 별정우체국청사에 대하여 강제집행을 인정하고 있다(대판 1968.1.31, 67다2514).

(3) 取得時效의 制限

사물의 경우 부동산은 20년간(자기소유로 등기한 경우는 10년간), 동산은 10년간 소유권의 의사로 평온·공연하게 점유를 계속해온 경우에는 시효로 인하여 소유권을 취득한다는 민법의 규정(제245조·제246조)이 공물에도 적용되는가에 관하여는 학설이 대립되어 있다.

---

55) 김도창(하), 476면; 김동희(Ⅱ), 287면; 박윤흔(하), 480면; 석종현(하), 361면; 이상규(하), 449면.

1) 否定說

공물의 경우는 공용폐지가 없는 한 취득시효의 목적이 될 수 없다는 견해이다. 판례도 같은 입장이다.

【판례】:「행정목적을 위해 공용하는 행정재산은 공용폐지가 되지 아니하는 한 사법상 거래의 대상이 될 수 없으므로 취득시효의 대상이 될 수 없다」(대판 1983.6.14, 83다카181).

2) 肯定說

(가) 制限的 肯定說

공물 중 사적소유권의 대상이 되는 공물에 한하여(융통성이 인정되고 있는 한도에서) 시효취득의 대상이 될 수 있으나, 그 후에도 그 물건은 계속 공적목적에 공용할 공법적 제한이 붙은 체로 소유권을 취득한다고 하는 견해이다.[56]

(나) 完全肯定說

이 설은 공물이 장기간 평온·공연하게 본래의 사용목적이 아닌 다른 사적목적으로 점유되있다면 묵시적 공용폐시가 있는 것으로 보아 모든 공법상의 제한이 소멸되고 따라서 그 물건은 이미 사물이 되었으므로 완전한 시효취득이 인정된다는 견해이다.[57]

(다) 結語

국유재산법과 지방재정법은 각각 국유재산과 공유재산에 대한 시효취득을 금지하는 명문규정을 두고 있어 이러한 논쟁은 의미가 없다. 그런데 국유재산법(제5조 제2항)과 지방재정법(제74조 제2항)의 규정에서 국·공유의 잡종재산도 포함하여 규정하고 있는 것이므로, 이에 대하여 헌법재판소가 위헌판결을 내려 동조항들에 대해 단서규정이 신설되었다. 그리고 개정된 관련 조문은 ①「국유재산은 민법 제245조의 규정에도 불구하고 시효취득의 대상이되지 아니한다. 다만, 잡종재산의 경우는 그러하지 아니하다」. ②「공유재산은 민법 제245조의 규정에도 불구하고 시효취득의 대상이 되지 아니한다. 다만, 잡종재산

56) 김도창(하), 478면.
57) 김남진(Ⅱ), 372면; 박윤흔(하), 481면; 이상규(하), 410면.

의 경우에는 그러하지 아니하다」고 하여 단서규정이 신설되었다.

그런데 공물이라 하더라도 장기간 사적 목적으로 점유가 계속되었다면 묵시적 공용폐지에 의해 잡종재산으로 변하여 시효취득의 대상이 될 수 있다고 보아야 할 것이다.

(4) 公用收用의 制限

공물이 공용수용의 대상이 될 수 있는지가 문제되는바, 다수설의 입장은 이를 부정한다. 공물을 수용하여 다른 행정목적에 제공하는 것은 공물본래의 행정목적에 배치되므로 공용폐지가 없는 한 공용수용할 수 없다는 것이다. 그러나 예외적으로 '특별히 필요한 경우'에는 공물도 공용수용의 대상이 될 수 있으며, 또한 더 큰 공익을 위해서는 당해 공물에 대하여 공용폐지를 한 후에 수용할 수 있음은 당연하다 하겠다. 판례의 입장도 이러하다.

(5) 公物의 範圍決定 및 境界確定

공물은 그 관리청이 일방적으로 행정처분에 의하여 범위를 결정한다. 예컨대 도로구역의 결정 및 고시, 하천구역의 지정, 공원구역의 지정 및 고시 등이 그것이다. 이러한 행정행위는 공물의 소유권이 행정주체에게 있음을 확인하는 의미가 아니고 단순히 당해 공물의 범위를 확정하는 확인행위의 성질을 가질 뿐이다. 따라서 이에 대하여 행정심판·행정소송을 제기하여 다툴 수 있다.

공물의 범위결정은 소유권의 범위를 결정하는 것은 아니지만, 예컨대 하천과 같이 그 위에 사권이 부정되는 결과로 되므로 하천구역으로 되어버린 사유토지에 대해서는 손실보상의 원리를 적용하여 손실보상을 하도록 하는 경우가 있다(하천법 제74조 제2항).

(6) 公物과 相隣關係

공물도 유체물인 이상 원칙적으로 민법상의 상린관계의 적용을 받는다. 그러나 공물의 목적을 원활하게 달성하기 위하여 법률의 규정에 의하여 민법의 규정을 배제하는 경우도 있다. 예를 들어 도로법은 도로의 관리상 인근에 거주하는 주민소유의 공작물이나 시설물에 대하여 법률상 일정한 제한을 가할 수 있는 규정을 두고 있다(동법 제52조 등).

(7) 公物의 登記

공물의 등기에 관하여는 특별한 규정이 있는 경우가 있다. 즉, 부동산등기법 제114조는 「등기된 토지가 하천의 부지로 된 경우에는 당해 관청은 지체없이 그 등기의 말소를 촉탁하여야 한다」라고 규정하고 있다. 그러나 그와 같은 특별한 규정이 없는 한 부동산인 공물도 일반적으로 부동산등기법에 의하여 등기를 하여야 함이 원칙이다. 국유공물인 부동산의 등기에 있어서의 권리자의 명칭은 국으로 하고 관리청의 명칭도 함께 기재한다(국유재산법 제14조).

(8) 公物의 設置・管理의 瑕疵로 인한 損害賠償

도로・하천 기타 공물의 설치・관리상의 하자로 인하여 타인에게 손해를 입힌 경우에는 국가 또는 지방자치단체는 국가배상법이 정하는 바에 의하여 손해배상을 하여야 한다(국가배상법 제5조 이하 참조).

Ⅴ. 公物管理와 公物警察

1. 公物의 管理

(1) 槪說

공물관리란 공물본래의 목적을 달성하기 위한 행정주체(공물주체)의 일체의 작용을 말한다. 공물의 관리는 사물의 관리와는 달라서 물건을 단순히 재산적 가치의 객체로서 관리하는 것이 아니고, 전적으로 공적목적을 달성하기 위해 관리하는데 그 특색이 있다.

공물에 관한 법규는 그 관리기관・관리방법・관리권의 내용 등을 정하고 있으며, 관리주체의 관리작용은 그 형식에 있어서는 추상적인 규칙을 정립하는 것, 구체적 처분인 것 또는 사실행위 등으로 나타난다.

(2) 公物管理權

1) 意義 및 性質

공물관리권은 공물관리주체가 공물관리를 위하여 행사할 수 있는 지배권을 말하며, 그 성질에 관하여는 종래에는 소유권 그 자체에서 도출되는 권리로 보는 견해(소유권설)도 있었으나, 오늘날은 공물주체가 공물의 목적을 달성하기 위하여 행하는 작용이라는 점에서, 소유권과는 별개의 독립된 공법상의 물

권적 지배권으로 본다. 이 설이 통설의 견해이다.[58]

2) 公物管理權의 內容

공물관리권의 내용은 당해 공물에 관한 법령 또는 자치법규에 의하여 정하여지는 것이므로, 그 구체적 내용에 있어서는 차이가 있으나, 대체적으로 적극적인 작용과 소극적인 작용으로 나누어 볼 수 있다.

공물관리권은 적극적으로 공물의 목적을 달성하기 위한 작용으로 나타나는바, 공물의 범위결정(하천구역의 지정·도로구역의 결정 등), 공물의 사용·수익의 허가, 공용부담 등이 그 예이며, 소극적으로 공물에 대한 장해를 방지하기 위한 작용으로는 공물의 유지·수선·보관, 공물의 목적에 대한 장해의 방지 및 제거 등이다.

(3) 公物의 管理者

공물의 관리는 관리권이 있는 공물주체(국가·지방자치단체)가 스스로 관리하는 것이 원칙이지만, 예외적으로 공물주체가 그 관리권을 타인에게 위임하는 경우도 있다. 예를 들면 국도의 수선 및 유지에 관한 업무를 시·도지사로 하여금 행하게 하며(도로법 제26조), 국가하천의 보수에 관한 공사와 유지·관리를 지방하천의 유지·관리자인 시·도지사로 하여금 시행하게 하는 것(하천법 제28조 제1항) 등이 그에 해당한다.

(4) 公物管理와 費用負擔

공물관리에 소요되는 비용은 공물주체가 부담하는 것이 원칙이지만, 예외적으로 법률상 특례가 인정되고 있다. 즉, ① 국가가 관리하는 도로·하천의 관리비용은 지방자치단체나 사인이 부담하되, 그 대신 통행료·점용료 등 수입은 지방자치단체나 사인에게 귀속시키는 경우, ② 지방자치단체가 관리하는 도로 또는 하천의 관리비용의 전부 또는 일부를 이들 공물로부터 이익을 받고 있는 다른 지방자치단체나 사인에게 부담시키는 경우 등이 그에 해당한다(도로법 제67조~제69조 및 하천법 제59조~제64조 등).

(5) 公物管理上의 損害賠償과 損失補償

58) 김도창(하), 455면; 박윤흔(하), 486면; 석종현(하), 366면; 이상규(하), 454면.

1) 公物管理의 瑕疵로 인한 損害賠償

국가배상법은 제5조에서 공공의 영조물의 설치·관리의 하자로 인하여 타인에게 손해가 발생한 경우에 국가 또는 지방자치단체가 손해배상책임을 지고 있음을 규정하고 있는바, 여기에서의 영조물은 강학상의 공물이며, 그 책임의 성질은 위법·무과실책임이다.

2) 適法한 公物管理로 인한 損失補償

도로·하천 기타 공물의 유지·관리를 위하여 타인의 재산권을 침해(수용·사용·제한)한 경우에 이에 대한 정당한 보상을 지급하여야 함을 헌법이 정하고 있는 바이다(제23조 제3항). 이에 따라 도로법은 제92조 제1항에서 「이 법에 따른 처분이나 제한으로 손실을 입은 자가 있으면 국토해양부장관이 한 처분이나 제한으로 인한 손실은 국고에서 보상하고, 그 밖의 행정청이 한 처분이나 제한으로 인한 손실은 그 행정청이 속하여 있는 지방자치단체에서 보상하여야 한다」고 규정하고 있고, 하천법 등 다른 법률에서도 같은 취지를 찾아볼 수 있다.

2. 公物警察

(1) 意義

공물경찰이란 경찰권의 주체가 그의 일반경찰권에 의거하여 공물의 설치·관리·이용과정에서 공공의 안녕과 질서에 대한 위해를 예방·제거하기 위한 국가작용이다. 물론 공물관리주체도 그 관리권의 행사에 의하여 공물로 인하여 야기되는 사회적 안녕과 질서를 유지하는 작용을 할 수 있다. 그러나 공물의 관리권은 공물이 추구하는 공공의 목적을 달성하기 위한 보다 적극적인 작용임에 비하여 공물경찰(권)은 공물의 본래의 목적과는 관계없이 공물로 인하여 발생하는 사회적 위해를 방지하는 보다 소극적인 국가작용이다. 도로통행의 금지 또는 제한 조치가 그 예에 해당한다.

(2) 公物管理와 公物警察의 區別

1) 目的

공물관리는 적극적으로 공물 본래의 목적을 달성하기 위하여 행하여지는 작용이지만, 공물경찰은 소극적으로 공물상의 안녕과 질서에 대한 위해를 방지함을 목적으로 한다.

2) 權力的 基礎와 法的 根據

공물관리는 공물관리권의 발동인바, 공물관리권은 공물주체가 공물에 대하여 가지는 지배권이다. 이러한 지배권은 도로법 등 공물법의 규정에 의하여 그 내용과 한계가 정하여 진다. 이에 대하여 공물경찰은 일반 경찰권의 발동으로 행해지는 것이고, 그 경찰권의 내용과 한계는 일반경찰법규에 의하여 결정된다.

3) 發動範圍

공물관리권에 기하여서는 공물 본래의 목적을 달성하기 위하여 공물의 계속적인 독점적 사용권까지 설정할 수 있으나, 공물경찰권에 기하여서는 공물사용관계의 질서를 유지하기 위하여 상대적으로 금지하고 있는 자연적 자유에 속하는 행위를 일시적으로 허가 할 수 있을 뿐이다.

4) 違反行爲에 대한 制裁 및 强制手段

공물관리관계에 있어서 의무위반자에 대하여, 공물관리권에 기해서는 원칙적으로 그 공물사용을 배제할 수 있음에 그치고 특별한 규정이 없는 한 행정벌 또는 행정강제의 대상으로 할 수 없다.

5) 公物管理와 公物警察과의 競合

하나의 공물에 대하여 양자가 경합되어 행사되는 경우도 있다. 즉 공물을 관리하는 권한에는 소극적인 질서유지작용이 포함되는 경우도 있고 그 반대의 경우도 있다. ① 공물관리권에 경찰작용이 포함되는 경우의 예를 들면, 도로법에 의하여 도로의 관리청은 도로에 관한 공사로 인하여 부득이한 경우 또는 도로의 손상 기타 사유로 인하여 통행이 위험하다고 인정할 때에는 구간을 정하여 도로 통행을 금지하거나 제한 할 수 있다(동법 제53조 제1항). ② 이와는 대조적으로 도로교통법과 같은 경찰법규(경찰특별법규)에도 공물관리권이 인정되는 경우가 있는바, 예를 들어 도로교통법은 「고속도로의 관리자는 고속도로에서의 위험을 방지하고 교통의 안전과 원활한 소통을 확보하기 위하여 신호기 및 안전표지를 설치하고 관리하여야 한다」고 규정하여 도로와 같은 공물에 대한 경찰권이 경우에 따라서는 도로의 부속물(신호등·안전표지판 등)에 대한 관리권을 포함할 수 있음을 인정하고 있다.

이와 같이 공물관리권과 공물경찰권이 경합하는 경우에는 이용자에게 이중의 부담을 주는 경우가 있을 수 있기 때문에 도로의 경우 도로관리청과 도로경찰청은 사전협의 등을 통하여 이를 방지하여야 할 것이다.

Ⅵ. 公物의 使用關係

1. 槪說

공물의 사용관계란 공물주체와 사용자간에 발생하는 법률관계를 말한다. 일반적으로 공물의 사용관계는 공공용물 중심으로 이루어진다. 공용물은 행정주체 자신의 이용이 본래의 목적으로 하는 것이므로 이를 방해하지 않는 범위내에서 제한적으로 국민과의 사용관계가 성립될 수 있을 뿐이다.

이와 같이 공공용물을 중심으로 이루어지는 공물주체와 사용자간의 공물의 사용관계는 그 사용방법을 기준으로 하여 일반사용과 특별사용으로 나누어지는 것이 보통이다. 일반사용은 누구에게나 그 사용이 허가되는 것으로서 이를 흔히 자유사용 또는 보통사용이라고도 한다. 일반사용의 범위를 넘어서는 특별사용은 다시 허가사용·특허사용·관습상 특별사용 및 사법상 사용 등으로 구분된다.

2. 一般使用

(1) 意義

공물의 일반사용이란 누구든지 행정청의 허락을 받음이 없이 공물을 그 사용목적에 따라 사용하는 경우를 말하며, 도로의 통행, 공원의 산책 등이 그 예이다. 그러나 어느 범위까지를 일반사용으로 볼 것인가는 의문이다. 공공용물에 대한 일반사용은 당연하다 하겠으나, 공용물은 본래 행정주체의 사용에 제공함을 목적으로 하는 것이므로 그 본래의 목적을 방해하지 않는 한도에서 예외적으로 일반사용이 허용된다 하겠다. 경찰청사 내의 구내식당경영허가·국립대학내의 자유통행 등이 그 예에 속한다. 그런데 이 경우는 현실적으로 일반사용과 다름이 없이 행해지는 것이 보통이나, 그 본질적 성격은 공물주체의 묵시적 허가에 의한 사용으로 해석하는 것이 타당할 것이다.

(2) 法的 性質

일반적 사용의 성질에 관해서는 반사적 이익설·사권설·공권설 등의 견해가 있다.

1) 反射的 利益說

이는 공물의 일반사용은 공물주체가 공물을 일반인의 자유로운 사용에 제공함으로써 그 결과 개인이 반사적으로 얻는 이익으로서 사용의 자유를 누림에 불과한 것이고, 사용권의 권리가 설정된 것은 아니므로 그 사용관계에서 얻은 이익은 개인의 주관적 공권으로서의 이익이 아니며 그것이 침해된 경우에도 권리구제를 받을 수 없다는 견해로서 19세기의 확고한 이론이었다.

2) 私權說

이는 공물의 사용관계는 사법상의 법률관계로 이해[59]하는 결과 공법상 개인이 갖는 주관적 공권으로 보지 아니하였다.

3) 公權說

공물의 일반사용에서의 이익은 단순한 반사적 이익은 아니고, 공법상 권리[60] 또는 법률상 보호되는 이익으로 본다. 따라서 공물주체가 경찰법상 정당한 권한을 가지지 아니하거나 공물에 대하여 소유권을 가지는 자가 법령의 근거없이 공물의 일반적이고 자유로운 사용을 방해하는 경우에는 공물의 사용자는 이를 제거하기 위한 권리를 가지며 적절한 소송수단을 강구할 수 있다. 이러한 측면에서 공물의 일반사용은 공물에 대한 계속적인 사용을 청구하거나 새로운 공물을 조성하여 이를 공공의 목적에 제공하여 줄 것을 요구하는 등의 적극적인 성격을 가지지 못하고 방해의 배제나 손해의 배상을 청구하는 것이 일반적이다.

4) 結語

국민의 일상생활에 있어서 급부행정의 중요성을 감안하면 단순한 반사적 이익이 아니라 적극적으로 공물을 사용할 수 있는 자유권을 가진다 하겠으므로 공권설이 타당하다. 말하자면 개인은 기존의 자유사용에 참여할 수 있는

59) 김도창(하), 389면.
60) 최송화, "학칙의 법적 성격과 국가감독", 법학연구 제37권 제1호, 1996, 58면.

주관적 공권이 있으므로 개인이 행정주체에 대해 특정공물의 제공을 요구할 수 있는 권리는 없으나, 그 사용의 자유가 침해된 경우에는 침해주체가 공물주체인 경우에는 국가배상을 청구할 수 있고, 다른 개인이 침해한 경우에는 민법에 의한 손해배상청구나 방해배제청구를 할 수 있다 할 것이다.

(3) 隣接住民의 一般使用權

공물의 일반사용에 대하여 국민 모두가 동일한 정도로 이해관계를 갖는 것은 아니다. 즉, 도로를 포함하여 특정공물에 인접하여 거주하는 주민은 공물을 일반사용함에 있어서도 특별한 이해관계를 가진다. 예를 들면 도로에 인접하여 영업을 하는 주민은 도로 인근에 자주 물건을 내리고 싣거나 하는 행위를 반복하여 도로의 사용에 있어서 이른바 고양된 일반사용권을 갖는다. 이것을 인접주민권이라고도 한다.

인접주민에게는 도로의 일반사용자에게는 인정되기 어려운 것으로서 건축을 위한 건축자재를 도로에 쌓아두는 행위도 경우에 따라서는 허용될 수 있다. 그러나 물건의 설치나 건축자재를 장기간에 방치하여 일반국민의 일반사용을 지속적으로 제약하는 행위는 인접주민의 일반사용권의 범위를 벗어난 것이다. 따라서 이러한 행위는 관할 공물관리청의 허가 등을 요하는 특별사용의 형태로 이루어져야 할 것이다.

인접주민권은 개별법에 명문규정이 없더라도 관습법이나 헌법상의 재산권 보호규정(제23조 제1항)에 의해 보장된다고 볼 수 있고, 도로 등 공물의 변경·폐지 등으로 인하여 일반사용이 침해된 경우에 일반인에게는 수인한도 내의 것일 지라도 인접주민에게는 수인한도를 넘는 것이어서 손실보상을 해주어야 할 경우가 있다고 할 것이다.

(4) 一般使用의 制限

공물의 일반사용도 그 본래의 목적이나 공공질서의 범위 안에서 허용되는 것이므로, 그 한도 내에서 변경·조례 또는 그에 의거한 공물규칙이 정하는 바에 의하여 제한되거나, 경찰목적상의 관점에서 제한될 수 있다.

3. 特別使用

특별사용이란 공물의 관리주체가 특정인에게 수익적 행정행위를 통하여 공물사용에 대하여 특정한 내용을 갖는 주관적 권리를 설정하는 법률관계를 말한다. 공물의 일반사용이 일반국민을 위한 공물의 사용관계를 의미하는 것이라면 특별사용은 특정인을 위한 공물사용의 법적 관계를 말한다.

(1) 公物의 許可使用

1) 意義

공물(특히 공공용물)의 허가사용이란 공물의 사용에 있어서 행정관청의 사전적인 허가를 받도록 하는 사용관계를 말하는 것으로 강학상 허가에 해당하는 것이다. 일반사용에서와 같이 공물의 사용을 일반인의 자유사용에 맡길 경우 공물의 목적달성이나 유지·보전에 문제가 있을 수 있으므로 사인으로 하여금 선별적으로 허가를 받아 사용하도록 하게하는 것이 합리적이다. 허가사용은 주로 일시적 사용을 의미하는 것으로 이해한다.

2) 形態

(가) 公物管理權에 의한 許可使用

공물의 사용이 타인의 공동사용에 지장을 줄 우려가 있거나 공물을 해칠 우려가 있는 경우에 공물관리청의 허가를 받아 사용하도록 하는 경우가 이에 해당한다. 하천에서 하수(河水)를 이용한 선박의 운항을 하기 위해서는 미리 하천관리청의 허가를 받도록 하는 것(하천법 제33조 제1항 제6호) 등이 그 예로 들어진다.

(나) 公物警察權에 의한 許可使用

공물의 사용관계에서 발생하는 공공의 안녕질서에 대한 위해를 방지하기 위해서 공물경찰청의 허가를 받아 사용하도록 하는 경우인바, 예를 들면 경찰서장이 도로에서의 위험방지를 위하여 보행자 또는 차량의 통행을 금지한 다음, 일정한 조건하에 그 금지를 해제하는 것 등이 이에 해당한다(도로교통법 제6조 제2항).

2) 性質

공물의 허가사용에서 사인이 갖는 이익이 반사적 이익인가 권리로서의 이익인가가 문제이다. 공물의 일반사용에 있어서도 반사적 이익론은 오래 전에 극복되었다. 더욱이 공물의 허가사용은 특별사용의 일종으로서 공물주체가 특정인의 주관적 공권을 설정해 주기 위한 수익적 행정처분을 통하여 성립하는 바, 경우에 따라서는 사용자가 누리는 이익은 공법상의 권리이며(공권설), 이를 침해한 경우에는 적절한 구제수단이 주어진다 하겠다.

통설[61]은 공물사용에 있어 허가는 특별한 권리를 설정하는 것이 아니고 그 사용의 일반적·상대적 금지를 특정한 경우에 해제하는 것이므로 더 이상 제한금지가 필요없는 이상 공공용물의 목적에 따라 허가요건에 해당하면 반드시 허가하여야 한다는 의미에서 기속행위가 된다고 한다.

3) 公用物의 許可使用

공용물의 경우는 공공용물과 달라서 공공용물에 적용되는 허가사용의 법리는 이에 적용되지 아니한다. 즉 공용물은 행정주체 자신의 사용에 제공되는 것이기 때문에 공공용물과는 달라서 행정주체의 이용에 지장이 없는 범위 안에서만 예외적으로 사용을 허가할 수 있을 뿐이다(예, 체육대회를 위한 정부청사 구내 운동장의 사용허가).

(2) 公物의 特許使用

1) 意義

공물관리청이 그의 공물관리권에 의하여 특정인에게 특별한 공물사용권을 부여하는 수익적 행정행위를 공물사용권의 특허라 하며, 이에 의거한 공물의 사용을 특허사용이라 한다. 예컨대 도로에 전신주를 세우고 상·하수도관을 매설하거나, 하천에 발전용 댐이나 선착장을 건설하는 등의 행위는 특허사용이다.

2) 性質

(가) 形成的 行爲

공물사용의 특허행위(특허처분)는 특정인에게 특별한 권리를 부여하는 형성적 행위(설권행위)이다. 명령적 행위로서의 사용허가와 구별하여야 한다.

---

61) 김남진(Ⅱ), 380면; 김도창(하), 422면; 김동희(Ⅱ), 279면; 박윤흔(하), 496면; 이상규(하), 421면.

(나) 雙方的 行政行爲

특허행위는 공법상 계약인가 아니면 협력을 요하는 행정행위(쌍방적 행정행위)인가가 문제되고 있으나, 공물사용권의 특허에 있어 상대방의 협력(신청 또는 동의)이 필요하다 하더라도 상대방과의 대등한 의사의 합치를 내용으로 하는 공법상 계약으로 볼 수는 없다. 따라서 상대방의 신청·동의는 행정행위에 있어서 그 성립요건에 불과하므로 쌍방적 행정행위로 보는 것이 옳다하겠다(다수설).

(다) 裁量行爲性 問題

공물사용권의 특허는 공물의 관리상 공물주체의 정책적 판단의 여지와 상당한 정도의 재량이 인정될 수 있는 행위이다. 허가사용(사용허가)의 성질이 본질적으로 기속행위인데 반하여, 공물사용권의 특허는 사용행위의 공익성여부, 출원자의 자질이나 적격성 등을 구체적으로 판단하여 특허여부를 결정하여야 하므로 재량행위라 하겠다.

그러나 근래에는 법령의 정비, 재량준칙 및 판단여지의 폭을 좁히는 법해석규칙과 같은 행정규칙의 정립 등으로 특허사용의 기속성이 강화되어 가고 있다.

3) 內容

(가) 公物使用權

공물사용권은 보통 공물의 영속적 사용을 그 내용으로 하며, 공물사용권의 성질에 관하여 통설은 공권성·채권성·재산권성이 있는 것으로 보고 있다.

(a) 公權性

사법학자들은 공물사용권의 내용이 사적인 경제적 이익이라는데 착안하여 사권이라 하지만, 공법학자들은 특허라는 행정처분에 근거하여 성립하는 점을 들어 공권(공법상의 권리) 이라고 한다. 생각건대 공물사용권은 공법에 의거하여 취득한 권리이며, 사용자의 이익과 아울러 공익(공적목적을 위한 공물의 유지·관리)을 보호하려는 것이고 이에 대한 쟁송도 행정쟁송에 의한다는 점 때문에 공권으로 보아야 할 것이다.

(b) 債權性

공물사용권은 국가 등 공물관리주체에 대하여 공물의 특별사용을 청구할 수 있는 권리인 채권에 그치고, 그 공물을 배타적으로 지배하고 제3자에게 대항 할 수 있는 물권은 아니라고 보아야 할 것이다. 다만 개별법이 물권으로 규정하고 있는 경우가 많다.

(c) 財産權性

공물사용권은 공권이기는 하지만 당해 공물을 사용하는 재산상의 가치를 가지는 것이므로 재산권과 같은 성질을 가진다. 따라서 공권력에 의한 침해를 받을 때에는 행정쟁송·국가배상청구를 할 수 있고, 제3자에 의한 침해는 민법상의 불법행위를 구성하며 손해배상 또는 방해배제청구를 할 수 있으며, 행정청이 인가를 받거나 신고를 한 후에 양도·상속 등의 이전이 허용된다.

(나) 公物使用權者의 義務

공물사용권의 특허를 받은 자는 공물사용권과 함께 관계법규 또는 특허명령서 등에 의하여 ① 사용료납부의무(지방자치법 제127조, 하천법 제38조, 도로법 제43조), ② 수축 또는 비용부담의무(하천법 제48조, 도로법 제56조), ③ 제해시설의 설치 및 손실보상의무(하천법 제29조·제35조) 등이 있다.

4) 終了

공물의 특허사용관계가 종료되는 사유로는 ① 공물의 소멸, ② 공물사용권의 포기, ③ 기한의 도래 또는 해제조건의 성취, ④ 특허의 철회·취소 등이 있다.

(3) 慣習法上 特別使用

1) 意義

공물의 사용권이 지방적·민중적 관습법에 의하여서도 설정될 수 있음이 이론 및 판례상으로 인정되고 있다. 하천·호수 등 공유수면 인근주민의 관습법상의 음용·관개용 용수권, 삼림업자의 유목권, 연안어민의 입어권, 한국농어촌공사의 관개용수로에서의 용수권 등이 그 예이다.

2) 成立

관습법상의 사용권이 성립하기 위하여서는 ① 그 사용이 계속적이며 평온·공연하게 행하여져서 일반인에게 정당한 사용이라고 인식되어야 하며, ② 그 사용이 누구에게나 인정되는 것이 아니고 특정인이나 특정 주민 또는 단체 등의 한정된 범위내의 사람에게만 인정된 경우라야 하며 그 사용의 정도가 특별한 것이어야 한다.

3) 性質(特別使用의 權利性)

관습법상의 사용권에 대하여서도 공권설과 사권설의 대립이 있으나, 통설은 특허사용에서와 같은 이유로 공권으로 본다. 공권이지만 재산권의 성질을 가지므로 제3자가 이를 침해할 경우 민법상의 손해배상책임을 지게 되며, 댐건설·공단조성·매립 등으로 사용권을 침해할 경우에는 공용수용의 법리를 준용하여 손실보상을 하여야 한다.

(4) 私法上 使用

공물의 사법상 사용이란 사법상 계약을 통하여 공물을 사용하는 사용관계를 말하며, 여기서 사법상 계약은 대체로 임대차계약으로 나타난다. 이러한 사법상의 사용관계는 공물주체가 재정상의 수입을 위하여 특정인에게 특별한 사용을 허용하는 경우에 나타난다.

그런데 공물, 특히 공공용물의 경우 사법상의 사용이 가능한가에 대해 견해가 갈리고 있다. 먼저 부정설은 공공용물 위에 사권을 설정하는 것은 공물의 공적목적(공중의 공동사용)에 비추어 공공용물의 사용에 관한 사법상 계약을 부인하며, 이에 대하여 긍정설은 국유재산법(제30조) 등 실정법이 국·공유재산에 대해 사용·수익을 허가할 수 있다고 규정하고 있는 취지에 비추어 사법상 사용이 가능하다고 한다. 예컨대 지하철 안에 광고·점포설치를 위하여 그 일부를 임대하는 경우가 그것이다.

(5) 行政財産의 目的 외 使用

1) 意義

국·공유재산 중 잡종재산은 직접 행정목적에 제공된 것이 아니므로 사법상 계약에 의하여 사용할 수 있음이 당연하지만, 행정재산은 공물로서 직접 공용 또는 공공용에 제공된 것이므로 원칙적으로 사법상 사용은 불가능하다. 그러나 예외적으로 공물로서의 목적 달성에 장애가 되지 않는 범위내에서 가능하다 하겠다(국유재산법 제30조 제1항).

행정재산의 목적 외 사용에 대하여는 국유재산법에 일반규정을 두고 있다. 그러나 행정재산 중에서도 하천·도로·공원·공유수면 등 공공용물의 사용(점용)에 대해서는 하천법·도로법·도시공원법·공유수면관리법 등 개별법에 규정되어 있으므로 이들 개별법에 특별한 규정이 없는 행정재산(주로 공용물)의 목적의 사용에 대해서만 국유재산법의 일반규정이 적용된다.

2) 性質

종전의 국유재산법(1976년 개정 이전의 법)은 행정재산의 사용·수익의 허가에 관하여 잡종재산의 대부에 관한 규정을 준용하도록 하고 있었던 결과 당시의 통설·판례는 사법상의 사용관계로 보고 있었으나,[62] 동법의 개정 이후에는 사용·수익의 허가 및 사용료·강제징수와 그 취소·철회 등에 관하여 별도로 상세히 규정하고 있으며, 이들 규정을 오히려 잡종재산의 대부에 준용하도록 하고 있기 때문에 이를 행정행위로 보아 공법관계라고 하는 견해[63]가 타당하다 하겠으며 판례 역시 같은 입장이다.

【판례】:「공유재산의 관리청의 행정재산의 사용·수익에 대한 허가는 순전히 사경제주체로서 행하는 사법상의 행위가 아니라 관리청이 공권력을 가진 우월적 지위에서 행하는 행정처분으로서 특정인에게 행정재산을 사용할 수 있는 권리를 설정해 주는 강학상 특허에 해당하고 이러한 행정재산의 사용·수익허가처분의 성질에 비추어 국민에게 행정재산의 사용·수익허가를 신청할 법규상 또는 조리상의 권리가 있다고 할 것이므로 공유재산의 관리청이 이러한 신청을 거부한 행위 역시 행정처분에 해당한다」(대판 1998.2.27, 97누1105).

62) 이상규(하), 472면.
63) 김남진(하), 362면; 김도창(하), 430면; 김동희(Ⅱ), 287면.

제2관 營造物法

Ⅰ. 概說

1. 營造物의 概念

영조물은 광의로는 국가 등 행정주체가 행정목적을 달성하기 위하여 제공한 인적·물적 시설의 종합체(조직체)를 의미하며, 협의로는 광의의 영조물 가운데 주로 정신·문화적 또는 진료적 목적에 계속적으로 제공된 것만을 의미한다. 대표적인 예로는 국공립교육·연구기관, 교도소, 도서관, 박물관, 병원 등이 있다.

2. 類似概念과의 區別

(1) 公企業과의 區別

양자 모두 공적 목적달성에 관련되는 것이나, 공기업은 공적 목적외에도 영리를 추구하는 특성을 가지는 점(협의의 공기업)에서 영조물과 구별된다. 그러나 현실적으로 양자의 구별은 용이하지 않다.

(2) 公物과의 區別

영조물은 인적 수단과 물적 시설의 결합체인 점에서 물적 요소로서만 구성되는 공물과 구별된다. 또한 영조물은 계속적인 존속을 필요로 하므로 행정조직의 일부라는 점에서도 공물과 구별된다.

(3) 公共施設과의 區別

공공시설은 개념상 물적 시설의 집합체로서의 의미를 갖는 것이므로, 물적 요소뿐만 아니라 인적 요소도 그 개념적 요소로 하고 있는 영조물과 구별된다.[64]

---

64) 공공시설과 영조물을 동일시하는 견해(김도창(하), 368면)와 상이한 것으로 보는 견해(김남진(Ⅱ), 393면; 윤세창·이호승, 행정법(하), 286면)가 있다.

3. 營造物의 種類

(1) 主體에 의한 分類

영조물은 관리주체에 따라 ① 국영영조물(국립대학·국립도서관 등), ② 공영영조물(시립대학·시립도서관 등), ③ 특수법인영조물(정신문화연구원·한국과학원·적십자병원·서울대학교병원·서울특별시 산하의 강남병원 등) 등으로 분류될 수 있다.

(2) 目的에 의한 分類

영조물은 설립 내지 경영목적에 따라 ① 문화영조물(도서관 등), ② 교육영조물(국립학교 등), ③ 교도소영조물(교도소 등), ④ 의료영조물(국립병원 등), ⑤ 연구영조물 등으로 분류할 수 있다.

(3) 獨立性의 有無(組織形態)에 의한 分類

영조물은 독립성에 따라 ① 직영영조물(국가 등 행정주체가 직접 경영), ② 영조물법인(독립된 법인격을 가지고 있음)으로 분류될 수 있다.

(4) 利用性에 의한 分類

영조물은 이용자에 따라 ① 공용영조물(행정주체에 소속한 직원만 이용), ② 공공용영조물(일반국민이 이용)로 분류될 수 있다.

Ⅱ. 營造物의 利用關係

1. 利用關係의 意義

영조물의 이용관계라 함은 개인이 영조물주체로부터 역무나 재화를 공급받고 그 설비를 이용하는 관계를 말한다.

2. 利用關係의 特性

(1) 利用關係의 多面性

영조물의 이용관계의 성질에 관하여 여러 견해가 있으나, 현재는 영조물이용에 공법적인 것과 사법적인 것 및 양자가 혼합된 것 등이 있다는 것에 의견의 일치를 보고 있다.

(2) 利用關係의 特別行政法(身分)關係性

종래 영조물이용관계를 특별권력관계의 하나로 보았다. 그러나 현재는 특별권력관계가 수정되어 전통적 특별권력관계론이 그대로 적용될 수 없다는 견해가 다수의 입장인 바, 이에도 법률유보의 원칙이 적용되며, 영조물의 목적달성을 위한 영조물주체의 권력행사를 위해서는 어느 정도 포괄적인 재량권이 인정되며, 이용자 역시 일반국민이 가지지 않는 권리·의무 등을 가진다(제한적 긍정설).

(3) 私法的 利用關係의 公法的 羈束

오늘날은 영조물이용관계에 공법관계와 사법관계가 혼재할 수 있다. 영조물이용관계를 사법적으로 구성한다 하더라도 다음과 같은 제약이 있다. ① 사법자체에 의한 제약(민법 제2조·제103조), ② 행정사법의 법리, 즉 국고작용도 헌법상의 평등조항, 생존권 보장 등의 기본권규정에 의한 제약, ③ 실정법상의 제약, 예컨대 차별금지조항(교육기본법 제4조 등) 등이 있다.

Ⅲ. 利用關係의 開設

1. 合議利用

영조물의 이용관계는 기본적으로 영조물주체와 이용자간의 합의에 의하여 성립한다. 합의가 반드시 공법상 계약이나 사법상 계약이 아닌 동의에 의하여 성립하는 경우도 있으며(학교에의 입학), 묵시적인 합의에 의하여 성립하는 경우도 있다(박물관·공원 등의 출입이 개방된 경우).

2. 利用强制

법률이나 조례 등에 의하여 영조물의 이용이 강제되는 경우도 있다. 예컨대 수형자의 교도소의 수감, 법정전염병환자의 강제입원 등이다. 이는 법률이나 조례 등에 정해진 의무가 자동적으로 집행되는 것이 아니라, 그때그때 행정행위 등을 통해 개별적으로 이용관계가 설정되는 것으로 보아야 할 것이다.

Ⅳ. 營造物利用者의 法的 地位

1. 營造物利用者의 權利·義務

영조물이용자의 권리로서는 영조물이용권, 행정쟁송권, 손해전보청구권 등이 있으며, 영조물이용자의 의무로서는 영조물에서의 질서유지의무, 이용대가납부의무 등이 있다.

2. 營造物主體의 權能과 義務

(1) 營造物主體의 權能

영조물주체의 권능으로서는 이용조건제정권, 이용대가징수권, 명령·징계권 등이 있다.

(2) 營造物主體의 義務

영조물주체의 의무로서는 영조물의 계속적 유지관리의무, 이용자에게 영조물을 이용시킬 의무, 이용자의 평등대우의무 등이 있다.

Ⅴ. 營造物規則의 法的 性質

영조물주체의 권능과 관련하여 특히 문제가 되는 것이 영조물주체의 영조물규칙의 제정권 및 영조물규칙의 법적 성질의 문제이다. 전통적인 특별권력관계이론이 비판을 받으면서 특별행정법관계구성원의 법적 지위(권리·의무)에 관계되는 행정규칙은 법규로서 보아야 한다는 입장에서 이를 특별명령으로 부르기도 하지만, 독일의 지배적인 견해는 행정기관에 의한 법령제정권은 법률로써 근거가 주어져야 한다는 독일기본법 제80조 제1항에 의거, 특별명령은 인정될 수 없다고 하며, 독일의 판례도 같은 입장이다.

Ⅵ. 營造物利用關係의 終了

영조물이용관계의 종료는 이용목적의 달성(전염병의 완치나 학교의 졸업), 이용자에 의한 임의적 탈퇴(자진퇴학), 이용관계로부터 임의적 배제(퇴학처분),

영조물의 폐지(폐교) 등이 그 원인이 된다.

제3관 公企業法

제1항 公企業

Ⅰ. 公企業의 概念과 種類

1. 公企業의 概念

공기업은 사기업에 대비되는 의미에서 사용되는 용어로서 학문상의 용어이고 실정법상의 용어는 아니다. 학자들의 공기업 정의를 위한 많은 노력에도 불구하고 아직 견해의 일치를 보지 못하고 있다. 현재까지의 공기업의 개념에 관한 주요학설을 보면 ① 주체만을 표준으로 하는 견해(광의의 공기업), ② 주체와 목적을 표준으로 하는 견해(협의의 공기업), ③ 주체·목적 및 수익성을 표준으로 하는 견해(최협의의 공기업)가 있다. 다수설인 최협의의 견해에 의하면 "국가 또는 지방자치단체가 직접적으로 사회적 공공복리를 위하여 경영하는 기업"을 공기업이라 한다.

2. 公企業의 種類

(1) 經營主體에 의한 分類

1) 國營企業

국가가 자기의 경제적 부담에 의하여 스스로 관리·경영하는 기업을 말하며, 국영사업 또는 정부기업이라고도 한다. 철도사업·우편사업 등이 이에 속한다.

2) 公營企業(地方公企業)

지방자치단체가 직접 설치·경영하는 기업(지방직영기업)과 법인을 설립하여 경영하는 기업(지방공사·지방공단)을 말한다. 지방직영기업에는 수도사업·공업용수도사업·궤도사업·자동차운수사업·지방도로사업·하수도사업·

주택사업·토지개발사업·의료사업 등이 있다(지방공기업법 제2조 제1항).

3) 國營公費企業·公營國費企業

국가와 지방자치단체와의 협력에 의하여 행해지는 공기업을 말한다. 국영공기업은 지방자치단체가 그 경비를 부담(전부 또는 일부)하고, 국가가 경영하는 공기업을 말하며, 공영국비기업이란 국가의 경비부담(전부 또는 일부)에 의하여 지방자치단체가 경영하는 사업을 말한다.

4) 特殊法人企業

국가 또는 지방자치단체가 설립하여 관리·경영하는 법인체기업을 말한다. 당해 사업의 실질적 경영주체는 국가 또는 지방자치단체이지만, 행정조직에 따르는 인사·예산·회계 등의 엄격한 제한을 배제하고 경영의 능률을 제고하기 위하여 특수법인을 설립하여 사업을 경영하게 하는 것이다.

(2) 獨占權의 有無에 관한 分類

1) 獨占公企業

국가 등 행정주체가 당해 기업 경영에 관하여 법률상 독점권을 가지고 있는 공기업을 말한다. 법률상 독점권이 인정되지 아니하였으나 사실상 독점적으로 경영되고 있는 기업도 이에 포함시키는 견해도 있다. 여기서 독점사업은 직접 사회공공의 이익을 위한 사업이라는 점에서 재정적 수입을 위한 전매사업 등과는 다르다.

2) 非獨占公企業

위의 독점기업이외의 공기업이 이에 해당한다. 그러나 비독점기업이라 하더라도 국영철도사업이나 원자력발전사업 등과 같이 사업상독점(자연독점)사업이 행해지는 경우가 있다.

(3) 獨立性의 有無에 의한 分類

1) 非獨立的 企業

공기업이 국가나 지방자치단체의 행정조직(기관)에 의하여 직접 경영되며 독립한 법인격을 가지지 않는 기업을 말한다. 지식경제부에 의하여 운영되는 우편사업이나 철도청에 의하여 운영되는 철도사업 등이 그 예이다.

2) 獨立的 企業

국가나 지방자치단체로부터 일반행정조직의 계열에서 분리된 법인체기업을 말한다. 한국전기통신공사·한국방송공사 등 과거에는 비독립적 기업으로 운영되던 것이 독립적 기업으로 전환하는 예가 많이 있는데, 이는 비독립적 기업의 인사·예산·회계상의 제약을 벗어나 능률적·탄력적 기업경영을 하기 위한 것이 그 동기가 되고 있다.

(4) 投資의 直·間接에 의한 分類

1) 直接投資企業

정부가 자본금의 전액이나 2분의 1이상을 출자한 법인체기업은 이른바 정부투자기관기업이 대체로 이에 해당한다.

2) 間接投資企業

정부투자기관이 다시 투자한 기업을 말한다. 한국산업은행이 출자한 성업공사, 농수산물유통공사가 출자한 한국냉장·한국물산 등의 이에 해당한다.

Ⅱ. 公企業의 特殊性

공기업은 국가 등 행정주체가 공공의 복리증진과 공익추구를 위하여 설립·운영하는 기업이므로 당연히 사기업과 다른 특수성이 인정된다. 공기업은 그 조직·개설·경영·이용관계 등에 있어 특수한 공법적 규율을 받고 있으므로 그 한도 내에서 공법적 특성을 보여준다. 그러나 그러한 특별한 규정이 없으면 동종의 사기업과 마찬가지로 사법규정 및 사법원리가 적용된다.

1. 公企業의 開設

(1) 國營企業의 開設

국영기업의 개설은 반드시 법률의 수권은 필요하지 않지만, 최소한 정부조직법(제4조)에 정해져있는 대로 대통령령에 근거함을 요한다. 다만 독점기업으로서의 국영기업의 개설에 있어서는 법률의 근거가 필요하다. 국영기업은 개인의 동종기업의 경영을 금지하는 효과를 발생시키기 때문이며, 국영공비기업의 개설에 있어서는 그것이 지방자치단체에 부담을 주기 때문이다.

(2) 公營企業의 開設

지방자치단체는 주민의 복리증진과 사업의 효율적 수행을 위하여 지방공기업을 설치·운영할 수 있는바(지방자치법 제146조), 지방공기업의 설치·운영에 관한 기본사항은 조례로 정하도록 하고 있다(지방공기업법 제5조).

(3) 特殊法人企業의 開設

특별법(한국전력공사법·한국토지공사법 등)에 의해 설치되어 있는 것이 대부분이며, 상법상의 주식회사에 대한 정부의 투자형식으로 개설하는 예도 있다(한국감정원). 한편 지방자치단체가 지방공사나 지방공단을 설립하고자 할 경우 그 설립·업무운영에 관한 기본적인 사항을 조례로 정하도록 하고 있다.

(4) 公企業의 活動에 대한 法的 限界

헌법의 기본원리로서 대체로 민주국가원리·법치국가원리·사회국가원리 등을 들 수 있다. 따라서 국가나 지방자치단체의 모든 활동은 이러한 기본원리에 위배할 수 없음은 물론, 그 분신이라 할 수 있는 공기업의 경제활동도 이들 헌법원리의 테두리 내에서 가능하다고 할 수 있다. 각 공기업이 그 설립근거가 되는 법률·조례에 위배될 수 없음은 물론, 평등의 원칙 등 헌법상의 기본권조항에 의한 제약을 받는다. 따라서 공기업에 대한 여러 가지 형태의 통제가 행해지는 사실은 이러한 각도에서 이해될 수 있는 일이다.

2. 公企業의 組織·經營

(1) 組織·人事管理

공기업 중 국영기업 및 공영기업은 국가나 지방자치단체가 직접 설립하여 운영하는 공기업이므로 조직법상으로 독립성이 없으며 국가나 지방자치단체의 관할 행정청의 조직으로 존재한다. 구성원의 인사관리에 있어서도 공무원의 신분을 가지며 따라서 그의 임용·복무·보수 등에 있어 국가공무원법 또는 지방공무원법 등의 적용을 받는다.

(2) 公企業의 財務管理(豫算會計)

1) 國營企業 및 公營企業

국영기업 및 공영기업 중 지방자치단체가 직접 설치·경영하는 지방직영기업의 경우에는 조직법상 독립적 성격이 인정되지 않지만 재정적으로는 상당한 정도의 독립성과 자율성이 인정된다. 이것은 공기업의 경영능력을 제고하기 위하여 인정되는 제도적 장치이다.

국영기업의 경우에 예를 들면, '우정사업운영에관한특례법'에 의하여 기획예산처장관은 예산회계법의 규정(제25조 제2항)에 의한 예산안편성지침을 작성할 때에 지식경제부장관의 의견을 들어 우정사업의 기업적 특수성을 반영하도록 하고 있다(동법 제12조).

지방공기업법상 지방직영기업의 경우에도 각 사업마다 특별회계를 설치하여야 하며(동법 제13조), 지방직영기업의 특별회계에 있어서 그 경비는 당해기업의 수입으로 충당하는 독립채산제를 택하고 있다(동법 제14조 제1항).

2) 特殊法人體企業

정부투자기관의 회계년도는 정부의 회계연도에 의하며, 회계 및 재정운영의 원칙은 국영기업이나 공영기업에 비하여 더욱 기업회계의 원칙에 가깝도록 운영되어야 한다. 따라서 정부투자기관의 회계는 경영성과와 재산의 증감·변동상태를 명백히 표시하기 위하여 기업회계원칙에 따라 처리한다(정부투자기관관리기본법 제19조·제20조 참조). 지방공기업법에 의한 지방공사의 경우에도 이와 같은 재무회계의 원칙에 따라야 한다(지방공기업법 제64조 이하 참조).

(3) 公企業의 經營管理

행정청형 기업(비독립적 기업)의 경우 일반행정조직에 의하여 직접 경영되기 때문에 그 경영관리의 방식은 일반행정의 운영방식과 크게 다르지 않다. 그러므로 공기업의 경영관리에 관하여 중요한 의미를 가지는 것은 특수법인기업의 경영에 관해서 이다.

정부투자기관관리기본법은 정부투자기관의 책임경영체제의 확립을 위하여 그들의 자율적 운영을 보장한다고 규정하고 있으나(동법 제3조), 당해사업의 공익성 및 정부투자기관은 넓은 의미에서는 행정조직의 일부를 구성한다는 사실에 기인하여 그 경영에 대하여 정부의 일정한 관여절차가 규정되어 있다.

지방공기업(지방공사·지방공단)에 관하여 보면, 지방공기업도 항상 기업의 경제성과 공공복리를 증대하도록 운영하여야 하는바, 그 업무 및 운영에 관한 기본적인 사항은 조례로 정하도록 되어있다(지방공기업법 제3조·제49조 제2항 참조).

Ⅲ. 公企業의 保護와 監督

1. 公企業의 保護

(1) 獨占權의 認定

일정한 공기업에 대해서는 이를 보호하기 위하여 그 경영에 관하여 법률상 독점권을 인정하고 있는바, 우편사업의 국가에 의한 독점(우편법 제2조)이 그 예이다.

(2) 公用負擔特權

공기업은 공공의 복리증진을 위한 공익사업을 수행하는 주체이고, 공기업에게 사업의 원활한 수행이 보장되어야 하므로 타인의 토지의 수용, 출입, 장애물제거 등 특권이 인정된다.

(3) 經濟上의 保護

공기업에 대하여 국가는 필요한 경우 다양한 경제상의 특전을 부여하고 있다. 자금의 융자, 사채의 인수, 외국차관의 도입, 사채의 상환보증을 하고, 보조금의 교부, 국유재산의 무상대부 등이 이루어진다. 또한 세제상의 특전을 부여하고 있는바, 비과세·조세감면 등이 그 예이다. 예컨대 조세특례제한법에 의하여 한국도로공사·농업·대한주택공사·한국토지공사 등이 토지의 양도 등으로 발생하는 소득에 대해서는 양도소득세를 감면하기도 한다(동법 제78조 제1항 제5호·제6호·제7호·제8호).

(4) 强制徵收權

공기업에 관한 역무·재화의 공급의 대가로서 수수료·사용료의 체납에 대하여는 강제징수권이 인정되는 예(수도법 제68조·우편법 제24조)가 적지 않다. 이러한 권능이 부여되는 것은 공기업의 원활한 수행을 보장하기 위하여 공기업이용자가 수수료·사용료 등을 납부하지 않는 경우에 국가나 지방자치단체에 준하여 강제징수권이 인정된다.

(5) 警察上 保護

공기업의 관리·경영에 부수하여 질서유지·위해방지를 위해 법률이 공기업관리기관에 경찰권을 부여하는 경우가 있다(고속국도법 제9조, 사법경찰관리의집무를행할자와그직무범위에관한법률 제6조 제9호).

(6) 刑事上 保護(公企業罰)

공기업의 안전·확실한 경영을 확보하기 위하여 공기업의 활동과 기능을 방해하는 자가 있는 경우에 특별한 형사상의 제재를 과하는 경우가 있는바, 이를 공기업벌이라 한다. 공기업벌을 공기업형벌과 공기업질서벌로 크게 나누어 볼 수 있다. 예를 들어 우편법은 우편사업의 독점권을 침해한자에 대하여 3년이하의 징역 또는 1천만이하의 벌금에 처하도록 하고 있다(동법 제46조 제1항). 또한 대부분의 정부투자기관 형태의 공기업과 관련된 법규에서는 공기업의 유사명칭의 사용을 금하고 이에 위반하는 경우 과태료에 처하도록 규정하고 있다(한국토지주택공사법 제29조 제1항).

공기업벌은 내용적으로 보면 ① 외부로부터의 침해에 대해 과하는 것(기업독점권침해, 기업용 물건의 손괴 등에 대한 처벌), ② 기업자 자신의 의무위반에 대한 처벌(기업경영상의 의무위반, 이용거부 등), ③ 공기업 이용자의 의무위반에 대한 처벌 등 세 가지 유형이 있다.

2. 公企業의 監督

(1) 行政廳에 의한 監督

공기업에 대한 직접적인 감독은 행정청에 의해 행하여지는데, 그것은 다시 주무부장관에 의한 감독·기획예산처장관에 의한 감독·감사원에 의한 것으로 나누어진다.

(2) 國會에 의한 監督

공기업은 넓은 의미의 행정작용에 포함된다고 볼 수 있고, 독립법인으로서의 정부투자기관은 그 자본금의 전부 또는 일부가 정부에 의해 출연되고 있기 때문에 국회에 의한 감독이 필요하다.

(3) 法院에 의한 監督

공기업에 관련된 사건이 법원의 재판대상으로 되는 경우 법원이 간접적으로 공기업에 대하여 영향을 미친다. 즉 공기업의 이용관계에 있어 특정처분이 위법임을 이유로 행정소송이 제기되는 경우 이를 취소할 수 있으며, 또한 선결문제심리방식에 의하여 공기업관계법률이 헌법에 위배되는 여부가 재판의 전제로 되는 경우 법원이 위헌법률심사제청을 하거나 관계명령(위임명령·집행명령)이 헌법이나 법률에 위반되는 여부가 재판의 전제로 되는 경우 대법원이 이를 최종적으로 심사할 수 있는 위헌·위법심사권을 가지고 있다(헌법 제107조).

Ⅳ. 公企業의 利用關係

1. 公企業利用關係의 意義와 種類

국민이 공기업으로부터 역무·재화를 공급받거나 그 설비를 이용하는 권리의무관계, 즉 법률관계를 가리켜 공기업이용관계라고 한다. 그러므로 공기업이용관계에서 이용자는 어떤 권리는 어떤 종류와 내용을 가지며 공기업주체는 이용자에 대하여 어떠한 권리를 행사하고 의무를 부담하는 것인가 등이 핵심문제로 제기된다.

공기업이용관계는 일시적 이용관계와 계속적 이용관계로 나눌 수 있다. ① 일시적 이용관계는 예컨대 종묘 등의 분양, 석탄의 매매, 철도의 승차 등과 같이 일시적으로 재화를 공급하거나 역무를 이용하는 관계이다. ② 계속적 이용관계는 도시가스나 수도를 가설하여 이용한다든가 국민주택에 이주한다든가 하는 식으로 이용관계가 장기간 계속되는 경우를 의미한다.

2. 公企業利用關係의 性質

공기업이용관계의 법적 성질이 사법관계인가 공법관계인가가 문제되고, 이에 따라 당해 법률관계에 적용될 적용법규·재판관할 등이 결정된다.

우리나라는 공·사법의 이원적 구조를 취하고 있는 법체계를 가지고 있으므로 공기업이용관계를 공법관계로 볼 경우 공법법규·행정법의 일반법원칙 등 적용법원리, 행정쟁송의 방법에 의한 재판관할 등이 있게 될 것이고, 사법관계로 볼 경우 민법 등 사법법규·사법원리와 민사소송의 방법에 의한 재판관할 등이 있게 된다.

(1) 學說

공기업이용관계의 성질에 관하여는 ① 공법관계설, ② 사법관계설, ③ 단체법적 사회법관계설, ④ 특별사법설(공·사법 구별부정론의 견해) 등이 있으나, 공기업이용관계는 그 이용관계의 실질은 사기업의 이용관계와 다른바 없으므로 사법관계로 보는 것이 원칙이며, 예외적으로 공법관계로 보아야 할 실정법상 명문의 규정이 있거나, 명문규정이 없더라도 실정법전체의 합리적 해석에 의하여 공법관계로 규율할 필요가 인정될 때에만 공법관계로 보아야 한다는 것이 통설의 견해이며 판례의 경향이다.

(2) 具體的 判斷基準

1) 一般的으로 私法關係

공기업이용관계는 일반적으로 사법관계이며, 사법원리가 적용되고 이에 관한 법률상의 분쟁은 민사소송에 의한다. 다만, 이용조건은 대체로 획일적으로 결정되기 때문에(법령·조례·약관 등에 의한 정형화) 기업자와 이용자간의 계약은 부합계약의 형태를 띠게 될 경우가 많다.

2) 例外的으로 公法關係

공기업의 공익성을 유지하기 위하여 예외적으로 공법관계로 보아야 할 경우도 있다. 예컨대 지방자치단체가 임대주택을 건설하여 임대하는 관계는 사법관계(사법상 계약)이지만 차임의 체납은 지방세체납처분의 예에 의하여 강제징수 할 수 있기 때문에 그 한도 내에서는 공법관계로 볼 수 있다. 공기업의 이용관계가 공법관계로 되기 위해서는 법령에 규정이 있는 경우와, 실정법구조 전체의 합리적 해석에 의한 경우가 있다.

(가) 法令에 規定이 있는 경우

예컨대 체납요금(수도요금 등)에 대한 행정상 강제징수가 인정되는 경우(우편법 제24조·수도법 제68조·주택법 제80조), 행정쟁송의 인정(사용료에 대한 이의신청 등, 지방자치법 제140조) 등의 경우에는 공법관계로 볼 수 있다.

(나) 實定法構造 전체의 合理的 解釋에 의하는 경우

행정법규가 공법관계로 볼 수 있는 특별한 규정을 두고 있지 않더라도 그 이용관계가 순수한 경제적 급부만이 아니라 윤리적 성격을 띠고 있든지(학교·도서관이용관계 등), 경제적 급부관계라 하더라도 공공성이 강하여 사인이 영리사업과는 동일시 할 수 없는 경우(수도사업 등)에는 공법관계로 볼 수 있다.

3. 公企業利用關係의 成立과 消滅

(1) 成立의 類型

1) 合意利用

기업자와 이용자간의 자유로운 의사의 합치에 의하여 이용관계가 성립되는 경우이다. 즉 공기업이용관계의 성립은 원칙적으로 사법상 계약에 의하지만, 계약조건 등이 공기업법령이나 공기업규칙 등에 의하여 획일적으로 규정된 바에 따라 행해지는 부합계약이 대부분이다. 합의이용은 철도이용과 같이 구체적 사실관계가 적시된 명시적 합의가 있고, 우체통에의 우편물투입과 같이 묵시적 합의가 있다.

2) 利用强制(利用이 强制되는 경우)

공기업의 이용관계는 당해 공기업이 독점적 사업권을 가지고 있거나 법률상 이용관계가 강제되는 경우가 있다(공기업의 이용강제). 예컨대 우편사업은 국가만이 함으로써 그 이용이 강제될 수밖에 없으며, 수도·하수도 등은 지방자치단체만이 행하는 사업이므로 그 이용관계가 강제될 수밖에 없다.

(2) 利用關係의 消滅

공기업의 이용관계는 계약의 대상의 의무의 이행(우편물의 배날), 임의석 이용관계의 해지(전화가입의 해지 등), 이용관계에서의 배제(이용조건의 위반으로 인한 계약해지), 공기업활동의 폐지 또는 중지 등으로 인하여 소멸한다.

4. 公企業利用關係의 內容

공기업이용관계는 원칙적으로 공기업주체와 이용자 사이의 합의에 의하여 성립되는 당사자관계이다. 이용관계가 성립되면 그 효과로서 역무(서비스) 또는 재화의 공급을 받고 이용자는 시설을 이용하는 등의 권리를 갖게 되는 반면 이에 상응하는 의무를 부담하게 된다. 공기업주체 역시 역무 또는 재화의 공급에 따르는 여러 가지 권리·의무를 지니게 된다.

(1) 利用者의 權利

1) 公企業利用權

공기업으로부터 역무 또는 재화를 공급받거나 시설물을 이용할 수 있는 이용자의 권리를 공기업이용권이라 한다. 이용자의 이러한 권리에 대응하여 공기업주체는 이용제공의무가 발생한다. 이 권리는 채권적 성질을 가지는 사권이다.

2) 平等한 給付를 받을 權利

헌법은 국민의 평등권을 보장하고 있다(제11조). 헌법상의 평등권·평등원칙은 법령에 명문규정이 있든 없든 구속력이 있으므로 이용자는 공기업주체로부터 평등한 급부를 받을 권리를 가진다. 그 이용관계가 공법관계이든 사법관계이든 평등원칙은 적용된다.

3) 權利保護請求權

공기업주체로부터 이용자는 ① 평등한 급부를 받을 권리, ② 쟁송제기권, ③ 손해배상청구권 등이 인정된다.

(2) 企業主體의 權利

1) 利用條件設定權

공기업의 주체는 공기업이용의 요금·기간·해지 등의 이용조건은 법령·조례로 직접 제정하거나 변경하는 권리를 가진다. 이용조건의 기본적인 사항은 법령·조례로 정하며, 세부적인 사항은 법령·조례의 범위내에서 공기업규칙으로 정하되 주무관청의 인가를 받도록 하는 경우가 대부분이다.

2) 利用許與權

공기업주체는 이용자에게 이용을 허여할 권능을 가진다. 그러나 공급거부사유가 법정되어 있어, 재량이 인정되지 않는다.

3) 利用對價徵收權

① 공기업은 수익성을 그 요소로 하는 기업이므로 기업자는 공기업의 이용대가인 사용료 또는 수수료를 징수할 권리를 가진다.

② 그 근거는 공기업 이용이 이용자의 자유의사에 의하는 경우에는 법령 아닌 공기업규칙으로 징수할 수 있지만, 그 이용이 강제되는 경우에는 법령 또는 조례에 근거가 있어야 징수할 수 있다. 특히 법률상 또는 사실상 국가가 독점하는 사업의 공공요금(철도·우편·전기요금 등)은 물가안정을 위하여 국무회의심의와 대통령의 승인을 얻어 주무부장관이 정하도록 하고 있다(물가안정에관한법률 제4조 제1항).

③ 이용자의 이용대가 불납에 대하여 법이 행정상 강제징수를 인정하고 있는 경우(수도법 제5조, 우편법 제24조)나 부과징수에 대한 불복수단으로 행정상 쟁송을 규정하고 있는 경우(사용료·수수료·부담금의 부과징수에 대한 의의신청 및 행정쟁송에 관하여 규정한 지방자치법 제140조)에는 이용대가징수권은 공권이며 이에 대한 소송도 행정쟁송의 방법에 의한다. 그러나 이러한 특별규정이 없는 경우에는 민사소송에 의한 강제집행절차에 의하여야 할 것이다.

4) 利用關係의 解止·停止權

① 이용자가 관계법령에 위반하거나 이용조건 등을 어긴 경우 등에는 당해 이용자와의 이용관계를 해지하거나 정지할 수 있다. 위법배출시설을 설치한 사업장에 대하여 전기·수도의 공급을 중단하도록 한 것과 같이 이미 성립한 이용관계에 있어서도 공기업의 이용과 관계없는 사유로 이용관계를 해지하거나 정지하게 한 경우가 있다(대기환경보전법 제21조 등).

② 공기업법률은 공기업목적을 달성하기 위하여 예외적으로 관계법률을 위반한 이용자를 처벌할 수 있게 한 경우도 있다.

제2항 特許企業과 特許企業의 特許

Ⅰ. 特許企業

1. 特許企業의 槪念

특허기업이란 사인이 행정청으로부터 특허를 받아 경영하는 공익사업을 말한다. 행정처분에 의하여 설립·경영되는 기업으로서 사기업이므로, 법령에 의하여 직접 설립되는 특수법인(대한주택공사법에 의한 대한주택공사 등)을 특허기업이라 부르는 것은 타당하지 않다. 특허기업은 사기업이기 때문에 국공영공기업이나 특수법인공기업과는 다르다. 공기업은 공익성이 특히 강한 사업을 국가·공공단체가 직접 또는 특수법인을 설립하여 경영하는 것이지만, 특허기업은 이 보다 공익성이 덜한 반면 사익성이 강한 분야에 있어 사인이 직접 경영권을 부여받아 경영하는 기업이다.

2. 特許企業과 다른 企業과의 區別

(1) 特許企業과 特殊法人企業과의 區別

특허기업과 특수법인기업과의 구별이 특히 요구되는바, ① 특수법인기업은 정부가 자본금의 전액 또는 50%이상을 투자한 법인체기업으로서, 원칙적으로 정부투자기관관리기본법 및 지방공기업법의 규율을 받는 공기업이지만, ② 특허기업은 사기업으로서 이러한 법과는 무관하다.

(2) 特許企業과 國·公營企業과의 區別

특허기업은 국영기업, 공영기업과 구별된다. 즉, ① 특허기업은 사인이 경영하는 사기업이나, ② 국영기업은 국가가 경영하는 기업이며, 공기업은 지방자치단체에서 경영하는 기업이다. 또한 국·공영기업은 국가나 지방자치단체의 조직으로 운용되므로 종업원은 공무원의 신분을 가지나, 특허기업은 사기업이므로 행정조직이나 공무원의 신분과는 전혀 관계가 없다.

Ⅱ. 特許企業의 特許

1. 意義

특허기업의 특허란 행정청이 특정한 사인에게 공익사업의 독점적 경영권을 설정해주는 형성적 행정행위를 말하며, 이렇게 하여 성립한 특허기업은 국가나 지방자치단체가 수행하여야 할 사업을 특허기업의 형태를 통하여 대행하므로 그 대상을 주로 공익사업이다.

2. 性質

(1) 包括的 法律關係設定說

이 설은 특정한 공기업경영에 관한 경영권뿐만 아니라 특별한 의무도 함께 포괄적으로 설정해주는 형성적 행위를 특허기업의 특허라고 한다.

(2) 獨占的 經營權設定說

이 설은 공기업경영에 관한 독점적 경영권을 특정인에게 설정해 주는 설권행위라는 견해이다.

(3) 許可說

이 설은 특허기업의 특허와 영업허가와 성질상의 구별을 부정하며, 특허 역시 자유의 회복을 의미하는 허가의 일종으로 보는 입장이다. 그러나 기업경영의 특허와 허가의 차이를 전적으로 부인하는 설은 우리나라에는 존재하지 않는다.

(4) 結語

특허기업은 사기업인 점에서 사인이 행정청의 승인을 받아 경영하는 허가영업과 다르지 않다. 그러나 특허기업은 국민생활에 필수적인 물자·역무를 제공하는 사업임을 이유로 국가의 특별한 보호와 통제를 받는다는 점이 다르다. 그 보호의 핵심은 일정범위 내에서의 사업의 독점적 경영권의 보장이다. 특허사업의 경영은 막대한 설비투자를 요함에도 불구하고 한정된 고객밖에 기대할 수 없기 때문에 독점적 경영권을 보장하는 것이다. 법은 또한 특허기업에 대해 여러 가지 권리와 의무를 부담시키고 있지만 그 핵심은 특허기업자에게 독점적 경영권을 부여한다는 점이다. 그런 의미에서 독점적 경영권설정설이 가장 타당한 견해라고 본다.

Ⅲ. 特許企業과 許可營業과의 區別

1. 類似點

특허기업의 특허나 허가영업의 허가는 ① 모두 행정청에 의한 법률행위적 행정행위이고, ② 수익적 행정행위이고, ③ 상대방의 신청을 요하는 행정행위이고, ④ 특허나 허가없이 경영하면 제재가 가해지기도 하고, ⑤ 요건을 구비한 자에게 경영을 허가하는 등 사전통제를 가하고 취소·정지 등 사후통제 등이 가해지고, ⑥ 허가도 형성적 행위로서의 성질이 있다고 볼 수 있고, 양자 모두 실정법상 명칭이 혼용되기도 한다는 점에서 유사점을 가진다.

2. 差異點

특허기업의 특허와 영업허가는 대상·목적·성질·효과·보호와 통제 등에서 차이점을 드러낸다.

(1) 公益事業·私益事業

특허기업의 특허는 국민생활에 필수적인 재화나 역무를 제공하는 전기·수도·가스 등 공급사업, 운송사업과 같은 공익사업이 그 주요대상이 되고 있는 반면, 영업허가의 대상이 되는 사업은 먹고·마시고·놀고·쉬는 일 등과 관련되는 것이다. 식품위생법상의 허가대상이 되는 업종(식품접객업, 유흥주점영업 등), 관광진흥법상의 허가 또는 등록이 되는 업종(관광숙박업, 카지노업, 유원지시설업 등)이 그 대표적 예이다.

그러나 양자의 구분이 명백한 것은 아니나 대체로 공공성이 큰 것이 특허기업의 특허의 대상이 된다고 보아야 하고, 종국적으로는 국가의 입법정책여하에 따라 판단될 성질의 문제이다.

(2) 積極目的・消極目的

특허기업의 특허는 적극적으로 공공의 복리증진을 목적으로 하나, 경찰상의 영업허가는 소극적으로 공공의 안녕・질서유지를 목적으로 한다. 따라서 허가영업에 대해서는 그것이 공공의 안녕질서에 위해를 가져오지 않는 한 행정권은 개입하지 않는데 대하여, 특허기업에 대해서는 적극목적을 위한 개입이 행해진다.

(3) 裁量行爲・羈束行爲

특허기업의 특허 또는 그 거부는 행정청의 재량행위에 속하고 영업의 허가 또는 거부는 기속행위에 속한다. 그런데 종래의 일반적 견해와 판례의 태도는 재량행위를 다시 자유재량(공익재량)과 기속재량(법규재량)으로 나누고, 특허기업의 특허는 자유재량에 속하고 영업의 허가는 기속재량에 속한다고 하였다.

(4) 要件上의 差異

특허기업의 특허에 있어서는 목적과 공익성과 사업능력 등이 요구되지만, 영업허가에 있어서는 허가요건으로 일정한 자격이나 시설기준이 요구됨으로써 비교적 그것이 명확한 것이 보통이다. 이에 대하여 특허기업의 특허에 관하여는 그의 요건에 관하여 법이 불확정개념을 사용함으로써 판단여지가 인정될 가능성이 많다. 예컨대 특허기업의 특허에 관하여 법은 수급이 적합할 것, 사업자가 사업에 필요한 능력을 가질 것 등을 규정하고 있는바(해운업법 제5조・도시가스사업법 제3조 등), 그러한 요건충족여부의 판단에는 정책적 고려, 전문・기술적 판단 등이 소요됨으로써 행정청의 판단에 대하여 사법심사가 억제된다. 이와 같이 특허기업의 특허에 있어서는 영업허가에 비하여 상대적으로 판단여지가 인정될 가능성이 많다 하겠다.

(5) 保護・監督上의 差異

특허기업에 대해서는 법령상 각종의 보호조치가 규정되고, 그에 대한 국가의 특별한 감독수단이 규정되어 있다. 이에 대하여 허가영업의 경우에는 경찰상 위해를 가져오지 아니하는 한 국가의 개입은 없고, 동시에 국가에 의한 보호나 특권의 부여도 없는 것이 일반적이다.

3. 特許企業의 特許의 形式

특허기업의 특허에 관해서 법규특허와 특허처분의 2가지 형식을 인정하는 이원설이 있고, 특허처분만을 특허기업의 특허로서 인정하는 일원설(다수설)의 입장이 있다. 한국은행법에 의한 한국은행의 설립·대한석탄공사법에 의한 대한석탄공사의 설립이 법규특허의 예이다.

① 일원설의 입장에서는 이른바 법규특허는 국가가 그 분신으로 독립법인인 정부투자기관을 설립하고, 이것을 통하여 적극적으로 경제적·후생적 활동에 참가하는 형식으로 이해하고 있기 때문에 국가·지방자치단체의 정부투자기관과 같은 특수법인기업의 설립은 국영기업·공영기업의 설립과 같은 의미를 가진다. ② 이에 대하여 사인(사법인포함)에 대한 특허기업의 특허는 국가가 시민사회의 경제에 개입하는 의미를 가지며, 오히려 사인에 대한 영업허가에 가까운 성격을 지닌다. 특허기업에는 정부투자기관관리기본법·지방공기업법 등이 적용되지 않는 것은 특수법인기업(법규특허의 형식에 의한)과 특허기업의 그러한 차이를 들어내는 것이다. 따라서 특허는 출원에 의한 행정행위(행정처분)의 성질을 가지는 것이며, 특허에는 특허명령서를 통한 부관을 붙이는 것이 보통이다.

Ⅳ. 特許企業의 法律關係

1. 特許企業의 權利와 特權

(1) 獨占的 經營權

특허기업자는 일정한 사업구역 내에서 완전히 독점권을 가지거나, 복수의 사업자와 함께 어느 정도의 독점적 경영권을 가지게 된다. 예컨대, 자동차·선박·항공운수사업 등의 경우 법률은 당해 구역·노선에서의 승객의 수요와 공급간에 균형이 유지될 것을 특허의 조건으로 규정하고 있기 때문에 많은 사업자에게 특허를 할 수 없도록 강제되어 있는 결과로서 그런 경영상의 이익을 향유하는 것이라 할 것이다.

이와 같이 특허기업에 있어서는 법이 그 특허의 기준의 하나로서 수급적합의 원리를 정하고 있으므로, 행정청은 적어도 과당경쟁으로 인한 특허기업자의 수지악화를 방지해야 할 의무가 있다. 따라서 만일 신규업자에 대해 동종의 특허기업의 특허를 부여함으로써 기존업자의 수지악화를 초래하게 되면, 기존업자는 법률상의 이익침해를 이유로 취소소송을 제기할 수 있는 것이다.

(2) 其他의 特權

1) 公用負擔特權

공용부담특권이란 본래 국가 등이 공공필요를 위하여 타인에게 강제적으로 경제적 부담을 과할 수 있는 힘을 말한다. 개별법(전기사업법 제87조~제89조)이나 일반법(토지보상법)에 의하여 타인의 토지를 수용·사용하거나 출입 또는 장애물제거 등을 할 수 있는 권리가 특허기업자에게 부여되는 경우가 많다.

2) 公物使用權

사업을 위해 필요한 경우에는 도로 등 공물을 사용할 수 있는 권리가 인정되는 경우가 많다. 물론 특허기업자에게는 공물사용권이 당연히 부여되는 것은 아니며 법령의 규정에서 정한 바에 따라서 그 내용이 결정된다. 이러한 특허기업자의 공물사용권은 공공의 목적을 위한 것이므로 공물관리자는 합리적인 이유가 없는 한 공물사용신청을 거부할 수 없다(도로법 제39조).

3) 經濟上의 保護

특허기업자에게는 그 사업의 원활한 수행을 위하여 각종의 경제상의 보호·특전이 부여되기도 한다. 그 중요한 수단으로는 면세, 보조금교부, 국공유지의 무상대부나 양여, 정부출자 등을 들 수 있다.

4) 行政罰에 의한 保護

특허기업에 대해서도 공기업의 경우와 같이 일정한 벌칙에 의하여 특허기업을 방해하거나 그의 시설을 파괴하는 자를 처벌하게 함으로써 그 기업경영을 보호하는 경우가 있다(도시가스사업법 제49조 등).

2. 特許企業者의 義務와 負擔

(1) 企業經營義務

1) 企業開始義務

특허기업자에게는 일정한 기간 안에 사업을 개시할 의무가 부과됨이 보통이다(전기사업법 제9조, 도시가스사업법 제5조). 이 의무를 이행하지 않을 경우에는 특허의 효력은 상실되거나 취소될 수 있다(전기사업법 제12조 제1항 제1호).

2) 企業施行義務

특허기업자는 일단 사업을 개시한 이상, 그 사업을 계속적으로 시행할 의무를 지며, 특허를 해준 행정청에 신고 없이는 사업을 휴지 또는 폐지할 수 없도록 하고 있다(전기사업법 제14조).

3) 利用提供義務

특허기업은 국민의 일상생활에 필수적인 재화나 역무를 제공하는 사업이므로, 계속적으로 제공할 의무를 지며, 정당한 이유없이 이용제공을 거절하지 못하며, 동시에 이용자를 차별해서는 안된다(수도법 제39조, 전기사업법 제20조 등 참조).

(2) 指示·監督을 받을 義務

특허기업은 그 사업의 공익성으로 인하여 국가 또는 지방자치단체의 특별한 지휘·감독을 받는다. 종래의 특별관계에 있어서는 법률의 근거 없이도 행정기관이 특허기업자를 지휘·감독할 수 있는 것으로 보는 경향이 있었다. 그러나 오늘날은 행정주체의 특허기업에 대한 감독은 허가영업에 비하여 여러 가지 적극적인 감독을 받지만 법률유보의 원칙이 적용되는 것으로 보아야 한다.

1) 企業의 監視

감독행정청은 특허기업의 사업의 감시를 위하여 신고·보고를 받거나 서류의 제출을 명하거나 또는 감독상 필요한 경우에는 임검·검사를 행하는 경우가 있다(수도법 제62조, 전기사업법 제80조 등)

2) 企業의 物的基礎에 대한 監督

특허기업자가 사업을 양도·양수하는 경우 감독행정청에게 신고하도록 한다든지, 공익상필요에 의해 사업의 조정이나 통·폐합을 명하고, 기타 물적시설에 대한 감독을 행한다(도시가스사업법 제9조 등).

3) 企業活動에 대한 監督

① 특허기업의 사업계획이나 사업계획의 변경에 대한 주무관청의 인가, 공익상의 이유로 사업계획의 변경을 포함하여 사업개선을 명할 수 있고, 공급조건·수송조건에 대한 주무관청의 인가가 요구되는 등 기업활동에 대한 다양한 감독이 행해지고 있다(도시가스사업법 제24조 등). 또한 ② 특허기업자가 법령·특허명령서에서 정한 의무를 위반하거나 공익을 해하는 사유가 있을 때에는 처벌, 사업의 정지·변경, 기업의 강제관리, 특허의 철회 등을 규정하고 있는 경우가 많다(도시가스사업법 제40조의3 등).

(3) 特許企業者의 負擔

특허기업은 당해 사업의 공공성으로 인하여 법은 특허기업자에게 허가사업에서는 보기 어려운 여러 가지 부담을 지우고 있는바, 그 중요한 것은 다음과 같다.

1) 企業物件의 不融通性

특허기업자의 사업에 사용되는 토지·물건은 공법상 그 융통성이 제한된다. 즉 사업의 양도·양수·합병에 있어 주무관청의 인가를 받도록 하고 있는 것은 특허기업에 제공되어 있는 물건의 융통성이 제한 받고 있음을 의미한다.

2) 特別負擔

특별부담이란 보통 국가·공공단체 또는 제3자를 위하여 명령이나 특별명령서에 의하여 특허기업자에게 과해지는 부담이다. 예컨대 저렴한 요금으로 수돗물을 공급할 의무(수도법 제11조 제2항), 다른 동종의 기업자를 위하여 기업설비를 공용할 의무(궤도운송법 제10조) 등의 특별한 의무가 부과되는 경우가 그 예이다.

3) 特權料의 給付義務

특권료 또는 특허료란 특허기업자가 독점적 이익을 누리는 대가로 국가에 지급하는 금전을 말하는 것으로서, 법률 또는 특허명령서에 근거하여 납부하게 된다.

4) 買收에 응할 義務

법률 또는 특허명령서를 통하여 국가 또는 지방자치단체는 특허기업에 대하여 매수를 요구할 수 있고 특허기업자는 이에 응할 의무가 부과될 수도 있다.

V. 特許企業의 移轉·委託·終了

1. 特許企業의 移轉

특허기업의 이전이란 특허기업자가 그 기업경영권을 타인에게 이전하는 것을 말한다. 양도·합병이 대표적 예이며, 상속도 이에 포함시킬 수 있다. 특허기업의 특허에 수급적합의 원칙, 경영능력 등 많은 요건이 요구되고 있는 것처럼, 특허기업의 양도나 합병에 있어서도 특허에 필요한 요건충족이 필요하다고 보지 않으면 안된다. 법이 특허기업의 양도·양수나 합병을 대부분 인가사항으로 정하고 있는 이유가 여기에 있다(도시가스사업법 제7조, 전기사업법 제10조 참조).

2. 特許企業의 委託

특허기업의 기업경영권은 특허기업자가 가지고 있으면서도 그 실제적 경영·관리만을 타인에게 위탁하는 경우를 특허기업의 위탁이라 한다. 특허기업의 경영은 권리인 동시에 의무로서의 성질이 있기 때문에 특허기업의 위탁은 원칙적으로 허용되지 않는다고 보아야 한다. 그러나 법은 예외적으로 특허권자에게 정상적인 경영을 기대하기 어렵거나 보다 효율적인 기업의 경영을 위하여 타인에게 위탁(위임)을 인정하고 있다. 현행법상으로는 여객자동차운수사업을 임의위탁할 경우에 주무관청에 신고하도록 한 예가 있을 뿐이며(여객자동차운수사업법 제14조), 강제관리의 예는 없다.

3. 特許企業의 終了

특허기업은 원칙적으로 사기업이므로 법령에 의한 소정의 절차를 밟아서 언제든지 자유롭게 사업을 종료할 수 있다. 그러나 특허기업이 수행하는 공익적 목적을 고려하여 특허기업자는 사업을 계속해야 할 의무를 지고 있음은 앞에서 본 바와 같다. 특허기업의 종료사유에는 기업자의 임의적 의사에 의하는 임의종료(폐지·해산)와 법정종료(특허의 실효·특허기간의 만료·특허의 철회)가 있다. 임의종료를 하고자 하는 경우에는 주무관청에 신고하게 하거나 그 인가를 요하게 하는 경우가 있다(도시가스사업법 제8조 등).

제3절 社會保障行政法

Ⅰ. 概說

1. 社會保障行政의 概念

헌법은 제34조에서 '사회보장 등'이라는 제목하에 제1항은 「모든 국민은 인간다운 생활을 가진다」라고 하여 국민의 생존권을 규정하고 있고, 제2항은 「국가는 사회보장·사회복지의 증진에 노력할 의무를 진다」고 규정하였다. 이에 기초하여 사회보장기본법은 사회보장에 관한 국민의 권리와 국가 및 지방자치단체의 책임을 정하고 또한 사회보장의 이념과 개념 및 사회보장제도에 관한 기본적인 사항을 정하고 있다.

이러한 기본이념을 바탕으로 하여 사회보장의 개념을 정의하면, 행정주체가 질병·장애·실업·노령 등의 사회적 위험으로부터 국민을 보호하고 국민생활의 질을 향상시킴으로써 공공복리를 증진하기 위해 행하는 공적부조·사회보험·사회복지·공중위생 등의 급부행정작용을 말한다(동법 제3조 참조).

2. 社會保障行政의 法的 根據

사회보장행정의 헌법적 근거로는 인간다운 생활을 할 권리 및 생활보호를 받을 권리, 교육의 권리, 노동3권, 환경권, 가족생활과 보건을 보호받을 권리 등이 있으며, 이에 근거한 법률로는 기본법인 사회보장기본법을 비롯하여, 국민기초생활보호법, 근로기준법, 직업안정및고용촉진에관한법률, 산업재해보상보험법, 국민건강보험법, 아동복지법, 노인복지법, 국민연금법및국가유공자예우등에관한법률 등이 있다.

Ⅱ. 社會保障의 手段(行爲形式)

1. 形成的 行政行爲에 의한 경우

국민기초생활보장법에 의한 생계급여 등 각종 급여의 지급결정처분은 단순히 준법률행위적 행정행위의 일종으로서의 확인행위가 아니라 상대방의 재산·건강상태 등을 판단자료로 하여 보호를 받을 수 있는 권리를 창설해주는 일종의 형성적 행정행위라 할 것이다. 이 경우 급부주체와 수급자와의 관계는 단순한 당사자관계가 아니고 일종의 고권적 법률관계라 할 것이다. 따라서 결정에 의한 급부금액 등에 불복이 있는 경우에도 권리주체인 국가에 대하여 그 증액을 구하는 당사자소송을 제기할 수 없고 급부결정의 취소·변경을 구하는 항고소송을 제기하여야 한다. 그러나 이 방법으로는 실제문제로서 취소판결이 있는 경우에도 보장기관 등의 적극적인 행위가 없는 한 수급자가 구하는 급부내용은 실현되지 못하므로, 입법론으로서는 실효성있는 구제수단을 마련할 필요가 있다.

2. 確認的 行政行爲에 의하는 경우

급부의 수급자격과 급부금액 등에 대해서는 법률의 규정에 의하여 직접 발생하는 것이지만, 급부주체와 상대방간의 분쟁을 방지하고 급부의 법적 확실성을 보장하기 위하여 준법률행위적 행정행위의 일종인 확인행위를 개재시키는 경우가 있다(예, 국민연금급여, 공무원연금급여, 국가유공자에 대한 급여 등). 여기서 관계 행정청의 결정 또는 재정 등은 형성적 행위가 아니고 확인행위라고 볼 것이다. 이들 확인처분이 있어야 수급자는 급부청구권을 행사할 수 있다. 따라서 급부청구권이나 보험관계는 확인을 받지 아니하면 발생하지 아니하므로 확인신청이 각하 되거나 확인내용에 불복이 있을 때에는 먼저 항고쟁송의 수단에 의해야 하며, 보험자를 피고로 하여 직접 급부소송을 제기하거나 일정한 지위의 확인을 구하는 소송을 제기하는 것은 허용되지 않는다.

3. 일정한 法律事實의 발생으로 당연히 形成되는 경우

일정한 법률사실이 발생함으로써 당연히 (대등한)당사자간의 법률관계가 발생하는 보다 철저한 당사자관계적 구성에서 나타나는 행위형식이다. 예컨대 산업보상보험급여·자동차손해배상급여 등과 같이 일정한 산업재해나 자동차 사고의 발생이라는 법률사실이 있으면 당연히 구체적인 급부청구권이 발생하며, 확인행위 기타의 행정처분을 필요로 하지 아니한다. 따라서 이에 관한 분쟁은 민사소송이나 공법상 당사자소송에 의하여 바로 급부소송을 제기할 수 있다.

Ⅲ. 社會保障의 領域

사회보장의 영역은 나라마다 다르며, 또한 이론적으로도 논자에 따라 다르게 파악되고 있다. 우리 사회보장기본법상의 사회보장의 영역으로 사회보험·공공부조·사회복지서비스 및 관련 복지제도가 있다. 이에 관하여는 검토하면 다음과 같다.

1. 社會保險

사회보험이란 국민에게 발생하는 질병·노령·재해 등의 사회적 위험에 대비하기 위하여 본인이 평소에 납부한 보험료 등을 재원으로 하여 일정한 급여를 지급하는 것을 말한다. 이러한 사회보험은 사회보장제도의 근간을 이루는 것이다. 사회보험으로는 국민연금보험, 국민건강보험, 산업재해보험 및 고용보험 등이 있다. 이를 흔히 국민의 4대 보험이라 한다.

2. 公共扶助

(1) 意義

공적부조 또는 공공부조란 신체장애·노령·질병 등으로 인하여 생활유지능력이 없거나 생활이 어려운 자에게 국가 또는 지방자치단체가 그들의 최저

생활을 보장하고 자립을 지원하는 제도이다. 공적부조는 국가 또는 지방자치단체가 최종적인 생활보장수단으로서 보험료납부를 요건으로 하지 아니하고 최저생활에 필요한 급여를 행하는 점에서 사회보험과 구별된다. 공공부조에 관한 실정법으로는 국민기초생활보장법과 의료보호법이 있다.

(2) 國民基礎生活保障法에 의한 給與

1) 意義 및 給與의 基本原則

국민기초생활보장법은 생활이 어려운 자에게 필요한 급여를 행하여 이들의 최저생활을 보장하고 자활을 조성하는 것을 목적으로 한다(동법 제1조).

급여는 수급자가 자신의 생활의 유지・향상을 위하여 그 소득・자산・근로능력 등을 활용하여 최대한 노력하는 것을 전제로 이를 보충・발전시키는 것을 원칙으로 하며, 부양의무자의 부양과 다른 법령에 의한 보호는 이 법에 의한 급여에 우선하여 행하여지는 것으로 한다(동법 제3조)

2) 受給權者

국민기초생활보장법상의 각종 급여의 수급자는 부양의무자가 없거나, 부양의무자가 있어도 부양능력이 없거나 부양을 받을 수 없는자로서 소득인정액이 최저생계비이하인 자이다(동법 제5조 제1항).

3) 給與의 種類와 保障機關

① 급여의 종류로는 생계급여, 주거급여, 교육급여, 해산급여, 장제급여, 자활급여가 있으며(제7조), ② 원칙적으로 수급자의 거주지를 관할하는 특별시장・광역시장・도지사와 시장・군수・구청장이며, 국가도 보장기관이 될 수 있다(동법 제19조).

4) 權利救濟節次

시장・군수・구청장의 급여의 거부 또는 급여결정의 내용에 불복할 경우에는 특별시장・광역시장・도지사에게 결정통지를 받은 날로부터 60일이내에 이의신청을 할 수 있으며(동법 제38조), 이의신청에 대한 결정에 불복할 경우에는 보건복지부장관에게 다시 이의신청을 할 수 있고(동법 제40조), 이에 불복할 경우에는 행정소송을 제기할 수 있다. 이러한 이의신청을 거치지 아니하고 바로 행정소송을 제기할 수 있음은 물론이다(임의적 전치주의).

(3) 醫療給與法에 의한 給與

1) 意義

의료급여란 국민기초생활보장법에 의한 수급자 기타 생활이 어려운 자를 대상으로 그들이 자력으로 의료문제를 해결할 수 없는 경우에 국가재정으로 의료혜택을 부여하는 제도이다.

2) 受給權者

이 법에 의한 수급권자는 ① 국민기초생활 보장법에 의한 수급자, ② 재해구호법에 의한 이재민, ③ 의사상자등예우및지원에관한법률에 따른 의상자 및 의사자유족, ④ 입양촉진및절차에관한특례법에 의하여 국내에 입양된 18세 미만의 아동, ⑤ 독립유공자예우에관한법률 및 국가유공자등예우및지원에관한법률의 적용을 받고 있는 자와 그 가족으로서 국가보훈처장이 의료급여가 필요하다고 요청한 자중 보건복지부장관이 의료급여가 필요하다고 인정한 자, ⑥ 문화재보호법에 의하여 지정된 중요무형문화재의 보유자(명예보유자 포함) 및 그 가족으로서 문화재청장이 의료급여가 필요하다고 요청한 자중 보건복지부장관이 의료급여가 필요하다고 인정한 자, ⑦ 북한이탈주민의보호및정착지원에관한법률의 적용을 받고 있는 자와 그 가족으로서 보건복지부장관이 의료급여가 필요하다고 인정한 자, ⑧ 5·18민주화운동관련자보상등에관한법률 제8조의 규정에 의하여 보상금등을 받은 자와 그 가족으로서 보건복지부장관이 의료급여가 필요하다고 인정하는 자, ⑨ 그 밖에 생활유지의 능력이 없거나 생활이 어려운 자로서 대통령령이 정하는 자이다(제3조 제1항).

3) 給與內容

원칙적으로 모든 질병에 대한 진찰·수술 등의 치료, 약제 또는 치료재료의 지급, 간호, 입원 등에 대하여 의료급여를 행하며, 그 비용은 의료급여기금에서 부담한다(동법 제7조).

3. 社會福祉서비스

(1) 意義

사회복지서비스란 노인·아동·모자·심신장애자 등 생활상의 도움을 필요로 하는 자를 대상으로 하여 주로 금전이외에 상담·재활·직업소개 및 지도・사회복지시설이용 등의 급부를 함으로써 정상적인 사회생활이 가능하도록 지원하는 것을 말한다(사회보장기본법 제3조 제4호).

(2) 法的 根據

사회복지서비스에 관한 현행법제로서는 노인복지법・아동복지법・모자보건법・모자복지법・사회복지사업법・장애인복지법・영유아보육법・정신보건법・성폭력범죄의처벌및피해자보호등에관한법률・윤락행위등방지법・가정폭력방지및피해자보호등에관한법률 등이 있다.

(3) 對象者

위의 각 개별법률에서 그 대상자를 규정하고 있는바, 6세미만의 취학전 아동인 영유아, 65세이상의 노인, 18세미만의 아동, 임신중 또는 분만후 6월이내의 여자, 신체적・정신적 장애로 인하여 장기간에 걸쳐 일상생활・사회생활에 상당한 제약을 받는 장애인, 배우자와 사별・이혼하거나 유기된 여성으로서 아동을 양육하는 모가 세대주인 모자가장, 윤락행위의 상습이 있는자와 환경・성행으로 보아 윤락행위를 하게 될 현저한 우려가 있는 요보호자, 정신병・인격장애・알코올 및 알콜중독 기타 비정신병적 정신장애를 가지고 있는 정신질환자 등이다.

(4) 事業主體

사회복지서비스의 사업주체는 국가・지방자치단체 또는 사회복지법인 등이며, 그 실시기관은 보건복지부장관, 특별시장・광역시장・도지사, 시장・군수・구청장이며, 사회복지위원회, 보육위원회, 장애인복지조정위원회, 복지위원, 보육교사, 아동위원, 아동복지지도원, 가정봉사원, 장애인복지상담원 등의 자문기관・협력자 등이 보좌 또는 보조하고 있다.

(5) 事業內容

사회복지서비스는 주로 금전급부외의 방법으로 행하여지는 것이므로, 상담・재활・직업소개 및 지도와 보호・치료・갱생훈련 등을 위한 복지시설에의 입소 등이 있다.

4. 特別援護

(1) 意義

특별원호란 상의군경 등 국가를 위한 특별한 희생자의 생활상의 장해자에 대해서 국가가 보답한다는 의미의 보상적 성질의 급부이다. 그 재원은 공적부조와 같은 조세수입이며, 현행법상 국가유공자예우등에관한법률・재해구호법・의사상자보호법 등이 근거법률이 된다.

(2) 獨立有功者 및 國家有功者 등 報勳

녹립유공자예우등에관한법률 및 국가유공사예우등에관한법률에 의거하여, ① 대상자는 순국선열, 애국지사, 전몰・순직・공상군경, 순직・공상공무원, 4.19혁명사망・상이자, 무공・보훈훈장 수훈자 등이며, ② 보훈내용으로는 보상금지급(연금・생활수당・간호수당 등), 교육보호(학비보조 등), 의료보호, 각종 자금의 대부, 주택의 분양 등이 있다.

(3) 災害救護

재해구호법에 의거하여 풍・수해, 한해, 화재 기타의 재해로 인한 이재민의 구호를 위하여 임시주거시설의 제공, 급식 기타 생활필수품의 급여, 의료서비스제공 등을 행하고 있다.

(4) 義死傷者保護

의사상자등예우및지원에관한법률에 의거하여 직무외의 행위로 타인의 생명・신체・재산상의 급박한 위해를 구제하다가 부상을 입은자와, 사망자의 유족에 대하여는 보상금 지급・의료보호・자녀의 교육보호・취업보호・장제급여 등을 행한다(동법 제3조 내지 제16조 참조).

제4절 助成行政法

Ⅰ. 槪說

조성행정이란 행정주체가 공공복리의 증진을 위하여 개인의 생활상태나 기업의 상태 등을 구조적으로 개선시켜주기 위한 행정을 의미한다. 다시 말하면 개인의 경제·문화적 사업 또는 활동을 조장하거나 보호하는 행정작용을 말한다. 조성행정속에 무채재산권(발명특허권·공립소유권·저작권 등)·광업권·어업권 등의 보호·감독작용까지도 사권보호라는 이름으로 포함시키는 경향이 있으나 이들 영역은 독립된 학문영역을 이루고 있을 뿐만 아니라 조성행정과도 아주 이질적이라 생각되므로 이 부분은 생략하기로 한다.

Ⅱ. 資金助成行政

1. 意義

자금조성행정이란 행정주체가 공공복리의 증진을 위하여, 특정한 사업을 행하는 공공단체 또는 사인 등에게 금전의 급부 기타의 방법에 의한 경제상의 원조를 부여하는 행정을 말한다. 조성의 수단으로 가장 일반적인 것은 보조금의 교부이며, 그밖에 투·융자, 지급보증, 손실보상, 손해보험, 세법상 우대, 공공시설이용료 감면 등이 있다.

2. 種類

(1) 手段에 따른 分類

자금조성행정은 경제적 원조의 수단에 따라 ① 보조금 교부, ② 자금의 대부, ③ 채무의 지급보증, ④ 국가·지방자치단체의 출자, ⑤ 국공유재산의 무상양여 또는 대부, ⑥ 조세의 감면 등이 있다.

(2) 對象事業에 따른 分類

1) 企業助成

기업조성이란 국가 또는 지방자치단체가 공공복리의 증진을 위하여 필요하다고 인정되는 일정한 사기업에 대하여 행하는 조성을 말하는 바, 조성을 받는 기업을 보호기업이라 한다.

2) 教育助成

교육조성이란 국민의 교육을 받을 권리를 보호·조성함으로써 문화와 생활

향상을 위하여 행하는 행정작용이다.

3) 文化藝術助成

문화예술조성은 문화예술의 진흥을 위한 사업과 활동을 조성함으로써 문화발전을 도모하려는 작용을 말한다.

4) 科學技術助成

과학기술조성은 과학기술진흥을 도모함으로써 국민생활과 경제발전에 기여하도록 하기 위하여 과학기술에 관한 연구 활동 및 사업을 조성하는 작용을 말한다. 과학기술기본법 · 기술개발촉진법 · 기초과학연구진흥법 · 발명진흥법 등에 의하여 특정 과학기술연구를 위하여 보조금의 지급과 조세의 면제 등이 있다.

3. 法的 根據

자금조성행정은 헌법(제119조 제2항)상의 '균형있는 국민경제의 성장을 위한 규제와 조정'조항과 '국가는 중소기업을 보호 · 육성하여야 한다'고 한 '중소기업보호 · 육성'조항(제123조 제3항)등 경제조항에서 그 법적 근거를 찾을 수 있다.

그러나 자금조성행정이 법률의 근거가 있을 때에만 허용될 것인지에 대하여는 학설이 대립한다.

(1) 積極說

이 설은 법률유보에 관한 사회유보설(급부행정유보설)의 입장에서 사인의 경제활동 · 문화활동 등에 대한 국가의 조성작용을 평등성확보의 차원이나 조성의 대상 · 기준 · 방법 등을 명백히 하기 위하여 자금조성행정에도 법적근거가 필요하다고 한다.

(2) 消極說

이 설은 예산상의 근거가 있는 한 법률의 근거 없이도 행할 수 있다는 견해이다. 재원이 확보되어 있는데도 관계법이 제정되어 있지 못하면 그 시행이 불가능하다고 하면 국민의 입장에서 볼 때 오히려 바람직하지 못하다고 하겠으며, 구체적인 법적 근거가 없더라도 평등원칙·비례원칙·부당결부금지원칙 등 행정법의 일반원칙이 있기 때문에 이에 기속을 받는 행정작용이 자의적으로 행해질 염려가 거의 없다는 점 등을 고려해 볼 때 법률에 근거 없이도 예산의 근거만으로 조성행정의 수행에 아무런 지장이 없다는 것이다.

(3) 折衷說

적극설과 소극설 어느 하나를 택하여 획일적으로 파악할 것이 아니라 법적 근거가 필요할 때도 있고 필요하지 않을 때도 있다고 한다. 조성행정작용은 반드시 법률의 근거를 요하는 것은 아니지만 적어도 다음과 같은 경우에는 법적 근거가 있어야 한다고 한다. ① 그 조성행정작용으로 상대방과의 반대급부라는 부담이 결부되는 경우, ② 국가로부터 조성을 받을 권리를 상대방에게 보장해 줄 필요성이 있는 경우, ③ 조성의 법형식 또는 조직을 권력적으로 구성할 필요가 있는 경우, ④ 제공자에게 조성의무를 명할 필요가 있는 경우 등이다. 절충설이 타당하다고 본다.

4. 行爲形式

자금조성행정의 행위형식은 다양하다. 어떤 형식으로 행해지는 가는 관계 법규에 의하여 판단할 수밖에 없는바, 다음의 여러 형식을 통해 행해진다고 하겠다.

(1) 行政行爲

자금조성행정은 행정행위의 경우에 의하여 행해지는 경우가 있는바, 사인에 대한 보조금의 자금결정은 일반적으로 행정행위를 통해 행해진다고 볼 수 있다. 일정한 사업을 조성하기 위한 조세의 감면도 그 예이다.

(2) 行政行爲와 私法上 契約의 2단계형식

1) 2단계설의 理論的 構造

자금의 대부 또는 보증과 같이 계속적 법률관계를 형성하게 되는 조성행정은 제1단계로 행정행위에 의하지만, 제2단계로 사법상의 계약에 의하여 행하여진다. 이러한 2단계 모형을 지지하는 학설을 2단계설이라 한다.[65]

자금의 대부와 같이 제1단계로 대부여부의 결정을 행정행위로 한 후, 제2

단계로 행정주체로부터 대부업무의 위탁을 받은 금융기관과 상대방간의 사법상계약(금전소비대차계약)의 형식을 취할 경우도 있다.

2) 2단계설의 問題點

2단계설의 문제점으로 ① 2단계설은 자금의 대부 등이 행정행위와 사법상계약이라는 두 가지 행위형식을 통해 이루어진다고 보고 있는데, 그 중에서 후자는 하나의 허구 또는 의제에 지나지 않는다고 하는 의문이 제기되고 있다. ② 2단계설의 제2의 난점은 대부 또는 보증이라고 하는 하나의 법률관계를 공법관계와 사법관계라고 하는 두 개의 법률관계로 나누게 되고, 그 결과 법률관계에 다툼이 있는 경우에 하나는 행정소송, 다른 하나는 민사소송이라고 하는 소송방법을 취하게 되는 불편하고도 기이한 결과를 가져온다는 점이다. ③ 행정행위로서의 대부결정은 유효하게 성립되었는데 대하여 제2단계인 계약의 체결단계에서 일이 원만이 처리되지 않는 경우 그 문제를 어떻게 해결하느냐 하는 것은 용이한 일이 아니다.

2단계설의 이러한 난점 때문에 최근에는 조성행정의 법률관계의 성립을 행정행위 또는 공법상계약이라는 1단계의 법률관계로 구성하며 양자간에 선택의 자유를 인정하려는 것이 대세인 것 같다.

(3) 公法上 契約

보조금의 교부(지급)와 같이 행정주체와 상대방간에 공법상 계약(공법상의 증여계약)에 의하여 결정될 수도 있을 것이다. 다만, 보조금이 교부신청 및 교부결정절차·반환명령 등에 관하여 상세히 규정하고 있는 '보조금의예산및관리에관한법률'에 의하여 행해지고 있는 보조금의 교부행위를 행정행위로 보는 견해가 유력하다.

(4) 私法上 契約

자금조성이 사법상계약을 통해 행해지는 경우도 많이 있을 수 있다. 예컨대 국유 또는 공유의 부동산(잡종재산)의 임대·무상양여 등은 사법상계약을 통해 행해진다고 볼 수 있다.

65) 김남진(II), 459면; 박윤흔(하), 552면.

5. 權利救濟와 統制

(1) 權利救濟

① 자금조성이 행정행위를 통하여 결정되는 경우 상대방의 신청이 거부될 경우 그 거부결정에 대한 취소쟁송을 제기할 수 있고, 상대방의 신청이 있었으나 행정청으로부터 아무런 응답도 없는 경우에는 위법·부당한 부작위처분에 대한 의무이행심판과 부작위위법확인소송을 제기할 수 있다.

② 자금조성이 공법상계약을 통하여 형성·집행되는 경우의 분쟁에 관해서는 행정소송으로서의 공법상 당사자소송이 될 것이고, 사법상계약을 통한 법률관계에 있어서는 민사소송으로서의 이행소송 또는 확인소송의 소송형태가 될 것이다.

③ 동일 업종에 여러 개의 경쟁업체가 있는 경우에 특정업체만이 정부의 자금조성을 받는다고 하게 되면, 그 결과 타 경쟁업체가 불리한 위치에 놓이게 되는 것은 분명하다. 따라서 이러한 경우에 그 타 경쟁업체는 평등원칙을 근거로 하여 경쟁자소송을 제기하는 문제를 생각할 수도 있다. 만일에 자금조성의 급부자가 상대방에게 부당한 반대급부를 요구하는 경우 수급자는 행정권한의 부당급부금지의 원칙에 입각하여 방어책을 강구할 수 있는 것이다.

(2) 資金助成의 統制

자금조성행정은 예산의 뒷받침 없이는 행해질 수 없다. 예산심의권(헌법 제90조)을 가지고 있는 국회가 자금조성에 대한 통제권을 유효·적절하게 행사할 필요가 있다. 관계법률이 정비되어야만 법원에 의한 통제, 특히 경쟁자소송의 제기 등 사법적 통제가 그 실효를 거둘 수 있다.

자금조성이 예산에만 근거하여 행해지는 경우가 많음에 비추어 세입·세출의 결산에 대한 검사권을 가지고 있는 감사원의 기능을 보강할 필요가 있다. 독일에서 논의되는 회계감사기관에 추상적 규범통제를 할 수 있는 지위(원고적격)를 인정하는 방안도 연구할 만하다하겠다.

제3장 土地行政法

Ⅰ. 概說

1. 土地行政法의 概念

토지행정법이란 토지에 관하여 행정법적 규율을 가하는 법규의 총체를 말하는 것으로서, 토지의 소유·이용·개발·보전·거래에 관한 행정권의 작용 및 국민의 권익구제에 관한 국내공법을 말한다. 토지는 개인과 기업에 있어서 생산수단과 하나의 사산으로서의 기능뿐만 아니라, 토지의 유한성에 기인하는 공익목적의 사용이라는 공공성의 기능도 점차 강조되고 있다.

2. 土地行政法의 法源

토지행정법의 법원이란 토지에 관한 규제, 조정, 관리의 모든 법적 근거를 말하는 바, 이에는 헌법, 법률, 법규명령, 자치법규 등의 성문법과 불문법이 있다.

최고법인 헌법은 토지행정법의 제1차적 법원은 아니지만 토지행정법의 가장 기본적인 법원이 되며, 개별법으로서는 국토기본법, 국토의계획및이용에관한법률, 공익사업을위한토지등의취득및보상에관한법률, 건축법 등이 있다.

3. 土地行政法의 特徵

토지행정법은 산업혁명의 결과 초래된 급격한 공업화·도시화로 인하여 대도시의 슬럼화, 도시·농촌간의 지역차, 개발과 보존간의 갈등 등의 문제가 심가하게 대두됨에 따라 이를 해결하기 위한 수단으로 등장한 것이며, 따라서 ① 종합성·계획성, ② 장기성, ③ 행정수단의 다양성, ④ 공·사익간 또는 사익상호간의 이해대립성을 그 특징으로 하고 있다.

Ⅱ. 土地利用에 관한 計劃과 이에 관한 法律

1. 概說

토지이용계획은 국토를 그 기능과 적성에 따라 가장 적합하게 이용·관리하기 위한 계획이다. 즉 기존의 토지공간에 대한 재편성을 통하여 토지의 생산성을 제고함으로써 한정된 국토 내에서 토지의 효율적인 이용을 위하여 지역의 경제·사회문화적 특성에 맞추어 장기적 안목에서 행정계획을 수립하는 것이다.

헌법은 「국토와 자원은 국가의 보호를 받으며, 국가는 그 균형있는 개발과 이용을 위한 계획을 수립한다」(제120조 제2항)고 규정하였다. 이에 근거하여 토지이용계획이 각종 법률에 따라 수립되고 있다. 이하에서 국토기본법, 국토의계획및이용에관한법률상의 계획에 대하여 알아본다.

2. 國土基本法

(1) 概說

국토기본법은 국토에 관한 계획 및 정책을 수립·시행함에 있어 지향하여야 할 이념과 기본방향을 제시하고 국토계획의 수립과 그 체계적인 실천을 위한 제도적 장치를 마련하고 있는 것으로서, 이 법은 국토의 계획 및 이용에 관한 최상위의 법이다.

(2) 國土計劃

1) 意義

국토계획이란 국토를 이용·개발 및 보존함에 있어서 미래의 경제적·사회적 변동에 대응하여 국토가 지향하여야 할 발전방향을 설정하고 이를 달성하기 위한 계획을 말한다(동법 제6조 제1항).

2) 國土綜合計劃

국토기본법상의 국토종합계획은 일반적으로 행정기관만을 구속하는 대내적 구속력만 가지므로 일반국민에 대해서는 구속력이 없는 비구속적 계획이며, 20년 단위로 수립되는 장기종합계획이다(제7조 제3항). 국토종합계획의 내용에 대해서는 동법 제10조[66]에 규정되어 있다. 국토종합계획은 국토해양부장관이

---

66) 국토종합계획에는 다음 각 호의 사항에 대한 기본적이고 장기적인 정책방향이 포함되어야 한다.
1. 국토의 현황 및 여건 변화 전망에 관한 사항
2. 국토발전의 기본 이념 및 바람직한 국토 미래상의 정립에 관한 사항
3. 국토의 공간구조의 정비 및 지역별 기능 분담 방향에 관한 사항

수립하고 국토정책위원회의 심의와 국무회의의 심의를 거쳐 대통령의 승인을 받아야 한다.

3) 下位計劃

국토종합계획의 하위계획으로서, ① 도종합계획, ② 시·군종합계획, ③ 지역계획, ④ 부문별계획이 있다. 국토종합계획은 이들 계획의 기본이 되며, 도종합계획은 시·군종합계획의 기본이 된다.

3. 國土의計劃및利用에관한法律

(1) 槪說

이 법은 내용적으로는 종전의 국토이용관리법과 도시계획법을 통합한 법으로 이 법의 시행으로 종전의 2개의 법률은 폐지되었다. 이 법은 구체적으로 국토계획의 최상위법인 국토기본법의 이념과 목적을 실현하는데 있다. 동법에 규정되어 있는 주된 계획은 광역도시계획, 도시기본계획, 도시관리계획 등이며, 이 중 광역도시계획은 광역계획권의 장기발전방향을 제시하는 계획이며, 도시기본계획은 기본적인 공간구조와 장기발전방향을 제시하는 종합계획으로서 도시관리계획수립의 지침이 되는 계획이다.

(2) 廣域都市計劃

1) 意義 및 指定

광역도시계획이란 법에 의하여 지정된 광역계획권의 장기발전방향을 제시하는 계획을 말한다(국토의계획및이용에관한법률).

동법 제10조에 의하면 ① 국토해양부장관은 2이상의 특별시·광역시·시

4. 국토의 균형발전을 위한 시책 및 지역산업 육성에 관한 사항
5. 국가경쟁력 향상 및 국민생활의 기반이 되는 국토 기간 시설의 확충에 관한 사항
6. 토지, 수자원, 산림자원, 해양자원 등 국토자원의 효율적 이용 및 관리에 관한 사항
7. 주택, 상하수도 등 생활 여건의 조성 및 삶의 질 개선에 관한 사항
8. 수해, 풍해(풍해), 그 밖의 재해의 방제(방제)에 관한 사항
9. 지하 공간의 합리적 이용 및 관리에 관한 사항
10. 지속가능한 국토 발전을 위한 국토 환경의 보전 및 개선에 관한 사항
11. 그 밖에 제1호부터 제10호까지에 부수(부수)되는 사항

또는 군의 관할구역 전부 또는 일부를 대통령령이 정하는 바에 따라 광역계획권으로 지정할 수 있다. ② 중앙행정기관의 장, 특별시장・광역시장・도지사・시장 또는 군수는 국토해양부장관에게 광역계획권의 지정 또는 변경을 요청할 수 있다. ③ 국토해양부장관은 광역계획권을 지정 또는 변경하고자 할 때에는 관계 시・도지사・시장 또는 군수의 의견을 들은 후 중앙도시계획위원회의 심의를 거쳐야 한다.

2) 樹立權者

광역도시계획은 ① 광역도시계획권이 같은 도의 관할구역 안에 있는 경우에는 도지사가, ② 광역계획권이 2이상의 시・도의 관할구역에 걸쳐있는 경우에는 관할 시・도지사가 공동으로, ③ 국가계획와 관련된 광역도시계획의 수립에 필요한 경우 또는 광역도시계획권을 지정한 날로부터 3년이 경과될 때까지 시・도지사로부터 광역도시계획에 대하여 승인신청이 없는 경우에는 국토해양부장관이 이를 수립한다.

3) 樹立節次

광역도시계획의 수립에 있어서는 기초조사를 하여야 하고, 공청회를 개최하여 주민 및 관계 전문가 등의 의견을 듣고, 관계 지방자치단체의 장과 그 의회의 의견을 청취하여야 한다.

4) 內容

광역계획권의 공간구조와 기능분담, 녹지관리체계와 환경보전, 광역시설의 배치・규모・설치, 경관계획, 도시간 기능연계에 관한 사항 등이다.

(3) 都市基本計劃

1) 意義 및 樹立權者

도시기본계획이란 특별시・광역시・시 또는 군수의 관할구역에 대하여 기본적인 공간구조와 장기적인 발전방향을 제시하는 종합계획으로서 도시관리계획의 지침이 되는 계획을 말한다.

도시기본계획의 수립은 특별시장, 광역시장, 시장 또는 군수가 수립한다. 다만, 시 또는 군의 위치, 인구의 규모, 인구감소율 등을 감안하여 시 또는 군은 도시기본계획을 수립하지 아니할 수 있다.

2) 樹立節次

도시기본계획을 수립함에 있어서는 기초조사를 하여야 하고(공청회를 개최하여 주민 및 관계전문가 등으로부터 의견을 들어야 하고(동법 제20조)), 지방의회의 의견을 청취하여야 한다(동법 제21조).

3) 內容

지역의 특성 및 계획의 방향・목표, 도시의 공간구조・생활권의 설정 및 인구의 배분, 토지의 이용과 개발, 토지의 용도별 수요 및 공급, 환경의 보전 및 관리, 도시기반시설, 공원・녹지, 경관에 관한 사항 등이 포함되어야 한다.

(4) 都市管理計劃

1) 意義 및 性質

도시관리계획이란 도시기본계획을 집행하기 위한 구체적인 계획으로서 국민에 대하여 직접적으로 구속력을 가지는 행정계획이다. 도시관리계획은 종전의 도시계획법상의 도시계획에 해당하는 것으로 행정쟁송법상의 처분의 성질을 가진다.

2) 內容

도시관리계획은 국토를 4개의 용도지역, 10개의 용도지구, 3개의 용도구역으로 나누고(제36조~제42조), 용도지역으로는 도시지역・관리지역・농림지역・자연환경지역으로 나누어진다. 도시지역은 다시 주거지역・상업지역・공업지역・녹지지역 등으로 세분된다. 관리지역은 다시 보전관리지역・생산관리지역・계획관리지역으로 세분된다. 용도지구는 경관지구・미관지구・고도지구・방화지구・보존지구・시설보호지구・취락지구・개발진흥지구・특정용도제한지구 등으로 나누이지고, 용도구역은 개발제한구역・시가화조정구역・수지원보호구역으로 나누어진다.

한편, 도시관리계획은 상기 용도지역・지구・구역의 지정외에도 도로・주차장・공원・학교・체육시설・폐기물처리시설 등과 같은 '도시계획시설'의 설치에 관한 계획도 포함하여야 한다(제43조).

3) 樹立節次

기초조사를 하고 주민과 지방의회의 의견을 청취하여야 한다.

4) 決定權者

도시관리계획은 시·도지사가 직접 결정하거나 시장·군수의 신청에 의하여 결정한다.

5) 都市管理計劃의 效力

(가) 특별시장·광역시장·시장 또는 군수의 지형도면의 작성·供覽義務

특별시장·광역시장·시장 또는 군수는 도시관리계획결정의 고시가 있는 때에는 고시일로부터 2년 이내에 지형도면에 도시관리계획사항을 명시하여 국토해양부장관의 승인을 얻은 후 지체없이 이를 고시하고 일반에게 공람하여야 한다(제32조). 도시관리계획은 고시가 있은 날로부터 5일후에 그 효력이 발생한다(제31조 제1항).

(나) 利用者의 利用義務

각 용도지역 안의 토지소유자는 그 토지를 당해 용도지역의 지정목적에 적합하도록 이용하여야 한다.

(다) 利用者의 行爲制限

토지가 용도지역과 용도지구 및 용도구역 등으로 지정이 되게 되면 그 지역 안에서의 건축물 그 밖의 시설의 용도·종류 및 규모 등의 제한을 받게 된다(제6장). 동법은 용도지역 중 도시지역과 관리지역에 관해서는 직접 건폐율과 용적률을 세부적으로 규율하고 있으나, 그 외의 지역에 대하여는 각 개별 관계법이 정하는 바에 따르도록 하고 있다.

6) 都市計劃施設決定의 效力

도시관리계획에 포함되어 고시된 도시계획시설은 고시일부터 20년이 경과되도록 그 시설사업이 시행되지 아니한 경우는 고시일부터 20년 되는 날의 다음날에 그 효력을 상실한다. 이러한 규정은 도로·공원·주차장 등 각종 공공시설용지로 계획만 수립한 후 예산사정 등의 이유로 수십년간 이를 집행하지 아니하고 방치해 둠으로써 해당 토지소유자의 재산권 행사에 막대한 지장을 초래하는 문제를 다소나마 해소하기 위한 것으로 볼 수 있다.

7) 都市計劃施設事業施行者의 處分에 대한 不服

도시계획시설사업의 시행자의 개별적·구체적 처분에 대하여는 행정심판법에 의하여 행정심판을 제기할 수 있다. 행정청이 아닌 시행자의 처분에 대하여는 당해 시행자를 지정한 행정청에 행정심판을 제기하여야 한다(제134조). 이 규정에 불구하고 바로 행정소송을 제기할 수 있음은 물론이다(임의적 전치주의).

8) 損失補償의 問題

각종 용도지역에 있어서의 행위제한으로 인한 재산권의 침해에 대하여는 손실보상의 문제가 제기되며, 이에 관하여는 당해 토지이용의 규제가 종선의 토지이용을 계속할 수 없게 하거나 이미 객관적으로 현실화된 개발행위를 저지하는 경우에는 손실보상이 필요하다는 것이 일반적인 견해이다. 그러나 국토의계획및이용에관한법률에는 용도지역 안에서의 행위제한에 대하여 손실보상의 규정을 두고 있지 않다.

한편, 도시계획에 포함된 도시계획시설사업이 장기간 동안 집행되지 아니함으로써 토지의 소유자의 재산권이 과도하게 침해됨에도 불구하고 현행법은 이에 대한 보상규정을 두지 않고 있어, 소위 수용적 침해에 대한 손실보상의 문제가 거론되고 있다. 이에 관하여 우리 헌법재판소는 「토지소유자가 도시계획시설로 결정된 토지를 종래의 용도대로 계속 사용할 수 없거나 사적이용이 완전히 배제된 경우에도 아무런 보상없이 장기간 감수하도록 규정하고 있는 한 이는 비례원칙에 위반하여 재산권을 과도하게 침해하는 위헌적인 규정이다」(헌재결 1999.10.21, 97헌마26)라고 함으로써, 도시계획시설결정행위 자체에 위험성이 있는 것이 아니라 그 시행과정에 있어서 장기적인 시행지연으로 발생하는 가혹한 부담에 대하여 보상규정을 두지 않는 것이 위헌이라는 해석을 하고 있다. 이에 따라 국토의계획및이용에관한법률에서는 도시계획결정고시일부터 10년동안 도시계획시설사업이 시행되지 아니하는 경우에는 해당 토지소유자에 대하여 시장·군수 등에 대한 매수청구권을 부여하는 한편, 20년 동안 당해 도시계획시설사업이 시행되지 아니할 경우에는 그 다음날에 그 도시계획시설결정이 실효된다는 규정을 신설하였다(제48조).

Ⅲ. 土地의 公槪念과 土地의 利用制限·義務賦課

1. 土地公槪念

토지공개념이란 토지정책의 일대전환을 위한 전제로서 토지란 단순한 상품이 아니라 인간의 생활과 생산활동을 위한 불가피한 기반이기 때문에 그 토지가 어떤 종류의 토지든 토지가 지니는 기능 내지 적성이나 지역에 따라 공공복리를 위해 가장 값지게, 그리고 가장 효률적으로 이용되지 않으면 아니되며, 이를 위해 적정한 유도·규제가 가하여지지 않으면 아니된다는 것을 말한다.

토지공개념은 재산권의 사회적 구속성을 규정하고 있는 헌법 제23조 제2항과 사회국가원리를 규정하고 있는 헌법정신에 따라 이론상으로는 긍정되었지만, 반대로 토지공개념이야말로 이원화를 의미하는 것으로서 이는 부정되어야 마땅하다는 반대론도 만만치 않았다.

그러나 긍정설의 입장에 따라 실제로 시행되었다. 택지소유상한제, 개발부담부제, 토지초과이득세 등이다. 이 중 택지소유상한제는 헌법재판소의 위헌심판에 의하여 폐지되었고, 토지초과이득세는 헌재의 불합치결정에 따라 잠정적으로 적용이 중지되어오다가 폐지되었으며, 개발부담금제만이 그 부담률을 낮추어 지금까지 계속 시행되고 있는 실정이다.

2. 土地의 利用制限

(1) 意義

토지는 유한성, 비대체성, 비생산성을 그 특징으로 하고 있기 때문에 그 이용에 대하여는 어느 정도 소유자중심에서 이용자중심주의를 위한 공적 개입이 불가피하게 인정되고 있다. 따라서 토지는 현재 처해있는 상황에 비추어 특성에 맞지 않거나 공공의 이익에 반하는 재산권의 행사는 억제하며, 장래의 효율적인 이용을 위하여 사적인 이용을 제한하게 된다.

토지이용에 관하여 정부가 공적수단을 통하여 개입하는 방법에는 크게 토지세제 등의 경제적 유인을 이용한 간접개입, 정부나 공공단체가 토지시장에 개입하여 시장기능을 수행하는 직접개입, 사회적으로 바람지하지 못한 토지이용을 억제하는 토지이용규제의 3가지 방법이 있다. 토지이용규제, 즉 토지이용의 제한에는 다시 용도지역·지구·구역의 지정에 의한 이용제한과 절차를 통한 이용제한 등이 있다.

(2) 用途地域·地區·區域의 指定에 의한 利用制限

국토의계획및이용에관한법률에 의한 용도지역·용도지구·용도구역의 지정은 그 지정목적에 따라 일정한 토지이용의 행위를 허용하거나 또는 제한함으로써 토지의 이용을 억제하게 된다. 동법에는 국토를 4개의 용도지역, 10개의 용도지구, 3개의 용도구역으로 나누고 있다. 이러한 용도지역·용도지구·용도구역에는 각 지역·지구·구역의 특성에 부합되는 용도·종류·규모의 건축행위를 말할 수 있다(예, 건폐율·용적율은 법률·대통령령 및 그 위임에 의한 조례로 규성하고 있다).

(3) 節次를 통한 利用制限

절차를 통한 토지이용의 제한은 용도지역·용도지구·용도구역 안에서의 토지소유자에게 토지의 형질병경행위를 상대적으로 금지한 후 이러한 상대적 금지를 해제하는 인·허가의 절차를 통하여, 이러한 인·허가를 받으면 이용이 가능하지만 이를 받지 못하면 이용이 제한되는 것을 말한다. 마찬가지로 주택단지 기타의 토지개발사업을 위한 절차는 행정청의 사업승인이나 인·허가에 의하여 이루어지며, 사업계획에서 정하는 일정한 범위 내의 토지에 대하여 그 이용을 제한하는 효과가 발생하게 된다.

3. 土地利用의 義務賦課

일정한 이용행위를 제한하는 소극적 금지에 그치지 아니하고 적극적으로 토지의 용도에 적합한 내용의 이용의무, 즉 작위의무를 부과하며, 이를 이행하지 않을 경우에는 대집행한 후 그 비용을 징수하거나 토지수용을 하는 경우도 있다.

즉, ① 농지법은 농지소유자가 정당한 사유없이 1년 이상 경작하지 아니할 경우에는 시장·군수·구청장은 해당 농지의 처분을 명하고, 처분명령을 받은 소유자는 농업기반공사에게 당해 농지의 매수를 청구할 수 있다(동법 제10조·제11조). ② 국토의계획및이용에관한법률에 의하여 토지거래계약허가를 받은 자는 대통령령이 정하는 사유가 있는 경우를 제외하고는 그 토지를 허가받은 목적대로 이용할 의무가 있다. 시장·군수 또는 구청장은 토지거래계약허가를 받은 자가 허가받은 목적대로 이용하고 있는지의 여부를 국토해양부령이 정하는 바에 따라 조사하여야 한다(동법 제124조).

Ⅳ. 土地去來契約許可制

1. 意義

토지거래허가제란 토지의 투기적 거래로 인한 급격한 지가의 상승을 억제하기 위하여 국토해양부장관이 지정한 구역 안에서의 토지 등의 거래계약에 대하여 시장·군수 또는 구청장의 허가를 받도록 하는 제도이다. 토지거래는 사인 상호간에 있어서 자유지상경제질서에 따라 행하는 국민의 재산권행사를 의미하는 것인데, 행정주체가 토지거래를 규제하기 위하여 허가제를 한다는 것은 문제가 있는 것이지만, 현행 국토의계획및이용에관한법률은 이에 관한 규정을 두고 있다(동법 제117조 이하).

국토해양부장관에 의한 허가구역의 지정은 5년이내의 기간으로 한다. 허가구역의 지정은 이를 공고한 날로부터 5일후에 그 효력이 발생한다.

2. 性質

토지거래계약허가는 토지거래계약이 시장·군수·구청장의 허가를 받아야 법적효력이 발생한다는 점에서 학문상의 '인가'로서의 성질을 가진다고 할 수 있다.[67] 그러나 이 허가제는 무허가계약을 일반적으로 금지하고, 허가없이 거래계약을 체결한 경우에 형사처벌을 과하고 있는 점에서 보면 학문상의 '허가'의 성질도 아울러 가진다 하겠다. 따라서 토지거래계약허가는 인가와 허가의 합성행위로 볼수도 있겠으나,[68] 기본적으로 학문상의 인가에 해당하고,, 국토

---

67) "같은 법 제21조의3 제1항 소정의 허가가 규제지역 내의 모든 국민에게 전반적으로 토지거래의 자유를 금지하고 일정한 요건을 갖춘 경우에만 금지를 해제하여 계약체결의 자유를 회복시켜 주는 성질의 것이라고 보는 것은 위 법의 입법취지를 넘어선 지나친 해석이라고 할 것이고, 규제지역 내에서도 토지거래의 자유가 인정되나 다만 위 허가를 허가 전의 유동적 무효 상태에 있는 법률행위의 효력을 완성시켜 주는 인가적 성질을 띤 것이라고 보는 것이 타당하다"(대판 1991.12.24, 90다12243).

68) 홍정선(하), 656면).

계획법이 그 실효성을 담보하기 위하여 그 위반에 대하여 형사처벌을 규정하고 있다고 보는 것이 보다 현실적인 해석이라 생각된다.

3. 違憲性 問題

토지거래허가제는 부담적 행정행위로서 헌법적으로 허용되는 것인가의 여부에 관하여 의견의 대립이 있다.

(1) 違憲說

이 견해는 ① 토지거래허가제는 재산권의 사용·수익·처분이라는 세가지 본질적 내용 중 핵심적 내용인 처분을 제한하는 것이므로 재산권에 대한 본질적 침해에 해당하므로 헌법 제37조 2항의 비례원칙에 위반되고, 사유재산제도를 유명무실화하여 자유경제질서를 위태롭게 하며, ② 경우에 따라서는 거주이전 및 직업선택의 자유까지 침해하게되어 헌법상의 비례원칙에 크게 위반되고, ③ 허가를 받지 못한 토지소유자로부터의 매수청구권에 대하여 시장·군수가 지정한 매수자가 적정한 가격으로 반드시 매수하도록 하는 강제규정이 없기 때문에 재산권의 처분의 자유를 제한하여 위헌이라는 것이다.

(2) 合憲說

이 견해는 대체로 ① 헌법 제23조에서 재산권의 내용과 한계는 법률로 정한다고 규정하고 있고, ② 토지거래허가제는 토지소유권의 내용 중의 하나인 처분권을 제한하는데 그치고, ③ 토지는 다른 재산권과는 본질적인 차이점이 있어 수요에 따라 생산·공급될 수 없는 것이고, ④ 우리 헌법상의 사회적 복리국가의 이념을 실현하기 위해서는 불가피한 제도이고, ⑤ 헌법 제37조 제2항에 의한 비례의 원칙에 반하지 않는다는 점을 근거로 하고 있으며, 헌법재판소도 이러한 논거에 입각하여 합헌으로 결정하였다.

【판례】:「구국토이용관리법 제21조의3 제1항의 토지거래허가제는 사유재산제도의 부정이 아니라 그 제한의 한 형태이고 토지의 투기적 거래의 억제를 위하여 그 처분을 제한함은 부득이한 것이므로 재산권의 본질적 침해가 아니며 헌법상의 경제조항에도 위배되지 아니하고 비례원칙이나 과잉금지원칙에 위배된다라고 할 수 없다」(헌재결 1989.12.22, 88헌가13).

4. 土地去來契約의 許可

(1) 許可對象

허가대상은 국토해양부장관이 정하는 허가구역 안에 있는 토지에 대한 소유권·지상권으로서 대통령령이 정하는 권리를 이전 또는 설정(대가를 받고 이전 또는 설정하는 경우에 한함)에 관한 유상계약이다. 이러한 계약을 체결하고자 하는 당사자는 공동으로 시장·군수·구청장의 허가를 받아야 한다. 허가받을 사항을 변경하고자 하는 때에도 또한 같다(동법 제118조 제1항).

(2) 許可節次

계약체결 전에 당사자가 공동으로 거래금액·면적 등의 계약내용과 토지의 이용계획 등을 기재한 허가신청서를 관할 시장·군수·구청장에게 제출하여야 하며, 이에 대하여 시장·군수·구청장은 15일 이내에 허가 또는 불허가처분을 서면으로 통지하여야 한다. 15일 기간 이내에 허가증의 교부 또는 불허가처분사유의 통지가 없거나 선매협의 사실의 통지가 없는 때에는 당해기간이 만료한 날의 다음날에 허가가 있는 것으로 본다(동법 제118조 제4항·제5항).

(3) 許可基準

토지의 이용목적이 주거용 주택용지, 농업·임업·축산업·어업에 이용하기 위한 토지, 일상생활 및 통상적인 경제활동에 필요한 토지 등으로 도시계획 등에 합당하며, 주변의 자연환경 또는 생활환경보전에 적합할 경우에 허가한다(동법 제119조). 토지거래계약허가는 동법에 구체적으로 열거되지 아니한 사유를 들어 허가를 거부할 수 없다는 의미에서 기속행위라고 할 것이다.

(4) 先買制度

선매제도란 시장·군수·구청장이 허가구역내의 토지에 관한 소유권·지상권을 이전 또는 설정하는 모든 유상계약 체결을 위한 허가신청이 있는 경우에 공익사업에 사용하기 위한 공공용지를 확보하기 위한 방안으로서 일정한 공공기관(국가, 지방자치단체, 한국토지공사, 정부투자기관, 공공단체 등)을 사전에 선매자로 선정하여 일반인의 사적거래에 우선하여 협의·매수하는 제도이다. 그러므로 시장·군수·구청장은 토지거래계약허가의 신청이 있는 경우에는 해당 토지에 대하여 국가, 지방자치단체, 한국토지공사 기타 대통령령이 정하는 정부투자기관 및 공공단체 중에서 당해 토지를 매수할 것을 원하는 자가 있을 경우에는 그들 중에서 선매자를 지정한다(동법 제122조). 그러나 이것은 어디까지나 매수의 협의에 불과하며 선매권은 아니므로 당사자간에 협의가 성립되어야 당해 공공단체가 그 토지를 매수할 수가 있는 것이다.

(5) 許可의 效果

토지거래계약은 허가를 받아야 효력이 발생하며, 허가를 받지 아니하고 체결한 거래계약은 효력을 발생하지 아니한다(동법 제118조 제6항). 이와 관련하여 판례는 실제의 토지거래관행을 고려하여, 거래계약의 무효를 그 내용에 따라 확정적 무효와 유동적 무효로 나누고 있다. 유동적 무효란 토지거래계약의 허가가 완성되는 시점까지 무효 또는 유효로 확정되어 있는 것이 아니라, 행정청의 허가 처분의 결과에 따라 허가시에는 계약체결의 시점부터 소급하여 유효로 되지만 불허가시에는 계약체결의 시점부터 소급하여 확정적으로 무효가 되는 것을 말한다. 토지거래계약의 과정에서 일어나는 쌍방적 법률행위의 이러한 유동적 상태는 허가로 결정이 나게 되면 그 법률행위는 아무런 문제도 발생하지 않지만, 불허가로 결정이 나면 소유권의 이전, 양도의 법적 문제가 발생하기 때문에 허가시점까지 상태를 일단 무효의 상태로 보지만 이를 확정적 무효가 아닌 유동적 무효로 보게된다.

【판례】: 「구국토이용관리법상의 규제지역내의 토지에 대하여 관할 도지사의 허가를 받기 전에 체결한 매매계약은 처음부터 그 허가를 배제하거나 잠탈하는 내용의 계약일 경우에는 확정적으로 무효로서 유효로될 여지가 없으나, 이와 달리 허가받을 것을 전제로 한 계약일 경우에는 허가를 받을 때까지는 법률상의 미완성의 법률행위로서 소유권 등 권리의 이전에 관한 계약의 효력이 전혀 발생하지 아니함은 확정적 무효의 경우와 다를바 없지만, 허가를 받게 되면 그 계약은 소급하여 유효한 계약이 되고 이와 달리 허가를 받지 못하게 된 된때에는 무효로 확정되므로 허가를 받기까지는 유동적 무효의 상태에 있다고 보아야 할 것이며, 이러한 유동적 무효상태에 있는 계약을 체결한 당사자는 쌍방이 그 계약이 효력이 있는 것으로 완성될 수 있도록 서로 협력할 의무가 있다고 할 것이다」(대판 2000.4.7, 99다68812).

(6) 不許可處分에 대한 救濟

1) 異議申請

토지거래계약의 허가신청에 대한 불허가처분에 이의가 있는 자는 처분을 받은 날로부터 1월 이내에 시장·군수 또는 구청장에게 이의신청을 할 수 있으며 이의신청을 받은 시장·군수 또는 구청장은 시·군·구도시계획위원회의 심의를 거쳐 그 결과를 이의신청인에게 통보하여야 한다(동법 제120조).

2) 買受請求權

허가신청에 대한 불허가처분으로 토지의 처분기회를 상실한 상대방은 토지 등을 현금화할 수 있는 기회를 상실하여 매우 곤란한 입장에 처할 수도 있다. 이를 구제하기 위하여 상대방에게 매수청구권을 인정하였다. 매수청구가 있으며 시장·군수·구청장은 국가·지방자치단체·한국토지개발공사와 기타 정부투자기관 및 공공단체 중에서 매수할 자를 지정하여 예산의 범위 안에서 공시지가를 기준으로 당해 토지를 매수하여야 한다(동법 제123조). 그러나 예산이 없으면 매수하지 않을 수도 있는 것이어서 동법상의 매수청구권제도는 불완전한 구제제도라 할 것이다.

V. 公示地價制

1. 意義

공시지가제란 토지의 적정가격을 평가·공시하여 이를 사인간의 거래와 국가·지방자치단체가 행하는 토지수용이나 협의매수 또는 과세 등의 기준가격으로 함으로써 지가안정을 도모하고 공공복리에 이바지하기 위한 제도이다.

부동산가격공시및감정평가에관한법률에 의하여 국토해양부장관은 매년 전국에 걸쳐 일정수의 표준지에 대한 지가를 결정·공시하여야 하고, 또한 시장·군수 또는 구청장은 매년 공시지가를 기초로 하여 개별토지의 지가를 결정·공시하여야 한다.

2. 標準公示地價

(1) 意義

표준공시지가란 공시법의 규정에 의한 절차에 따라 국토해양부장관이 조사·평가하여 공시한 표준지의 단위면적당 가격을 말한다(부동산가격공시및감정평가에관한법률 제2조). 일반적인 토지거래의 지표가 되며, 국가, 지방자치단체 등의 기관이 그 업무와 관련하여 지가를 산정하거나 감정평가업자가 개별적으로 토지를 감정평가하는 경우에 그 기준이 되는 것이다(제3조).

(2) 公示地價의 法的 性質

1) 行政計劃說

이 설은 공시지가가 일반적인 토지거래의 지표가 되고 토지의 감정평가의 기준이 될 뿐이라는 점에서 행정계획(비구속적 행정계획)으로 본다.

2) 行政規則說

이 설은 공시지가는 개별공시지가의 산정을 통하여 협의매수 또는 토지수용가액산정 등의 기준이 되는 것이므로 일반적·추상적 규율로 볼 수 있을뿐 행정행위의 요소인 개별성·구체성이 결여되었으므로 행정규칙의 성질을 가진다는 견해이다.

3) 行政行爲說

이 설은 공시지가가 개발부담금 등의 산정기준이 되고 국민의 구체적인 권리·의무 내지 법률상 이익에 영향을 미치며, 이의신청을 인정하고 있는 점을 볼 때 행정행위의 성질을 가진다는 견해이다.

4) 判例

이에 관한 전형적인 판례 2가지를 보면, ① 표준지로 선정된 자신의 토지에 대하여 표준지 공시지가를 기초로 하여 토지초과이득세가 부과 되자 그 취소를 구한 사건에서 「처분청이 국토해양부장관을 상대로 표준지 공시지가결정의 취소를 구하는 행정소송을 제기하여야 하는 것이고, 그러한 절차를 밟지 아니한 채 그 표준지에 대한 조세부과처분의 취소를 구하는 소송에서 그 위법성을 다툴수 없다」(대판 1997.2.28, 96누10225)고 하였고, ② 자신에 대한 개별공시지가 결정이 위법하다고 하여 그 취소를 구한 사건에서 그 위법사유로서 표준지의 공시지가결정이 위법하다고 주장하기 위해서는 「표준지로 선정된 토지의 공시지가에 대한 의의신청 및 행정소송을 제기하지 아니한 채 개별토지 가격결정의 효력을 다투는 소송에서 그 개별토지 가격산정의 기초가 된 공시지가의 위법성을 다툴 수 없다」(대판 1998.3.24, 96누6851)고 한 바 있다.

위의 2개 판례는 구체적 사안을 달리하고 있는 것이나, 결국 표준지 공시지가 결정행위는 행정소송의 대상인 처분에 해당한다는 점을 확인해 주고 있는 것이라 하겠다.

(3) 標準公示地價의 效力

1) 一般的인 土地去來上의 지표

표준지의 공시지가는 일반적인 토지거래에 있어 그 가격결정에 있어 지표가 되는 것이기는 하나, 법적 구속력을 가지는 것은 아니다.

2) 鑑定評價業者의 個別土地에 대한 鑑定評價基準

표준지의 공시지가는 감정평가업자에 의한 개별토지의 감정평가의 기준이 된다. 이 경우 감정평가업자는 당해 토지와 유사한 이용가치를 가지는 것으로 인정되는 하나 또는 둘 이상의 표준지와 평가대상토지와의 위치·지형·환경 등 토지의 객관적 평가에 영향을 미치는 모든 요인을 비교하여 평가대상토지와 표준지의 공시지가가 균형을 유지하도록 하여야 한다.

3) 土地收用·協議買收 등의 價格豫定基準

국가·지방자치단체·정부투자기관 등의 공공단체에 의한 공공용지의 협의매수시 또는 토지수용시의 보상액, 토지의 과세표준액의 산정 등에 있어서는 다만 필요하다고 인정할 때에는 산정된 지가를 각각의 목적에 따라 가감조정하여 조정할 수 있다.

3. 個別公示地價

(1) 意義

개별공시지가란 위에서 말한 표준지의 공시지가를 기준으로 국토해양부장관이 작성한 이른바 '토지가격비준표'에 의거하여 시장·군수 또는 구청장이 결정·고시하는 매년 공시기준일 현재 관할 구역안의 개별토지의 단위면적당 가격을 말한다. 이러한 개별공시지가는 개발이익환수에관한법률에 의한 개별부담금의 부과 기타 다른 법령이 정하는 목적을 위한 지가산정의 기초가 된다.

(2) 個別公示地價의 法的 性質

표준지의 공시지가의 경우와 같이 개별공시지가도 그 법적성질에 관하여 행정행위설, 행정규칙설 등이 있으나 행정행위설이 다수설이라고 할 수 있다. 판례도 같은 견해이다. 행정행위설은 개별공시지가는 개별부담금등의 산정기초로 되어 국민의 권리·의무에 구체적 영향을 미지는 섯으로서, 개별공시지가의 결정에 의하여 당해 토지의 소유자 등의 구체적인 권리·의무가 확정되는 것이라 할 것이므로, 이 행위는 행정행위 또는 행정소송의 대상이 되는 처분에 해당한다고 할 것이다.

【판례】:「개별토지의 공시지가는 토지초과이득세·택지초과소유부담금(지금은 모두 폐지된 제도임)·개발부담금 등의 산정기준이 되어 국민의 권리·의무 내지 법률상이익에 직접적으로 관계된다고 할 것이므로, 행정소송법상 행정청이 행하는 구체적 사실에 관한 법집행으로서의 공권력행사에 해당하며 따라서 행정소송의 대상이 되는 행정처분이라고 할 것이다」(대판 1993.1.15, 92누12407).

(3) 個別公示地價의 效力

개별공시지가는 개발이익환수에관한법률에 의한 개발부담금의 부과(제11조 조1항), 농지법에 의한 농지전용부담금의 부과(제38조), 재산세, 양도소득세부과처분 등 과세처분(소득세법 제99조)시 지가산정에 사용된다.

(4) 個別公示地價決定에 대한 救濟手段

개별공시지가결정에 이의가 있는 자는 그 결정·공시일부터 30일 이내에 시장 등에게 이의를 신청할 수 있다. 이 경우 시장 등은 이의신청의 내용이 타당하다고 인정될 때에는 당해 개별공시지가를 조정하여 다시 공시하여야 한다.

개별공시지가결정은 행정소송법상의 '처분'의 성격이 있으므로, 여기서의 이의신청은 특별행정심판에 해당한다 할 것이다. 이의신청에 그 청구가 인용되지 않는 경우에는 관계인은 행정소송을 제기할 수 있을 것이다.

【판례】:「개별토지가격에 대하여 이의가 있는 토지소유자 및 이해관계인은 개별토지가격 합동조사지침에 기한 재조사청구나 행정심판법에 의한 행정심판청구중 하나만 거쳐 곧바로 제기하는 것이 가능함은 물론, 재조사청구를 하여 그 결과통지를 받은 후에 다시 행정심판법 제18조 3항에 따른 행정심판의 재결을 거쳐 행정소송을 제기하는 것도 가능하다」(대판 1998.2.27, 96누13972).

Ⅵ. 開發利益還收制度

개발이익환수제도는 (구)국토이용관리법 제3조에 규정되어 있었으나 그 적극적 시행은 보류되어 오다가 토지공개념법제의 일환으로 1989년 12월 30일 개발이익환수에관한법률이 제정됨으로써 시행되기에 이른 것이다.

1. 開發利益의 意義

개발이익이란 개발사업으로 인하여 개발사업자에 돌아가는 토지가액의 증가분과 공공사업의 시행, 토지이용계획의 변경 기타 사회·경제적 요인에 의하여 정상지가상승증가분을 초과하여 토지소유자에게 귀속되는 토지가액의 증가분을 말한다(개발이익환수에관한법률 제2조).

현행법상 개발이익의 환수방법에는 과세적 방법과 비과세적 방법이 있다. 과세적 방법으로는 재산세·종합토지세·재산의 처분에 대한 과세인 양도소득세 등에 의한 것과 비과세적 방법으로는 개발이익환수에관한법률에 근거하여 부과되는 개발부담금제도가 있다.

2. 開發負擔金

(1) 意義

개발부담금이란 개발사업시행자에게 귀속되는 전체개발이익 등에서 사회에 환원되는 금액, 즉 개발이익환수에관한법률에 의하여 국가가 부과·징수하는 금액을 말한다. 국토해양부장관은 개발사업자에게 귀속되는 정상적인 상승분을 초과하는 토지가액의 상승분을 부과·징수한다. 대상 토지가액은 원칙적으로 개별공시지가에 의하여 산정한다.

(2) 賦課基準과 負擔率

부과종료시점의 부과대상토지의 가격에 부과개시시점의 부과대상토지의 가액, 부과기간 동안의 정상지가상승분, 그리고 개발비용을 공제한 금액을 기준으로(제8조), 100분의 25로 한다. 다만, 도시계획법 제21조의 규정에 의한 개발제한구역에서 개발사업을 시행하는 경우로 납세의무자가 동 구역의 지정당시부터의 토지소유자인 경우에는 100분의 20으로 한다(제13소).

(3) 賦課·徵收

개발부담금은 국토해양부장관이 개발완료시점부터 3개월이내에 결정·부과하여야 하며 그 납부의무자는 부과일로부터 6개월이내에 이를 이행하여야 하며, 납부일까지 납부하지 않으면 국세체납의 예에 따라 강제징수한다(제14조~제19조). 부과·징수에 대하여 이의가 있는 자는 중앙토지수용위원회에 행정심판을 청구할 수 있으며(제26조), 그 재결에 불복이 있는 경우에는 행정소송을 제기할 수 있다.

제4장 經濟行政法

제1절 槪說

Ⅰ. 意義

경제행정법이란 시장경제활동에 대한 행정권의 규제와 행정주체가 경제활동을 수행하는 것에 관한 법규정 및 행정권의 행사에 의해 침해된 국민의 권익에 대한 구제제도에 관한 법체계를 말한다.

Ⅱ. 經濟行政法의 體系

일반적으로 경제법은 주로 개인의 경제활동이 자유롭고 공정하게 행해질 수 있도록 하고 그들의 경제활동의 촉진을 위하여 규제·감독 또는 유도·조정하는 법체계이다. 따라서 경제법의 대상은 국가와 개인간의 행정상의 법률관계를 중심으로 한다. 그러한 의미에서 일 국가의 법체계를 공법과 사법의 체계로 구분할 때 경제법은 공법체계의 한 부분을 형성하고 있다. 그러나 또한 동시에 경제법은 미시적으로 보면 개인과 개별기업의 경제활동을 그 규율대상으로 하므로 민법과 상법 등 사법의 체계와 밀접한 관련을 맺고 있다. 그러므로 경제법은 경제공법과 경제사법의 혼합법적 성격을 가지는 상위개념의 법으로서 경제에 대해 중요한 의미를 가지는 모든 법규의 총체라고 이해할 수 있다.

Ⅲ. 經濟行政法과 憲法

1. 經濟憲法

경제학적 관점에서 주로 경제체제와 경제과정의 흐름을 의미하는 경제질서의 개념에는 두 가지의 이념형이 있다. 그 하나는 자유로운 경쟁과 시장기구를 요소로 하는 시장경제질서이고, 다른 하나는 생산수단의 국유화와 국가의 계획·조정에 의하여 운영되는 계획경제질서가 그것이다.

헌법에 규정된 경제조항을 경제헌법이라 하는데, 경제헌법은 흔히 국가경제생활의 종류 및 형태에 대한 헙법의 총체적 결단으로 이해되고 있다. 경제생활에 대한 헌법에의 규정형식은 독립된 장으로 하여 체계적인 규율을 할 수도 있고, 헌법의 개별조항에 산재하는 경우도 있다. 후자의 경우에는 경제질서에 대한 헙법제정권력자의 의도가 경제와 관련되는 헌법조항들의 체계적 해결을 통하여 추론된다. 경제헌법은 경제행정에 관한 지도이념·지도원리이자 최고의 법원이다. 경제헌법에 의하여 행정의 범위와 한계가 정하여진다. 그런 의미에서 경제행정법은 구체화된 경제헌법이다.

2. 憲法上 經濟秩序

우리 헌법의 규정을 보면 「대한민국의 경제질서는 개인과 기업의 경제상의 자유와 창의를 존중함을 기본으로 한다」(제119조 제1항)고 하여 우리 경제헌법의 대원칙을 규정하고 있다. 이것은 우리 헌법의 경제질서가 자유주의적인 경제원리에 입각하고 있으며, 개인과 기업이라는 경제주체의 경제적 자유를 근간으로 하여 생산과 소비, 고용과 경제성장을 창출하여 국부의 증진을 도모한다는 의미로 해석될 수 있다. 제119조 제2항은 「국가는 균형있는 국민경제의 성장 및 안정과 적절한 소득의 분배를 유지하고, 시장의 지배와 경제력의 남용을 방지하며, 경제주체간의 조화를 통한 경제의 민주화를 위하여 경제에 관한 규제와 조정을 할 수 있다」라고 규정하여 헌법상 근로자의 권리, 사회적 기본권, 인간의 존엄과 가치의 실현을 위한 조항들과 함께 우리 경제헌법의 또 다른 측면을 천명하고 있다.

이와 같은 자유와 평등의 조화라는 이념을 실현하기 위하여 헌법이 이른바 수정자본주의원리를 채용하고 있다는 점에서 극단의 자유·방임적 경제체제도 극단의 중앙통제적 경제체제도 아닌 이른바 사회적 시장경제체제가 우리 헌법이 지향하는 경제의 기본질서라 하겠다.

3. 經濟行政의 憲法的 限界

경제행정법은 헌법상의 법치주의적 한계가 준수되어야 하는바, 여기에 속하는 대표적인 것으로 비례의 원칙, 직업의 자유, 재산권의 보장, 노동의 권리, 근로자의 노동3권, 집회·결사의 자유, 평등권, 사적자치, 계약의 자유 등이 있다. 이 중에서 경제행정과 관련하여 특히 중요한 것으로 비례원칙과 직업의 자유이다.

(1) 比例의 原則

경제분야에서 개인의 경제적 자유를 제한하는 모든 조치는 비례의 원칙에 합당하여야 한다. 비례원칙 위반은 위헌·위법이 된다.

비례원칙에는 다음의 3가지 원칙이 그 내용이 되고 있다. 즉, ① 국가의 경제조치는 의도하는 조치에 적합하여야 한다(적합성의 원칙). ② 그 조치는 목적실현을 위해 필요한 한도 이상으로 행해져서는 안 된다(필요성의 원칙, 최소침해의 원칙). ③ 위의 두 가지 원칙에 합치하더라도 행정조치로 인해 제한받는 자유의 정도가 그로 인해 추구되는 공익보다 큰 경우에는 당해 조치를 취해서는 아니 된다(상당성의 원칙, 협의의 비례원칙).

(2) 職業의 自由

헌법 제15조는「모든 국민은 직업선택의 자유를 가진다」고 규정하여 자유주의적 시장경제질서내에서 개인이 가지는 근본적이고 본질적인 기본권으로서 직업의 자유를 규정하고 있다. 시장경제질서의 기본은 개인과 기업의 자유로운 경제활동이다. 직업의 자유는 바로 이러한 개인과 기업의 자유로운 경제활동을 가능하게 하는 것이다.

직업선택의 자유는 직업을 선택하는 자유뿐만 아니라 선택한 직업을 자유롭게 행사할 수 있는 자유, 즉 영업의 자유를 포함하는 직업의 자유를 의미한다고 해석되는, 직업의 자유의 제한에 있어 엄격하게 비례의 원칙이 적용되지만, 직업 '선택'과 직업 '행사'의 자유의 구분은 그 제한과 관련하여 중요한 의미가 있다. 어떤 직업의 선택자체를 제한하는 것은 선택된 직업행사방법을 제한하는 경우보다 훨씬 엄격한 전제조건이 충족되어야 한다.

제2절 經濟行政組織

행정법의 한 부분으로서의 경제행정법의 구체화의 실현은 기본적으로 국가(정부)나 지방자치단체의 임무에 속하고, 정부와 지방자치단체는 관련 행정기관·공기업 등을 통해서 경제행정을 수행한다. 헌법은 행정조직의 기본원칙으로서 민주적 정부형태(제67조), 지방자치제도(제117조), 행정조직법정주의(제96

조) 등을 규정하고 있다. 현행법하의 경제행정조직에 관한 검토는 경제행정의 주체를 기준으로 하여 국가행정조직, 지방자치단체의 행정조직 그리고 기타 경우로 나누어 살펴보기로 한다.

Ⅰ. 國家의 經濟行政組織

1. 直接國家經濟行政組織

현행의 정부조직에 있어 직접국가경제행정조직을 구성하는 기관으로는 대통령·국무회의·기획재정부장관·경제관련장관·경제상관회의 등이나. 경제의 주무부서는 기획재정부이다. 이 밖에 국무총리소속하에 기획예산처·금융감독위원회·공정거래위원회 등이 경제에 대한 막강한 권한을 행사하고 있다.

경제에 관한 권한이 이와 같이 여러 기관에 분산되어 있어서 혼선을 일으키는 경우도 없지 않다. 이리하여 그 경제부서를 통괄하는 경제담당 부총리제의 부활의 필요성이 논의되기도 한다.

2. 間接國家經濟行政組織

간접경제행정이란 국가가 직접수행하는 것이 아니라 독립된 공법상의 법인에 의해서 행해지는 행정이고, 이런 행정을 수행하는 국가의 행정조직이 간접국가경제행정조직이다. 오늘날의 행정은 행정조직의 다원화에 의해 전문화·분권화의 추세를 보이고 있는바, 특히 경제행정에 있어서는 간접국가행정조직의 비중이 계속 커지고 있다. 공사·공단·공법상재단 등이 그 기구들이다.

3. 經濟行政上 合議制行政廳

경제행정도 일반행정과 마찬가지로 독임제 행정청에 의해 수행되는 것이 보통이지만, 공정거래위원회·금융감독위원회·무역위원회·물가안정위원회 등의 합의제 행정기관이 그 업무를 수행하는 경우도 있다. 공정거래위원회는 국무총리소속하의 합의제행정관청으로서의 지위를 가지며, 그의 권한으로서 시장지배적 지위의 남용행위규제, 부당한 공동행위규제, 불공정거래행위규제 등이 있다.

Ⅱ. 地方自治團體의 經濟行政組織

1. 地方自治團體의 直接經濟行政規制

지방자치단체의 경제행정은 법령과 조례의 범위 안에서 지방자치단체의 장과 그 소속 행정기관이 행한다. 지방자치단체의 경제에 대한 권력적 규제행정은 국가의 기관위임사무가 그 대부분을 차지한다고 보아야 하지만, 지역적 특수성을 감안한 소비자 보호나 경제에 대한 비권력적인 유도·조정 등의 조치는 지방자치단체의 적절한 경제행정분야가 될 것이다. 그리고 지방자치단체는 직접 공기업을 경영하기도 한다. 말하자면 법적 독립성이 없는 공기업은 바로 지방행정조직의 한 구성부분이다.

지방공기업 중 이러한 지방직영공기업은 지방자치단체가 조례에 의하여 자기의 경제적 부담에 의하여 직접 관리·경영하는 사업으로서, 수도사업·궤도사업(도시철도사업 포함)·자동차운송사업·주택사업 등이 그 대상이 된다(지방공기업법 제1조·제2조·제5조). 이러한 지방공기업에 있어서는 지방자치단체는 경제에 대한 규제자로서가 아니라 스스로 경제주체로서 경제과정에 참여하는 것이다.

2. 地方自治團體의 間接經濟行政組織

지방자치단체는 공법인 또는 공공단체를 통하여 비권력적 사업을 하는 행정조직을 가질 수 있다. 지방공사·지방공단 등을 설치·운영할 수 있는 것이 그것이다(지방자치법 제146조, 지방공기업법 제49조·제76조). 예컨대 서울특별시지하철공사, 서울특별시시설관리공단, 서울특별시농수산물공사 등이다.

Ⅲ. 公法上 社團의 形式을 띠는 團體에 의한 經濟上 自治行政(經濟自治)

국가는 경제행정임무와 관련이 있는 단체에 대하여 경제행정임무를 위탁하여 경제행정을 수행하기도 하는바, 법률에 의해 이들 단체에게 자치권을 부여함으로써 국가가 경제를 보호·육성하는데 있어서 이들의 전문지식을 활용하여 올바른 결정을 내리는데 도움이 되며, 단체로 하여금 자신들의 직업과 관련된 업무를 구성원의 이익을 위함과 동시에 공익을 위해 스스로 수행하게 하는데 의의가 있다. 상공회의소가 그 대표적이며, 그밖에도 의사회·치과의사회·한의사회·약사회·변호사회·농업협동조합을 위시한 각종 협동조합 등이 있다.

Ⅳ. 私人에 의한 經濟行政

경제행정에 사인이 참여하는 경우도 있다. 이른바 공무수탁사인·공의무담당사인·행정보조자 등에 의한 행정이 그것이다.

1. 公務受託私人

공무수탁사인이란 공행정사무를 자신의 이름으로 처리할 수 있는 권한을 부여받아 공권력을 행사할 수 있는 사법상의 자연인 또는 법인을 말한다. 공무수탁사인의 결정적 특징은 위탁된 당해 공임무와 관련하여 고권적 권한을 행사할 수 있다는 점이다. 고권적 권한을 자기의 이름으로 자주적으로 행사할 수 있기 위해서는 법적 근거를 요한다. 즉 사인에 대한 공무위탁은 직접 법률이나 법률에 근거한 행정행위 혹은 공법상계약을 통해 행해진다.

사인에 대하여서는 개별적인 권한만이 위탁될 수 있다. 따라서 공무수탁사인의 법률관계는 특정권한에만 관련되는 것이며, 당해 사인의 모든 법적지위에 대하여 그러한 지위가 인정되는 것은 아니다. 공무수탁사인을 인정하는 것은 국가의 사무를 경감하고 분산시키며, 사인의 지식과 재력을 이용하기 위함이다. 사인이 기업자 또는 공공사업의 시행자로서 토지수용권 등 공권력을 행사하는 경우가 이에 해당한다.

2. 行政의 補助者

공무수탁사인과는 달리 고권적 임무수행에 있어서 행정청의 위탁이나 지시에 따라 경제행정에 도움을 주는데 불과한 행정의 보조자가 있는데, 이것은 결코 자주적 행정주체가 아니다. 쓰레기 수거나 방사성폐기물제거 등 행정영역에서 찾아볼 수 있다. 오늘날 경제행정청은 다양하고 전문적인 임무수행과 관련하여 행정의 보조자로서의 사인의 도움을 필요로 하는바, 예컨대 국가의 건축물의 안전도의 심사에 건축전문가의 도움을 받는 것과 같은 경우이다.

3. 公義務擔當者

사인의 공적채무의 수행이 법률에 의하여 특정한 의무로서 부과되는 경우에 그 사인은 단순히 행정보조자로서의 역할을 하는 것이 아니다. 이러한 사인을 공의무담당자 또는 공의무부담자 또는 공적의무가 부과된 사인이라 한다. 이러한 사인은 고권적 권한을 행사하는 것이 아니다. 예컨대 사용자에 의한 근로자의 근로소득세의 징수의무, 석유비축의무, 한국의 경우 석유사업법 제17조에 의한 석유정제업자 등의 석유비축의무 등의 부담을 지는 경우의 사인을 의미한다.

제3절 經濟行政의 任務

국가의 경제행정상의 임무는 크게 보아 3가지로 구분될 수 있다.

(1) 소극적으로 경제상의 위험을 방지하고 경제질서를 보호·유지하기 위한 경제감독 또는 경제감시이다. 이것은 경제영역에서의 국가의 소극적 목적, 즉 위험의 방지와 위험의 제거를 내용으로 하는 국가작용이며, 새로운 경제상태의 실현을 위한 것이 아니라 일정한 수준의 경제상 안전의 보장을 위한 작용이다.

(2) 적극적으로 경제를 바람직한 방향으로 이끌어가기 위한 경제유도 또는 경제지도이다. 경제행정은 경제가 공적 안전과 질서에 바람직하지 않는 영향을 주지 않도록 하는데 관심을 기울일 뿐만 아니라 한 걸음 더 나아가서 국민경제상 생활개선이 이루어지도록 바람직한 경제상태의 방향으로 이끌어 가는데 관심을 가져야 함은 오늘날의 복지국가에서 당연한 것이다.

(3) 국가나 지방자치단체가 경제를 직접·간접으로 지원하는 경제조성 또는 경제촉진이 그것이다. 자금조성행정이 그 대표적인 예이다. 다만, 이들 상호간의 구분이 명확한 것은 아니다. 특히 경제유도와 경제조성은 서로 겹치는 경우가 많다. 예를 들면 자금지원은 경제를 지원·조성함과 동시에 경제를 유도하기 위한 것일 수도 있다. 경제유도의 중요한 수단이 자금지원이다. 그러한

의미에서 넓은 의미의 경제유도(지도)에는 경제조성이 포함된다고 볼 수 있다.

제4절 經濟行政의 行爲形式

Ⅰ. 法令에 의한 直接的 規律

경제에 대한 국가 등의 개입은 개별·구체적인 조치로서의 행정행위에 의하지 않고 법령에 의하여 직접적으로 규율할 수도 있다. 지방자치단체도 경제행정의 주체로서 조례·규칙에 의하여 경제에 관한 규제와 조정을 행할 수 있음은 물론이다. 경찰상의 목적을 위해 국민에 대하여 작위·부작위·급부·수인 등의 의무를 명하는 경찰하명에는 법규하명과 처분으로서의 하명이 있는 것과 같이 경제상의 목적을 위한 하명에 법규하명이 있는 것이다. 기준환률에 의하지 아니한 외국환거래의 금지(외국환거래법 제5조), 매점매석행위의 금지(물가안정에관한법률 제7조), 부당한 공동행위 및 불공정거래행위 금지(독점규제및공정거래에관한법률 제23조) 등이 이에 해당한다.

Ⅱ. 行政行爲

행정행위는 경제행정법에 있어서 중심적인 행위형식으로 간주되고 있다. 행정행위는 개별·구체적인 규율로서의 행위가 전형적이지만 일반·구체적인 이른바 일반처분이나 일반처분의 일종인 물적 행정행위 등이 있다.

Ⅲ. 私法的 經濟活動

경제행정분야에 있어서의 그 행위형식의 특징의 하나는 공법적 행정이외에 사법적 행정이 활발하다는 점이다. 국가 등은 사회정책적 관점에서 행정지원으로서 공무수행에 필요한 물자조달작용, 영리목적의 물자생산과 시장에서의 판매·교환 등의 경제활동과 교통시설·양로원 등의 각종의 보호시설의 설치·유지를 위한 생활보호 등의 활동을 한다.

국가가 일방적으로 경제의 안전·계획·촉진 등을 고권적으로만 하는 것이 아니고 사인과 같은 지위에서 경제활동에 참여하는 경우가 많다. 이른바 국고

작용 또는 국고행정이 그것이다. 국고행정은 좁은 의미에서는 '행정의 보조작용'과 '행정의 영리적 활동'만을 의미하지만 넓은 의미에서는 이것들 이외에 사법형식에 의한 행정과제의 직접적 수행이 포함된다. 어떻든 국고행정에서의 법률관계는 사법내지 행정사법의 적용을 받게 된다.

Ⅳ. 行政指導

행정지도는 대체로 '행정주체가 일정한 행정목적의 실현을 위하여, 특정한 개인 또는 법인이나 기타 관계자의 행동을 유도하여 그 의도하는 바를 실현하기 위하여 행하는 비권력적 사실행위'라고 정의되고 있다. 행정기관이 그 소관사무에 속하는 사항에 관해서 권고·조언·교시 등의 비권력적 행위는 특히 급부행정에 있어서 그 중요한 수단이 되고 있는바, 경제행정분야에서 많이 활용되고 있고 실효를 거두고 있다.

Ⅴ. 行政計劃(經濟計劃)

경제와 사회에 대한 국가의 책임은 문제가 발생한 뒤에 사후적으로 처리함으로써 충분히 실현될 수 있는 것이 아니다. 그것은 국가가 경제과정에 예측적·지도적·적극적으로 참여할 때 기대될 수 있는 것이 오늘날의 상황이다.

오늘날 경제공동체는 광범위하고, 분업적으로 조직화되어 있고, 고도로 기술적이며, 복잡하고 다양하게 얽혀있다. 따라서 국가는 경제계획을 통하여 실질적인 법치국가·균형있는 국민경제의 실현을 위하여 능동적인 경제형성과 광범위하고도 계획적인 경제과정상에 질서를 확립하여야 한다.

Ⅵ. 政策的 手段

국가가 경제의 일반적 동향에 총괄적으로 영향력을 행사하는 수단으로 ① 조세정책, ② 재정정책, ③ 금융·통화정책 등이 있다.

제5장 環境行政法

제1절 概說

Ⅰ. 環境行政의 槪念

환경법은 환경민사법, 환경형법 등 그 체계와 내용이 다양하고 복잡한 법체계를 형성하고 있다. 그러나 환경보호문제의 법적 보호에 있어서는 공법적 또는 행정법적 측면에서의 보호문제가 그 주류를 이루고 있다. 환경법은 결국 환경보호를 규율하는 것을 그 내용으로 하기 때문에 그 법적 성격은 행정법의 일부분이라 하겠다.

환경행정은 건강하고 쾌적한 자연환경 및 생활환경을 확보하기 위하여 환경오염의 예방을 통한 환경의 보호와 오염된 환경의 개선 및 쾌적한 환경의 유지·조성을 목적으로 하는 행정작용을 말한다.

Ⅱ. 環境行政法의 法源

환경행정법의 법원은 헌법과 법률을 들 수 있다. 법률로는 1990년에 제정된 환경정책기본법을 기본으로 하고 있으며, 대기환경보전법, 수질및수생태계에관한법률, 자연환경보전법, 원자력법 등 수많은 개별법에 환경에 관련된 규정들이 있다.

제2절 環境行政法의 憲法的 基礎와 環境行政의 基本原理

Ⅰ. 環境行政法의 憲法的 基礎

헌법 제35조는 「① 모든 국민은 건강하고 쾌적한 환경에서 생활할 권리를 가지며, 국가와 국민은 환경보존을 위하여 노력하여야 한다. ② 환경권의 내용과 행사에 관해서는 법률로 정한다. ③ 국가는 주택개발정책 등을 통하여 모든 국민이 쾌적한 주거생활을 할 수 있도록 노력해야 한다」고 규정하여 환경권을 개인의 기본권의 하나로 규정한 것은 원칙적으로 개인의 환경권 침해를 주관적 공권의 침해로 보아 이에 대한 직접적인 사법적 구제의 가능성을 제시하고 있는 것이다.

Ⅱ. 環境行政의 基本原則

헌법은 국가의 환경보전의무(제35조 제1항 후단)를 규정하고 있고, 이러한 헌법규정을 이어 받아 환경정책기본법은 환경오염 및 환경훼손과 그 위해를 예방하고 환경을 적정하게 관리·보전하기 위하여 환경보전계획의 수립·시행의 책무를 국가에게 부여하고 있다(제4조 제1항).

이러한 환경보전을 위한 책무의 수행에 있어서 그 기초를 이루는 기본원리로서는 ① 사전배려의 원칙, ② 존속보호의 원칙, ③ 원인책임자 원칙, ④ 공동부담의 원칙, ⑤ 협력의 원칙을 들 수 있다.

1. 事前配慮의 原則

사전배려의 원칙이란 국가와 사회는 미래를 예측하고 계획성 있는 행위를 함으로써, 발생할 우려가 있는 위험과 리스크에 사전에 대비해야 하고, 생태계의 기초와 자연자원의 관리와 보전을 위해 사전에 배려하여야 한다는 원칙을 말한다.[69] 이것은 환경보호에 있어서 제1차적이고도 근본적인 원칙이라고 할 수 있다.

2. 存續保障의 原則

존속보장의 원칙이라 함은 환경을 더 이상 악화시켜서는 안되며 현존의 상태를 유지해야 한다는 것을 의미한다. 그런 점에서 악화금지의 원칙이라고도 한다. 사전배려의 원칙이 적극적·미래지향적인 성격의 것이라면, 존속보장의 원칙은 소극적으로 현상유지를 중시할 뿐이고 현재의 환경상태의 개선을 추구하는 것은 아니다.

---

69) 고영훈, 환경법, 60면.

3. 原因者責任의 原則

원인자책임의 원칙이란 자기의 행위, 또는 자기의 보호·감독하에 있는 자의 행위 또는 물건으로 인하여 환경에 부담을 주거나 훼손한 자에게 그 제거 또는 회피비용을 부담시키는 비용부담의 내용에 관한 원칙이다.

4. 共同負擔의 原則

공동부담의 원칙이란 국가 또는 공공단체가 환경오염의 방지·감소 및 제거를 위한 비용을 부담하는 것을 말한다. 이는 결국 납세자인 국민이 공동으로 비용을 부담하는 것이다. 원인자책임의 공동부담의 책임에 우선하는 원칙이지만, 원인확정의 곤란성·책임귀속 및 양정상의 어려움 및 국가 등의 환경보호책무를 고려해 보고, 또는 경제적·정책적으로 국가 등이 부담할 필요가 있는 때 등에는 예외적·보충적으로 공동부담의 원칙이 적용된다 할 것이다.

5. 協力의 原則

오늘날 환경보호의 과제야말로 국가의 힘만으로는 불가능하며, 국가와 국민 특히 경제계가 협력하지 않으면 안된다. 국가가 환경행정을 시행함에 있어 사회적·개인적 영역의 전문적 지식과 노하우·자본을 활용함으로서 환경보전의 과제를 효율적으로 달성할 수 있다. 따라서 협력의 원칙은 환경보전의 과제를 달성하기 위하여 환경목표의 설정, 의사형성 그리고 결정의 여러 과정에 국가와 사회의 모든 이해관계인이 참여하여야 한다는 것을 말한다.

제3절 環境行政의 特徵

환경행정은 다른 행정영역에 비하여 다음과 같은 몇 가지 특징이 있다.

Ⅰ. 計劃行政

소극적인 질서유지를 그 내용으로 하는 경찰작용과는 달라서 환경행정은 적극적으로 자연환경·생활환경을 개선·조성하여 건강하고 쾌적한 생활을 창조한다는 적극적 행정활동으로서의 성질을 가지고 있으므로 종합적이고 장래예측적인 형성적 활동이 매우 중요한 의미를 가지며 그에 따라 행정계획이 큰 비중을 차지한다. 사전배려의 원칙에 따라 예측가능한 수단과 목적을 결합시키지 않고는 환경보호의 목적을 달성할 수 없다. 실정법도 환경보전장기종합계획 등 여러 종류의 환경에 관한 행정계획을 예정하고 있다.

Ⅱ. 生活配慮·利害調停行政

환경행정은 인간의 생활공간으로서의 지역의 환경조건을 유지·정비·개선하고 미래를 향하여 창조하여가는 행정이라는 점에서, 특정인에 대한 급부활동은 아니지만, 국민에게 건강하고 쾌적한 환경을 조성하여주는 행정이라는 점을 보면 이는 생활배려의 행정작용으로서의 성격을 지닌다. 또한 환경문제에 있어서는 국가와 개인간, 국가와 사회간, 또는 개인과 개인간의 환경보호의 문제를 둘러싸고 대립충돌의 이해관계가 얽혀 있는바, 환경행정은 이러한 관계를 조정하는 활동으로서의 성격이 부각된다.

Ⅲ. 環境行政의 行爲形式과 手段의 多樣性

환경행정은 그 전문성·기술성으로 인하여 공식적 내지는 정형적 법적 규율에 의하여 서로 그 목적을 효율적으로 달성하기 어렵다는 특성을 가지고 있다. 예컨대 환경영향에 대한 평가나 환경기준의 설정 등과 같이 고도의 전문기술적 판단을 요하는 분야에 있어서는 계속 발전하는 환경기술에 크게 의존하고 있고, 상황에 따라 탄력적인 대응이 필요한 것이다. 따라서 전통적인 행정작용형식에 의해서는 환경행정은 그 책무를 적절하게 수행하기 어려운 면이 많다. 실제 행정규칙이나 비공식적인 행정작용형식에 의존하는 경우가 적지 않은 것은 환경행정의 이러한 특성에 기인하는 것이다. 법령이 환경행정에 있어서의 각종 기준을 스스로 구체화하지 않는 경우나, 전문분야의 환경보호를 위한 공적책무가 제3자에 의하여 대행되는 경우라든가, 행정행위나 공법상 확약 등의 형식 대신에 이해관계인과의 협의·협상 등과 같은 비공식적인 행위형식이 사용되는 경우 등이 그 실례이다.

Ⅳ. 地域性

환경행정은 전국에 걸쳐 일률적으로 행해지는 것이 아니라 지역환경의 특수성을 고려하여 행해지는 면이 강하다. 환경오염이나 환경파괴현상은 지역이나 생활권에 따라 각기 다르게 나타나기 때문이다. 따라서 지역성은 환경행정의 특징의 하나라 하겠다.

제4절 環境行政의 行爲形式과 手段

Ⅰ. 行政計劃에 의한 環境行政

현행법상 환경계획으로는 환경보호만을 위해 수립되는 것으로 종합적 계획·영향권별환경관리계획·분야별환경보전계획 등이 있다. 또한 환경보호는 다른 계획의 일환으로도 행해지고 있는바, 종합적인 국토이용계획, 도시계획·산림계획·하천정비계획과 같은 부문계획이 그에 해당한다.

1. 環境保全을 위한 長期綜合計劃의 樹立

환경정책기본법 제12조는 환경부장관으로 하여금 관계중앙행정기관의 장과 협의하여 환경보전위원회의 심의를 거쳐 매 10년마다 정부의 환경보전을 위한 장기종합계획을 수립하도록 하고 있다. 국무회의의 심의를 거쳐 확정되는 종합계획에는 ① 인구·산업·경제·토지 및 해양의 이용 등 환경변화여건에 관한 사항, ② 환경오염도 및 오염물질배출량의 예측과 환경오염이 생태계에 미치는 영향 등 환경질의 변화전망, ③ 자연환경의 현황 및 전망, ④ 환경보존목표의 설정과 그 달성을 위한 단계별대책 및 사업계획, ⑤ 사업시행에 소요되는 비용의 산정 및 재원조달방법이 포함되어 있다(동법 제13조).

2. 影響權別管理計劃·分野別保全計劃의 樹立

환경정책기본법은 영향권별 환경관리계획을 규정하고 있는바, 환경부장관은 환경오염의 상황을 파악하여 그 방지대책을 강구하기 위하여 대기오염의 영향권별지역 및 수질오염의 수계별지역 등에 관하여 양향권별로 관리의무를 지고 있고(제23조), 그에 따라 지방환경청장 및 환경부장관은 중·대권으로 구분된 영향권별 환경관리계획을 수립할 의무를 진다(시행령 제6조·제6조의2).

자연환경보전법은 환경부장관으로 하여금 자연환경보전기본방침을 수립·시행하도록 하고(제6조), 생태계보전지역의 관리기본계획을 수립·시행하고(제18조·제19조), 또한 자연유보지역의 종합계획 또는 방침을 수립하도록 하는(제28조) 등 분야별 환경보전계획에 관한 규정을 두고 있다.

3. 開發行政計劃에 있어서의 環境保全

국토기본법에 의한 국토종합계획은 국토의 종합적·효율적 이용을 위하여 수립되는 것이다. 그런데 이러한 개발계획의 한 내용으로서 토지·물·기타 천연자원의 보전과 같은 환경보전도 포함되어 있는 것이다. 국토종합계획은 다른 법령에 의한 계획에 우선하며, 그의 기본이 된다. 다만 군사에 관한 계획은 예외이다. 국토종합계획은 다른 계획의 기본이 된다는 점에서 지침적 계획이며 구속적 계획(대국민적 구속력)은 아니다.

또한 국토의계획및이용에관한법률은 국토이용계획의 내용으로서 용도지역의 지정에 관한 계획을 수립·시행할 수 있도록 하고 있는바, 그 용도지역 중에는 자연환경보전지역의 지정도 규정하고 있다(제6조 제4호).

4. 分野別 專門計劃에 의한 環境保全

환경보전은 분야별로 수립되는 전문계획에 의하여서도 수행된다. 하천법상의 하천법기본계획(제16조이하 참조)·폐기물관리법상의 폐기물처리기본계획(제9조)·폐기물관리종합계획(제10조) 등이 그 예이다.

Ⅱ. 環境基準의 設定과 維持

1. 環境基準의 意義와 法的 性格

① 일반적으로 환경기준이란 쾌적한 환경을 보전하고 사람의 건강을 보호하기 위하여 요구되는 일정한 환경상태를 유지하기 위해 정해놓은 기준으로서

환경행정이 추구하는 지침 내지 목표치라 할 수 있다. 환경기준은 사전배려의 원칙을 바탕으로 하는 것이므로 시·공을 초월하는 절대적 환경보호기준은 아니며 특정국가가 처한 경제적·정치적·환경적·지리적 요인에 따라 환경보호의 요청을 고려하여 구체적으로 형량의 과정을 통하여 결정된다.

② 환경기준은 대통령령·부령 등의 법규명령이나 행정규칙, 지방자치단체의 조례 등의 형식으로 발령되는 것이 일반적이지만, 그것들이 어떠한 법적성질 내지 효력(구속력)을 가지는 것인가에 관하여 환경기준의 법적구속력을 부인하는 견해와 인정하는 견해 그리고 비구속성을 인정하면서도 규범성을 인정하는 견해가 있다.

2. 環境基準과 排出許容基準

환경기준이 일반적·추상적 환경보호의 기준이라면 배출허용기준은 개별환경법규에 규정된 구체적인 환경보호기준으로서 직접적 법적 구속력을 가진다. 배출허용기준은 특정오염물질의 행정법적 방출기준을 의미하는 것으로서 이를 위반할 경우 처벌의 대상이 된다. 배출허용기준에 관해서는 수질및수생태계에 관한법률, 대기환경보전법, 소음·진동규제법, 오수·분뇨및축산폐수처리에관한법 등에 규정되어 있다. 그 중에서 대기환경보전법 제8조에서 대기오염물질배출시설에서 배출되는 대기오염물질의 배출허용기준은 환경부령으로 정하도록 규정하고, 배출허용기준을 환경부령으로 정함에 있어서는 관계중앙행정기관의 장과 협의하도록 하였다(제1항·제2항). 또한 자동차를 제작 또는 수입코자 하는 자는 당해 자동차에서 배출되는 오염물질이 환경부령으로 정하는 배출허용기준에 적합하도록 제작 또는 수입하여야 한다(제31조).

Ⅲ. 環境影響評價

1. 環境影響評價의 意義

환경영향평가란 특정한 시설이나 사업의 계획이 자연환경이나 인간의 생활환경에 미칠 영향을 미리 예측·평가하여 환경상의 악영향을 제거·완화할 수 있는 방안을 강구하는 환경분석을 말한다(환경영향평가법 제2조 제1호).

이를 위해 환경영향평가법이 2001년부터 시행되고 있다. 동법은 환경영향평가 대상사업의 사업계획을 수립·시행할 때 미리 그 사업이 환경에 미칠 영향을 평가·검토하여 친환경적이고 지속가능한 개발이 되도록 함으로써 쾌적하고 안전한 국민생활을 도모함을 목적으로 한다(환경영향평가법 제1조).

2. 評價書의 作成

사업자가 환경영향평가의 대상이 되는 사업을 시행하고자 할 때에는 대통령령이 정하는 바에 따라 평가서를 작성하여야 하는데(제13조), 사업자의 영향평가서작성은 환경영향평가대행자로 하여금 대행하게 할 수 있다(제34조). 평가대행자선정은 사업자의 임의로 정할 수 있으나, 실제로는 일정한 자격을 갖춘자에게 의뢰함이 보통이다. 이 경우 대행자는 행정안전부·환경부 및 국토해양부의 공동부령이 정하는 바에 따라 기술능력·시설 및 설비를 갖추어 환경부장관에게 등록된 자이어야 하는바, 그 등록에 있어서는 일정한 결격사유가 규정되어 있다(제36조).

사업자가 평가서를 작성함에 있어서는 설명회 또는 공청회 등을 개최하여 대상사업으로 영향을 받게 되는 지역주민의 의견을 수렴하여 이를 평가서의 내용에 포함시켜야 한다(제14조).

3. 環境影響評價書의 協議

협의는 대상사업에 대한 환경영향평가서를 그 대상사업실시여부를 최종적으로 결정하는 기관에 제출하여 그 기관의 의견을 구하는 절차이다. 사업자는 평가대상사업 또는 그 사업계획에 대한 승인을 얻어야 하는 경우에는 평가서를 그 승인기관의 장에게 제출하여야 한다(제16조 제1항). 승인기관의 장 및 승인을 얻지 아니하여도 되는 사업자는 대통령령이 정하는 바에 따라 평가분야별로 관계중앙행정기관의 장 또는 특별시장·광역시장·도지사에게 평가서를 제출하고, 그 평가서에 대하여 협의를 요청하여야 한다(제2항).

4. 評價書의 檢討

평가서가 승인기관(당해사업의 관계기관)에 제출되어 승인을 받아야 하고, 승인을 받기 위해서는 이에 대한 검토가 있게 되는데, 이 경우 사업자·승인기관의 장과 환경부장관 등 중앙행정기관, 서울특별시장 등이 협의하여 검토함에 있어서 환경부장관 등은 대상사업이 환경·교통·재해 또는 인구에 해로운 영향을 초래할 위험이 있어 사업계획의 조정이 필요하다고 인정할 때에는 사업자 또는 승인기관의 장에게 사업계획의 조정과 보안 등 필요한 조치를 할 것을 요청할 수 있다. 이 경우 사업자 또는 승인기관의 장은 특별한 사유가 없는 한 그에 응하여야 한다(제17조). 환경부장관 등이 평가서를 검토함에 있어서는 한국환경정책평가원의 표의 검토의견과 대통령령이 정하는 전문가의 의견을 들어야 한다. 이 경우 해양환경에 영향을 미치는 대상사업 등 대통령령이 정하는 사업에 대하여는 국토해양부장관의 의견을 들어야 한다(제3항).

5. 協議內容의 通報

승인기관의 장이나 사업자와 환경부장관사이에서 이루어진 협의의 결과는 승인기관이 최종적인 사업시행을 허가하거나 필요한 보완을 사업자에게 지시하는 등 중요한 의미를 가지므로 이를 통보하는 절차가 필요한 것이다.

환경영향평가법 제23조에 의하면 ① 사업자는 환경영향평가대상사업을 시행하면서 사업계획등에 반영된 협의내용을 이행하여야 한다. ② 사업자는 협의내용을 성실히 이행하기 위하여 환경부령으로 정하는 바에 따라 협의내용을 적은 관리대장에 그 이행상황을 기록하여 공사현장에 갖추어 두어야 한다. ③ 사업자는 협의내용의 적정한 이행관리를 위하여 협의내용 관리책임자를 지정하여 환경부령으로 정하는 바에 따라 승인기관의 장과 환경부장관에게 통보하여야 한다. ④ 관리책임자의 자격기준 등에 필요한 사항은 환경부령으로 정한다.

6. 異議申請

협의내용에 대하여 이의가 있을 때에는 사업자 또는 승인기관의 장은 환경부장관 등에게 이의를 제기할 수 있는바, 사업자가 이의신청을 할 때에는 승인기관의 장을 경유하여야 한다. 이의신청을 받은 환경부장관 등은 이의신청내용의 타당성여부를 검토하여 그 결과를 사업자 또는 승인기관의 장에게 통보한다. 승인기관의 장 또는 사업자는 통보를 받기 전에는 당해 사업계획 등에 대한 승인을 하거나 이를 확정하여서는 아니 된다(제20조).

Ⅳ. 環境保全 特別對策地域의 指定

① 환경정책기본법은 환경보호에 있어서의 일반적인 지역·지구제의 지정과는 별도로 환경상태의 현저한 약화에 대응하기 위하여 특별대책지구를 지정할 수 있도록 하고 있다. 즉 환경부장관은 환경오염·환경훼손 또는 자연생태계의 변화가 현저하거나 현저하게 될 우려가 있는 지역과 환경기준을 자주 초과하는 지역을 관계중앙행정기관의 장 및 시·도지사와 협의하여 환경보전을 위한 특별대책지역으로 지정·고시하고, 당해 지역안의 환경보전을 위한 특별대책지역에서는 환경부장관이 통상의 기준치보다 엄격한 특별배출허용기준치를 정할 수 있도록 하고 있으며(대기환경보전법 제16조 제5항, 수질및수생태계에관한법률 제32조 제5항), 또한 이 지역안의 사업자에 대하여는 총량규제를 할 수 있도록 하고 있다(대기환경보전법 제9조 제1항, 수질및수생태계에관한법률 제9조 제1항).

② 자연환경보전법은 환경부장관은 자연환경의 보전을 위하여 필요하다고 인정되는 경우에는 중앙행정기관의 장과 협의하여 녹지보전지역, 자연생태계보전지역, 특정야생물·식물보호지역 및 해양생태계보호지역 등 자연 생태보전지역을 지정하여 관리할 수 있도록 하고 있다(제3장).

Ⅴ. 事業者 등에 대한 監督

위에서 본 환경계획수립·환경기준설정·환경영향평가 등은 환경행정의 특유한 수단으로 그 중요성이 부각되고 있는 것이나, 환경행정에 있어서도 전통적인 경찰법적 규제수단이 여전히 높은 비중을 차지하고 있다.

1. 排出施設의 設置評價 및 制限 등(認·許可制)

환경보전에 관한 개별법은 환경에 영향을 미치는 일정규모이상의 배출시설의 설치 또는 변경은 환경부장관의 허가를 받도록 하고 있다. 인·허가제는 환경보전을 위한 행정규제수단 중에서 중심적 위치를 차지하고 있다. 하천법이나 원자력법 등은 그 자체가 직접 환경보전관계법은 아니지만 여러 가지 허가제도로 규정을 두고 있다.

2. 許可의 取消 등

환경부장관은 사업자가 ① 사위 기타 부정한 방법으로 허가·변경허가를 받았거나 신고·변경신고를 한때, ② 이 법 또는 이 법에 의한 명령에 위반한 때, ③ 다음 각호의 1에 해당하는 행위를 할 때에는 배출시설의 설치허가 또는 변경허가를 취소하거나 배출시설의 폐쇄를 명하거나 또는 6월 이내의 기간을 정하여 배출시설조업정지를 명할 수 있다(대기환경보전법 제36조 참조).

3. 改善命令·操業停止 등 命令

① 환경부장관은 대기환경보전법 제30조의 규정에 의한 신고를 한 후 조업중인 시설에서 배출되는 오염물질의 정도가 배출허용기준을 초과한다고 인정하는 때에는 대통령령이 정하는 바에 의하여 기간을 정하여 사업자에게 그 오염물질의 정도가 배출허용기준이하로 내려가도록 필요한 조치를 취할 것을 명할 수 있다(제33조).

② 환경부장관은 개선명령을 받은자가 개선명령을 이행하지 아니하거나 기간내에 이행은 하였으나 검사결과 법정의 기준을 초과할 때에는 당해 배출시설의 전부 또는 일부에 대한 조업정지를 명할 수 있다(제34조)

③ 환경부장관은 허가를 받지 아니하거나 신고를 하지 아니하고 배출시설을 설치한 자에 대하여서는 당해 배출시설의 조업정지 또는 폐쇄를 명하여야 한다(제38조).

Ⅵ. 排出賦課金·過徵金 및 供給拒否

환경행정은 규제조치나 명령위반 또는 불이행에 대한 제재적 조치 외에도 배출부과금·과징금·공급거부 등이 있다.

1. 排出賦課金

배출부과금은 일정한 환경기준을 초과하는 오염원의 배출량이나 그 잔류량에 과하여지는 부과금으로 환경오염방지를 그 목적으로 하는 것이다. 배출부과금은 환경법의 기본원칙 중의 하나인 원인자부담원칙에 따라서 대기환경이나 수질환경을 오염시킨 자에 대하여 부과되는 일종의 특별부담금이다.

대기환경보전법에 의하면 환경부장관은 대기오염물질을 배출하는 사업자 및 허가·변경허가를 받지 아니하거나 신고·변경신고를 하지 아니하고 배출시설을 설치 또는 변경한 자에 대하여 배출부과금을 부과·징수한다(제35조). 수질및수생태계에관한법률에 의하면 환경부장관은 수질오염물질로 인한 수질환경상의 피해를 방지 또는 감소시키기 위하여 오염물질을 배출하는 사업자 또는 오염방지시설의 허가·변경허가를 받지 아니하거나 신고·변경신고를 하지 아니하고 배출시설을 설치 또는 변경한 자에 대하여 배출부담금을 부과 징수한다. 이 경우 배출부과금의 종류·산정방법 및 기준 등은 대통령령으로 정한다고 규정되어 있다(제41조 제1항).

2. 過徵金

과징금이란 원래 경제행정법상 의무에 위반한자가 당해 위반행위로 경제적 이익을 얻을 것으로 예정되어있는 경우에 당해 의무위반행위로 인한 불법적인 이익을 박탈하기 위하여 그 불법적 이익에 상응하는 금액을 과하는 일종의 행정 제재금인바, 이렇게 불법적 이익을 전적으로 박탈함으로써 간접적으로 의무이행을 강제하기 위한 제도이다. 그러나 불법적 이익의 박탈이라는 전형적인 과징금과는 달리 위반행위자에 대한 단속적 의미에서 과해지는 금전적 부담금의 성질을 가지는 이른바 변형된 과징금이 일반화되는 추세에 있다.

3. 供給拒否

공급거부는 행정법상 의무위반에 대하여 행정상의 재화·역무의 공급을 거부하는 내용의 행정제재수단이다. 최근에 행정의무의 위반 또는 불이행에 대하여 그 이행을 확보할 수 있는 수단으로 활용되고 있다.

구수질환경보전법·구대기환경보전법(제21조 제2항)에서 환경부장관은 오염물질 배출시설의 사용금지 또는 폐쇄명령에 불응하는 사업장에 대하여 전기·수도의 설치나 공급을 중단하도록 관계기관의 장에게 요청할 수 있도록 하고 있다.

제5절 環境侵害와 被害者의 權利救濟

Ⅰ. 槪說

권리구제에 있어서는 우선 환경침해가 이루어지기 이전에 행정정책이나 환경영향평가 등을 통한 이른바 사전적인 권리보장체계가 필요하다. 행정절차법상의 의견제출·청문·공청회 등에서 당사자 등이 자신의 의견을 개진할 수 있고, 환경침해가 예상되는 법령 또는 환경보전관련법령 등이 제정·개정·폐지되는 경우에 행정청이 이를 예고하는 입법예고제, 비교적 광역적인 환경침해가 이루어지기 전에 이해관계인의 권익보호를 위하여 현행 행정절차법상의 행정예고절차 등이 있고, 다음으로 환경영향평가법상의 환경영향평가제 등이 있다.

환경보호를 위한 사전적인 권리보호수단이 마련되어 있는데도 일단 환경침해로 인하여 관계인의 권익이 침해되는 경우에는 이를 구제하는 수단이 강구되어야 한다. 피해자의 권리구제수단으로 중요한 것은 이러한 사후적인 권리구제수단이다.

Ⅱ. 事後的 權利救濟手段

1. 槪說

사후적인 구제수단에 있어서는 그 내용상 두 가지 제도로 나누어진다. 그 하나는 환경오염으로 인한 분쟁이 사법적인 분쟁의 성격을 띠는 경우이고, 다른 하나는 환경행정과 관련된 권익침해에 대한 행정법상의 구제제도이다. 행정쟁송과 행정상 손해전보제도(국가배상·행정상 손실보상)가 그것이다.

행정법상의 이러한 일반적 구제제도 이외에 환경행정법상의 특유한 제도로서 환경정책기본법상의 쟁송외적 분쟁해결수단인 환경분쟁조정제도가 있다. 환경침해에 대한 손해배상청구의 경우 그것이 민사상의 손해배상청구소송이든 국가배상청구소송이든 손해배상청구소송에서 문제가 되는 것은 환경침해의 원인, 가해자의 고의 또는 과실을 입증하거나 침해가 구체적인 손해로 이어지는 인과관계를 밝힌다는 것이 어렵다는 점이다.

또한 환경침해는 그 피해가 광역적이라는 특수성이 있기 때문에 행정소송에서 주민의 원고적격을 확대할 필요가 있고, 또한 단체소송을 통하여 환경소송의 객관화의 필요성도 제기되며 광역적인 피해에 대한 손해배상의 수단으로서의 집단소송의 도입이 검토되고 있다.

2. 民事訴訟

어떤 사업체가 배출하는 오염물질로 인해 이미 피해를 입었거나 피해를 입고 있는 경우 피해구제의 방법으로는 우선 피해자가 가해자를 상대로 손해배상·방해배제 또는 방해예방을 구하는 등 사법적절차를 통하여 해결하는 것을 생각할 수 있다. 그런데 환경침해에 있어서는 가령 복합오염의 경우 원인규명이 곤란하고 동시에 가해자를 특정하기 어려우며 피해자도 광범위하고 또한 가해자의 고의·과실·위법성·인과관계의 입증 등 난점이 많다. 따라서 학자들에 의하여 무과실책임주의의 채용, 인과관계의 추정, 의제적 책임주의의 설정 등 여러 가지 개선책이 제시되고 있다.

3. 行政訴訟

환경행정으로 인한 개인의 권리·이익이 침해되는 경우는 행정청의 작위행위와 부작위행위로 인하여 발생한다. 작위행위로는 행정청이 환경의 보전을 위해 시설의 허가, 이전명령 및 취소권, 개선명령, 조업정지권, 위법시설의 폐쇄조치권 등이 있고, 부작위행위로는 조업정지권의 불행사 등과 같이 환경규제조치를 해태하는 경우이다. 행정청의 이러한 행정작용이 위법·부당한 경우 개인은 취소심판·취소소송, 의무이행심판·부작위위법확인소송 등을 제기할 수 있다.

(1) 取消爭訟

행정청의 처분(개선명령·허가·규제조치의 거부 등)의 위법을 이유로 처분의 직접상대방이 취소심판·취소소송을 제기할 수 있다. 처분의 직접상대방이 아니라 위법한 배출시설을 허가해준 행정청의 행위로 인하여 권리·이익의 침해를 받은 인근주민 등 제3자가 처분청을 상대로 취소심판·취소소송을 제기할 수 있다.

그런데 제3자가 사업자에 대한 행정청의 허가를 취소하기 위한 쟁송제기에 있어서는 법률상 이익이 있어야 한다. 이른바 청구인적격·원고적격의 문제이다. 행정심판법과 행정소송법은 청구인적격·원고적격을 '법률상 이익이 있는 자'로 한정시키고 있는바, 여기서 법률상 이익이란 법률이 보호하고 있는 이익 내지 법이 보호하고 있다고 해석되는 이익을 의미하는 것이며, 이는 결국 관계법령이 공익만이 아니고 제3자의 이익도 보호하는 규범인지 아닌지에 달려 있다.

오늘날에는 공권 내지 법률상 이익을 확대하여 해석하려는 경향이 커지고 있다. 일반적으로 대기환경보전법이나 수질및수생태계에관한법률상의 배출시설허가와 배출물질의 허용기준은 오염물질로 인해 피해를 입을지 모르는 인근 주민 등을 보호하기 위한 규정이라 할 것이며 따라서 이들에게 청구인적격 내지 원고적격을 인정할 수 있을 것이다.

(2) 義務履行審判 내지 不作爲違法確認訴訟

행정청이 환경법상 공권력을 발동함에 있어서 재량을 가지고 있는 경우에도 개인의 생명·신체·건강상의 법익침해가 현존하는 경우에는 이른바 '재량권의 0으로수축이론'에 의하여 그 재량은 0으로 수축하여 오직 공권력을 발동해야 할 법적 의무가 발생하고 따라서 행정청의 행위는 기속행위가 되며(개입의무발생), 주민 등 제3자는 일정한 요건하에 경찰개입을 요구하는 행정개입청구권을 행사할 수 있다.

이러한 환경개선명령의 발동청구권은 보다 일반적인 행정개입청구권의 한 형태인 바, 행정개입청구권이 인정되기 위하여서는 ① 행정청에게 법률상의무가 부과되어 있어야 하고(특정처분의무의 존재), ② 그러한 의무를 부과한 취지가 개인의 이익도 보호하기 위한 것이어야 한다(사익보호성).

Ⅲ. 行政上 損害塡補制度

1. 行政上 損害賠償(國家賠償)

(1) 槪說

환경행정분야에서 국가 또는 지방자치단체의 배상책임은 첫째로 공무원이 고의·과실로 위법한 시설을 허가하여 제3자에게 손해가 발생한 경우 또는 공무원이 개선명령과 같은 규제행위를 하지 않음으로써(부작위) 제3자에게 손해가 발생한 경우에 손해를 받은 자는 국가배상법(제2조 제1항)이 정하는 바에 따라 손해배상을 청구할 수 있다. 둘째로 국가나 지방자치단체의 직접적인 환경오염행위 또는 환경관련 공공시설의 설치·관리의 하자로 인한 경우에 ① 국가 등의 직접적 환경오염행위에 있어서 역시 환경정책기본법 제31조의 무과실책임주의를 감안할 필요가 있으며, ② 국가 등이 운영하는 폐기물처리시설 등의 공공시설의 설치·관리의 하자로 요염물질이 배출하여 피해가 발생한 경우는 국가배상법 제5조의 법리가 그대로 적용되고, 그에 관한 특별한 문제는 생기지 아니한다.

(2) 違法한 排出施設의 許可로 인한 被害에 대한 國家責任

국가배상법은 「국가 또는 지방자치단체는 공무원이 그 직무를 집행함에 당하여 고의 또는 과실로 법령에 위반하여 타인에게 손해를 가하였을 때에는 이 법에 의하여 그 손해를 배상하여야 한다」(동법 제2조 제1항)고 규정하고 있다.

따라서 위법한 배출시설을 허가(처분)한 것이 위법한 직무집행행위에 해당함은 물론이지만, 국가의 배상책임이 인정되기 위해서는 공무원의 과실이 인정되어야 한다. 과실인정문제와 관련하여 환경행정에 있어서는 그 입증이 매우 곤란한 점이 있으므로 이른바 '과실관념의 객관화'이론을 적용하여 위법성만 입증되면 과실을 인정하여야 할 것이다. 특히 과실인정문제에 있어서는 환경정책기본법상의 무과실책임(제31조)규정을 감안하여야 할 것이다.

(3) 環境規制措置 등의 不行使·懈怠로 인한 被害와 國家責任

행정청의 환경오염행위에 대한 규제조치·개선명령 등의 발동의 해태 또는 불행사로 인하여 피해가 발생한 경우 국가 등의 배상책임을 인정할 수 있는지의 문제이다. 국가배상관계에 있어서는 공무원의 적극적인 직무행위 뿐만 아니라, 소극적인 부작위의 직무행위로 인한 경우에도 국가 등은 그 책임을 인정한다. 즉 직무행위 속에는 부작위도 포함된다. 따라서 환경행정상의 환경규제권의 불행사나 해태가 국가배상법 제2조상의 직무행위에 해당하는 점에 대해서는 문제가 없다고 본다.

행정청의 부작위(행정청의 권한의 불행사)가 직무행위에 해당함은 의심의 여지가 없으나, 국가배상책임이 인정되기 위해서는 당해 부작위의 위법성이 인정되어야 하는바, 그러기 위해서는 관계법령에 의하여 행정청에게 부여된 작위의무의 위반이 있어야 하고 그 관계법령의 취지가 공익뿐만 아니라 개인

(인근주민)의 이익도 보호하는 것이어야 한다(사익보호성).

오늘날 국가배상사건의 발생은 주로 사인간의 가해행위와 피해에서 주로 나타나는바, 그것은 행정청의 감독권한의 불행사(부작위)가 문제되고 있기 때문이다. 오늘날 사인(특히 사기업)의 활동범위가 대폭적으로 증대하고 있으며, 많은 경우에 이에 대한 행정청의 감독권한의 행사가 인정되고 있다. 그리하여 사인이 그의 활동범위에서 제3자에게 손해를 발생시킨 경우에는 사인간에서 가해자를 상대로 민사상의 손해배상을 청구할 수 있을 뿐만 아니라 행정청의 감독권한의 불행사를 이유로 국가배상을 청구할 수 있다. 행정청(공무원)의 부작위를 이유로 한 국가배상사건은 주로 이러한 경우에 생기며, 특히 환경행정법·소비사행정법 등에서 거론된나. 예컨대, A선자회사가 상수원인 낙동상을 페놀로 오염시켜 수돗물을 마신 대구시민이 질병을 얻은 경우에 당해 시민은 실질적 가해자인 A회사를 상대로 민사상의 불행사를 이유로 국가배상을 청구할 수도 있을 것이다.

2. 行政上 損失補償

① 환경보전과 관련하여 국가 등의 공권력이 국민의 재산권을 침해한 경우에 손실보상을 해야 함은 당연하다. 즉 환경보전을 위한 각종 계획이나 규제·명령 등에 의해 개인의 재산권에 부과되는 '특별한 손실'이 발생한 경우에 손실보상문제가 발생한다.

② 환경관계법률은 개별적인 토지의 수용·사용 또는 제한에 대해 일반적으로 보상규정을 두고 있다. 예컨대 자연환경보전법에서 환경조사를 위한 타인의 토지에의 출입에 따른 손실에 대한 보상을 규정하고 있고(제33조), 대기환경보전법과 수질및수생태계에관한법률에서는 대기오염·수질오염의 실태파악을 위해 측정망설치를 위한 토지·건물 등의 수용·사용으로 인한 손실에 대한 보상을 규정하고 있고, 폐기물관리법에서는 폐기물매립시설의 사용종료 또는 폐쇄후의 토지이용제한으로 인한 손실보상에 대하여 규정하고 있는 것(제50조) 등이다.

③ 토지이용제한에 있어서 그 제한의 인적범위가 일반적인 경우에는 토지관계법률에 보상규정을 두고 있지 않는 것이 일반적인바, 환경법규도 보상규정을 두고 있지 않다. 이는 토지이용제한이 잠정적인 성질의 것이고 또한 내용에 있어서도 관계토지의 효용성을 유지 또는 증진하기 위한 것이라는 점에

서 '특별한 손실'에는 해당하지 않고 재산권에 내재하는 사회적제약으로서의 이른바 '사회적 구속성'에 해당하기 때문이라 할 것이다.

Ⅳ. 環境紛爭調整制度(爭訟外的 紛爭解決制度)

1) 종래에는 환경문제에 관한 쟁송으로 민사소송이나 국가배상절차에 의해 손해배상을 청구하는 것이 일반적이었다. 그러나 이러한 절차에는 많은 비용과 시간이 소요되는 것이 보통이다. 환경분쟁조정제도는 손해배상을 위한 소송절차로 인하여 소요되는 비용과 시간을 절약하여 환경분쟁을 신속하고 효율적으로 해결하기 위한 것이다.

2) 그러나 이 제도는 단순히 개인의 권익을 구제하자는 데 있지 아니하다. 즉 대규모환경피해가 발생하는 경우에는 자칫 당사자간에 극도의 대립적 양상이 발생하고 사회적 불안이 야기되기도 한다. 그러므로 환경분쟁조정제도는 중대한 환경피해가 발생하고 이를 방치하면 사회적으로 중대한 영향을 미칠 우려가 인정되는 경우에 당사자의 신청이 없더라도 직권으로 조정절차가 개시될 수 있다(환경분쟁조정법 제30조). 따라서 이 제도는 단순히 환경피해로 인한 개인의 권익을 구제하는데 그치지 아니하고 환경피해의 공익적 측면을 고려한 사회적 갈등해소의 메카니즘으로 기능하는 것이다.

3) 환경분쟁조정제도는 환경정책기본법에 근거하여 제정된 환경분쟁조정법상의 제도이다. 환경정책기본법은 정부로 하여금 환경오염으로 인한 분쟁이 신속하고 공정하게 해결되도록하기 위하여 필요한 시책을 강구하고, 환경오염피해를 원활히 구제하기 위하여 많은 시책을 강구하도록 하고 있다(동법 제29조 · 제30조). 이에 따라 제정된 환경분쟁조정법에서는 분쟁의 공정 · 신속한 해결을 위하여 환경분쟁의 알선 · 조정 및 재정의 절차 등을 규정하고 있다.

4) 환경분쟁을 조정하기 위하여 환경분쟁위원회가 설치된다. 동 위원회는 준사법적 기능을 갖는 행정위원회(합의제 행정관청)이다. 환경부에 중앙환경분쟁조정위원회와 서울특별시 · 광역시 · 도에 지방환경분쟁조정위원회가 설치되어 있다. 분쟁이 발생한 경우에 당사자의 일방 또는 쌍방은 중앙 또는 지방환경조정위원회에 분쟁의 알선 · 조정 또는 재정을 신청할 수 있다(동법 제16조

제1항).

5) 환경분쟁조정법은 환경오염의 피해가 광역적이고 다수의 피해자가 발생할 것을 예상하여 집단적 환경분쟁의 처리를 위한 다수의 규정을 두고 있는바, 그중 대표적인 것이 선정대표자 및 환경단체의 조정신청권이다. 다수인이 공동으로 조정의 당사자가 되는 경우에는 그 중에서 3인 이하의 대표자를 선정할 수 있다. 선정대표자가 일단 선정된 경우에는 다른 당사자들은 그 선정대표자를 통해서만 그 사건에 관한 행위를 할 수 있다(동법 제19조).

제6장 公用負擔法

제1절 公用負擔法總說

Ⅰ. 公用負擔의 意義

공용부담이란 특정 공익사업이나 공익목적을 위하여 또는 특정 물건의 효용을 보존하기 위하여 개인에 강제적으로 부과되는 경제적 부담을 말한다. 전통적으로 공용부담은 특정 공익사업을 위한 것으로 한정하였으나, 오늘날에는 이에 한정하지 않고 공용부담을 위한 공공성의 개념이 확대되는 경향이다.

Ⅱ. 公用負擔의 種類

1. 內容에 의한 分類

(1) 人的 公用負擔

공익사업의 수요를 충족시키기 위하여 특정인에게 작위·부작위 또는 급부의무를 과하는 것을 말하며, 그 의무는 공법상 채무의 성질을 갖는다. 인적 공용부담은 특정인에 대한 부담이라는 점에서, 특정 권리에 대하여 과하여지는 물적 공용부담과는 다르다. 이는 내용상 부담금, 부역·현품, 노역·물품, 시설부담, 부작위부담 등으로 구분한다.

(2) 物的 公用負擔

공익사업의 수요를 충족하거나 또는 특정 공익목적을 위하여 국민의 특정 재산권에 부착하여 강제적으로 부과되는 경제적 부담이다. 당해 재산권에 부착되어 물권적 변동을 야기한다는 점에서 단순한 채권적 성질을 갖는 인적공용부담과는 구별된다. 이는 내용상 공용제한, 공용수용, 공용환지, 공용환권으로 구분된다.

2. 그 밖의 分類

공용부담은 또한 ① 공용부담의 목적에 따라 도로부담·하천부담·철도부담 등, ② 공용부담의 주체에 따라 국가에 의한 부담, 지방자치단체에 의한 부담 등, ③ 발생원인에 따라 강제적 부담과 임의적 부담 등으로 나눌 수 있다.

제2절 人的 公用負擔

Ⅰ. 意義

인적 공용부담은 공익사업의 수요를 충족시키기 위하여 법률에 의거하여 국민에 과하여지는 작위·부작위·급부의 의무를 말한다. 그 의무는 공법상의 의무이므로, 그 불이행에는 행정상의 강제집행이, 그 위반에 대하여는 행정벌이 과하여진다.

Ⅱ. 種類

1. 賦課方法에 의한 分類

(1) 個別負擔

개별부담은 각 개인에 대하여 개별적으로 과하여지는 부담이다. 따라서 부담의무자가 다수인인 경우에도 각자는 자기의 부담분에 대하여만 책임을 진다.

(2) 聯合負擔

부담의무자인 개인의 총합체에 대하여 공동의 부담으로 과하여지는 부담을 말한다. 연합부담은 당해 부담이 개별적으로 분할되지 않고 총합체에 대하여 부과되는 것이므로, 그 전체의 이행이 있어야 비로소 공용부담이 이행된 것으로 되며, 각 부담의무자는 공용부담의 전체에 대하여 책임을 진다.

2. 負擔根據에 의한 分類

(1) 一般負擔

일반부담은 일정 범위의 개인일반에 대하여 그 능력에 따라 과하여지는 부담이다.

(2) 特別負擔

특정 공익사업과 특별한 관계에 있는 자에게 과하여지는 것으로, 당해 관계의 성질의 내용에 따라 수익자부담·원인자부담·손상자부담 등으로 나눌 수 있다.

(3) 偶發負擔

우연히 당해 사업의 수요를 충족시킬 수 있는 자에 과하여지는 부담으로, 그 정도는 사업의 필요에 따라 결정된다.

3. 內容에 의한 分類

인적공용부담은 그 내용에 따라 부담금, 부역·현품, 노역·물품, 시설부담, 부작위부담 등으로 분류할 수 있다.

Ⅲ. 人的 公用負擔의 內容

1. 負擔金

(1) 性質

부담금이란 특정 공익사업과 특별한 이해관계에 있는 자에 대하여 그 사업에 필요한 경비의 전부 또는 일부를 부담시키기 위하여 과하는 공법상의 금전급부의무를 말한다. 경비의 일부를 부담시키는 경우를 특히 분담금이라고도 한다.

부담금은 공법상의 금전급부의무라는 점에서는 조세 또는 수수료·사용료와 비슷하나, 이들 사이에는 다음과 같은 차이가 있다.

1) 租稅와의 區別

양자는 목적·대상자 및 부과의 정도에 있어 차이가 있다.

① 부담금은 특정 공익사업의 경비에 충당하기 위한 것이나, 조세는 국가 또는 지방자치단체의 일반수입을 목적으로 한다.

② 부담금은 당해 사업과 특별한 관계가 있는 자에만 과하는 것이나, 조세는 국민 또는 주민일반에 과한다.

③ 조세는 개인의 담세력을 표준으로 하여 과하는 데 대하여, 부담금은 사

업소요경비, 사업과의 관계 등을 종합적으로 고려하여 과한다.

2) 使用料·手數料와의 區別

사용료 등은 당해 사업의 개개의 이용행위에 대한 대가·반대급부의 성질을 가지는 데 대하여, 부담금은 사업 자체의 경영에 소요되는 경비의 부담이라는 성질을 갖는다. 따라서 부담금은 사업 자체에 특별한 이해관계를 갖는 사람에게 과하여지는 데 대하여, 사용료는 이용자에 과하여진다.

(2) 種類

1) 受益者負擔金

당해 사업으로부터 특별한 이익을 받는 사람에 대하여 그 수익의 한도 안에서 사업경비의 일부를 부담시키는 것을 말한다. 예컨대 도로공사로 인하여 토지가액이 상승한 경우에 그 수익의 범위 내에서 당해 도로공사에 필요한 비용의 전부 또는 일부를 부담시키는 경우이다.

2) 原因者負擔金

당해 사업이 필요하게 된 원인을 조성한 자에 대하여 그 공사비용의 전부 또는 일부를 부담시키는 것을 말한다. 예컨대 전주의 매몰공사로 인하여 도로수선공사가 필요한 경우에 그 공사비를 원인으로 조성한 전기공사에 부담시키는 경우이다.

3) 損傷者負擔金

당해 사업시설을 손상한 자에 대하여 그 시설의 유지·수선비 등의 전부 또는 일부를 부담시키는 것을 말한다. 예컨대 과적차량의 반복적인 운행으로 도로가 손괴된 경우에 그 복구비용을 차량의 회사에 부과하는 경우이다.

(3) 賦課·徵收

부담금을 부과할 수 있는 권리는 당해 사업주체에 있는 것이 원칙이나, 국영공비사업의 경우에는 경제주체인 공공단체에 있다. 이러한 부담금은 공법상의 금전지급의무이므로 부담의무자가 이를 이행하지 아니하는 경우에는 행정상 강제징수절차에 의한 강제집행이 인정됨이 보통이다.

2. 夫役・現品

(1) 性質

특정 공익사업의 수요를 충족시키기 위하여 노역 또는 물품과 금전과의 선택적 급부의무를 내용으로 하는 것을 부역・현품이라 한다. 이 중에서 노역과 금전과의 선택적 급부의무를 내용으로 하는 것을 부역이라 한다.

부역은 금전으로 대체하여 납부할 수 있는 것이라는 점에서, 특별한 기술을 요하지 아니하고 누구나 감당할 수 있는 단순한 노역이어야 하고, 또한 현품도 특수한 주관적 가치나 예술적 가치를 지닌 것이 아닌 대체적 성질을 갖는 것이어야 한다.

(2) 種類

부역・현품은 부담의무자의 성질을 기준으로 하여, 일정한 범위 내의 개인일반에 그 부담능력을 표준으로 하여 일반적으로 과하는 일반부담인 것과 당해 사업과 특별한 관계가 있는 자에게만 부과되는 특별부담인 것으로 나눌 수 있다.

(구)지방자치법은 일반부담으로서의 부역・현품을 규정하고 있었으나, 현행 지방자치법은 이를 폐지한 결과, 현행법상으로는 그 예는 없다. 특별부담인 부역・현품의 예로서는 농지개량조합이 그 수익자에 과하는 것, 국가가 사방사업비를 그 수익자에 과하는 것 등을 들 수 있다.

(3) 賦課・徵收

부역・현품은 금전으로 환산하여 부과하여야 하며, 그 의무를 이행하지 아니하는 때에는 행정상 강제징수절차에 의하여 강제집행할 수 있다. 부역・현품의 부과・징수에 대하여 불복이 있는 때에는 행정쟁송절차에 의하여 다툴 수 있다.

3. 勞役・物品

(1) 性質

특정한 공익사업을 위하여 필요한 노역 또는 물품 그 자체를 급부할 의무를 말한다. 노역・물품은 비상재해의 복구 기타 목전에 긴박한 필요가 있는 경우에, 달리 그 수요를 충족시킬 방법이 없을 때에 한하여 예외적으로만 인정된다.

(2) 種類

1) 勞役負擔

공익사업을 위하여 필요한 노역은 사법상의 방법에 의하여 취득하는 것이 원칙이나, 급박한 경우에 일반적 방법으로는 목적을 달성할 수 없는 때에 응급부담으로서 예외적으로 인정되는 것이다.

2) 物品負擔

불특정한 동산의 급부를 그 의무의 내용으로 하는 예외적인 응급부담으로, 내용적으로는 당해 물품의 소유권을 부담권리자에게 이전할 의무를 지는 경우와 단순한 부담권리자로 하여금 당해 물품을 사용하게 하는 경우가 있다.

(3) 權利救濟

노역부담과 물품부담은 대부분 특별한 이해관계가 없는 자에게 우발적으로 과하는 것이므로 손실보상이 인정된다. 또한 노역·물품부담의 불이행에 대해서는 행정벌이 과해질 수 있으며, 이에 불복이 있는 경우에는 행정쟁송절차에 따라 다툴 수 있다.

4. 施設負擔

(1) 意義

공익사업의 수요를 충족하기 위하여, 그 사업과 특별한 관계에 있는 사람 또는 우발적으로 그 수요를 충족시킬 수 있는 지위에 있는 사람에게 과하여지는 공사 기타 일정한 시설을 할 공법상 의무를 말한다.

(2) 性質

이는 당해 공익사업에 필요한 일정한 공사·시설을 완성할 의무인 점에서는 민사상의 도급과 같으나, 그 의무는 공법상 의무이고 또한 반드시 유상이 아닌 점에서 도급과 구별되며, 자기 책임하에서 일정한 공사·시설을 완성할 의무인 점에서 단순한 노무의 제공인 노역과도 구별된다.

(3) 種類

시설부담의 예로서는 도로부담·하천부담 등을 들 수 있는데, 내용적으로는 수익자부담인 것과 원인자부담인 것이 있다. 도로·하천부속물이 다른 공작물의 효용을 겸하는 경우에는 다른 공작물의 소유자가 지는 도로·하천부속물에 관한 설비공사나 그 유지를 위한 공사를 행할 의무는 전자에 해당하고, 다른 공사 또는 행위로 인하여 도로·하천 부속물에 관한 공사를 할 의무는 후자에 해당한다.

(4) 賦課·徵收

부담의무자가 의무를 이행하지 아니할 경우에는 대체적 의무에 대하여는 대집행으로 그 이행을 강제할 수 있으나, 그 이외의 불이행에 대해서는 행정상 강제집행수단이 없으므로 행정벌이 과하여지는 것이 보통이다. 이에 대한 불복은 행정쟁송절차에 의한다.

5. 不作爲負擔

특정한 공익사업을 위하여 일정한 부작위의무를 과하는 인적공용부담이다. 이는 내용적으로는 경찰금지나 재정금지와 비슷하나, 그 목적에 있어 차이가 있다.

부작위의무는 직접 법령에 의하여 부과되는 것이 보통이나 행정처분으로 과하여지는 경우도 있으며, 부작위의무의 불이행에 대하여는 그로 인하여 발생한 위법한 상태의 제거를 명한 후 그 불이행에 대하여 대집행에 의하여 그 이행을 확보할 수 있다.

제3절 物的 公用負擔

Ⅰ. 公用制限

1. 公用制限의 槪念

공용제한이란 특정 공익사업이나 공익목적을 위하여 또는 특정 물건의 효용을 보존하기 위하여 개인의 재산권에 과하여지는 공법상의 제한을 말하며, 물적 공용부담의 하나이다. 개념을 분설하면 다음과 같다.

(1) 공용제한은 특정 공익사업이나 공익목적을 위하여 또는 특정 물건의 효용을 보존하기 위하여 과하는 제한이다. 이 점에서 같은 공법상의 제한이라도 경찰목적을 위한 제한이나 재정목적을 위한 제한 등과는 구별된다.

(2) 공용제한은 특정 재산권에 고착하여 과하여지는 제한이라는 점에서, 사람에 대하여 일정한 의무를 과하는 인적공용부담과는 다르다.

(3) 공용제한은 개인의 재산권에 대하여 일정한 제한을 가하는 것이다. 따라서 재산권을 강제적으로 취득하는 공용수용이나 강제적으로 교환·분합하는 공용환지 및 공용환권과는 다르다.

(4) 공용제한은 재산권에 대한 공법상의 제한이다. 이 점에서 재산권에 대한 사법상의 제한과는 다르다.

2. 公用制限의 根據

공용제한은 개인의 재산권의 침해를 가져오므로, 반드시 법률의 근거가 있어야 한다. 공용제한에 관한 일반법은 없으며, 단행법률에서 이를 규정하고 있다(국토의계획및이용에관한법률, 도로법, 철도법 등).

3. 公用制限의 種類

공용제한은 그 제한을 필요로 하는 공익사업의 수요 또는 공익상 필요의 내용에 따라 계획제한·보전제한·사업제한·공물제한 및 사용제한으로 나눌 수 있으며, 계획제한·보전제한·사업제한을 부담제한이라 하기도 한다.

(1) 計劃制限

1) 國土利用計劃制限

국토의 합리적 이용이나 도시의 건전한 발전을 위하여 일정한 행정계획에 기하여 과하여지는 제한이다. 국토의계획및이용에관한법률상의 국토이용계획은 구속적 계획으로, 용도지역이 지정되면 토지소유자는 토지를 당해 지역의 지정목적에 맞도록 이용하여야 하고, 일정한 시설·건축물 등의 설치 기타의 행위가 금지되거나, 허가를 받도록 되어 있다. 용도지역 내에서는 토지거래의 허가제·신고제·거래불허·토지의 매수청구제 등이 실시된다.

2) 都市計劃制限

도시계획구역과 그 구역안에서 도시의 건전한 발전을 도모하고 공공의 안녕·질서와 공공복리의 증진을 위한 토지의 이용·교통·위생·산업·보안·국방·후생 및 문화에 관한 여러 가지 사항을 계획하는 것을 말한다.

도시계획법상의 도시계획에 의해 용도지역이 결정되면 그 안에서는 임의로 공작물을 신축하거나 토지의 형질을 변경하는 행위를 할 수 없는 제한을 받는 것이 보통이다.

(2) 保全制限

자연·자원·문화재 등의 보전을 위하여 사권에 가하여지는 공법상 제한으로, 이에는 다음과 같은 것이 있다. 즉, ① 지역지구의 지정에 의한 제한, ② 자연보전제한, ③ 자원보전제한, ④ 문화재보호제한, ⑤ 농지 등의 전용제한 등이 있다.

(3) 事業制限

공익사업을 원활하고 안전하게 수행하기 위하여 그 사업과 관계가 있는 타인의 재산권에 대하여 가하여지는 제한이다. 이러한 사업제한은 그 내용에 따라 작위·부작위 및 수인부담으로 나누어진다.

1) 不作爲義務

사업시행에 장해가 되는 일정한 행위를 제한·금지하는 부담이다. 예컨대 접도구역·연안구역·도시계획구역 등에 있어서의 건축·토지의 형질변경·식수 등의 행위의 제한·금지가 그것이다.

2) 作爲義務

시설설치·공작물개축의무 기타 작위의무가 있다.

3) 受忍義務

당해 공익사업을 위하여 사업자에 의한 토지형질의 변경, 공작물제거 기타 재산권침해행위를 수인하여야 하는 의무이다.

(4) 公物制限

사유재산인 특정한 토지·물건이 공공목적에 제공되고 있기 때문에 그 목적에 필요한 한도에서 그 소유권에 가하여지는 제한을 말한다. 이에는 사유재산이 공공목적에 제공되고 있기 때문에 일정한 공법상 제한이 가하여지는 경우와, 특정물건의 존재가 공익상 필요하기 때문에 제한이 가하여지는 경우가 있다.

1) 私有公物에 대한 制限

사유재산이 공용 또는 공공용에 제공되고 있기 때문에 그 소유권에 가하여지는 공법상의 제한이다. 사유토지가 도로의 부지로 사용되고 있기 때문에 그에 대한 사권행사가 제한되는 경우가 그 예이다.

2) 公益企業用物件에 대한 制限

공익기업용 물건은 사기업의 물건이므로 공법상 제한을 받지 않는 것이 원칙이다. 그러나 그 사업의 공익성으로 인하여, 법률이 그 기업의 토지 기타 물건에 대하여 저당권설정을 제한하거나 기타 그 융통성을 제한하는 경우가 있다.

(5) 使用制限(公用使用)

① 특정한 공익사업을 수행하는 과정에서 그 사업자가 타인의 소유에 속하는 토지 기타 물건의 재산권에 대하여 공법상의 사용권을 설정하고, 그 사용기간 중에 그를 방해하는 권리행사를 금지하는 것을 말한다. 이러한 공용사용은 특정한 재산권을 타인이 사용하는 것을 수인시키는 점에서 다른 공용제한과는 다르다.

② 이는 내용에 따라 일시적 사용과 계속적 사용으로 나누어지는데, 공익사업을 위한 측량·실지조사·공사 등을 위하여 타인의 토지에 출입하여 사용하는 경우가 전자의 예이고, 타인의 토지에 전주를 설치하는 것은 후자의 예이다.

③ 공용사용은 개인의 재산권에 대한 사용권을 강제로 설정하는 것이므로, 그에는 법률의 근거가 있어야 하고, 또한 정당한 보상이 지급되어야 한다.

4. 公用制限과 損失補償

공용제한에 의한 재산권의 이용·행사에 대한 제한이 사회생활상 당연히 수인하여야 할 한도를 넘어, 개인에게 특별한 손실을 과하는 것인 때에는 정당한 보상을 하여야 한다. 그러나 어떠한 경우에 특별한 손실이 있다고 볼 것인지가 문제인바, 공용제한 중 공물제한·사용제한 및 사업제한의 경우에는 기본적인 문제는 없는 것으로 보이나, 계획제한의 경우에는 실정법률이 거의 보상규정을 두고 있지 않은 결과 보상여부에 관해 논의가 많다.

Ⅱ. 公用收用

1. 概說

(1) 公用收用의 概念

공용수용이란 공익사업을 위하여 법률에 의거하여 타인의 토지 등의 재산권을 강제적으로 취득하는 것을 말하며, 공용징수라고도 한다.

1) 收用適格事業

공용수용은 공공의 이익을 위한 사업, 즉 공익사업을 위한 재산권의 강제적 취득 작용이다. 공용수용은 공익사업용에 제공하기 위하여 특정 재산권을 취득하는 것이라는 점에서, 재정목적이나 경찰목적을 위한 재산권의 제한·박탈과는 구별된다.

2) 手段

공용수용은 법률에 의거한 재산권의 강제적 취득이다.

3) 目的物

공용수용의 목적물은 특정한 재산권이다. 가장 대표적인 것은 토지소유권이나, 토지에 관한 소유권 이외의 권리, 입목·건물 기타 토지에 정착한 권리,

광업권·어업권이나 물의 사용에 관한 권리 등도 그 목적물이 된다.

4) 主體

공용수용의 주체는 당해 공익사업의 주체이다. 공익사업의 주체는 국가일 때도 있고 공공단체 또는 사인일 때도 있는데, 후자의 경우에는 수용권의 주체와 관련하여 견해가 갈리고 있는바, 기업자수용권설이 통설이다.

5) 損失補償

공용수용은 공익사업을 위하여 특정인의 재산권을 강제적으로 취득함으로써 그 권리자에 특별한 희생을 가하는 것이므로, 그로 인한 특별한 손실은 당연히 보상되어야 한다.

(2) 公用收用의 根據

공용수용은 공익사업을 위하여 타인의 재산권을 강제적으로 취득하는 것이므로, 그에는 당연히 법률상의 근거가 있어야 한다. 공용수용의 일반법은 공익사업을위한토지등의취득및보상에관한법률이 있으며, 개별법으로서 도로법, 하천법, 주택법 등이 있다.

2. 公用收用의 當事者 및 目的物

(1) 公用收用의 當事者

1) 收用者

(가) 意義

당해 사업을 위하여 공용수용을 할 수 있는 공익사업의 주체를 말하며, 토지보상법은 공익사업의 주체를 사업시행자라고 한다(제2조 제3호).

(나) 收用權의 主體

사업시행자가 국가 이외의 공공단체 또는 사인인 경우에, 수용권자가 누구인가에 대하여는 국가만이 수용권을 갖는다는 국가수용권설과 사업시행자라면 공공단체나 사인도 수용권을 갖는다는 사업시행자수용권이 대립되나, 후자가 통설이다.

2) 被收用者

수용 목적물의 재산권의 주체, 즉 수용할 토지·건물의 소유자와 그 토지·물건에 대하여 소유권 이외의 권리를 가진 자이다. 이러한 관계인에는 지상권자·지역권자·전세권자·저당권자·임차권자 등이 모두 포함된다. 다만, 국토해양부장관의 사업인정의 고시가 있은 후에 그 토지·물건에 대하여 새로운 권리를 취득한 자는 기존권리를 승계한 자를 제외하고는 피수용자에 포함되지 아니한다.

피수용자는 손실보상청구권 및 이를 실현하기 위한 절차상의 권리를 가지며, 수용의 목적물이 공익사업을 위하여 불필요하게 된 때에는 그 환매권을 갖는다.

(2) 公用收用의 目的物

1) 目的物의 種類

토지보상법이 정하고 있는 수용의 목적물은 ① 토지소유권, ② 토지에 관한 소유권 이외의 권리, ③ 토지와 함께 공익사업을 위하여 필요한 입목·건물 기타 토지에 정착한 물건 및 이에 관한 소유권 이외의 권리, ④ 광업권·어업권 또는 물의 사용에 관한 권리, ⑤ 토지에 속한 토석 또는 사력 등이 있다(제3조).

2) 目的物의 制限

공용수용은 원칙적으로 공익사업을 위하여 필요한 최소한도에 그쳐야 한다. 따라서 물건자체의 성질상 수용이 불가능하거나 제한되는 것이 있다. 즉, ① 치외법권을 가지는 외국대사관 등의 부지·건물, 공물 등은 수용할 수 없으며, ② 공익사업에 수용되고 있는 토지 등은 특별한 필요가 있는 경우가 아니면 수용할 수 없다(제19조 제2항).

3) 目的物의 擴張

공용수용은 당해 공익사업에 필요한 최소한도에 그쳐야 하는 것이 원칙이나, 예외적으로 그 필요한도를 넘어서 수용하는 것이 피수용자의 권리보호를 위하여 또는 사업의 목적달성상 필요한 때가 있다.

(가) 擴張收用

(a) 殘地收用

동일한 소유자에 속하는 일단의 토지의 일부가 수용됨으로 인하여 그 잔여지를 종래의 이용목적에 따라 사용하는 것이 현저히 곤란하게 된 경우에, 그 토지소유자의 청구에 의하여 그 잔여지도 포함하여 수용하는 것을 말한다. 전부수용이라고도 한다(토지보상법 제74조).

(b) 完全收用

토지를 공용사용하는 경우에, 그 사용이 3년 이상이거나 사용으로 인하여 토지의 형질을 변경할 때, 또는 사용하고자 하는 토지에 토지소유자의 건물이 있는 경우에, 그 토지소유자의 청구에 의하여 당해 토지를 수용하는 것을 말한다(제72조).

(c) 移轉에 갈음하는 收用

수용·사용할 토지 위에 있는 물건을 이전료를 보상하고 이전시키는 것이 원칙이나, 물건의 이전이 현저히 곤란하거나 이전으로 인하여 종래의 목적에 사용할 수 없게 되는 때에, 그 소유자의 청구에 의하여 그 물건을 수용하는 것을 말한다. 또한 그 이전료가 물건의 가격을 초과할 경우에는 사업시행자가 그 물건의 수용을 청구할 수 있다(제75조 제1항).

(나) 地帶收用

토지 또는 건축물을 조성·정리하기 위하여 본래 자기 사업에 필요한 토지 이외에 그에 인접하는 일대의 토지를 수용하는 것을 말한다. 실정법상의 예는 없는 것으로 보이며, 국토의계획및이용에관한법률 제29조 제3항은 지대수용 대신에 그 일시사용을 인정하는 데 그치고 있다.

3. 公用收用의 節次

(1) 概說

공용수용절차는 크게 다음 두 가지로 나눌 수 있다. 즉, ① 하나는 공용수용권이 직접 법령에 의하여 설정되고 별도로 특별한 행정처분을 요하지 아니하는 경우고, ② 다른 하나는 공용수용이 법률에 정한 일련의 절차를 거쳐 특별한 행정처분에 의하여 설정되는 경우로서, 이것은 다시 소정의 절차를 모두 거치는 보통절차와 그 중 일부절차를 생략하는 약식절차로 나누어진다.

(2) 普通節次

공용수용의 보통절차로서는 ① 사업인정, ② 토지·물건조서작성, ③ 협의, ④ 재결·화해의 절차가 있다.

1) 事業認定

(가) 意義

사업인정이란 특정사업이 공용수용을 할 수 있는 공익사업에 해당함을 인정하여, 기업자에게 일정절차의 이행을 조건으로 하여 특정한 재산권의 수용권을 설정하여주는 행위이다.

(나) 事業認定의 性格

사업인정에 의하여 사업시행자와 토지수용자 사이에는 구체적인 권리·의무관계가 형성되므로, 이는 행정행위의 성질을 갖는다. 행정행위로서 사업인정의 성질에 대하여는 확인행위설과 설권행위설로 갈리고 있으나, 판례[70]와 다수설[71]은 설권행위로 본다.

(다) 事業認定權者

사업인정권자는 원칙적으로 국토해양부장관이나, 그 밖의 자에 사업인정권이 부여되어 있은 경우도 있다. 국토해양부장관이 사업인정을 함에 있어서 관계기관과의 협의와 중앙토지수용위원회 및 이해관계자의 의견청취 등의 절차를 거쳐야 한다(제21조).

(라) 事業認定의 告示

70) "토지수용법 제14조에 따른 사업인정은 그후 일정한 절차를 거칠 것을 조건으로 하여 일정한 내용의 수용권을 설정해 주는 행정처분의 성격을 띠는 것으로서 그 사업인정을 받음으로써 수용할 목적물의 범위가 확정되고 수용권으로 하여금 목적물에 관한 현재 및 장래의 권리자에게 대항할 수 있는 일종의 공법상의 권리로서의 효력을 발생시킨다"(대판 1987.9.8, 87누395).

71) 김남진(II), 524면; 김도창(하), 607면; 김동희(II), 357면).

국토해양부장관이 사업인정을 한 때에는 그 뜻을 관계자와 관계 도지사에게 통지하고, 사업시행자의 성명·명칭, 사업의 종류, 사업지역 및 사용할 토지의 세목을 관보에 고시한다. 고시는 사업인정의 효력발생요건으로서 사업인정은 고시일부터 효력이 발생한다(제22조 제3항).

(마) 事業認定의 告示의 效果

사업인정이 고시되면 수용할 목적물의 범위를 확정하고, 수용의 목적달성을 원활하게 하기 위하여 수용권자로 하여금 그 목적물에 관한 현재 및 장래의 권리자에게 대항할 수 있는 일종의 공법상 물권이 발생하게 된다. 즉, ① 사업인정의 고시 후 토지 등에 관하여 새로운 권리를 취득한 사람에 대하여는 기존의 권리를 승계한 사람을 제외하고는 피수용자로서의 권리를 인정하지 아니하며, ② 고시 후에는 토지 등의 보전을 위하여 피수용자뿐만 아니라 누구든지 그 토지 등에 대하여 사업에 장해가 될 형질변경이나 토지정착물 등의 손괴·수거 등의 행위를 하는 것이 금지되고, 고시 후 그 토지 등의 공작물에 신축·개축·증축 등을 할 때에는 도지사의 허가를 받아야 한다(제25조).

(바) 事業認定의 失效

(a) 裁決申請懈怠로 인한 失效

사업시행자가 사업인정의 고시일로부터 1년 이내에 토지수용위원회에 대한 재결을 신청하지 아니할 때에는 그 기간만료일의 익일부터 사업인정은 효력을 상실한다(제23조).

(b) 事業의 廢止·變更으로 인한 失效

사업인정의 고시 후 그 사업의 전부 또는 일부를 폐지·변경함으로써 토지수용의 필요가 없게 된 경우에는 도지사가 사업시행자의 신고 또는 직권으로 이를 고시하여야 하며, 그 고시일로부터 사업인정은 그 전부 또는 일부가 효력을 상실한다.

2) 土地·物件의 調書作成

사업인정의 고시가 있은 후 사업시행자는 토지·물건의 조서를 작성하여야 한다. 조서의 작성에는 원칙적으로 토지소유자 및 관계인을 입회시켜 그 서명날인을 받아야 한다. 따라서 기업자·토지소유자 및 관계인이 서명·날인한 조서는 진실한 것으로 추정되어, 미리 이의를 부기한 경우를 제외하고는 조서에 대하여 이의를 진술할 수 없다. 다만 조서의 기재가 진실에 반하는 것임을 입증할 때에는 예외이다.

3) 協議

(가) 協議의 意義 및 性質

협의는 수용할 토지의 범위, 수용시기, 손실보상 등에 관하여 사업시행자와 피수용자 사이의 교섭행위로서, 그 법적 성질에 대하여는 사법상 계약설과 공법상 계약설의 대립이 있다. 협의는 수용권의 주체인 기업자가 그 토지 등의 권리를 취득하기 위하여 기득의 수용권을 실행하는 방법에 불과한 것이라고 보는 공법상 계약설이 통설이나 판례는 사법상 계약으로 본다.

(나) 協議의 效果

협의가 성립되면 공용수용절차는 종결되고, 수용의 효과가 발생한다. 즉 사업시행자는 수용의 시기까지 보상금을 지급 또는 공탁하고, 피수용자는 그 시기까지 토지·물건을 사업시행자에게 이전함으로써, 사업시행자는 목적물에 관한 권리를 취득하고 피수용자는 그 권리를 상실한다.

(다) 協議의 確認

사업시행자는 협의가 성립된 경우에는 사업인정고시가 있은 날로부터 1년 이내에 그 토지소유자 및 관계인의 동의를 얻어 관할토지수용위원회에 협의성립의 확인을 신청할 수 있다(제29조 제3항). 토지수용위원회에 의한 협의의 확인 또는 협의확인신청서의 수리는 재결로 간주되며, 사업시행자·토지소유자 및 관계인은 협의의 성립이나 내용을 다툴 수 없다(제29조 제2항).

4) 裁決·和解

(가) 裁決

(a) 裁決의 性質

재결은 협의의 불성립 또는 협의 불능시에 행하여지는 공용수용의 종국적 절차로서, 이러한 재결은 수용권 자체의 행사가 아니라 사업시행자에 부여된 수용권의 구체적인 내용을 결정하고 그 실행을 완성시키는 형성적 행정처분이다.

(b) 裁決機關

공용수용의 재결기관은 토지수용위원회인데, 토지수용법에 따라 국토해양부에 중앙토지수용위원회가, 서울특별시·광역시·도에 각각 지방토지수용위원회가 설치되어 있다.

(c) 裁決申請

사업시행자는 사업인정의 고시가 있은 날로부터 1년 이내에 재결을 신청할 수 있으며, 이 기간 안에 신청하지 않으면 사업인정의 고시는 기간만료일의 익일부터 그 효력을 상실한다(제23조, 제28조 제1항).

(d) 裁決申請의 請求

재결신청은 사업시행자만이 할 수 있으나, 수용절차의 조속한 종결은 피수용자에게 중요한 것이므로, 토지수용법은 재결신청의 청구제도를 두어, 당사자간에 협의가 이루어지지 아니한 때에는 토지소유자 및 관계인은 사업시행자에게 재결신청을 조속히 하도록 청구할 수 있도록 하였다. 이 경우 사업시행자는 청구일부터 2월 안에 관할토지수용위원회에 재결신청을 하여야 한다.

(e) 裁決의 節次·形式·內容

① 토지수용위원회는 재결신청을 받은 때에는 지체없이 공고·열람·의견진술의 기회를 준 뒤 심의하며, 심의개시일부터 2주간 안에 재결을 하여야 한다. 다만, 특별한 사유가 있을 때에는 1차에 한하여 2주간을 연장할 수 있다.

② 재결의 내용은 수용할 토지의 구역, 손실보상, 수용시기·기간 등인데, 위원회는 기업자·토지소유자 또는 관계인이 신청한 범위 안에서만 재결을 할 수 있다. 다만, 손실보상의 증액재결은 신청에 구애받지 않고 할 수 있다(제50조).

(f) 裁決의 效果

토지수용위원회의 재결이 있으면 공용수용의 절차는 종결되고, 일정한 조건아래 수용의 효과가 발생한다. 즉, ① 사업시행자는 보상금의 지급 또는 공탁을 조건으로 수용의 시기에 토지에 관한 권리를 원시취득하며, 피수용자가 의무를 이행하지 아니하는 경우에는 대집행신청권이 발생한다. ② 피수용자는 수용의 목적물을 인도 또는 이전할 의무를 지는 반면에, 손실보상청구권 및 환매권을 취득한다. 재결은 사업시행자가 보상금을 수용의 시기까지 지급하거나 공탁하지 아니하면 그 효력을 상실한다(제42조).

(g) 裁決에 대한 不服

재결은 행정행위이므로 그에 불복이 있는 경우는 중앙토지수용위원회에 이의신청을 할 수 있으며, 이의신청의 재결에 불복이 있는 경우는 행정소송을 제기할 수 있다. 이 경우 보상액의 증감만을 다투는 소송의 성질에 대하여는 형식적 당사자소송의 인정여부가 문제되고 있는데, 판례는 이를 필요적 공동소송으로 보고 있다. 재결에 대한 이의신청은 사업의 진행 및 토지의 수용 또는 사용을 정지시키지 아니한다.

(나) 和解

토지수용위원회는 그 재결이 있기 전에는 언제든지 사업시행자·토지소유자·관계인에게 화해를 권고하게 할 수 있다(제32조 제1항). 화해는 당사자 쌍방의 임의적 합의에 의하여 성립하는 것이므로, 협의의 성립이나 재결과 같은 효력을 발생한다고 할 것이다.

(3) 略式節次

1) 천재·지변시의 土地使用

천재·지변 기타 사변에 있어서 공공의 안전을 위한 공익사업을 긴급히 시행할 필요가 있을 때에는 사업시행자는 구·시·군의 장의 허가를 받아 즉시 타인의 토지를 사용할 수 있으나, 사용기간은 6월을 초과하지 못한다(제38조 제3항).

토지사용으로 인하여 생긴 손실의 보상은 사업시행자와 피해자가 협의하여 결정하며, 협의가 성립하지 아니하면 토지수용위원회에 재결을 신청할 수 있다.

2) 時急을 요하는 土地使用

재결신청을 받은 토지수용위원회는 그 재결이 지연됨으로써 재해방지가 곤란하거나 기타 공익에 현저한 지장을 초래할 우려가 있다고 인정할 때에는 사업시행자의 신청에 의하여 담보를 제공하게 한 후, 즉시 그 토지의 사용을 허가할 수 있다. 그 사용기간은 6월을 초과할 수 없다(제39조 제2항).

4. 公用收用의 效果

공용수용의 효과는 사업시행자에 의한 보상금의 지급 또는 공탁을 조건으로 수용의 시기에 수용목적물에 대한 권리를 원시취득하고, 이와 양립할 수 없는 그 토지·물건에 관한 일체의 권리가 소멸하는 데 있다. 수용의 중심을 이루는 것은 사업시행자의 수용목적물에 대한 권리의 원시취득과 피수용자의 손실보상청구권이다. 토지소유자는 수용된 자기의 토지가 사업에 불필요하게 되었을 때에는 환매권을 가진다.

(1) 事業施行者의 權利取得

① 수용절차는 협의의 성립이나 재결시에 완료되나, 권리득실의 효과는 그 즉시 발생하지 않고, 따로 정하여진 수용의 시기에 발생한다.

② 사업시행자는 수용의 시기에 그 수용목적물에 대한 소유권을 취득하는데, 이 권리취득은 권리자의 권리의 승계적 취득이 아니라 원시적 취득이다. 따라서 수용의 시기에 수용목적물에 대한 종래의 모든 권리는 소멸함과 동시에 사업시행자에게 새로운 소유권, 즉 아무런 부담이나 하자가 없는 완전한 소유권이 발생한다.

③ 공용수용은 법률의 규정에 의한 물권취득이므로 등기를 하지 아니하여도 수용의 시기에 권리가 취득된다. 다만, 취득한 소유권을 타인에게 처분하기 위해서는 등기가 필요하다.

④ 단, 목적물에 대한 위험부담은 재결시로부터 기업자에게 이전한다.

(2) 損失補償

1) 損失補償에 관한 原則

공익사업을위한토지등의취득및보상에관한법률이 규정하고 있는 손실보상의 원칙으로는 ① 사업시행자보상의 원칙(제61조), ② 현금보상의 원칙(제63조 제1항), ③ 사전보상의 원칙(제42조 제1항), ④ 개인별 보상의 원칙(제64조), ⑤ 시가보상의 원칙(제67조 제1항), ⑥ 완전보상의 원칙(토지보상법상 시가보상·사전보상·영업손실보상·이전료보상), ⑦ 사업시행이익과의 상계금지원칙(제66조) 등이 있다.

2) 損失補償의 內容

손실보상의 내용으로는 ① 토지 기타 물건의 수용보상, ② 잔여지수용보상·잔여지가격하락보상·잔여지공사비보상), ③ 지상물건의 이전보상, ④ 농작물 등에 대한 손실 및 광업권·어업권에 대한 손실의 보상, ⑤ 측량·조사로 인한 손실보상, ⑥ 사업의 폐지·변경 등으로 인한 보상 등이 있다.

5. 還買權

(1) 意義

환매권이란 공용수용의 목적물이 당해 공익사업에 불필요하게 되었을 때, 원래의 피수용자가 일정한 요건 하에서 다시 그를 매수하여 소유권을 회복할 수 있는 권리를 말한다.

(2) 根據

이론적 근거로는 피수용자의 감정을 존중하는 뜻에서 인정된 것이라 보는 것이 일반적이나, 재산권의 존속보장에서 그 근거를 구하는 견해도 있다.[72] 법적근거와 관련해서는 개별 법령상의 근거가 없어도 헌법의 재산권보호규정에 근거하여 인정될 수 있는가가 문제된다. 독일과 달리 우리 대법원은 명문규정이 없는 한 환매권을 인정하지 않는다(대판 1998.4.10, 96다52359). 현행법상으로는 '공익사업을위한토지등의취득및보상에관한법률'이 대표적인 실정법상 예이다.

(3) 法的 性質과 爭訟

① 사권설은 환매는 환매권자가 자기의 이익을 위해 일방적으로 수용물을 회복하는 것으로 보아 환매권을 사법상의 권리라고 한다.[73] 우리나라 대법원과 헌법재판소의 입장이다 .따라서 법원은 수용 등과 관련된 환매권사건에 대해 일관되게 민사소송관할로 다루고 있다. 이에 비해 ② 공권설은 환매권은 공법상 원인에 의해 상실된 권리를 회복하는 것으로 이는 공권이라는 입장이다.[74] 이에 따르면 행정소송 중 당사자소송의 형태로 소가 진행되어야 한다.

72) 김남진, 월간고시, 1992.1, 81면.
73) 박윤흔(하), 633면 이하 참조.
74) 김남진(II), 544면 참조.

우리나라의 다수설이다.

【판례】: ①「환매권은 일종의 형성권으로서 그 존속기간은 제척기간으로 보아야 할 것이며, 위 환매권은 재판상이든 재판 외이든 그 기간 내에 행사하면 이로써 매매의 효력이 생기고, 위 매매는 같은 조 제1항에 적힌 환매권자와 국가 간의 사법상의 매매라 할 것이다」(대판 1992.4.24, 92다4673).

②「환매권은 재판상이든 재판 외이든 그 기간 내에 행사하면 되는 것이나, 환매권은 상대방에 대한 의사표시를 요하는 형성권의 일종으로서 환매의 의사표시가 상대방에게 도달한 때에 비로소 환매권 행사의 효력이 발생함이 원칙이다」(대판 1999.4.9, 98다46945).

(4) 還買의 要件

1) 還買權者

환매권자는 협의취득일 또는 수용 당시의 토지소유자 또는 그의 포괄승계인이다(동법 제91조 제1항). 따라서 지상권자 등 다른 권리자는 권리자가 아니다.

2) 還買의 目的物

환매의 목적물은 토지소유권이다(동법 제91조 제1항). 따라서 토시 이외의 물건이나 토지소유권 이외의 권리는 환매의 대상이 되지 아니한다. 그러나 수용된 토지의 일부도 환매의 목적물이 될 수 있다.

3) 還買權의 發生要件

환매권 발생요건으로는 ① 사업인정 후 협의취득일 또는 수용개시일로부터 10년 이내에 사업의 폐지 변경 기타의 사유로 인하여 취득한 토지의 전부 또는 일부가 필요 없게 되거나 (제91조 제1항), ② 사업인정 후 협의취득일 또는 수용일로부터 5년을 경과하여도 수용한 토지의 전부를 사업에 이용하지 아니하였을 경우이다(제91조 제2항).

4) 還買權의 行使期間

환매권의 발생요건에서 ①의 경우에는 토지가 필요 없게 된 때로부터 1년, 협의취득일 또는 수용개시일로부터 10년, ②의 경우에는 협의취득일 또는 수용개시일로부터 6년 이내에 행사하여야 하며(동법 제91조 제1항 제2항) 위두 가지 기간요건은 별개로 성립한다. 따라서 ②의 기간이 경과되었더라도 ①의 기간전이라면 환매권을 행사할 수 있다(대판 1995.2.10, 94다31310).

5) 還買價格

환매가격은 토지 및 토지에 관한 소유권 이외의 권리에 대하여 지급받은 보상금에 상당한 금액이다(제91조 제1항). 다만, 토지의 가격이 수용 당시에 비하여 현저히 변경되었을 때에는 사업시행자 또는 환매권자는 그 금액의 증감을 법원에 청구할 수 있다(동조 제5항).

6) 還買權의 對抗力

환매권은 부동산등기법이 정하는 바에 의하여 수용의 등기가 되었을 때에는 제3자에게 대항할 수 있다(제91조 제5항). 즉 환매목적물이 이전된 경우라도 환매권자는 제3자에게 환매권을 행사할 수 있다(물권적 효력).

(5) 還買의 節次

1) 通知·公告

환매할 토지가 생겼을 때에는 사업시행자는 이를 환매권자에게 통지하여야 한다. 다만, 사업시행자가 과실 없이 환매권자를 알 수 없을 때에는 대통령령이 정하는 바에 의하여 이를 공고한다(제92조 제1항). 통지의 성질은 최고에 해당하며, 이러한 통지나 공고는 환매권자에 대해 최고함에 그치는 것이므로 통지가 없더라도 환매권의 행사는 가능하다.

2) 還買權의 消滅

환매권자가 이러한 통지를 받은 날 또는 공고의 날로부터 6월을 경과한 후에는 앞에서 본 환매권행사기간의 경과여부를 불문하고 환매권자는 환매권을 행사하지 못한다(제92조 제2항).

Ⅲ. 公用換地

1. 槪說

공용환지란 토지의 구획·형질의 변경, 공공시설의 정비 등에 의한 토지의 이용가치를 증진시키기 위하여 특정 토지에 관한 소유권 기타의 권리를 권리자의 의사여하를 불문하고 교환·분합하는 것을 말한다.

공용환지에 관한 근거법으로는 ① 농지에 관하여 그 이용증진과 농지확대를 위한 농어촌정비법이 있고, ② 종합적이고 체계적인 도시개발을 위한 도시개발법이 있다.

2. 都市開發事業

(1) 意義

도시개발사업이란 도시개발법에 의하여 지정된 도시개발구역안에서 주거·상업·산업·유통·정보통신·생태·문화·보건 및 복지 등의 기능을 가지는 단지 또는 시가지를 조성하기 위하여 시행하는 사업을 말한다(도시개발법 제2조 제1항). 도시개발법은 사업의 시행방식을 도시개발사업의 성격에 따라 ① 공용수용 또는 공용사용에 의하는 방식 ② 공용환지에 의한 방식 ③ 양자혼합방식을 선택하여 시행하도록 하고 있다.

(2) 都市開發區域의 指定

도시개발구역은 계획적인 도시개발이 필요하다고 인정되는 때에 시·도지사가 지정하며, 당해 지역이 2이상의 시·도의 행정구역에 걸치는 경우에는 관계 시·도지사가 협의에 의하여 지정한다. 그 지정면적이 일정규모 이상인 경우에는 국토해양부장관의 승인을 얻어야한다. 그리고 국가가 도시개발사업을 시행할 필요가 있는 경우 등에는 국토해양부장관이 도시개발구역을 지정한다(제3조).

도시개발구역을 지정하고자 할 때에는 도시개발사업의 계획을 수립하여야 하며, 그 경우 환지방식으로 시행하고자 할 때에는 환지방식이 적용되는 지역의 2분의 1이상의 동의를 얻어야 한다(제4조). 또한 지정권자는 도시개발구역을 지정하고자 할 때에는 기초조사, 주민 등의 의견청취, 도시계획위원회의 심의를 거쳐 고시하여야 한다(제6조~제9조).

(3) 都市開發事業의 施行者

시행자는 ① 국가 또는 지방자치단체 ② 대통령이 정하는 정부투자기관 ③ 지방공사 ④ ①②가 토목공사업면허업자 또는 토목건축공사업면허업자와 공동으로 출자한 법인 ⑤ 토지소유자 또는 이들이 설립한 조합 등이다. 다만 도시개발구역의 전부를 환지방식으로 시행하는 경우는 ⑤를 시행자로 지정한다. 그리고 ① 내지 ④에 해당하는 자가 도시개발사업을 환지방식에 의할 때에는 시행규정을 작성하여야 한다(제11조).

시행자는 실시계획을 작성하여 지정권자의 인가를 받아야 하며, 지정권자는 실시계획을 작성하거나 인가한 때에는 이를 고시하여야 한다(제17조, 제18조). 실시계획을 작성 또는 인가함에 있어서 지정권자가 실시계획에 대한 다른 법률에 의한 인·허가 등에 대하여 관계행정기관과 협의한 사항에 대하여서는 당해 인·허가 등을 받은 것으로 의제된다(제19조).

(4) 準備行爲

도시개발사업의 시행자는 ① 타인의 토지에의 출입 ② 토지의 재료적치장 또는 임시도로로의 사용, ③ 장애물 등의 변경·제거 등을 할 수 있다(제64조).

(5) 換地計劃

1) 換地計劃의 內容

환지계획은 시행자가 작성하고, 시행자가 행정청이 아닌 경우에는 시장·군수 또는 구청장의 인가를 받아야 한다. 환지계획에는 환지설계, 필지별로 된 환지명세, 필지별과 권리별로 된 청산대상토지명세, 체비지 또는 보류지의 명세 기타 국토해양부령이 정하는 사항을 정하는 것으로 환지처분의 기초가 되는 중요한 것이다(제28조 제1항).

2) 換地計劃의 決定基準과 節次

환지계획은 종전의 토지 및 환지의 위치·지목·면적·토질·수리·이용상황·환경 기타 사항을 종합적으로 고려하여 정하여야 한다(제28조 제2항) 행정청이 아닌 시행자가 환지계회의 인가를 신청하고자 하거나 행정청인 시행자가 환지계획을 정하고자 하는 때에는 토지소유자와 임차권자 등에게 이를 통지하고 관계서류의 사본을 일반에게 공람시켜야 한다. 다만, 경미한 변경은 그러하지 아니하다(제29조 제3항). 토지소유자 또는 임차권자 등은 위 공람기간 내에 시행자에게 의견을 제출할 수 있으며, 시행자는 그 의견이 타당하다고 인정하는 때에는 환지계획에 이를 반영하여야 한다(동조 제4항).

3) 清算金

환지를 정하거나 그 대상지역에서 제외된 경우에 그 과부족분에 대하여는 종전의 토지 및 환지의 위치·지목·면적·토질·수리·이용상황·환경 기타 사항을 종합적으로 고려하여 금전으로 이를 청산하여야 한다(제41조 제1항).

4) 替費地·保留地

(가) 概念

체비지란 사업비의 일부를 충당하기 위하여 매각할 목적으로 분양에서 제외하는 대지나 건축시설을 말하며, 보류지는 시행자가 그 규약정관시행규정 또는 사업계획으로 정한 목적에 공용하기 위하여 분양에서 제외한 대지나 건축시설을 말한다.

(나) 內容

시행자는 도시개발사업에 필요한 경비를 충당하거나 규약·정관·시행규정 또는 실시계획이 정하는 목적을 위하여 일정한 토지를 환지로 지정하지 아니하고 이를 체비지 또는 보류지로 정할 수 있다(제34조 제1항). 시장군수 또는 구청장은 주택법에 의한 공동주택의 건설을 촉진하기 위하여 필요하다고 인정하는 때에는 제1항의 규정에 의한 체비지 중 일부를 같은 지역 안에 집단적으로 정하게 할 수 있다(동조 제2항).

(6) 換地豫定地의 指定

1) 法的 性質

시행자는 도시개발사업을 시행하기 위하여 필요한 때에는 도시개발구역 안의 토지에 대하여 환지예정지를 지정할 수 있다(제35조 제1항). 이 지정행위는 공권직 행위로서 행징쟁송의 대상이 되는 행징처분으로시의 성질을 가진다.

2) 指定의 效果

환지예정지가 지정된 때에는 종전의 토지의 소유자와 임차권자 등은 환지예정지정의 효력발생일로부터 환지처분의 공고가 있는 날까지 환지예정지 또는 당해 부분에 대하여 종전과 같은 동일한 내용의 권리를 행사할 수 있으며, 종전의 토지에 대하여는 사용·수익을 할 수 없다(제36조 제1항). 그러나 소유권의 변동이 있는 것은 아니므로 처분권은 인정된다.

3) 土地의 管理

환지예정지의 지정이나 사용 또는 수익의 정지처분으로 인하여 이를 사용·수익할 수 있는 자가 없게 된 토지 또는 당해 부분은 그 날로부터 환지처분의 공고가 있는 날까지 시행자가 이를 관리한다(제40조 제1항).

(7) 換地處分

1) 法的 性質

환지처분은 종전의 토지에 대하여 소유권 기타의 권리를 가진 자에게 종전의 토지에 갈음하여 환지계획에 정하여진 토지를 배당하여 종국적으로 이를 귀속시키는 행정처분으로 형성적 행정행위의 성질을 가진다.

2) 換地處分의 效果

환지계획에서 정하여진 환지는 그 환지처분의 공고가 있은 날의 다음 날부터 종전의 토지로 보며, 환지계획에서 환지를 정하지 아니하는 종전의 토지에 존재하던 권리는 그 환지처분의 공고가 있은 날이 종료하는 때에 소멸한다(제42조 제1항). 그러나 행정상 또는 재판상의 처분으로서 종전의 토지에 전속하는 것에 관하여는 영향을 미치지 아니하며, 지역권도 그 권리의 성질상 종전의 토지에 존속한다(제3항).

【판례】: ①「종전 토지의 평수보다 과도한 평수로 환지가 되었다 하더라도 그 환지를 종전 토지로 본다는 효과에는 아무 영향이 없다」(대판 1970.11.24, 70다2109).

②「환지처분으로 그 지적이 증가한 경우에도 특별한 규정이 있는 경우를 제외하고는 종전 토지 위에 설정되어 있는 저당권의 효력은 당연히 증가 환지된 토지 전체에 미친다」(대결 1968.7.30, 67마1183).

3) 減價補償金·淸算金의 交付

행정청인 시행자는 도시개발사업의 시행으로 인하여 사업시행 후의 토지가액의 총액이 사업시행 전의 총액보다 감소한 때에는 그 차액에 상당하는 감가보상금을 대통령령이 정하는 기준에 따라 종전의 토지소유자 또는 임차권자 등에게 지급하여야 한다(제44조).

4) 換地登記

시행자는 환지처분의 공고가 있은 때에는 공고 후 14일 이내에 관할등기소에 이를 통지하고 토지와 건축물에 관한 등기를 촉탁하거나 신청하여야 한다(제43조 제1항). 환지처분의 공고가 있은 날부터 제1항의 규정에 의한 등기가 있는 때까지는 다른 등기를 할 수 없다. 다만, 등기신청인이 확정일부 있는 서류에 의하여 환지처분의 공고일 전에 등기원인이 생긴 것임을 증명한 경우에는 그러하지 아니하다(제3항).

3. 農漁村整備事業

농어촌정비법(1994.12.22)은 농수산업의 경쟁력향상과 농어촌생활환경개선을 촉진하기 위한 사업으로서 농수산업생산기반정비사업, 농어촌생활환경정비사업, 농어촌휴양자원개발 및 한계농지 등의 정비사업 등에 관하여 규정하고 있다. 동법에서는 이러한 정비사업의 시행을 위해 필요한 경우 종전의 토지에 대신하여 새로이 정비된 토지를 지정하는 환지를 시행할 수 있도록 하고 있는 바, 이는 공용환지에 속한다. 동법은 구체적으로 농업생산기반정비사업과 농어촌생활환경정비사업의 시행자가 행하는 환지에 관해 규정하고 있다.

Ⅳ. 公用換權

1. 槪說

공용환권이란 일정한 절차를 거쳐 토지와 건축시설의 전체에 관하여 권리의 변화(환권)를 행하는 것을 말한다. 도시및주거환경정비법이 정비사업의 일환으로 공용환권 제도를 채택하고 있다. 여기서 정비사업이란 동법에서 정한 절차에 따라 도시기능을 회복하기 위하여 정비구역 안에서 정비기반시설을 정비하고 주택 등 건축물을 개량하거나 건설하는 사업을 말하며, 주거환경개선사업·주택재개발사업·주택건축사업과 도시환경정비사업으로 나누어 시행한다(도시및주거환경정비법 제2조 제2호).

2. 都市・住居環境整備基本計劃

(1) 都市・住居環境整備基本計劃의 樹立

도시・주거환경정비기본계획은 특별시장・광역시장 또는 시장이 10년 단위로 수립하여야 한다. 기본계획을 수립 또는 변경하고자 할 때에는 14일 이상 주민에게 공람하고 지방의회의 의견을 들은 후 지방도시계획위원회의 심의를 거쳐야 하고 특별시장・광역시장이 아닌 경우에는 도지사의 승인을 얻어야 하며, 도지사가 이를 승인함에 있어서도 지방도시계획위원회의 심의를 거쳐야 한다. 특별시장・광역시장 또는 도지사는 지방도시계획위원회의 심의를 거치기 전에 관계행정기관의 장과 협의하여야 한다(제3조). 이러한 기본계획은 행정기관 사이에서는 일정한 효력이 있으나 외부적 구속력은 인정되지 않는다.

(2) 整備區域의 指定

정비구역은 정비사업을 계획적으로 시행하기 위하여 지정・고시된 구역을 말한다. 시장・군수가 정비계획을 수립하고 이를 첨부하여 시・도지사에게 정비구역의 지정신청을 하면 시・도지사는 지방도시계획위원회의 심의를 거쳐 지정하여야 한다(제4조). 정비구역으로 지정된 지역에서는 정비구역의 지정고시가 있은 날부터 당해 정비구역 안에는 정비계획의 내용에 적합하지 않은 건축물 또는 공작물을 설치할 수 없음이 원칙이다(제5조).

3. 公用換權의 施行者 및 節次

(1) 施行者

1) 住居環境改善事業

주거환경개선사업은 정비구역 지정고시일 현재 토지 등 소유자의 3분의 2 이상의 동의를 얻어 시장・군수가 직접 이를 시행하거나 주택공사 등을 사업시행자로 지정하여 이를 시행하게 할 수 있다(제7조).

2) 住宅開發事業 또는 住宅再建築事業

이 사업들은 조합이 이를 시행하거나, 조합이 조합원 2분의 1 이상의 동의를 얻어 시장 군수 또는 주택공사 등과 공동으로 이를 시행할 수 있다(제8조 제1항).

3) 都市環境整備事業

조합 또는 토지 등 소유자가 시행하거나, 조합 또는 토지 등 소유자가 조합원 또는 토지 등 소유자의 과반수의 동의를 얻어 시장·군수·주택공사 또는 한국토지공사(공장이 포함된 구역에서의 도시환경정비사업의 경우 제외)와 공동으로 시행할 수 있다(제8조 제2항).

(2) 事業施行을 위한 措置

사업시행자는 임시수용시설의 설치와 토지의 임시사용(제36조), 시설이나 토지를 일시 사용함으로써 손실을 받은 자에 대한 손실보상(제37조), 정비구역 안에서의 토지·물건 그 밖의 권리의 수용 또는 사용(제38조) 등의 조치를 취할 수 있다.

4. 換權計劃(管理處分計劃)

(1) 意義

환권계획이란 재개발사업이 완료된 후에 행할 환권처분의 계획을 말한다. 환권처분의 내용은 환권계획으로 정해진다. 동법은 이를 관리처분계획이라고 하고 있다.

(2) 分讓申請

사업시행자는 사업시행인가의 고시가 있은 날부터 21일 이내에 개략적인 부담금내역 및 분양신청기간 그밖에 대통령령이 정하는 사항을 토지 등 소유자에게 통지하고 분양의 대상이 되는 대지 또는 건축물의 내역 등 대통령령이 정하는 사항을 해당지역에서 발간되는 일간신문에 공고하여야 한다. 이 경우 분양신청기간은 그 통지한 날부터 30일 이상 60일 이내로 하여야 한다. 다만, 사업시행자는 관리처분계획의 수립에 지장이 없다고 판단되는 경우에는 분양신청기간을 20일의 범위 이내에서 연장할 수 있다(제46조 제1항).

(3) 管理處分計劃의 認可

사업시행자(주거환경개선사업 제외)는 분양신청기간이 종료된 때에는 이 법이 정하는 바에 의하여 기존의 건축물을 철거하기 전에 관리처분계획을 수립하여 시장·군수의 인가를 받아야 하며, 관리처분계획을 변경·중지 또는 폐지하고자 하는 경우에도 또한 같다. 다만, 대통령령이 정하는 경미한 사항을 변경하고자 하는 때에는 시장 · 군수에게 신고하여야 한다(제48조 제1항).

(4) 管理處分計劃의 基準

시행자는 종전의 토지 또는 건축물의 면적 · 이용상황 · 환경 그 밖의 사항을 종합적으로 고려하여 대지 또는 건축물이 균형 있게 분양신청자에게 배분되고 합리적으로 이용되도록 하는 등의 기준에 따라 관리처분계획을 정하여야 한다(제48조 제2항).

(5) 替費地와 保留地

사업시행자는 환권계획을 정함에 있어 대지 또는 건축시설의 일부를 이러한 체비지 또는 보류지로 정할 수 있다(제48조 제3항).

5. 換權處分

(1) 換權處分의 節次

1) 整備事業의 竣工檢査 및 公告

시장 · 군수가 아닌 사업시행자는 정비사업에 관한 공사를 완료한 때에는 대통령령이 정하는 방법 및 절차에 의하여 시장 · 군수의 준공인가를 받아야 하며, 준공인가신청을 받은 시장 · 군수는 지체 없이 준공검사를 실시하여야 한다(제52조 제1항 · 2항). 시장 · 군수는 준공검사의 실시결과 정비사업이 인가받은 사업시행계획대로 완료되었다고 인정하는 때에는 준공인가를 하고 공사의 완료를 당해 지방자치단체의 공보에 고시하여야 한다(제3항).

2) 分讓處分

사업시행자는 이 고시가 있은 때에는 지체없이 대지확정측량을 하고 토지의 분할절차를 거쳐 관리처분계획에 정한 사항을 분양받을 자에게 통지하고 대지 또는 건축물의 소유권을 이전하여야 한다(제54조 제1항).

(2) 換權處分의 效果

1) 權利의 確定

대지 또는 건축물을 분양받을 자에게 소유권을 이전한 경우 종전의 토지 또는 건축물에 설정된 지상권 전세권 저당권 임차권 가등기담보권 가압류 등 등기된 권리 및 주택임대차보호법 제3조 제1항의 요건을 갖춘 임차권은 소유권을 이전받은 대지 또는 건축물에 설정된 것으로 본다(제55조 제1항).

2) 淸算金

대지 또는 건축물을 분양받은 자가 종전에 소유하고 있던 토지 또는 건축물의 가격과 분양받을 대지 또는 건축물의 가격 사이에 차이가 있는 경우에는 사업시행자는 소유권이전의 고시가 있은 후에 그 차액에 상당하는 금액(청산금)을 분양받은 자로부터 징수하거나 분양받은 자에게 지급하여야 한다(제57조 제1항).

제7장 財務行政法

제1절 概說

Ⅰ. 財政의 意義와 種類

1. 財政의 意義

재정이란 국가 또는 지방자치단체가 그의 존립과 활동에 필요한 재원을 취득하고 이를 관리(관리·운용·지출)하는 작용을 말한다. 국가 또는 지방자치단체가 질서유지 및 공공복리의 증진의무를 원활히 수행하기 위해서는 많은 경비가 필요하며, 이를 취득·관리·지출하는 작용을 총칭하여 재무행정 또는 재정이라 한다. 재정은 그 목적·수단 및 권력적 기초의 세 가지 점에서 다른 행정작용과 구별되는 특징이 있다.

(1) 目的

재정은 국가 또는 지방자치단체의 존립과 활동에 필요한 재원을 취득함을 그 목적으로 한다. 즉 재정(조세·전매 등)은 수입 그 자체를 직접목적으로 하는 작용이다. 따라서 다른 경찰행정·공물·공기업·경제규제행정 등의 행정작용을 수행하는 과정에서 부수적으로 발생하는 수입(수수료·부담금·과징금 등)과는 구별된다. 다만, 이들 수입을 일단 취득한 후에 국고금 등으로 관리하는 작용은 재정작용에 속한다.

(2) 手段

재정작용 중 재원의 취득은 권력적 명령·강제(급부하명·강제징수 등)를 수단으로 하고, 취득된 재원의 관리 및 수입·지출의 경리는 비권력적 작용이다. 전자를 재정권력작용이라 하고, 후자를 재정관리작용이라 한다.

국가·지방자치단체의 재원의 취득이 항상 권력적 작용에 의하는 것이 아니고 ① 비권력적인 사업경영에 의하는 경우(철도사업·정보통신사업·국공채 발생 등), ② 공채·재정증권·일시차입금에 의하는 경우, ③ 다른 행정작용과 관련하여 취득되는 부수적 수입도 있다.

(3) 權力的 基礎

① 재정권력작용은 재정목적을 위하여 국가의 일반통치권에 기하여 국민에게 명령·강제하는 작용이며, 이 권력은 국가 또는 국가로부터 통치권의 일부를 부여받은 지방자치단체만이 행사할 수 있다.

② 재정관리작용은 일반재산관리권의 한 작용에 지나지 않고, 이에 대한 법적 규율은 재정관리의 공정을 기하기 위한 것으로, 행정조직의 내부규율 또는 사법에 대한 특별법의 성질을 가진다고 볼 수 있다.

2. 財政의 種類

재정은 여러 기준에 따라 분류할 수 있으나, 여기서는 주체와 수단에 따라 분류해 보기로 한다.

(1) 主體에 의한 分類

재정은 그 주체를 기준으로 국가재정과 지방자치단체의 재정으로 구분되는바, 국가재정은 국가의 통치권이라는 그 고유한 권한에 의거한 작용이나, 지방재정은 국가로부터 부여된 전래적 권한에 의한 작용이라는 점에서 양자는 다르다.

(2) 手段에 의한 分類

1) 財政權力作用

재원의 취득을 목적으로 명령·강제하는 작용으로서 조세의 부과·징수, 전매 등이 있다. 전매의 경우 전매물품의 제조·판매 그 자체는 사경제적 작용이지만 전매물품의 재조·판매를 독점하고, 일반 개인에 대하여는 그러한 행위를 금지하고 처벌하는 작용은 국가 또는 지방자치단체의 전매권의 발동인 권력작용에 속한다.

2) 財政管理作用

취득된 재원을 관리·지출하는 작용으로서 이를 회계라고도 하는바, 재산의 관리를 물품회계, 수입·지출의 관리를 현금회계라 한다. 재정권력작용은 직접 국민에 대하여 행하여지는 대외적 작용임에 비하여, 재정관리작용은 행정조직 내부에서 재산 또는 수입·지출의 관리라는 점에서 특히 그 공정성의 확보를 위하여 일정한도에서 특별한 법적 규율을 하고 있는 것이다.

Ⅱ. 財政法의 基本原則

근대국가에서는 재정에 관한 기본적인 사항은 헌법에서 규정하고 있는바, 헌법에서 정하고 있는 재정에 관한 가장 기본적인 원칙은 재정의회주의라 할 것이다. 재정의회주의는 조세법률주의, 예산의결원칙 및 결산심사원칙의 구체적 형태로 표현되고 있다. 그밖에도 건전재정주의·엄정관리주의·공평부담주의 등이 재정에 관한 기본원칙으로 열거되고 있다.[75]

1. 財政議會主義

이것은 재정작용을 국민의 대표기관 또는 국민의 대표기관인 지방의회의 감독과 통제아래 행하려는 것이다. 구체적으로 다음과 같은 형태로 표현되고 있다.

(1) 租稅法律主義

헌법은 「조세의 종목과 세율은 법률로 정한다」(제59조)고 하여 조세법률주의를 천명하고 있다. 조세법률주의는 국민뿐만 아니라 지방세의 경우에도 마찬가지로 적용된다. 조세에는 1년세주의와 영구세주의가 있으나, 우리나라는 영구세주의에 의하고 있다.

(2) 豫算議決主義

현대 국가에서는 원칙적으로 국회의 심의와 의결을 거쳐 예산이 성립하도록 하여 이른바 재정민주주의를 채택하고 있다. 우리 헌법도 이 원칙을 채택하여 예산안·추가경정예산안은 국회의 심의와 의결을 거치도록 하고 있다(제54조·제56조).

---

75) "조세법률주의 원칙상 과세요건이거나 비과세요건이거나 또는 감면세요건이거나를 막론하고 조세법규의 해석은 엄격하여야 하고 확장해석이나 유추해석은 허용되지 아니한다"(대판 1991.7.9, 90누9797).

(3) 決算審査主義

예산의 집행결과인 결산도 감사원의 결산보고에 따라 국회의 심사(또는 지방의회의 심사)를 받아야 한다(헌법 제99조, 지방자치법 제39조·제127조). 재정집행에 대한 국회(지방의회)의 사후감독제를 마련하고 있는 것이다.

2. 健全財政主義

이것은 국가나 지방자치단체의 적자재정을 방지하기 위하여 수입과 지출간에 균형을 이루도록 하는 원칙이다.

(1) 起債禁止原則

기채 또는 차입금은 특별히 국회 또는 지방의회의 의결이 있는 경우를 제외하고는 원칙적으로 금지된다(국가재정법 제5조).

(2) 減債의 原則

매회계년도의 세입세출결산상 잉여금이 있을 때에는 국·공채의 원리금과 차입금을 우선적으로 상환할 수 있도록 하였다(국가재정법 제70조).

3. 嚴正管理主義

이는 국가 또는 지방자치단체의 재산은 그 존립활동을 위하여 필요한 것인 동시에 모든 국민 또는 주민의 재산이기도 하므로, 이러한 재산이 과다지출 또는 멸실됨이 없도록 엄정하게 관리하여야 한다는 원칙을 말한다.

국가재정법은 ① 각 중앙관서의 장은 세출예산이 정한 목적 외에 경비를 사용할 수 없고(제45조). ② 각 중앙관서의 장은 예산이 목적범위 안에서 재원의 효율적 활용을 위하여 대통령령이 정하는 바에 따라 기획재정부장관의 승인을 얻어 각 세항 또는 목의 금액을 전용할 수 있다. 이 경우 사업 간의 유사성이 있는지, 재해대책 재원 등으로 사용할 시급한 필요가 있는지, 기관운영을 위한 경비의 충당을 위한 것인지 여부 등을 종합적으로 고려하여야 한다(제46조 제1항).

제2절 財政作用

Ⅰ. 財政權力作用

(1) 財政下命

1) 意義 및 種類

재정하명이란 행정주체가 재정목적을 위하여 국민에 대하여 일정한 작위의무(납세신고·장부기재·보고서제출 등), 부작위의무(전매물품의 임의제조·판매금지), 급부의무(조세납부), 수인의무(재산압류·공매, 장부검사 등의 수인)를 명하는 행정행위를 말하여, 이러한 재정하명 중 가장 중요한 것이 조세의 납부를 명하는 조세의 납부하명이다.

2) 形式

재정하명은 직접 법률의 규정에 의하는 법규하명(조세신고의무)과 법률의 규정에 의거한 행정행위의 형식으로 행하여지는 재정처분(조세부과처분 등)이 있는바, 재정하명은 원칙적으로 재정처분의 형식으로 행해진다. 통상 재정하명은 이것을 말한다.

3) 效果

재정하명이 있게 되면 하명의 내용을 이행할 공법상의 의무(작위·부작위·급부·수인의무)가 발생하며 이것을 재정의무라고 한다. 이를 이행하지 아니할 경우에는 행정상 강제집행(체납처분 등) 및 재정벌이 과하여 지는 것이 보통이다.

4) 瑕疵있는 財政下命에 대한 救濟

위법·부당한 재정하명으로 권익이 침해된 자는 행정쟁송에 의하여 그 취소를 구할 수 있으나, 세법상의 행정심판에 있어서는 일반적인 행정심판과는 달리 특별한 심판절차(특별행정심판제도)가 마련되어 있다(국세기본법 제56조, 관세법 제119조). 행정소송절차에 있어서도 일반적인 행정소송절차에서와 같이 임의절차를 취하지 않고 행정심판전치주의가 채택되고 있다.

위법한 재정하명으로 재산상의 손해를 입은 자는 행정상 손해배상 또는 부당이득반환청구의 방식에 의하여 구제를 받을 수 있다.

(2) 財政許可

1) 意義 및 性質

① 재정허가란 재정목적(수입확보)을 위하여 부과되어 있는 일반적·상대적 금지를 특정한 경우에 해제하여 적법하게 사실행위 또는 법률행위를 할 수 있도록 하는 행정행위이다(주세법에 의한 주류의 제도·판매허가 등).

② 재정허가가 기속행위인가 재량행위인가가 문제이다. 이것은 일률적으로 결정될 것이 아니라 허가의 대상인 행위가 본래 사인이 자유로이 행할 수 있는 성질의 것이냐의 여부가 그 기준이 될 것이다. 즉 허가의 대상인 행위가 본래 이를 자유로이 행할 수 있는 성질일 때에는 그 허가는 기속행위이고, 그 행위가 특별한 관계에 있는 자만이 할 수 있는 성질의 행위일 경우에는 원칙으로 재량행위가 된다.

2) 形式 및 違反의 效果

① 재정허가는 법령에 의하여 부과되어있는 상대적 금지를 특정한 경우에 해제하여 당해 행위를 적법하게 행사할 수 있게 하여주는 행위이므로 처분의 형식에 의해서만 행해진다. 이점이 재정하명과 다르다(재정하명에서는 법규하명 인정).

② 재정허가를 받아야 할 행위를 허가 없이 한 행위라도 그 행위의 효력에는 아무런 영향이 없으며(당연히 무효로 되는 것이 아님), 다만 강제집행의 대상이 되거나 행정벌(재정벌)의 대상이 될 뿐이다.

(3) 財政免除

재정면제란 재정목적상 부과된 부작위의무 또는 급부의무를 특정한 경우에 해제하는 행정행위를 말한다. 의무를 해제하는 점에서 재정하가와 같으나 부작위의무(금지)의 해제가 아니고 작위의무·급부의무의 해제이다. 즉 의무의 내용이 다르다.

(4) 財政强制

1) 意義

재정강제란 재정목적을 위하여 개인의 신체 또는 재산에 실력을 가하여 재정상 필요한 상태를 실현하는 작용을 말한다. 재정강제는 실력을 발동하여 국민의 자유와 재산을 침해하는 작용이므로 반드시 법적근거가 있어야 한다. 재정강제의 종류로는 재정상의 강제집행 · 재정상 즉시강제 및 재정조사가 있다.

2) 財政上 强制執行

재정상 의무로서 가장 중요한 것은 조세와 같은 금전급부의무인바, 이 의무의 불이행에 대한 특별한 강제수단으로서는 ① 국세징수법에 의한 강제징수, ② 담보권 실행, ③ 관세법상의 강제징수의 3가지가 있다.

(가) 國稅徵收法上의 强制徵收

국세징수법상 강제징수의 절차는 독촉 · 재산압류 · 매각 · 청산의 4단계로 이루어진다. 이들 절차는 각각 하나의 법적 효과의 발생을 목적으로 하는 독립된 행위이므로 선행행위의 하자는 후행행위에 승계된다.

(나) 擔保權 實行

국세징수법(제18조 · 제85조의2)과 각 세법에는 징수유예 · 체납처분유예 등의 경우에 조세채권의 보존수단으로 납세담보의 제공을 요구할 수 있도록 하고 있으며, 국세기본법(제29～제34조)은 납세담보를 인적담보(납세보증인)와 물적담보로 구분하여 담보제공의 방법, 담보권 실행에 의한 징수 등에 관하여 규정하고 있다.

(다) 關稅法上의 强制徵收

관세법은 관세의 특수성에 따라 ① 법정담보, ② 특별담보, ③ 관세미납물품의 관리 · 예치 등의 특별한 강제징수절차를 마련하고 있다.

3) 財政上 卽時强制

재정상 즉시강제란 목전의 급박한 재정상 장해를 제거하여야 필요가 있으나 재정상 의무를 명할 시간적 여유가 없을 때, 상대방의 의무불이행을 전제로 하지 않고, 즉시에 국민의 신체 또는 재산에 실력을 가하여 재정한 필요한 상태를 실현하는 작용이다. 재정상 즉시강제의 수단으로는 ① 대인적 강제(법칙혐의자의 심문 · 수색), ② 대물적 강제(물건의 압수 · 보관 및 압수물의 폐기), ③ 대가택적 강제(가옥 · 창고 등의 임검 · 조사) 등이 있다.

재정상 즉시강제가 형사사법권의 행사의 목적도 추구하고 있는 경우에는 영장을 요한다는 것이 동설의 견해이다. 각 실정법도 이를 명문으로 규정하고 있다(조세범처벌절차법 제3조 제1항, 관세법 제296조).

4) 財政上 調査

재정상 조사란 재정작용을 적정하고 효율적으로 행하기 위하여 필요한 자료를 수집하는 권력적·강제적 조사작용을 말한다. 영업소에의 출입검사 등도 재정상 즉시강제의 일부로 파악하여 왔다. 이러한 행위들을 권력적 실력행사라는 점에서는 재정상 즉시강제나 다를바 없으나, 이들 작용은 그 자체 완결적인 행정목적을 위한 것이 아니고, 궁극적인 행정목적(재정목적)의 적절한 실현을 위한 예비적·보조적 작용이라는 점에서 즉시강제와 다르다.

재정상 즉시강제나 재정상 조사에 있어서의 법적 근거문제, 영장의 필요성 여부문제, 개인의 권리구제의 문제 등은 행정상 즉시강제·행정조사 일반의 경우와 그 내용을 같이한다.

5) 財政罰

(가) 意義

재정벌이란 재정상의 의무위반에 대한 제재로서 일반통치권에 의거하여 과하는 벌을 말한다. 재정벌이 과해지는 범죄를 재정범이라고 한다. 재정벌은 행정벌의 일종으로서 그에 관한 법리는 재정벌에도 원칙적으로 그대로 적용된다.

(나) 種類

재정벌이 과하여지는 범죄를 재정범이라 하는바, 재정범은 일반적으로 포탈범과 재정질서범으로 구분된다. ① 포탈범은 사기 기타 부정행위로써 조세를 포탈하거나 전매권을 침해하여 국가 등에 대하여 현실적으로 재정상의 손해를 가하는 범죄로서 재정형벌의 대상이 된다. ② 재정질서범은 다만 세성상의 질서를 위반함으로써 수입을 감손시킬 우려가 있는 경우로서 재정질서벌인 과태료의 대상이 될 뿐이다. 단순한 장부기재의 해태·신고의무의 불이행·허위신고 등의 행위가 재정질서범의 예가 된다 하겠다.

(다) 財政刑罰의 特殊性

(a) 재정벌은 기본적으로 국가 또는 지방자치단체의 재정상의 수입의 확보를 목적으로 하는 것이기 때문에 벌금·과료와 같은 재산형을 과하는 것이 보

통이지만, 재산형만으로는 재정의무위반의 방지를 위하여 불충분한 경우가 적지 않기 때문에 최근에는 자유형과 재산형을 병과하는 경우가 적지 않다(관세법 제11장 참조).

재정형벌의 실체법적 특수성으로는 형법총칙의 적용여부문제가 있다. 재정형벌의 대상이 되는 재정법에는 원칙적으로 형법총칙이 적용된다(형법 제8조). 재정형벌의 절차법적 특수성으로는 형법총칙에 대한 특별규정을 두고 있는바, 통고처분제도가 그것이다. 조세범처벌법·관세법 등 다수의 조세관계법규가 이를 채택하고 있다.

(b) 통고처분이란 국세청장·지방국세청장·세무서장·관세청장·세관장이 조사에 의하여 범칙의 심증을 얻은 때에는 그 이유를 명시하여 벌금 또는 과료에 상당하는 금액, 추징금에 상당하는 금액 등을 납부하는 것을 통고 할 수 있으며, 이러한 통고처분은 형사절차에 선행하는 과벌적 행정처분이라 할 수 있다. 통고처분을 받은 자는 그 이행여부를 자유의사로 결정할 수 있으며, 이에 대하여 이의가 있는 경우에는 이를 이행하지 않으면 되고 그렇게 되면 세무서장 등은 고발에 의하여 형사소송절차에서 그 위법여부를 다툴 수 있으므로[76] 그 상대방은 통고처분에 대해 행정심판·행정소송(취소소송)에 의하여 이를 다툴 수 없다(통설, 판례). 실정법(국세기본법 제55조 제3항, 관세법 제119조 제2항)도 명시적으로 통고처분을 행정심판·행정소송의 대상에서 제외하고 있다.

6) 새로운 義務履行確保手段

이상과 같은 전통적인 재정강제수단 외에 최근에는 다양한 의무이행확보수단이 채택되고 있다. 과징금, 가산세, 부당이득세, 가산금, 공급거부, 위반사실의 공표, 관허사업의 제한, 인·허가의 취소·정지 등의 제도가 그것이다.

---

76) "본법상 범칙행위는 국세청장, 지방국세청장, 세무서장 또는 세무에 종사하는 공무원의 고발을 기다려 논하게 되어 있으므로, 고발 없이 공소가 제기된 경우에는 공소제기절차가 법률규정에 위반한 것이니 공소를 기각하여야 한다"(대판 1971.11.30, 71도1736).

Ⅱ. 財政管理作用

1. 意義

재정관리작용이란 국가 또는 지방자치단체가 그 재산 및 수입·지출을 관리하는 작용을 말하며, 이를 회계라도고 한다.[77] 재정관리작용은 본질적으로 비권력작용이지만, 그 관리작용의 주체가 공행정주체이고 관리목표가 공적 목적을 위한 것이므로 합리적이고 공정한 관리를 위하여 법령에 의한 특별한 감독과 제한을 가하는 것이 특징이다. 이러한 특별한 규율을 위한 법률로는 예산회계법·국유재산법·물품관리법·지방자치법·지방재정법 등이 있고, 독립된 감사기관인 감사원으로 하여금 이를 검사·감독하게 하고 있다.

2. 種類

재정관리작용은 그 내용에 따라 국가 또는 지방자치단체가 소유하는 재산을 관리하는 작용으로서의 재산관리작용과 예산·회계에 관한 작용으로서의 수입·지출관리작용이 있다. 전자를 물품회계, 후자를 현금회계라 한다.

(1) 財産管理

국가 또는 지방자치단체가 소유하는 재산(국유재산·공유재산)을 관리하는 작용을 말하여, 그 재산에는 부동산·동산·무채재산권·채권 등이 포함된다. 재산관리는 사경제작용인 것이 보통이나, 공익적 관점에서 특별한 규율(공법적 규율)이 가해지는 경우가 있다.

(2) 收入·支出管理

국가 또는 지방자치단체의 예산·회계에 관한 작용으로서 사경제작용인 것이 원칙이나, 공익적 견지에서 특별한 법적 규율이 가해지는 경우가 있다.

---

77) 재정관리작용을 수입·지출의 관리만을 회계라 하는 견해(김도창(하), 648면)와 수입·지출의 관리와 재산의 관리를 합하여 회계라는 견해(김남진(Ⅱ), 629면; 김동희(Ⅱ), 575면)가 있다.

제3절 租稅

Ⅰ. 租稅의 意義와 種類

1. 租稅의 意義

조세란 국가 또는 지방자치단체가 그 경비에 충당할 수입을 취득하기 위한 목적으로 일반국민에게 강제적으로 부과·징수하는 금전급부의무를 말한다. 개념요소를 분설하면 다음과 같다

① 과세주체는 국가 또는 지방자치단체이다. 그러므로 공공조합이 조합원으로부터 일정경비를 부과·징수하는 것은 조세가 아니다.

② 조세는 재정수요의 충족을 목적으로 한다. 이 점에 있어 조세는 벌금·과료·과태료와 같이 직접적으로 제재를 목적으로 하는 벌과금과 다르다.

③ 조세는 일방적 의무로서의 무상의 금전부담이다. 이 점에서 조세는 특정한 역무 또는 이익에 대한 반대급부로서 부과되는 행정상의 각종의 수수료·사용료·특권료 등과 다르다.

④ 조세는 법률에 규정된 과세요건에 따라 발생하게 되는바, 조세에 있어서는 당사자의 의사를 존중하는 사적 자치의 원칙이 배제된다.

⑤ 조세는 원칙칙적으로 금전급부를 내용으로 한다. 예외적으로 물납(물건에 의한 지급)이 인정되고 있지만(상속세및증여세법 제73조, 개발이익환수에관한법률 제18조 제2항), 이는 물건자체의 취득을 그 목적으로 하는 것이 아니라, 납세의무자의 편의를 고려한 것에 지나지 않는다.

2. 租稅의 種類

(1) 國稅와 地方稅

조세는 과세권의 주체에 따라 국세와 지방세로 분류된다. ① 국세는 국가가 부과징수하는 조세이다. 국세는 원칙적으로 각 세마다 단행법이 제정되어 있으며(상속세 및 증여세법은 예외), 모두 국세(관세는 제외)에 일반적 사항을 규정한 일반법으로서 국세기본법·국세징수법·조세범처벌법 및 조세범처벌절차법이 있다. ② 지방세는 지방자치단체가 부과징수하는 조세이다. 지방세는 그 단일법으로서 지방세법이 있으며, 세부적인 사항은 지방자치단체가 동법의

범위 안에서 조례로서 정한다(지방세법 제3조).

(2) 內國稅와 關稅

국세는 다시 내국세와 관세로 구분된다. 국내에 있는 물건에 대하여 부과하는 조세를 내국세, 외국으로부터 수출입되는 물건에 부과하는 조세를 관세라고 한다. 관세 중 주로 세수를 올릴 것을 목적으로 하는 것을 재정관세라 하고, 주로 외국의 산업에 대해 국내산업을 보호할 것을 목적으로 하는 것을 보호관세라 한다. 우리나라의 관세는 수입세제도만 있으며 수출세제도는 없다.

(3) 直接稅와 間接稅

법률상의 납세의무자와 사실상의 담세자가 동일한 조세를 직접세라 하며, 소득세·법인세·상속세 등이 그 예이다. 조세의 실제부담이 법률상의 납세의무자로부터 타인에게 전가될 것이 예상되는 조세를 간접세라 한다. 부가가치세·주세·인지세·특별소비세 등이 그 예이다.

(4) 收益稅·財産稅·消費稅·去來稅

과세물건의 성질에 따른 분류이다. ① 수익세는 수익이나 소득에 대하여 부과하는 조세(소득세·법인세 등)이며, ② 재산세는 재산소유의 사실자체에 대하여 부과하는 조세(재산세·농지세)이고, ③ 소비세는 특별한 소비 또는 금전지출에 의하여 표시되는 담세력을 과세물건으로 하는 조세(특별소비세·주세 등)이며, ④ 거래세는 경제상의 거래에 의하여 추측되는 담세력을 과세물건으로 하는 조세(등록세·인지세)이다.

(5) 人稅·物稅·行爲稅

과세물건의 종류에 의한 분류이다. ① 인세는 특정인의 생존·기주·소득 등에 과하는 조세이며(소득세·주민세), ② 물세는 특정한 물건의 소유·제조·매매·수입 또는 그 물건에서 생기는 수익에 대하여 과하는 조세이다(재산세·관세·주세 등). ③ 행위세는 직접 물건을 목적으로 하지 아니하고 법률상·사실상의 행위에 대하여 과하는 조세이다(등록세, 부과가치세).

(6) 普通稅와 目的稅

조세수입의 용도가 특정되어 있는가의 여부를 기준으로 한 분류이다. ①

보통세는 국가 또는 지방자치단체의 일반경비에 충당하기 위하여 과하여지는 조세를 말하고, ② 목적세는 조세수입의 용도를 특정하여 특정한 경비에 충당하기 위하여 과하여 지는 조세이다. 현행 세법상 목적세에는 국세인 교육세·교통세·농어촌특별세와 지방세인 도시계획세 등이 있다.

(7) 定期稅와 隨時稅

정기세는 일정한 시기를 정하여 정기적으로 과하는 조세(소득세·법인세·재산세 등)이고, 수시세는 과세물건이 발생할 때마다 수시로 과세하는 조세(상속세·취득세 등)이다.

(8) 比例稅와 累進稅

적용되는 세율의 성질에 따는 분류이다. ① 비례세는 과세표준의 규모와 정도(과세표준금액)와는 상관없이 일정률의 세율이 적용되는 조세이다. 부과가치세·특별소비세·주세 등이 이에 속한다. ② 누진세는 과세표준의 규모와 정도에 따라 차등세율을 적용하는 조세이다. 소득세·법인세·상속세 등이 이에 속한다.

(9) 申告納付하는 租稅·賦課納付하는 租稅·認知納付하는 租稅

과세주체의 과세권의 발동방식에 의한 구분이다. ① 신고납부하는 조세는 납부하여야 할 세액이 원칙적으로 납세자 스스로의 신고에 의하여 확정되며, 신고가 없거나 고소신고 등의 경우에 한하여 세무서장 등의 부과처분에 의하여 확정되는 조세이다. ② 부과납부하는 조세는 세액이 전적으로 세무서장 등의 부과처분에 의하여 확정되고, 그 징수도 명령적 절차에 의하여 행하여지는 것이다. ③ 인지납부하는 조세는 등록세 등과 같이 납부하여야 할 세액이 법률의 규정에 의하여 확정되고, 그 납부도 납세의무자의 인지첨부에 의하여 행해지는 조세이다.

Ⅱ. 租稅法의 基本原則

조세법의 기본원칙은 그 내용에 따라 형식적 측면, 실질적 측면 및 과세기술상의 측면의 3가지 관점에서 검토할 수 있다.

1. 形式面에서의 基本原則

(1) 租稅法律主義

1) 意義

조세법률주의는 법률의 근거없이 국가는 조세를 부과·징수할 수 없고, 국민은 조세의 납부를 요구받지 않는다는 원칙을 의미한다. 이는 보통 "대표없으면 과세 없다" 또는 "법률없으면 조세없다"라는 말로 표현되어 오고 있다.

헌법은 제38조에서 「모든 국민은 법률이 정하는 바에 의하여 납세의 의무를 진다」고 규정하고, 제59조에서 「조세의 종목과 세율은 법률로 정한다」고 규정하여 조세법률주의를 선언하고 있다.

2) 實定法上 租稅法律主義의 例外

우리 실정법상 관세와 지방세에 대하여서는 조세법률주의에 대한 예외가 인정되고 있다. ① 관세도 조세의 일종이므로 그 부과·징수는 법률(관세법)로 정하는 것이 원칙이지만 관세조약에 특별한 규정이 있는 경우에는 그에 의하고, 관세율에 있어서 긴급관세(관세법 제65조)·조정관세(동법 제70조)·할당관세(동법 제71조) 등과 같이 기본세율을 중심으로 하여 일정한 율을 가감하여 부과할 수 있는 탄력관세제도가 있다. ② 지방세법상 도축세·사업소득세 등의 최고세율과 주민세·도시계획세·면허세 등의 표준세율을 정하고, 구체적인 세율은 그 범위 안에서 조례로 정할 수 있도록 한 예는 법률의 위임에 따른 것이긴 하지만 조세법률주의에 대한 예외의 일종으로 볼 수 있다.

(2) 永久稅主義

우리나라는 매회계년도마다 의회의 의결을 얻은 예산법에 의하여 과세하는 1년세주의를 취하지 않고 영구세주의를 취하고 있다. 영구세주의란 조세의 부과도 법률의 형식에 의하므로 법률의 개폐가 없는 한 당해 법률에 의하여 계속하여 조세를 부과할 수 있는 원칙을 말한다.[78]

78) 김철수, 헌법학개론, 1009면 참조.

2. 實質面에서의 基本原則

(1) 公平負擔의 原則

조세는 국민 개개인의 담세능력에 따라 공평하게 부과되어야 한다는 원칙이다. 이것은 헌법상의 평등원칙에 근거를 두고 있는 것으로서, 조세입법과 집행에 있어서 모두 요청되는 원칙임은 물론이다.

(2) 收入確保의 原則

조세제도의 가장 중요한 목적은 국가·지방자치단체의 존립과 활동에 필요한 재원(수입)을 확보하는데 있다. 따라서 조세법은 국가·지방자치단체에 조세부과권·강제징수권·통고처분권·조세범처벌권 등의 강력한 권한을 부여하고 있으나, 수입확보의 과정에서 발생한 위법·부당한 처분으로 인한 피해의 구제에도 상당한 배려를 하여야 한다.

(3) 能率의 原則

조세수입의 확보는 최소의 경비로 능률적으로 행해져야 하는바, 신고납부·원천징수제도 등은 이에 부응하는 제도라고 할 수 있다.

(4) 信賴保護의 原則(信義誠實의 原則)

신뢰보호의 원칙은 조리법 또는 행정법의 일반원칙으로서 작용하고 있으며, 특히 침해행정의 전형적인 과세행정에 있어서는 매우 중요한 의미를 가진다. 국세기본법도 「세법의 해석이나 국세행정의 관행이 일반적으로 납세자에게 받아들여진 후에는 그 해석이나 관행에 의한 행위 또는 계산은 정당한 것으로 보며, 새로운 해석이나 관행에 의하여 소급하여 과세되지 아니한다」(제18조 제3항)고 명시하고 있으며 판례도 이를 인정하고 있다(대판 1988.3.8, 87누156).

3. 課稅技術面에서의 原則

(1) 實質課稅의 原則

실질과세의 원칙이란 과세물건의 명목상의 귀속여하에 관계없이 사실상 과세물건이 귀속되는 자에게 납세의무를 부과하여야 한다는 원칙을 말한다.

(2) 根據課稅의 原則

인정과세에 대한 반대개념으로서, 과세표준의 조사·결정은 원칙적으로 납세의무자가 조세관련법령에 의하여 작성한 장부 기타 증빙자료에 의하여야 한다는 것을 말한다. 국세기본법은 이 원칙을 명시하고 있다(제16조 제1항).

(3) 遡及課稅禁止의 原則

조세법규는 소급하여 적용될 수 없으며, 조세를 납부할 의무가 이미 성립한 경우에도 그 성립 후의 새로운 세법을 적용할 수도 없다는 원칙을 말한다. 헌법은「모든 국민은 소급입법에 의하여 참정권의 제한을 받거나 재산권을 박탈당하지 아니한다」(제13조 제2항)라고 규정하여 소급과세금지의 원칙을 명시하고 있다.

Ⅲ. 租稅의 賦課

1. 課稅要件

(1) 課稅權者

과세권자라 함은 세법이 정하는 바에 따라 조세의 납부의무를 명할 수 있는 자를 말한다. 과세권자는 국가 또는 지방자치단체이며, 현실적으로는 이들의 기관인 세무서장·도지사·시장·군수 등이다. 국세의 과세권자는 세무서장 및 세관장이 되는 것이 원칙이지만, 소득세·부과가치세 등 일정한 국세에 대하여는 세무서장은 그 권한을 시장·군수에 위탁할 수 있다(국세징수법 제8조 제1항).

지방세의 과세권자는 서울특별시장·광역시장·도지사 및 시장·군수·구청장과 이들로부터 과세권의 위임을 받은 공무원이다(지방세법 제4조).

(2) 納稅義務者

납세의무자란 국가 또는 지방자치단체에 대하여 조세금액을 납부할 의무가 있는 자를 말하며, 실질과세의 원칙에 따라 사실상 과세물건이 귀속되는 자이다.

납세의무는 금전급부라는 대체적 작위의무이므로 일신적속이 아니며, 따라서 사망·법인합병 등에 의하여 승계될 수 있다(국세기본법 제23조·제24조).

납세의무자가 납세의무를 이행할 수 없는 경우에는 해산법인의 청산인·법인의 무한책임사원·과점주주·법인 및 사업양수인 등이 보충적으로 납세의무를 부담하는 제2차 납세의무자가 된다(제38조~제41조).

(3) 課稅物件

과세물건이란 조세의 부과 대상이 되는 물적 기초를 말하며, 그 종류로서는 소득·재산·소비행위 및 경제적 거래행위 등이 있다. 따라서 과세물건이 없는 데에도 조세를 부과하는 행위는 그 대상이 없는 행위로서 무효가 된다(대판 1985.4.9, 84누566).

과세물건을 결정할 때에는 특히 그 중과세의 방지에 초점을 두어야 하며, 과세물건이 실질적으로 귀속되는 자에게 과세되는 실질과세의 원칙에 충실하여야 한다. 과세물건의 단위를 정하는 요소로서 ① 시간(법인세의 사업년도별 부과 등), ② 장소(부과가치세의 사업장소별 부과 등), ③ 원천(소득세의 종합소득·퇴직소득·양도소득·산림소득별 부과 등)의 3가지가 있다.

(4) 課稅標準

과세표준이란 과세금액을 결정하는 기준이 되는 과세물건의 수량(중량·용적·개수·품질 등) 또는 가액을 말한다. 과세표준은 수량을 표준으로 하는 경우와 가액을 표준으로 하는 경우가 있는바, 전자에 의하여 과하는 조세를 종량세(주세 등), 후자에 의하는 것을 종가세(소득세·재산세 등)라 한다.

과세표준의 결정행위는 조세부과를 위한 행정관청의 내부적 행위에 불과하므로 행정쟁송의 대상이 되지 못한다는 것이 판례의 입장이지만(대판 1986.1.26, 82누236 등), 이를 독립된 행정행위인 확인행위로 보아 행정쟁송의 대상으로 보는 견해도 있다.

(5) 稅率

세율이란 세액산정을 위하여 과세표준에 곱하여야 할 비율을 말하며, 비례세율과 누진율이 있다. ① 비례세율이란 과세표준이 되는 수량·가액의 다과를 막론하고 동일한 세율이 적용되는 것을 말하여, 주세가 그 예이다. ② 누진세율에는 과세표준의 가액·수량증가에 따라 단순히 고율의 세율을 적용하는데 그치는 단순누진세률과, 과세표준을 몇 단계로 구분하여 각 단계를 초과하는 부분에 한하여 그 다음 단계의 누진세율을 초과하는 부분에 한하여 그 다음 단계의 누진세율인 초과누진세율이 있다. 현행법상으로는 후자의 예만 있다(법인세 · 소득세 · 상속세 등).

2. 賦課處分

(1) 意義

부과처분이란 과세요건에 해당할 경우에 납세의무자에 대하여 일정기간까지 조세를 납부할 것을 명하는 재정하명을 말한다. 조세의 납부의무는 법률의 규정에 의하여 직접 확정되는 인지세와 원천징수하는 소득세 · 법인세 등을 제외하고는 조세의 부과처분행위에 의하여 비로소 확정된다(예, 상속세 · 증여세 · 재평가세 · 부당이득세 등).

(2) 形式

조세의 부과처분은 원칙적으로 부과년도 · 세목 · 세액 · 납부기일 · 납부장소 및 세액산출근거를 명시한 고지서를 납세의무자에게 발부함으로써 행하며, 이들 중 일부분의 기재를 누락한 경우에는 형식에 하자가 있는 행정행위로서 취소의 대상이 된다. 예컨대 세액산출 근거를 기재하지 아니한 납세고지서는 형식에 하자있는 행위로서 취소의 대상이 된다(대판 1984.5.9, 84누116).

(3) 除斥期間

국세기본법은 국세징수권과 국세부과권을 구분하여, 국세징수권에 관한 5년의 소멸시효제도외에 국세부과권에 제척기간제도를 신설하였다(제26조의2, 제27조).

이러한 제척기간제도는 조세채권 및 채무관계를 조속히 확정시켜 납세자의 법적안정성을 도모하기 위한 제도로서, 추상적인 국가의 조세채권을 구체적으로 확정할 수 있는 기간을 말한다. 징수권에 대한 소멸시효제도는 구체적인 국가의 조세채권을 실제로 행사할 수 있는 기간을 말한다.

Ⅳ. 租稅의 徵收

1. 普通의 徵收方法

조세의 징수란 조세의 부과처분에 의하여 확정된 조세를 그 납세의무자로부터 징수하는 행위를 말한다. 조세의 징수는 일반적으로 일련의 단계적인 행위를 거친다. 즉 ① 납세의 고지, ② 독촉 및 ③ 체납처분(재산압류·압류재산의 매각·청산)이라는 일련의 단계적인 행위로 이루어진다.

2. 特殊한 徵收方法

(1) 納期前 徵收

납기전 징수란 조세의 징수를 특별한 사유가 있는 경우에 그 납부기간의 이익을 박탈하여 그 납기전에 징수하는 것을 말한다. 납기전 징수는 ① 다른 국세의 체납으로 체납처분을 받을 때, ② 지방세 또는 공과금에 대하여 체납처분을 받을 때, ③ 강제집행이나 파산선고를 받을 때, ④ 납세자가 국세를 포탈하고자 하는 행위가 있다고 인정될 때, ⑤ 납세관리자가 납세관리인을 정하지 않고 국내에 주소 또는 거소를 두고 있지 않을 때 등에는 납기전이라 할지라도 바로 조세를 징수할 수 있다(국세징수법 제14조).

(2) 徵收猶豫

징수유예는 납기전 징수와는 반대로 납기가 도래한 조세에 대하여 직권 또는 신청에 의하여 일정한 동안 납세의무이행을 유예하는 것이다. 일반적으로 ① 납세자의 재해 또는 도난으로 재산에 심한 손실을 입은 때, ② 사업상 중대한 위기에 처했을 때 등이다(국세징수법 제15조).

Ⅴ. 租稅債權의 確保

조세는 국가 또는 지방자치단체의 존립·활동 등을 위한 가장 중요한 재원이므로 조세채권의 확보를 위해서는 일반채권과는 달리 여러 가지 특수한 제도를 두고 있는바, 그 대표적인 것으로는 조세의 강제징수와 조세의 우선징수이다. 그 밖에 조세채권의 대외적 효력·납세담보·납세자의 확장 등이 있다.

1. 租稅의 優先徵收

국세는 다른 공과금과 채권에 우선하여 징수할 수 있다(국세기본법 제35조), 그러나 국세우선의 원칙에는 약간의 예외가 인정되고 있는바, ① 납세고지서 발송일 기타 납세의무 확정일 전에 설정된 전세권·질권·저당권으로 담보된 채권, ② 주택임대차보호법에 의한 주택임차인의 소액보증금채권, ③ 근로기준법에 의한 근로자의 임금·퇴직금·재해보상금 기타 근로관계로 인한 채권 등에 대하여는 국세 또는 지방세가 우선할 수 없도록 하여 공익과 사익간의 조절을 기하고 있다.

2. 租稅債權의 對外的 效力

민법상의 채권의 대외적 효력으로는 채권자대위권 및 채권자취소권이 있는데, 국세징수법은 「세무서장은 체납자가 압류를 면하고자 고의로 그 재산을 양도하고 양수인은 그 정을 알고 이를 양수한 때에는 당해 행위의 취소를 요구할 수 있다」고 하여 채권자취소권을 인정하고 있으며, 채권자대위권에 관하여는 명문의 규정은 없으나 조세채권도 채권의 일종이므로 이를 인정할 수 있다고 하겠다.

3. 納稅擔保

징수유예·체납처분유예 등의 경우에는 인적담보(납세보증인) 또는 물적담보(금전·국공채·유가증권·부동산 등)를 제공하게 할 수 있으며, 담보기간내에 조세를 납부하지 아니할 경우에는 그 담보로써 국세를 징수하며, 담보권의 실행은 행정상 강제집행의 방법에 의하게 된다(국세징수법 제18조, 국세기본법 제29~제33조).

4. 納稅義務의 擴張

조세채무는 본래의 납세의무자에 의하여 이행되어야 한다. 그러나 조세수입 확보의 견지에서 본래의 납세의무자 이외의 자에게 납세의무가 확장되는 경우가 있는데, ① 상속·합병(국세기본법 제23조·제24조), ② 연대채무(동법

제25조) 및 ③ 제2차 납세의무(동법 제40조)가 그것이다.

Ⅵ. 租稅債權(納稅義務)의 消滅

조세채권의 소멸이란 이미 발생한 조세채권이 소멸하는 것이며, 소멸 사유로는 ① 납부, ② 소멸시효에 의한 소멸, ③ 행정처분에 의한 소멸이 있다.

1. 納付

납세의무의 소멸사유 중 가장 일반적인 경우이다. 납세는 납세의무자가 아닌 제3자도 할 수 있으며, 금전으로 함이 원칙이지만, 현물납부가 허용될 경우도 있다.

2. 消滅時效에 의한 消滅

조세징수권의 소멸시효는 국세와 지방세 모두 5년이다(국세기본법 제27조 제1항, 지방세법 제34조 제1항). 소멸시효는 조세징수권을 행사할 수 있는 때(통상 납부고지에 의한 납부기한의 다음날)로부터 진행하며, 납세고지·독촉 또는 납부최고·교부청구·압류 등의 사유로 중단되며, 징수유예 또는 체납처분유예기간 중에는 진행되지 아니한다(국세기본법 제28조 제1항·3항).

3. 行政處分에 의한 消滅

(1) 租稅賦課處分의 無效·取消

조세의 부과처분에 중대·명백한 하자가 있어 무효임이 확정되는 경우에는 납세의무는 처음부터 존재하지 않는 것으로 된다. 무효사유이외의 하자가 있어 당해 조세부과처분이 취소된 경우에는 납세의무는 그 처분시에 소급하여 소멸하게 된다. 부과처분의 취소에는 처분청의 직권에 의하는 경우와 행정쟁송에 의하는 경우가 있다.

(2) 納稅義務의 免除

납세자의 담세력의 상실 또는 특정사업의 조장을 위하여 납세의무의 전부 또는 일부를 면제하는 행정처분에 의하여서도 납세의무가 소멸된다.

(3) 公賣의 中止

여러 재산을 일괄하여 공매에 붙인 경우에 그 일부만의 공매처분으로도 체납세액의 전액에 충당된 때에는 나머지 재산에 대한 공매는 중지되며, 이 경우에 조세채권은 당연히 소멸한다(국세기본법 제26조).

(4) 缺損處分

결손처분은 ① 체납처분이 종결되고 체납액에 충당된 배당금이 체납액에 부족하거나, ② 체납처분의 목적물인 재산의 추산가액이 체납처분비에 충당하고 잔여가 생길 여지가 없어 체납처분을 중지하거나, ③ 소멸시효가 완성하거나, ④ 기타 조세를 징수할 가망이 없을 경우에 할 수 있다(국세징수법 제86조 제1항).

(5) 過誤納의 充當

과세관청이 과오납금 등의 반환채무와 납세의무자의 다른 조세채무를 상계하는 행위를 충당이라고 하며, 충당이 행해지면 충당한 금액만큼의 조세채권이 소멸한다.

Ⅶ. 違法·不當한 租稅行政에 대한 救濟

위법·부당한 조세부과·징수에 대한 구제 수단이 보장되어 있지 않으면, 조세법의 근본이념인 조세법률주의가 실현된다고 볼 수 없다. 현행법은 과세전적부심사제도, 행정쟁송 및 과오납금반환제도를 마련하고 있다.

1. 課稅前適否審査制度

이 제도는 일종의 사전구제제도로서 앞으로 과세할 내용을 통지받은 자가 납세의무가 확정되기 전에 미리 그 적부에 관한 심사를 청구할 수 있도록 함으로써 권리구제의 실효성을 제고하기 위한 것이라 종전의 사후구제제도에만 의존하던 단점을 보완하고 있다.

적부심사청구를 할 수 있는 자는 세무조사결과에 대한 서면통지나 대통령령이 정하는 과세예고통지를 받은 자이며, 청구기간은 위 통지를 받은 날로부터 20일 이내이다. 적부심청구는 당해 세무서장 또는 지방국세청장에 대하여 하되, 법령과 관련하여 국세청장의 유권해석을 변경해야 하거나 새로운 해석이 필요한 경우 등에는 국세청장에게 하여야 한다(국세기본법 제81조의10 제1항).

적부심사청구를 받은 세무서장·지방국세청장 또는 국세청장은 청구를 받은 날로부터 30일 이내에 대통령령이 정하는 위원회의 과세전적부심사를 거쳐 결정을 하되 그 결과를 청구인에게 통지하여야 하는바(동조 제3항), 세무서장 등은 납세자의 청구가 이유 있다고 인정되는 경우에는 상대방의 청구를 채택하는 결정을 하게 된다(동조 제4항).

2. 行政爭訟

(1) 行政審判

위법·부당한 조세부과·징수처분에 대한 행정심판은 조세사건의 특수성을 고려하여 국세기본법은 행정심판법의 적용을 배제하고(동법 제56조 제1항), 일반 국세의 부과징수 및 관세의 부과·징수에 관한 행정심판은 각각 국세기본법 및 관세법이 정하는 바에 의하도록 하였다(동법 제55조·관세법 제120조).

1) 一般國稅에 대한 行政審判

(가) 異議申請

이의신청은 대통령령으로 정하는 바에 따라 불복의 사유를 갖추어 해당 처분을 하였거나 하였어야 할 세무서장에게 하거나 세무서장을 거쳐 관할 지방국세청장에게 하여야 한다. 다만, ① 지방국세청장의 조사에 따라 과세처분을 한 경우, ② 같은 지방국세청장의 관할에 속하는 경우로서 조사한 세무서장과 과세한 세무서장이 서로 다른 경우, ③ 세무서장에게 과세전적부심사를 청구한 경우에는 관할 지방국세청장에게 하여야 하며, 세무서장에게 한 이의신청은 관할 지방국세청장에게 한 것으로 본다(국세기본법 제66조).

이의신청에 대한 결정에 불복하거나 또는 법정기간내(이의신청을 받은 날로부터 60일 이내)에 결정이 없는 때에는 관계인은 다음의 심사청구 또는 심판청구를 제기할 수 있다.

(나) 審査請求

이의신청제도와는 달리 심사청구나 심판청구는 행정소송의 제기에 있어서는 그 어느 하나는 반드시 거쳐야 한다는 의미에서 필요적 절차이다. 즉 필요적 행정심판전치주의를 채택하고 있다(제56조 제2항).

위법·부당한 처분으로 권리·이익을 침해당한 자는 처분이 있는 것을 안 날로부터 90일 이내에 당해 세무서장을 거쳐 국세청장(관세청장포함)에게 청구할 수 있다(제61조 제2항). 심사청구에 대한 결정은 ① 심사청구가 적법하지 아니하거나 청구기간이 지난 후에 청구되었거나 심사청구 후 보정기간에 필요한 보정을 하지 아니하였을 때에는 그 청구를 각하하는 결정을 한다(결정은 심사청구를 받은 날부터 90일 이내에 하여야 함). ② 심사청구가 이유 없다고 인정될 때에는 그 청구를 기각하는 결정을 한다. ③ 심사청구가 이유 있다고 인정될 때에는 그 청구의 대상이 된 처분의 취소·경정 결정을 하거나 필요한 처분의 결정을 한다(제65조 참조).

(다) 審判請求

위법·부당한 부과·징수처분에 대하여 90일 이내에 당해 세무서장을 거쳐 국세심판위원장에게 심판청구를 할 수 있다(제67조～제69조). 이의신청을 거쳐 심판청구를 할 경우에는 그에 대한 결정통지를 받은 날로부터 90이 이내에 심판청구를 할 수 있다(제68조).

심판청구에 대한 결정기관으로서 기획재정부장관 소속하에 국세심판원이 설치되어 있다. 국세심판원은 원장과 국세심판관으로 구성되는 합의제 행정관청이다.

2) 監査院에 대한 審査請求

국세·관세·지방세의 부과·징수처분에 대하여서도 감사원법에 의하여 감사원에 심사청구를 할 수 있다(제43조).

(2) 行政訴訟

위법한 조세부과·징수처분에 대하여는 행정소송법이 정하는 바에 따라 행정소송을 제기하여 취소를 구할 수 있음은 물론이다. 이 경우 제소기간을 심사청구 또는 심판청구에 대한 결정의 통지를 받은 날로부터 90일 이내로 한정하였다(국세기본법 제56조 제3항).

위법한 조세의 부과·징수처분을 다투는 행정쟁송의 중심을 이루는 것은 취소소송이지만, 그 부과·징수처분에 중대하고 명백한 하자가 있는 경우에는 무효확인소송을 제기할 수 있다.

3. 過誤納金返還請求

(1) 국세기본법은 법률상 원인없이 과오납금한 과오납금은 좁은 의미의 과오납금과 세법이 정하는 바에 의하여 환급하여야 할 환급세액을 포함하여 넓은 의미로 사용하여 이러한 넓은 의미의 과오납금을 국세환급금이라 하여, 과오납부한 금액 또는 세법에 의하여 환급하여야 할 환급세액이 있을 때 이를 반환하도록 규정하고 있다(동법 제51조). 관세법과 지방세법도 이와 유사한 규정을 두고 있다(관세법 제46조~제48조, 지방세법 제154조조).

(2) 좁은 의미의 과오납금은 ① 납세자의 착오에 의하 초과납부세액, ② 무효인 조세부과처분, ③ 과세처분에 따라 납세하였으나, 이후 당해 처분이 직권이나 행정쟁송절차에서 취소·변경(감액결정된 경우)된 경우에 발생한다.

(3) 좁은 의미의 과오납금이나 환급세액은 국가 등이 법률상원인없이 보유하는 부당이득에 해당되므로 그 환급청구권은 부당이득반환청구권의 성질을 가지므로 법률에 규정이 없으면 민법규정이 준용되지만 국세기본법, 관세법 또는 지방세법은 이에 관하여 특별한 규정을 두고 있다.

(4) 과오납금에 대한 반환청구에 대한 소송은 과세처분에 기인한 공법상의 법률관계에 관한 소송이므로 행정소송법상의 공법상 당사자소송에 의하여야 할 것이지만, 우리 소송실무에서는 이를 민사소송으로 취급하고 있다.

제4절 專賣

Ⅰ. 專賣의 意義

전매란 국가가 수입을 목적으로 특정한 물품의 판매를 독점하는 것을 말한다. 전매에 따라서 특정한 물품의 판매를 독점할 수 있는 권리를 전매권이라 한다. 전매의 개념을 분설하면 다음과 같다.

① 전매는 국가의 수입을 목적으로 하는 작용이다.
② 전매는 특정한 물품의 판매를 국가가 독점하는 것이다.
③ 전매는 국가가 특정한 물품을 판매하는 작용이다.

Ⅱ. 專賣의 種類

현행법상 인정되는 전매는 없다. 종전까지는 인삼사업법에 의한 홍삼전매가 인정되고 있었으나, 1995년 12월 인삼산업법이 새로이 제정되면서 홍삼전매제가 폐지되어 일정시설을 갖추면 누구나 홍삼을 가공·판매할 수 있게 되었다. 그리고 과거 오랫동안 전매가 인정된 담배의 경우, 담배시장의 대외개방에 따른 담배사업법이 시행됨으로써 전매에서 제외되었다.

Ⅲ. 專賣權의 效果

전매권의 주된 효과는 전매물품의 가격을 결정하여 그 판매를 독점하고 그에 대한 침해행위를 일반적으로 금지하는데 있으며, 선매의 목적달성을 보장하기 위한 전매에 따르는 부수적인 효과도 인정된다.

제5절 會計

Ⅰ. 槪說

1. 會計의 意義

회계란 국가 또는 지방자치단체가 그 재산 및 수입·지출을 관리하는 작용, 즉 재산관리작용을 말한다. 이러한 회계는 행정권 내부적·비권력적 작용의 성질을 가진다는 점에서, 대외적·권력적 작용의 성질을 가지는 조세와 다르다.

2. 會計의 種類

(1) 管理對象에 의한 分類

회계는 그 관리하는 재산의 종류에 따라 현금회계·채권회계·동산회계·부동산회계로 나눌 수 있다.

(2) 主體에 의한 分類

회계는 그 관리하는 주체에 따라 국가의 회계와 지방자치단체의 회계로 나눌 수 있다.

(3) 目的에 의한 分類

회계는 그 목적에 따라 일반회계와 특별회계가 있다.

3. 會計法의 特色

(1) 內規性(內部的 效力)

회계법 중의 상당부분은 비록 법률의 형식으로 되어 있으나, 실질적으로는 재정관리의 공정을 기하기 위한 행정청의 내부절차적 규율의 성질을 가지는 것으로 볼 수 있는 것이 많다.

(2) 私法에 대한 特則

회계법 중에는 사법적 규율의 특칙인 성질을 가진 것이 많다. 따라서 재정관리작용에 대해서는 특별한 규정이 있는 때에는 그 범위 안에서는 이에 따라야 함은 물론이나, 보충적으로는 사법적 규율의 적용을 받는다.

Ⅱ. 現金會計의 原則

1. 現金會計의 一般原則

(1) 總計豫算主義

세입과 세출은 모두 예산에 편입하여야 한다는 원칙이다. 이 원칙에 대한 예외로는 정부가 특정한 목적을 위하여 특정한 자금을 운용할 필요가 있어 특별한 기금을 설치하는 경우와 정부가 현물로 출자하는 경우 등이 있다.

(2) 統一國庫主義

조세 기타 정부에 속하는 모든 수입을 하나의 국고에 납입시키고, 모든 지출은 반드시 하나의 국고에서 지출하게 하는 원칙을 말한다. 이 원칙에 대한 예외로는 수입대체경비(수입이 확보되는 범위 안에서 지출)의 경우 등이 있다.

(3) 單一豫算主義(會計統一의 原則)

국가의 수입·지출을 단일의 회계하에서 경리하는 원칙을 말한다. 이 원칙에 대한 예외로는 특별회계와 추가경정예산이 있다.

(4) 企業會計의 原則

이는 특별회계에 의한 사업의 경영성과의 재정상태를 명백히 하기 위해, 특별회계에 관해 기업회계의 원칙에 따라 회계거래, 즉 재산의 증감·변동을 발생의 사실에 따라 계리(計理)하는 것을 말한다.

(5) 會計年度區分 및 獨立의 原則

① 회계연도구분의 원칙은 회계경리의 명확과 수지의 균형을 도모하기 위해 국가의 수입·지출을 일정한 기간단위로 구분하여 경리하는 것을 말한다. ② 회계연도독립의 원칙은 각 회계연도의 경비를 당해연도의 세입으로써 충당하는 것을 말한다. 이에 대한 예외로는 이월비용·과년도지출·과년도수입 등이 있다.

(6) 會計機關分立의 原則

회계경리의 공정을 보장하고 그 문란을 방지하기 위하여 수입·지출을 명하는 기관과 현금출납을 관장하는 기관을 분리시키는 것을 말한다. 예산회계법은 재무관·지출관 및 현금출납공무원의 상호겸임을 금지하고 있다.

(7) 健全財政主義

국가의 세출은 국채 또는 차입금이 아닌 세입을 그 재원으로 하여야 한다는 원칙이다. 다만, 부득이한 사유가 있는 경우에는 국회의 의결을 얻은 금액의 범위 내에서 국채나 차입금으로 충당할 수 있다.

2. 豫算

(1) 意義

예산이란 실질적으로는 국가 또는 지방자치단체의 회계연도에 있어서의 세입・세출의 예정계산서를 의미하지만, 형식적으로는 정부에 의하여 편성되어 국회의 심의・확정으로 성립된 한 회계연도 중의 세입・세출의 예정계산서를 말한다. 보통 예산이라 할 때에는 형식적 의미로 사용된다.

(2) 豫算의 種類

예산의 종류로는 ① 본예산과 추가경정예산, ② 확정예산과 준예산, ③ 일반회계예산과 특별회계예산이 있다.

(3) 豫算의 內容

예산의 내용으로는 예산총칙・세입세출예산・계속비・명시이월비 및 국고채무부담행위로 이루어진다(제19조).

(4) 豫算의 編成과 成立

① 예산의 편성권을 정부가 갖는다.

② 정부는 편성한 예산안을 회계연도마다 회계연도 개시 90일 전까지 국회에 제출하여야 한다.

③ 국회는 예산안의 심의・확정권을 갖는다.

④ 예산이 국회에서 심의・확정되어 정부에 이송된 경우에는 대통령은 그 예산을 공포하여야 한다.

(5) 豫算의 效力

예산의 효력은 세입예산과 세출예산에 따라 다르다. ① 세입예산은 단순한 세입예정표에 지나지 않으며, 그 자체로서 아무런 구속력도 갖지 않는다. ② 세출예산은 지출목적, 지출금액 및 지출시기의 점에서 정부에 대한 구속력을 갖는다.

(6) 豫算의 執行

1) 豫算의 配定

국회에서 의결된 예산을 구체적으로 집행하기 위하여 각 중앙관서별로 배정하는 것을 말한다.

2) 收入

수입은 법령이 정하는 바에 의하여 징수 또는 수납한다. 수입에는 공법상 수입과 사법상 수입이 있으며, 납세고지서에 의한 수납과 구두고지에 의한 즉납, 현금 이외에 수입인지, 우표, 증권 등으로 수납시키는 경우가 있다.

3) 支出

국가의 지출의 원인이 되는 행위를 지출원인행위라 한다. 지출원인행위를 할 수 있는 권한을 가진 자를 재무관이라 한다. 재무관이 행한 지출원인행위에 따라 지출을 명하는 기관(지출명령기관)을 지출관이라 하며, 지출관의 지출명령에 의하여 현실적으로 현금을 지급하는 기관이 현금출납공무원(원칙적으로 한국은행)이다.

(7) 決算

결산은 1회계년도의 세입·세출예산의 집행결과를 나타내는 확정적 계수이다. 현금회계는 결산으로써 종결한다.

Ⅲ. 債權會計

채권회계는 국가 또는 지방자치단체가 그의 채권을 관리하는 작용을 말한다. 국가의 채권회계에 관한 일반법으로는 국가채권관리법이 있고, 지방자치단체의 채권회계에 관한 일반법으로는 지방재정법이 있으며, 제정경제부장관이 총괄기관이 된다.

채권관리는 선량한 관리자로서의 주의의무를 다해야 하며, 채권의 관리사항을 기재하기 위한 장부를 비치하여야 한다. 채권은 이행·소멸시효·면제 등에 의하여 소멸한다.

Ⅳ. 動産會計

동산회계는 국가 또는 지방자치단체가 그 재산 중 동산을 관리하는 작용을 말한다. 이에 관한 일반법으로는 물품관리법이 있다.

물품관리법의 적용을 받는 물품은 국가가 소유하는 동산과 국가가 사용하기 위하여 보관하는 동산이다. 다만, 현금·유가증권(한국은행에 기탁하여야 할) 및 국유재산법의 적용을 받는 동산(예, 국유부동산의 종물, 국유의 선박·부표 등, 정부기업 또는 그 시설에서 사용하는 기계 등)은 제외된다. 이의 총괄기관은 기획재정부장관이 되며, 관리기관은 중앙관서의 장이 되며, 이의 집행은 물품출납공무원이 행한다.

Ⅴ. 不動産會計

1. 意義

부동산회계는 국가 또는 지방자치단체가 그의 부동산을 관리하는 작용을 말한다. 이에 관한 일반법으로는 국유재산법이 있고, 그 외에 특별법이 있다.

2. 國有財産의 意義 및 種類

국유재산이라 함은 「국가의 부담이나 기부의 체납 또는 법령·조약의 규정에 의하여 국유로 된 국유재산법 제5조 제1항 각호에 열거된 재산[79)]」을 말한다(제3조)

국유재산은 그 용도에 따라 행정재산과 일반재산으로 구분한다. 행정재산의 종류는 ① 공용재산(국가가 직접 사무용·사업용 또는 공무원의 주거용으로 사용하거나 대통령령으로 정하는 기한까지 사용하기로 결정한 재산), ② 공공용재산(국가가 직접 공공용으로 사용하거나 대통령령으로 정하는 기한까지 사용하기로 결정한 재산), ③ 기업용재산(정부기업이 직접 사무용·사업용 또는 그 기업에 종사하는 직원의 주거용으로 사용하거나 대통령령으로 정하는

---

79) 국유재산의 범위는 다음 각 호와 같다.
1. 부동산과 그 종물
2. 선박, 부표, 부잔교, 부선거 및 항공기와 그들의 종물
3. 정부기업예산법 제2조에 따른 정부기업이나 정부시설에서 사용하는 기계와 기구 중 대통령령으로 정하는 것
4. 지상권, 지역권, 전세권, 광업권, 그 밖에 이에 준하는 권리
5. 자본시장과 금융투자업에 관한 법률 제4조에 따른 증권
6. 특허권, 저작권, 상표권, 디자인권, 실용신안권, 그 밖에 이에 준하는 권리

기한까지 사용하기로 결정한 재산), ④ 보존용재산(법령이나 그 밖의 필요에 따라 국가가 보존하는 재산)이 있다. 그리고 일반재산이란 행정재산 외의 모든 국유재산을 말한다(제6조).

3. 國有財産의 管理機關

국유재산에 관한 사무를 총괄하는 기관을 총괄청이라고 하는데, 현행법상 총괄청은 기획재정부장관이다. 국유재산을 현실적으로 관리하는 기관을 관리청이라고 하는데, 현행법상 관리청은 국유재산이 속한 중앙관서의 장이다. 국유재산의 관리청이 분명하지 않을 때에는 총괄청이 관리청을 지정한다(제16조).

4. 國有財産의 管理・處分

행정재산과 보존재산은 원칙적으로 이를 양도하거나 이에 사권을 설정할 수 없다. ① 행정재산과 보존재산은 허가에 의해서만 사용・수익허가를 한 경우에는 원칙적으로 사용료를 징수한다. 사용・수익허가기간은 3년 이내이며, 갱신이 가능하다. ② 잡종재산은 대부, 매각, 교환 또는 양여할 수 있으며, 잡종재산 매각행위는 사법상의 계약에 속한다. 잡종재산의 처분은 원칙적으로 경쟁입찰에 의한다. 잡종재산을 관리・처분하는 기관은 원칙적으로 총괄청이다.

제8장 軍事行政法

제1절 概說

Ⅰ. 軍事行政의 意義

군사행정이란 국토방위의 목적을 실현하기 위하여 국가의 병력을 취득·관리·유지하는 행정작용이다. 군사행정은 직접적으로 국가의 존립과 안전을 보장하기 위한 국가목적적 작용이다. 그런 점에서 직접적으로 사회 공공의 안녕과 질서를 위한 사회목적적 작용인 경찰과 구분된다. 군사행정은 협의와 광의로 나누어 관념 된다.

1. 狹義의 軍事行政

군사행정은 협으로는 국가가 국방을 위하여 국가통치권에 의지하여 개인에게 명령·강제하며 부담을 과하는 작용 및 군대를 관리하는 작용을 말한다. 즉 군사권력작용과 군사관리작용을 말하며, 군사행정의 준말이 군정이다.

2. 廣義의 軍事行政(軍政과 軍令)

군정에 명령작용, 즉 용병작전작용을 포함시킨 개념이 광의의 군사행정이다.[80] 군을 동원하고 군의 행동을 지휘·통솔하는 용병작용 내지 용병작전작용인 군령을 군정을 담당하는 기관과 독립하여 설치하고 그 기관으로 하여금 임무를 수행하는 경우를 병정분리주의라 하고 군정과 군령을 하나의 기관이 관장하는 경우를 병정통합주의라 한다.

3. 兵政分離主義와 兵政統合主義

군정과 군령을 하나의 기관이 관장한 경우를 병정통합주의라 하고, 분리시키는 경우를 병정분리주의라 한다. 병정분리주의에 있어서는 군정은 일반행정

---

80) 김철수(헌법), 1056면.

기관이 관장하나 군령은 국가원수직속의 독립적인 군령기관을 설치하여 그 기관으로 하여금 정무의 책임과 무관하게 임무를 수행하도록 하는 제도이다.[81] 이 경우에 최고 군사령은 직업군인으로 구성되는 참모본부가 담당하는 것이 일반적이다.

우리 헌법은 「대통령은 헙법과 법률이 정하는 바에 의하여 국군을 통수한다」(헌법 제74조)고 하여 병정통합주의를 채택하고 있다.

Ⅱ. 軍事行政의 基本原則

1. 國際平和主義의 原則

헌법은 전문에서 「밖으로는 항구적인 세계평화에 이바지함으로써」라고 규정하고 있고, 제5조 제1항에서는 「국제평화에 노력하고 침략전쟁을 부인한다」라고 함으로써, 우리나라의 군사제도가 국제평화주의에 바탕을 두고 있음을 강조하고 있다.

2. 政治的 中立性의 原則

헌법 제5조 2항에서 「국군은 국가의 안전보장과 국토방위의 신성한 의무를 수행함을 사명으로 하여, 그 정치적 중립성은 준수된다」고 규정하여 군의 정치관여를 금지하고 있다. 헌법과 법률은 군의 정치적 중립성을 보다 더 보장하기 위하여 여러 규정을 두고 있다. 즉 군인은 현역을 면한 후가 아니면 국무총리·국무위원으로 임명될 수 없다고 규정하여(헌법 제86조 제3항·제87조 제4항) 이른바 문민원칙을 선언하고 있고, 군인은 정치운동을 할 수 없도록 하며(군인복무규율 제18조·군인사법 제47조의2), 정치단체에 가입하거나 연설·문서 기타의 방법으로 정치적 의견을 공표하거나 정치운동을 하는 경우 처벌을 받도록 하고 있다(군형법 제94조).

81) 윤세창·이호승(하), 99면 참조.

3. 兵政統合主義

병정통합주의란 군사행정과 군령을 다 같이 정부(행정부)에 소속시킴으로써 정부의 책임과 국회의 통제아래 수행하는 주의를 말한다. 군령은 국방목적을 위하여 군을 현실적으로 지휘·명령·통솔하는 작용(출동·작전연습·교련·검열 등)을 말하고 (협의)군사행정(군정)을 국방목적을 위하여 국군을 편성·조직하고 병력을 취득·관리하는 작용을 말하지만 양자를 구별하기 곤란한 경우도 없지 않다.

오늘날 민주국가에서 대체로 병정통합주의를 채택하고 있고, 우리 헌법도 이를 채택하고 있다.

4. 民主軍事行政의 原則

국군은 민주국가인 대한민국의 군대이고 국민에게 봉사하는 국민의 군대이다. 따라서 대한민국의 군사행정은 민주적으로 운영·관리되어야 함은 당연하다. 이러한 민주군사행정의 원칙을 실현하기 위해 헌법은 다음과 같이 규정하고 있다.

헌법은 「대통령은 헌법과 법률이 정하는 바에 의하여 국군을 통치한다」라고 규정하고(헌법 제74조 제1항), 국군의 조직과 편성은 국민의 대표기관인 국회가 제정한 법률로써 규정하도록 하고 있다(동조 제2항).

제2절 軍事行政組織

Ⅰ. 軍事行政機關

군사행정기관이란 군사행정을 관장하는 각종 행정기관을 말한다. 군사행정기관(군정기관)에는 대통령을 중심으로 하여 국무총리·국방부장관·각군참모총장과 각군의 예하부대 또는 기관이 있다. 또한 국방부장관의 소관사무 중 군령에 관한 사항을 보좌하는 합동참모본부가 있다. 또한 군정에 관하여 심의하는 국무회의와 국가안전보장회의도 군정기관으로 볼 수 있다.

Ⅱ. 軍公務員

군공무원이란 군사행정기관의 구성원으로서 계속하여 군무에 복무하는 공무원을 말한다. 이에는 군인과 군무원이 있다. 이들은 국가에 대하여 특별권력관계 내지 특별신분관계를 보여주는 대표적 신분소지자라 할 수 있다. 군인에게 적용되는 법으로 군인사법이 있고 군무원에 적용되는 법으로 군무원인사법이 있다. 군인사법이나 군무원인사법은 국가공무원법에 대한 특별법의 지위에 선다.

제3절 軍事行政作用

Ⅰ. 兵役

1. 兵役義務

병역의무란 국가의 복무명령이 있을 때 군인으로서 군에 복무해야 하는 공의무를 말한다. 헌법은 국민의 국가의 의무를 규정하고 있는데(제39조 제1항), 병역의 의무는 국방의 의무가운데 가장 기본적인 의무라 하겠다. 국민의 국방의 의무의 구체적인 사항은 병역법 등이 정하고 있다. 국민의 병역의무는 군인이 된 이후에 있어서의 군복무의무와 구별하여야 한다. 후자는 공무원의 의무에 해당하기 때문이다. 병역법은 대한민국 국민인 남성은 헌법과 이 법에서 정하는 바에 따라 병역의무를 성실히 수행하여야 한다. 여성은 지원에 의하여 현역 및 예비역으로만 복무할 수 있다(제3조 제1항)고 규정하고 있다.

2. 兵役의 種類

병역은 현역·예비역·보충역·제1국민역·제2국민역으로 나누어진다(병역법 제5조). ① 현역은 징집이나 지원에 의하여 입영한 병과 이 법 또는 군인사법에 따라 현역으로 임용된 장교·준사관·부사관 및 무관후보생을 말하고, ② 예비역은 현역을 마친 사람, 그 밖에 이 법에 따라 예비역에 편입된 사람을 말하고, ③ 보충역은 징병검사를 받아 현역 복무를 할 수 있다고 판정된 사람 중에서 병력수급 사정에 의하여 현역병입영 대상자로 결정되지 아니한 사람과 공익근무요원, 공중보건의사, 징병검사전담의사, 국제협력의사, 공익법무관, 공중방역수의사, 전문연구요원, 산업기능요원으로 복무 또는 의무종사하고 있거나 그 복무 또는 의무종사를 마친 사람, 그 밖에 이 법에 따라 보충역에 편입된 사람을 말하고, ④ 제1국민역은 병역의무자로서 현역·예비역·보충역 또는 제2국민역이 아닌 사람을 말하고, ⑤ 제2국민역은 징병검사 또는 신체검사 결과 현역 또는 보충역 복무는 할 수 없으나 전시근로소집에 의한 군사지원업무는 감당할 수 있다고 결정된 사람과 그 밖에 이 법에 따라 제2국민역에 편입된 사람을 말한다(제5조 제1항).

3. 徵集(現役入營)

징집이란 국가가 병역의무자에 대하여 현역에 복무할 의무를 부과하는 행정행위이다. 징집은 징병검사를 거쳐서 한다(병역법 제3장 참조).

지방병무청장은 징병검사를 받은 사람 또는 현역병지원 신체검사를 받은 사람에 대하여 병역처분을 한다. 이 경우 현역병지원 신체검사를 받은 18세인 사람에 대하여는 신체등위 5급 또는 6급의 판정을 받은 경우에만 병역처분을 한다(제14조). 일정한 사유가 있는 자에 대해서는 징병검사[82] 및 입영[83]이 연기된다(제60조).

---

82) 지방병무청장은 징병검사 대상자로서 다음 각 호의 어느 하나에 해당하는 사람에 대하여는 징병검사를 연기할 수 있다.

1. 국외를 왕래하는 선박의 선원
2. 국외에 체재(체재)하거나 거주하고 있는 사람
3. 범죄로 인하여 구속되거나 형의 집행 중에 있는 사람

83) 지방병무청장은 징병검사를 받은 사람으로서 다음 각 호의 어느 하나에 해당하는 사람과 제1항 제1호부터 제3호까지에 해당하는 사람에 대하여는 징집이나 소집을 연기할 수 있다.

1. 고등학교 이상의 학교에 다니고 있는 학생
2. 연수기관에서 정하여진 과정을 이수 중에 있는 사람
3. 국위선양을 위한 체육 분야 우수자

4. 召集

소집이란 국가가 병역의무자 중 예비역·보충역 또는 제2국민역에 대하여 현역복무 외의 군복무의무 또는 공익분야에서의 복무의무를 부과하는 행정행위이다(동법 제2조 제1항 제2호). 소집은 그 목적과 복무의 내용 및 기간 등에 따라 상근예비역소집·공익근무요원소집·병력동원소집·병력동원훈련소집·전시근로소집·교육소집으로 나눌 수 있다(동법 제23조 이하).

Ⅱ. 軍事負擔

1. 意義 및 性質

군사부담이란 국방의 목적을 위해 국가에 의해 개인에 대하여 그의 신체나 재산에 대해 강제적으로 과하여지는 일정한 부담을 말한다. 군사부담은 국방목적을 위한 것이므로 복리행정목적을 위한 것이 아니므로 공용부담과 다르다. 그러나 목적상의 차이를 제외하고는 일반적으로 공용부담과 유사한 성질을 가진다고 하겠다. 즉 군사부담도 노역의 제공, 물품의 납부 또는 수용, 권역행사의 제한 등을 내용으로 하고 있기 때문이다.

2. 種類

(1) 徵發

1) 徵發의 意義

징발이란 물적 군사부담으로서, 전시·사변 또는 그에 준하는 비상사태 기타 군작전상 긴절한 필요가 있는 경우에 정상적인 수단(민사상의 매매·임대 등)으로써는 군의 경제적 수요를 충족시키기 곤란한 때에 보상을 지급하고 권력적으로 개인에게 경제적 부담을 과하는 행위를 말한다. 징발에 관한 일반법으로 징발법이 있다. 징발법은 전시·사변 또는 이에 준하는 비상사태하에서 군작전수행을 위하여 필요한 토지·물자·시설 또는 권리의 징발과 그 보상에 관한 사항을 규정함을 목적으로 하는 물적부담의 근거법이다(제1조).

2) 徵發의 節次

국방부장관·계엄사령관 또는 그로부터 위임받은 자인 징발관이 징발목적물을 징발하고자 할 때에는 징발영장을 발행하여 그것을 징발집행관에게 교부하여 집행영장을 발행하여 그것을 징발집행관에게 교부하여 집행하게 한다(징발법 제7조 제1항). 징발집행관은 징발집행통지서를 징발목적물의 소유자·점유자 또는 관리인에게 교부하여야 한다(제7조 제2항).

3) 徵發의 解除

징발관은 징발물의 사용이 필요없게 되었거나 멸실될 때에는 지체없이 징발을 해제하여야 한다(제15조 제1항). 계속 사용의 필요가 있는 징발물이라 하더라도 징발된 날로부터 10년이 경과된 때에는 피징발자는 국방부장관에게 징발물의 매수에 관하여 협의할 것을 요청할 수 있다(제15조 제2항).

4) 損失補償

(가) 損失補償의 原則

소모품인 동산을 징발한 때에는 정당한 대가를 피징발자에게 보상한다(제19조 제1항). 비소모품인 동산 또는 부동산을 징발할 때에는 정당한 사용료를 지급하여야 하며, 권리를 징발한 경우도 같다(제19조 제2항·제4항). 사용료는 매 사용연도분을 그 다음 해에 지급하고, 제3항에 따른 보상은 징발이 해제되는 날부터 2년 이내에 지급한다. 다만, 보상금 지급이 지연되는 경우에는 대통령령으로 정하는 법정이자율 이상의 이율에 따른 이자를 더하여 지급하여야 한다(제19조 제5항·3항).

(나) 補償의 基準과 方法

징발물에 대한 사용료는 당해 사용연도의 과세표준을, 기타의 보상은 징발해제 당시의 과세표준을 기준으로 정하며(제21조), 보상금은 현금지급을 원칙으로 하되, 국가의 재정형편상 부득이한 경우에는 국무회의의 심의를 거쳐 재정증권(징발보상증권)으로 지급할 수 있다(제22조의2).

(다) 補償支給節次

국방부장관은 징발물에 대한 보상을 행하고자 할 때에는 대통령령이 정하는 바에 의하여 보상의 범위와 일시, 보상의 청구절차 기타 필요한 사항을 미리 공고하여야 한다. 다만, 공고기간은 10일 이상으로 하여야 한다. 국방부장관이 징발보상금의 지급을 결정한 때에는 즉시 피징발자에게 징발보상금지급통지서를 송부하여야 한다(제22조의3).

(라) 報償請求權의 消滅時效

징발보상청구권은 국방부장관의 보상시행 공고기간의 만료일부터 5년간 행사하지 아니하면 소멸시효가 완성된다(제23조).

(마) 再審과 前置主義

보상에 관하여 이의가 있는 자는 대통령령이 정하는 바에 의하여 징발보상심의회에 재심을 청구할 수 있고, 징발보상심의회는 재심청구를 받은 날로부터 60일 이내에 결정을 하여야 한다(제24조 제3항). 여기서도 불복이 있을 때에는 보상금지급청구의 소를 제기할 수 있는데, 국방부장관의 보상금지급결정의 통지를 받고 이에 불복하여 징발보상심의회의 재심절차에 의하여 재심결정을 받은 후가 아니면 제기할 수 없다(전치주의). 다만 국방부장관의 보상금지급결정의 통지가 없거나 재심을 청구한 날로부터 60일이 경과한 때에는 바로 소를 제기할 수 있다.

(2) 軍事制限

군사제한이란 국방상의 목적을 위하여 개인에게 일정한 작위・부작위・수인의무를 명하는 것이다. 군사제한에 관한 관련법규로는 해군기지법・방어해면법・군용항공기법 등이 있으며, 이러한 군사제한에는 이른바 공용제한에 관한 법리가 대체로 타당하다고 할 수 있다.

부 록

정부조직법 일부개정 2010.06.04(법률 10339호)

제1장 총칙

제1조(목적) 이 법은 국가행정사무의 체계적이고 능률적인 수행을 위하여 국가행정기관의 설치·조직과 직무범위의 대강을 정함을 목적으로 한다.

제2조(중앙행정기관의 설치와 조직 등)

① 중앙행정기관의 설치와 직무범위는 법률로 정한다.

② 중앙행정기관은 이 법과 다른 법률에 특별한 규정이 있는 경우를 제외하고는 부·처 및 청으로 한다.

③ 중앙행정기관의 보조기관은 이 법과 다른 법률에 특별한 규정이 있는 경우를 제외하고는 차관·차장·실장·국장으로 하며, 필요한 경우에는 그 밑에 대통령령으로 정하는 보조기관을 둘 수 있다. 다만, 실장·국장의 명칭은 대통령령으로 정하는 바에 따라 본부장·단장·부장·팀장 등으로 달리 정할 수 있으며, 실장·국장의 명칭을 달리 정한 보조기관은 이 법을 적용할 때 실장·국장으로 본다.

④ 제3항에 따른 보조기관의 설치와 사무분장은 법률로 정한 것을 제외하고는 대통령령으로 정한다. 다만, 제3항에 따라 대통령령으로 정하는 보조기관의 설치와 사무분장은 총리령 또는 부령으로 정할 수 있다.

⑤ 행정각부에는 장관이 특히 지시하는 사항에 관하여 장관과 차관을 직접 보좌하기 위하여 차관보를 둘 수 있으며, 중앙행정기관에는 그 기관의 장, 차관·차장·실장·국장 밑에 정책의 기획, 계획의 입안, 연구·조사, 심사·평가 및 홍보 등을 통하여 그를 보좌하는 보좌기관을 대통령령으로 정하는 바에 따라 둘 수 있다. 다만, 제3항에 따라 대통령령으로 정하는 보조기관에 상당하는 보좌기관은 총리령 또는 부령으로 둘 수 있다.

⑥ 중앙행정기관의 차관보·실장·국장 및 이에 상당하는 보좌기관은 고위공무원단에 속하는 일반직공무원·별정직공무원 및 계약직공무원으로 보하되, 특정직공무원으로만 보할 수 있는 직위의 경우에는 당해 법률에서 고위공무원단에 속하는 공무원으로 보할 수 있도록 규정하고 있는 경우로 한정하며, 별정직국가공무원으로 보하는 국장은 각 중앙행정기관마다 1명을 초과할 수 없다.

⑦ 제6항에도 불구하고 대통령령으로 정하는 바에 따라 외교통상부의 보조기관 및 차관보·보좌기관은 외무공무원으로, 법무부의 보조기관 및 보좌기관은 검사로, 국방부의 보조기관 및 차관보·보좌기관과 병무청 및 방위사업청의 보조기관 및 보좌기관은 현역군인으로, 교육과학기술부의 보조기관 및 차관보·보좌기관은 교육공무원으로, 경찰청 및 해양경찰청의 보조기관 및 보좌기관은 경찰공무원으로, 소방방재청의 보조기관 및 보좌기관은 소방공무원으로 보할 수 있다.

⑧ 제6항 및 제7항에도 불구하고 그 소관업무의 성질상 전문성이 특히 필요하다고 인정되는 경우 중앙행정기관별로 100분의 20의 범위에서 대통령령으로 정하는 직위에 대하여는 계약직공무원으로도 보할 수 있다.

⑨ 중앙행정기관이 아닌 행정기관의 보조기관 및 보좌기관과 행정기관의 파견직위(파견된 공무원으로 보하는 직위를 말한다) 중 제6항에 규정된 직위에 상당하는 직위는 이를 고위공무원단에 속하는 공무원으로 보한다.

⑩ 이 법에 따른 중앙행정기관과 중앙행정기관이 아닌 행정기관의 차관보·보조기관 및 보좌기관에 대하여는 각각 적정한 직급 또는 직무등급을 배정하여야 한다.

제3조(특별지방행정기관의 설치) ① 중앙행정기관에는 소관사무를 수행하기 위하여 필요한 때에는 특히 법률로 정한 경우를 제외하고는 대통령령으로 정하는 바에 따라 지방행정기관을 둘 수 있다.

② 제1항의 지방행정기관은 업무의 관련성이나 지역적인 특수성에 따라 통합하여 수행함이 효율적이라고 인정되는 경우에는 대통령령으로 정하는 바에 따라 관련되는 다른 중앙행정기관의 소관사무를 통합하여 수행할 수 있다.

제4조(부속기관의 설치) 행정기관에는 그 소관사무의 범위에서 필요한 때에는 대통령령으로 정하는 바에 따라 시험연구기관·교육훈련기관·문화기관·의료기관·제조기관 및 자문기관 등을 둘 수 있다.

제5조(합의제행정기관의 설치) 행정기관에는 그 소관사무의 일부를 독립하여 수행할 필요가 있는 때에는 법률로 정하는 바에 따라 행정위원회 등 합의제행정기관을 둘 수 있다.

제6조(권한의 위임 또는 위탁) ① 행정기관은 법령으로 정하는 바에 따라 그 소관사무의 일부를 보조기관 또는 하급행정기관에 위임하거나 다른 행정기관·지방자치단체 또는 그 기관에 위탁 또는 위임할 수 있다. 이 경우 위임 또는 위탁을 받은 기관은 특히 필요한 경우에는 법령으로 정하는 바에 따라 위임 또는 위탁을 받은 사무의 일부를 보조기관 또는 하급행정기관에 재위임할 수 있다.

② 보조기관은 제1항에 따라 위임받은 사항에 대하여는 그 범위에서 행정기관으로서 그 사무를 수행한다.

③ 행정기관은 법령으로 정하는 바에 따라 그 소관사무 중 조사·검사·검정·관리 업무 등 국민의 권리·의무와 직접 관계되지 아니하는 사무를 지방자치단체가 아닌 법인·단체 또는 그 기관이나 개인에게 위탁할 수 있다.

제7조(행정기관의 장의 직무권한) ① 각 행정기관의 장은 소관사무를 통할하고 소속공무원을 지휘·감독한다.

② 차관(제25조제2항에 따라 정무직으로 보하는 본부장을 포함한다) 또는 차장(국무총리실의 차장을 포함한다)은 그 기관의 장을 보좌하여 소관사무를 처리하고 소속공무원을 지휘·감독하며, 그 기관의 장이 사고로 직무를 수행할 수 없으면 그 직무를 대행한다. 다만, 차관 또는 차장이 2명인 기관의 장이 사고로 직무를 수행할 수 없으면 대통령령으로 정하는 순서에 따라 그 직무를 대행한다.

③ 각 행정기관의 보조기관은 그 기관의 장, 차관 또는 차장을 보좌하여 소관사무를 처리하고 소속공무원을 지휘·감독한다.

④ 제1항과 제2항의 경우에 소속청에 대하여는 중요정책수립에 관하여 그 청의 장을 직접 지휘할 수 있다.

⑤ 부·처의 장은 그 소관사무의 효율적 추진을 위하여 필요한 경우에는 국무총리에게 소관사무와 관련되는 다른 행정기관의 사무에 대한 조정을 요청할 수 있다.

제8조(공무원의 정원 등) ① 각 행정기관에 배치할 공무원의 종류와 정원, 고위공무원단에 속하는 공무원으로 보하는 직위와 고위공무원단에 속하는 공무원의 정원, 공무원배치의 기준 및 절차 그 밖에 필요한 사항은 대

통령령으로 정한다. 다만, 각 행정기관에 배치하는 정무직공무원(대통령실에 배치하는 정무직공무원은 제외한다)의 경우에는 법률로 정한다.
② 제1항의 경우에, 직무의 성질상 2개 이상의 행정기관의 정원을 통합하여 관리하는 것이 효율적이라고 인정되는 경우에는 그 정원을 통합하여 정할 수 있다.
제9조(예산조치와의 병행) 행정기관 또는 소속기관을 설치하거나 공무원의 정원을 증원할 때에는 반드시 예산상의 조치가 병행되어야 한다.
제10조(정부위원) 국무총리실의 실장 및 차장, 특임장관 밑의 차관, 부·처·청의 처장·차관·청장·차장·실장·국장 및 차관보와 외교통상부의 본부장은 정부위원이 된다.

제2장 대통령

제11조(대통령의 행정감독권) ① 대통령은 정부의 수반으로서 법령에 따라 모든 중앙행정기관의 장을 지휘·감독한다.
② 대통령은 국무총리와 중앙행정기관의 장의 명령이나 처분이 위법 또는 부당하다고 인정하면 이를 중지 또는 취소할 수 있다.
제12조(국무회의) ① 대통령은 국무회의 의장으로서 회의를 소집하고 이를 주재한다.
② 의장이 사고로 직무를 수행할 수 없는 경우에는 부의장인 국무총리가 그 직무를 대행하고, 의장과 부의장이 모두 사고로 직무를 수행할 수 없으면 제22조제1항에 규정된 순서에 따라 국무위원이 그 직무를 대행한다.
③ 국무위원은 정무직으로 하며 의장에게 의안을 제출하고 국무회의의 소집을 요구할 수 있다.
④ 국무회의의 운영에 관하여 필요한 사항은 대통령령으로 정한다.
제13조(국무회의의 출석권 및 의안제출) ① 국무총리실장·법제처장·국가보훈처장 그 밖에 법률로 정하는 공무원은 필요한 경우 국무회의에 출석하여 발언할 수 있다.
② 제1항에 규정된 공무원은 소관사무에 관하여 국무총리에게 의안의 제출을 건의할 수 있다.
제14조(대통령실) ① 대통령의 직무를 보좌하기 위하여 대통령실을 둔다.
② 대통령실에 실장 1명을 두되, 실장은 정무직으로 한다.
③ 대통령 등의 경호를 담당하기 위하여 대통령실에 전담기구를 둔다.
④ 제3항에 따른 전담기구의 조직·직무범위 그 밖에 필요한 사항은 따로 법률로 정한다.
제15조(국가정보원) ① 국가안전보장에 관련되는 정보·보안 및 범죄수사에 관한 사무를 담당하기 위하여 대통령소속으로 국가정보원을 둔다.
② 국가정보원의 조직·직무범위 그 밖에 필요한 사항은 따로 법률로 정한다

제3장 국무총리

제16조(국무총리의 행정감독권) ① 국무총리는 대통령의 명을 받아 각 중앙행정기관의 장을 지휘·감독한다.
② 국무총리는 중앙행정기관의 장의 명령이나 처분이 위법 또는 부당하다고 인정될 경우에는 대통령의 승인을 받아 이를 중지 또는 취소할 수 있다.
제17조(특임장관) ① 대통령이 특별히 지정하는 사무 또는 대통령의 명을 받아 국무총

리가 특히 지정하는 사무를 수행하기 위하여 1명의 국무위원(이하 "특임장관"이라 한다)을 둘 수 있다.
② 특임장관 밑에 차관 1명을 두되, 차관은 정무직으로 한다.
③ 특임장관을 보좌하기 위하여 필요한 공무원을 둔다.
제18조(국무총리실) ① 국무총리의 직무를 보좌하고 각 중앙행정기관의 행정의 지휘·감독, 사회위험·갈등의 관리, 심사평가 및 규제개혁에 관하여 국무총리를 보좌하기 위하여 국무총리 밑에 국무총리실을 둔다.
② 국무총리실에 실장 1명을 두되, 실장은 정무직으로 한다.
③ 국무총리실에 국무차장 1명과 사무차장 1명을 두되, 각 차장은 정무직으로 한다.
제19조(국무총리의 직무대행) 국무총리가 사고로 직무를 수행할 수 없는 경우에는 대통령의 지명이 있으면 그 지명을 받은 국무위원이, 지명이 없는 경우에는 제22조제1항에 규정된 순서에 따라 국무위원이 그 직무를 대행한다.
제20조(법제처) ① 국무회의에 상정될 법령안·조약안과 총리령안 및 부령안의 심사와 그 밖에 법제에 관한 사무를 전문적으로 관장하기 위하여 국무총리소속으로 법제처를 둔다.
② 법제처에 처장 1명과 차장 1명을 두되, 처장은 정무직으로 하고, 차장은 고위공무원단에 속하는 별정직국가공무원으로 보한다.
제21조(국가보훈처) ① 국가유공자 및 그 유족에 대한 보훈, 제대군인의 보상·보호 및 보훈선양에 관한 사무를 관장하기 위하여 국무총리소속으로 국가보훈처를 둔다.
② 국가보훈처에 처장 1명과 차장 1명을 두되, 처장은 정무직으로 하고, 차장은 고위공무원단에 속하는 별정직국가공무원으로 보한다.

제4장 행정각부

제22조(행정각부) ① 대통령의 통할하에 다음의 행정각부를 둔다. <개정 2010.1.18, 2010.6.4>
1. 기획재정부
2. 교육과학기술부
3. 외교통상부
4. 통일부
5. 법무부
6. 국방부
7. 행정안전부
8. 문화체육관광부
9. 농림수산식품부
10. 지식경제부
11. 보건복지부
12. 환경부
13. 고용노동부
14. 여성가족부
15. 국토해양부

② 행정각부에 장관 1명과 차관 1명을 두되, 장관은 국무위원으로 보하고, 차관은 정무직으로 한다. 다만, 기획재정부·교육과학기술부·외교통상부·행정안전부·문화체육관광부·농림수산식품부·지식경제부·국토해양부에는 차관 2명을 둔다.
③ 장관은 소관사무에 관하여 지방행정의 장을 지휘·감독한다.
제23조(기획재정부) ① 기획재정부장관은 중장기 국가발전전략수립, 경제·재정정책의 수립·총괄·조정, 예산·기금의 편성·집행·

성과관리, 화폐·외환·국고·정부회계·내국세제·관세·국제금융, 공공기관 관리, 경제협력·국유재산·민간투자 및 국가채무에 관한 사무를 관장한다.
② 기획재정부에 차관보 1명을 둘 수 있다.
③ 내국세의 부과·감면 및 징수에 관한 사무를 관장하기 위하여 기획재정부장관소속으로 국세청을 둔다.
④ 국세청에 청장 1명과 차장 1명을 두되, 청장은 정무직으로 하고, 차장은 고위공무원단에 속하는 별정직국가공무원으로 보한다.
⑤ 관세의 부과·감면 및 징수와 수출입물품의 통관 및 밀수출입단속에 관한 사무를 관장하기 위하여 기획재정부장관소속으로 관세청을 둔다.
⑥ 관세청에 청장 1명과 차장 1명을 두되, 청장은 정무직으로 하고, 차장은 고위공무원단에 속하는 별정직국가공무원으로 보한다.
⑦ 정부가 행하는 물자(군수품을 제외한다)의 구매·공급 및 관리에 관한 사무와 정부의 주요시설공사계약에 관한 사무를 관장하기 위하여 기획재정부장관소속으로 조달청을 둔다.
⑧ 조달청에 청장 1명과 차장 1명을 두되, 청장은 정무직으로 하고, 차장은 고위공무원단에 속하는 별정직국가공무원으로 보한다.
⑨ 통계의 기준설정과 인구조사 및 각종 통계에 관한 사무를 관장하기 위하여 기획재정부장관소속으로 통계청을 둔다.
⑩ 통계청에 청장 1명과 차장 1명을 두되, 청장은 정무직으로 하고, 차장은 고위공무원단에 속하는 별정직국가공무원으로 보한다.
제24조(교육과학기술부) ① 교육과학기술부장관은 인적자원개발정책, 학교교육·평생교육, 학술에 관한 사무와 기초과학 정책·연구개발, 원자력, 과학기술인력양성 그 밖에 과학기술진흥에 관한 사무를 관장한다.
② 교육과학기술부에 차관보 1명을 둘 수 있다.
제25조(외교통상부) ① 외교통상부장관은 외교, 외국과의 통상교섭 및 통상교섭에 관한 총괄·조정, 국제관계 업무에 관한 조정, 조약 기타 국제협정, 재외국민의 보호·지원, 재외동포정책의 수립, 국제정세의 조사·분석에 관한 사무를 관장한다.
② 외교통상부에 통상교섭사무를 담당하는 본부장 1명을 두되, 정무직으로 한다.
③ 외교통상부에 차관보 1명을 둘 수 있다.
제26조(통일부) 통일부장관은 통일 및 남북대화·교류·협력에 관한 정책의 수립, 통일교육 기타 통일에 관한 사무를 관장한다.
제27조(법무부) ① 법무부장관은 검찰·행형·인권옹호·출입국관리 그 밖에 법무에 관한 사무를 관장한다.
② 검사에 관한 사무를 관장하기 위하여 법무부장관소속으로 검찰청을 둔다.
③ 검찰청의 조직·직무범위 그 밖에 필요한 사항은 따로 법률로 정한다.
제28조(국방부) ① 국방부장관은 국방에 관련된 군정 및 군령과 그 밖에 군사에 관한 사무를 관장한다.
② 국방부에 차관보 1명을 둘 수 있다.
③ 징집·소집 그 밖에 병무행정에 관한 사무를 관장하기 위하여 국방부장관소속으로 병무청을 둔다.
④ 병무청에 청장 1명과 차장 1명을 두되, 청장은 정무직으로 하고, 차장은 고위공무원단에 속하는 별정직국가공무원으로 보한다.
⑤ 방위력 개선사업, 군수물자 조달 및 방위산업 육성에 관한 사무를 관장하기 위하여

국방부장관 소속으로 방위사업청을 둔다.
⑥ 방위사업청에 청장 1명과 차장 1명을 두되, 청장은 정무직으로 하고, 차장은 고위공무원단에 속하는 별정직국가공무원으로 보한다.
제29조(행정안전부) ① 행정안전부장관은 국무회의의 서무, 법령 및 조약의 공포, 정부조직과 정원, 공무원의 인사・윤리・복무・연금, 상훈, 정부혁신, 행정능률, 전자정부 및 정보보호, 정부청사의 관리, 지방자치제도, 지방자치단체의 사무지원・재정・세제, 낙후지역 등 지원, 지방자치단체간 분쟁조정, 선거, 국민투표, 안전관리정책 및 비상대비・민방위・재난관리 제도에 관한 사무를 관장한다.
② 국가의 행정사무로서 다른 중앙행정기관의 소관에 속하지 아니하는 사무는 행정안전부장관이 이를 처리한다.
③ 행정안전부에 차관보 1명을 둘 수 있다.
④ 치안에 관한 사무를 관장하기 위하여 행정안전부장관소속으로 경찰청을 둔다.
⑤ 경찰청의 조직・직무범위 그 밖에 필요한 사항은 따로 법률로 정한다.
⑥ 소방, 방재, 민방위 운영 및 안전관리에 관한 사무를 관장하기 위하여 행정안전부장관소속으로 소방방재청을 둔다.
⑦ 소방방재청에 청장 1명과 차장 1명을 두되, 청장은 정무직 또는 소방공무원으로 하고, 차장은 소방공무원 또는 고위공무원단에 속하는 별정직국가공무원으로 보한다. 이 경우 청장과 차장 중 1명은 소방공무원으로 보하여야 한다.
제30조(문화체육관광부) ① 문화체육관광부장관은 문화・예술・영상・광고・출판・간행물・체육・관광에 관한 사무와 국정에 대한 홍보 및 정부발표에 관한 사무를 관장한다.
② 문화체육관광부에 차관보 1명을 둘 수 있다.
③ 문화재에 관한 사무를 관장하기 위하여 문화체육관광부장관소속으로 문화재청을 둔다.
④ 문화재청에 청장 1명과 차장 1명을 두되, 청장은 정무직으로 하고, 차장은 고위공무원단에 속하는 별정직국가공무원으로 보한다.
제31조(농림수산식품부) ① 농림수산식품부장관은 농산・수산・축산, 식량・농지・수리, 식품산업진흥, 농어촌개발 및 농수산물 유통에 관한 사무를 관장한다.
② 농림수산식품부에 차관보 1명을 둘 수 있다.
③ 농촌진흥에 관한 사무를 관장하기 위하여 농림수산식품부장관소속으로 농촌진흥청을 둔다.
④ 농촌진흥청에 청장 1명과 차장 1명을 두되, 청장은 정무직으로 하고, 차장은 고위공무원단에 속하는 별정직국가공무원으로 보한다.
⑤ 산림에 관한 사무를 관장하기 위하여 농림수산식품부장관소속으로 산림청을 둔다.
⑥ 산림청에 청장 1명과 차장 1명을 두되, 청장은 정무직으로 하고, 차장은 고위공무원단에 속하는 별정직국가공무원으로 보한다.
제32조(지식경제부) ① 지식경제부장관은 상업・무역・공업, 외국인 투자, 정보통신산업, 산업기술 연구개발정책, 에너지・지하자원, 우편・우편환 및 우편대체에 관한 사무를 관장한다. <개정 2008.2.29>
② 지식경제부에 차관보 1명을 둘 수 있다.
③ 중소기업에 관한 사무를 관장하기 위하여 지식경제부장관소속으로 중소기업청을 둔다.
④ 중소기업청에 청장 1명과 차장 1명을 두

되, 청장은 정무직으로 하고, 차장은 고위공무원단에 속하는 별정직국가공무원으로 보한다.

⑤ 특허·실용신안·디자인 및 상표에 관한 사무와 이에 대한 심사·심판사무를 관장하기 위하여 지식경제부장관소속으로 특허청을 둔다.

⑥ 특허청에 청장 1명과 차장 1명을 두되, 청장은 정무직으로 하고, 차장은 고위공무원단에 속하는 별정직국가공무원으로 보한다.

제33조(보건복지부) ① 보건복지부장관은 보건위생·방역·의정(의정)·약정(약정)·생활보호·자활지원·사회보장·아동(영·유아 보육을 포함한다)·노인 및 장애인에 관한 사무를 관장한다.

② 식품 및 의약품의 안전에 관한 사무를 관장하기 위하여 보건복지부장관 소속으로 식품의약품안전청을 둔다.

③ 식품의약품안전청에 청장 1명과 자상 1명을 두되, 청장은 정무직으로 하고, 차장은 고위공무원단에 속하는 별정직국가공무원으로 보한다.

제34조(환경부) ① 환경부장관은 자연환경, 생활환경의 보전 및 환경오염방지에 관한 사무를 관장한다.

② 기상에 관한 사무를 관장하기 위하여 환경부장관소속으로 기상청을 둔다.

③ 기상청에 청장 1명과 차장 1명을 두되, 청장은 정무직으로 하고, 차장은 고위공무원단에 속하는 별정직국가공무원으로 보한다.

제35조(고용노동부) 고용노동부장관은 고용정책의 총괄, 고용보험, 직업능력개발훈련, 근로조건의 기준, 근로자의 복지후생, 노사관계의 조정, 산업안전보건, 산업재해보상보험과 그 밖에 고용과 노동에 관한 사무를 관장한다.

제36조(여성가족부) 여성가족부장관은 여성정책의 기획·종합, 여성의 권익증진 등 지위향상, 청소년 및 가족(다문화가족과 건강가정사업을 위한 아동업무를 포함한다)에 관한 사무를 관장한다.

제37조(국토해양부) ① 국토해양부장관은 국토종합계획의 수립·조정, 국토 및 수자원의 보전·이용 및 개발, 도시·도로 및 주택의 건설, 해안·하천·항만 및 간척, 육운·해운·철도 및 항공, 해양환경, 해양조사, 해양자원개발, 해양과학기술연구·개발 및 해양안전심판에 관한 사무를 관장한다.

② 국토해양부에 차관보 1명을 둘 수 있다.

③ 해양에서의 경찰 및 오염방제에 관한 사무를 관장하기 위하여 국토해양부장관소속으로 해양경찰청을 둔다.④ 해양경찰청에 청장 1명과 차장 1명을 두되, 청장 및 차장은 경찰공무원으로 보한다.

부칙

국가공무원법 일부개정 2011.05.23(법률 10699호)

제1장 총칙 <개정 2008.3.28>

제1조(목적) 이 법은 각급 기관에서 근무하는 모든 국가공무원에게 적용할 인사행정의 근본 기준을 확립하여 그 공정을 기함과 아울러 국가공무원에게 국민 전체의 봉사자로서 행정의 민주적이며 능률적인 운영을 기하게 하는 것을 목적으로 한다.

제2조(공무원의 구분) ① 국가공무원(이하 "공무원"이라 한다)은 경력직공무원과 특수경

력직공무원으로 구분한다.

② "경력직공무원"이란 실적과 자격에 따라 임용되고 그 신분이 보장되며 평생토록 공무원으로 근무할 것이 예정되는 공무원을 말하며, 그 종류는 다음 각 호와 같다.

1. 일반직공무원: 기술·연구 또는 행정 일반에 대한 업무를 담당하며, 직군(직군)·직렬(직렬)별로 분류되는 공무원

2. 특정직공무원: 법관, 검사, 외무공무원, 경찰공무원, 소방공무원, 교육공무원, 군인, 군무원, 헌법재판소 헌법연구관, 국가정보원의 직원과 특수 분야의 업무를 담당하는 공무원으로서 다른 법률에서 특정직공무원으로 지정하는 공무원

3. 기능직공무원: 기능적인 업무를 담당하며 그 기능별로 분류되는 공무원

③ "특수경력직공무원"이란 경력직공무원 외의 공무원을 말하며, 그 종류는 다음 각 호와 같다.

1. 정무직공무원

가. 선거로 취임하거나 임명할 때 국회의 동의가 필요한 공무원

나. 고도의 정책결정 업무를 담당하거나 이러한 업무를 보조하는 공무원으로서 법률이나 대통령령(대통령실의 조직에 관한 대통령령만 해당한다)에서 정무직으로 지정하는 공무원

2. 별정직공무원: 특정한 업무를 담당하기 위하여 별도의 자격 기준에 따라 임용되는 공무원으로서 법령에서 별정직으로 지정하는 공무원

3. 계약직공무원: 국가와의 채용 계약에 따라 전문지식·기술이 요구되거나 임용에 신축성 등이 요구되는 업무에 일정 기간 종사하는 공무원

4. 삭제 <2011.5.23>

④ 제3항에 따른 별정직공무원과 계약직공무원의 채용조건·임용절차·근무상한연령, 그 밖에 필요한 사항은 국회규칙, 대법원규칙, 헌법재판소규칙, 중앙선거관리위원회규칙 또는 대통령령으로 정한다. <개정 2011.5.23>

제2조의2(고위공무원단) ① 국가의 고위공무원을 범정부적 차원에서 효율적으로 인사관리하여 정부의 경쟁력을 높이기 위하여 고위공무원단을 구성한다.

② 제1항의 "고위공무원단"이란 직무의 곤란성과 책임도가 높은 다음 각 호의 직위(이하 "고위공무원단 직위"라 한다)에 임용되어 재직 중이거나 파견·휴직 등으로 인사관리되고 있는 일반직공무원·별정직공무원·계약직공무원 및 특정직공무원(특정직공무원은 다른 법률에서 고위공무원단에 속하는 공무원으로 임용할 수 있도록 규정하고 있는 경우만 해당한다)의 군(군)을 말한다.

1. 「정부조직법」 제2조에 따른 중앙행정기관의 실장·국장 및 이에 상당하는 보좌기관

2. 행정부 각급 기관(감사원은 제외한다)의 직위 중 제1호의 직위에 상당하는 직위

3. 「지방자치법」 제110조제2항·제112조제5항 및 「지방교육자치에 관한 법률」 제33조제2항에 따라 국가공무원으로 보하는 지방자치단체 및 지방교육행정기관의 직위 중 제1호의 직위에 상당하는 직위

4. 그 밖에 다른 법령에서 고위공무원단에 속하는 공무원으로 임용할 수 있도록 정한 직위

③ 행정안전부장관은 고위공무원단에 속하는 공무원이 갖추어야 할 능력과 자질을 설정하고 이를 기준으로 고위공무원단 직위에 임용되려는 자를 평가하여 신규채용·승진임용 등 인사관리에 활용할 수 있다.

④ 제2항에 따른 인사관리의 구체적인 범위, 제3항에 따른 능력과 자질의 내용, 평가 대상자의 범위, 평가 방법 및 평가 결과의 활용 등에 필요한 사항은 대통령령으로 정한다.

제3조(적용 범위) ① 이 법의 규정은 제33조, 제43조제1항, 제44조부터 제59조, 제59조의2, 제60조부터 제67조까지, 제69조 및 제84조 외에는 이 법이나 그 밖의 법률에 특별한 규정이 없으면 특수경력직공무원에게 적용하지 아니한다. 다만, 제33조와 제69조는 제2조제3항제1호의 정무직공무원에게 적용하지 아니한다. <개정 2011.5.23>

② 제26조의2와 제26조의3은 국회규칙, 대법원규칙, 헌법재판소규칙, 중앙선거관리위원회규칙 또는 대통령령으로 정하는 공무원에게만 적용한다.

③ 제65조와 제66조는 제1항에도 불구하고 대통령령으로 정하는 특수경력직공무원에게 적용하지 아니한다.

제4조(일반직공무원과 기능직공무원의 계급 구분 등) ① 일반직공무원은 1급부터 9급까지의 계급으로 구분하고, 기능직공무원은 기능1급부터 기능9급까지의 계급으로 구분한다. 다만, 고위공무원단에 속하는 공무원은 그러하지 아니하다. <개정 2010.6.8, 2011.5.23>

② 다음 각 호의 공무원에 대하여는 국회규칙, 대법원규칙, 헌법재판소규칙, 중앙선거관리위원회규칙 또는 대통령령으로 정하는 바에 따라 제1항에 따른 계급 구분을 적용하지 아니할 수 있다. <개정 2011.5.23>

1. 특수 업무 분야에 종사하는 공무원
2. 연구·지도·특수기술 직렬의 공무원
3. 인사관리의 효율성과 기관성과를 높이기 위하여 제1항의 계급구분과 달리 적용하는 것이 특히 필요하다고 인정되는 기관에 속한 공무원

③ 삭제 <2010.6.8>

④ 제1항 및 제2항에 따른 각 계급의 직무의 종류별 명칭은 국회규칙, 대법원규칙, 헌법재판소규칙, 중앙선거관리위원회규칙 또는 대통령령으로 정한다. <개정 2010.6.8>

제5조(정의) 이 법에서 사용하는 용어의 뜻은 다음과 같다.

1. "직위(직위)"란 1명의 공무원에게 부여할 수 있는 직무와 책임을 말한다.
2. "직급(직급)"이란 직무의 종류·곤란성과 책임도가 상당히 유사한 직위의 군을 말한다.
3. "정급(정급)"이란 직위를 직급 또는 직무등급에 배정하는 것을 말한다.
4. "강임(강임)"이란 같은 직렬 내에서 하위 직급에 임명하거나 하위 직급이 없어 다른 직렬의 하위 직급으로 임명하거나 고위공무원단에 속하는 일반직공무원(제4조제2항에 따라 같은 조 제1항의 계급 구분을 적용하지 아니하는 공무원은 제외한다)을 고위공무원단 직위가 아닌 하위 직위에 임명하는 것을 말한다.
5. "전직(전직)"이란 직렬을 달리하는 임명을 말한다.
6. "전보(전보)"란 같은 직급 내에서의 보직 변경 또는 고위공무원단 직위 간의 보직 변경(제4조제2항에 따라 같은 조 제1항의 계급 구분을 적용하지 아니하는 공무원은 고위공무원단 직위와 대통령령으로 정하는 직위 간의 보직 변경을 포함한다)을 말한다.
7. "직군(직군)"이란 직무의 성질이 유사한 직렬의 군을 말한다.
8. "직렬(직렬)"이란 직무의 종류가 유사하고 그 책임과 곤란성의 정도가 서로 다른 직급의 군을 말한다.

9. "직류(직류)"란 같은 직렬 내에서 담당 분야가 같은 직무의 군을 말한다.
10. "직무등급"이란 직무의 곤란성과 책임도가 상당히 유사한 직위의 군을 말한다.

제2장 중앙인사관장기관 <개정 2008.3.28>

제6조(중앙인사관장기관) ① 인사행정에 관한 기본 정책의 수립과 이 법의 시행·운영에 관한 사무는 다음 각 호의 구분에 따라 관장(관장)한다.
1. 국회는 국회사무총장
2. 법원은 법원행정처장
3. 헌법재판소는 헌법재판소사무처장
4. 선거관리위원회는 중앙선거관리위원회사무총장
5. 행정부는 행정안전부장관
② 중앙인사관장기관의 장(행정부의 경우에는 행정안전부장관을 말한다. 이하 같다)은 각 기관의 균형적인 인사 운영을 도모하고 인력의 효율적인 활용과 능력 개발을 위하여 법령으로 정하는 바에 따라 인사관리에 관한 총괄적인 사항을 관장한다.
③ 중앙인사관장기관의 장은 다음 각 호의 어느 하나에 해당하는 경우에는 그 초과된 현원을 총괄하여 관리할 수 있다. 이 경우 결원이 있는 기관의 장은 중앙인사관장기관의 장과 협의하여 결원을 보충하여야 한다.
1. 조직의 개편 등으로 현원이 정원을 초과하는 경우
2. 행정기관별로 고위공무원단에 속하는 공무원의 현원이 정원을 초과하는 경우
④ 행정부 내 각급 기관은 공무원의 임용·교육훈련·보수 등 인사 관계 법령(특정직공무원의 인사 관계 법령을 포함하되, 총리령·부령을 제외한다)의 제정 또는 개폐 시에는 행정안전부장관과 협의하여야 한다.
제7조 삭제 <2008.2.29>
제8조 삭제 <2008.2.29>
제8조의2 삭제 <2008.2.29>
제8조의3(관계 기관 등에 대한 협조 요청) ① 행정안전부장관은 소관 업무를 수행하기 위하여 필요하면 행정기관·공공단체, 그 밖의 관련 기관에 자료·정보의 제공이나 의견 제출 등의 협조를 요청할 수 있다.
② 제1항에 따라 협조를 요청받은 기관은 특별한 사유가 없으면 이에 따라야 한다.
제8조의4 삭제 <2008.2.29>
제9조(소청심사위원회의 설치) ① 행정기관 소속 공무원의 징계처분, 그 밖에 그 의사에 반하는 불리한 처분이나 부작위에 대한 소청을 심사·결정하게 하기 위하여 행정안전부에 소청심사위원회를 둔다.
② 국회, 법원, 헌법재판소 및 선거관리위원회 소속 공무원의 소청에 관한 사항을 심사·결정하게 하기 위하여 국회사무처, 법원행정처, 헌법재판소사무처 및 중앙선거관리위원회사무처에 각각 해당 소청심사위원회를 둔다.
③ 국회사무처, 법원행정처, 헌법재판소사무처 및 중앙선거관리위원회사무처에 설치된 소청심사위원회는 위원장 1명을 포함한 위원 5명 이상 7명 이내의 비상임위원으로 구성하고, 행정안전부에 설치된 소청심사위원회는 위원장 1명을 포함한 5명 이상 7명 이내의 상임위원과 상임위원 수의 2분의 1 이상인 비상임위원으로 구성하되, 위원장은 정무직으로 보한다. <개정 2011.5.23>
④ 제1항에 따라 설치된 소청심사위원회는 다른 법률로 정하는 바에 따라 특정직공무원

의 소청을 심사·결정할 수 있다.

⑤ 소청심사위원회의 조직에 관하여 필요한 사항은 국회규칙, 대법원규칙, 헌법재판소규칙, 중앙선거관리위원회규칙 또는 대통령령으로 정한다.

제10조(소청심사위원회위원의 자격과 임명) ① 소청심사위원회의 위원(위원장을 포함한다. 이하 같다)은 다음 각 호의 어느 하나에 해당하고 인사행정에 관한 식견이 풍부한 자 중에서 국회사무총장, 법원행정처장, 헌법재판소사무처장, 중앙선거관리위원회사무총장 또는 행정안전부장관의 제청으로 국회의장, 대법원장, 헌법재판소장, 중앙선거관리위원회 위원장 또는 대통령이 임명한다. 이 경우 행정안전부장관이 위원을 임명제청하는 때에는 국무총리를 거쳐야 하고, 행정안전부에 설치된 소청심사위원회의 위원 중 비상임위원은 제1호 및 제2호의 어느 하나에 해당하는 자 중에서 임명하여야 한다. <개정 2008.3.28, 2011.5.23>

1. 법관·검사 또는 변호사의 직에 5년 이상 근무한 자
2. 대학에서 행정학·정치학 또는 법률학을 담당한 부교수 이상의 직에 5년 이상 근무한 자
3. 3급 이상 공무원 또는 고위공무원단에 속하는 공무원으로 3년 이상 근무한 자

② 소청심사위원회의 상임위원의 임기는 3년으로 하며, 한 번만 연임할 수 있다. <개정 2008.3.28>

③ 삭제 <1973.2.5>

④ 소청심사위원회의 상임위원은 다른 직무를 겸할 수 없다. <개정 2008.3.28>

⑤ 소청심사위원회의 공무원이 아닌 위원은 「형법」이나 그 밖의 법률에 따른 벌칙을 적용할 때 공무원으로 본다. <신설 2008.3.28>

제10조의2(소청심사위원회위원의 결격사유) ① 다음 각 호의 어느 하나에 해당하는 자는 소청심사위원회의 위원이 될 수 없다.

1. 제33조 각 호의 어느 하나에 해당하는 자
2. 「정당법」에 따른 정당의 당원
3. 「공직선거법」에 따라 실시하는 선거에 후보자로 등록한 자

② 소청심사위원회위원이 제1항 각 호의 어느 하나에 해당하게 된 때에는 당연히 퇴직한다.

제11조(소청심사위원회위원의 신분 보장) 소청심사위원회의 위원은 금고 이상의 형벌이나 장기의 심신 쇠약으로 직무를 수행할 수 없게 된 경우 외에는 본인의 의사에 반하여 면직되지 아니한다.

제12조(소청심사위원회의 심사) ① 소청심사위원회는 이 법에 따른 소청을 접수하면 지체 없이 심사하여야 한다.

② 소청심사위원회는 제1항에 따른 심사를 할 때 필요하면 검증(검증)·감정(감정), 그 밖의 사실조사를 하거나 증인을 소환하여 질문하거나 관계 서류를 제출하도록 명할 수 있다.

③ 소청심사위원회가 소청 사건을 심사하기 위하여 징계 요구 기관이나 관계 기관의 소속 공무원을 증인으로 소환하면 해당 기관의 장은 이에 따라야 한다.

④ 소청심사위원회는 필요하다고 인정하면 소속 직원에게 사실조사를 하게 하거나 특별한 학식·경험이 있는 자에게 검증이나 감정을 의뢰할 수 있다.

⑤ 소청심사위원회가 증인을 소환하여 질문할 때에는 국회규칙, 대법원규칙, 헌법재판소

규칙, 중앙선거관리위원회규칙 또는 대통령령으로 정하는 바에 따라 일당과 여비를 지급하여야 한다.

제13조(소청인의 진술권) ① 소청심사위원회가 소청 사건을 심사할 때에는 국회규칙, 대법원규칙, 헌법재판소규칙, 중앙선거관리위원회규칙 또는 대통령령으로 정하는 바에 따라 소청인 또는 제76조제1항 후단에 따른 대리인에게 진술 기회를 주어야 한다.

② 제1항에 따른 진술 기회를 주지 아니한 결정은 무효로 한다.

제14조(소청심사위원회의 결정) ① 소청 사건의 결정은 재적 위원 3분의 2 이상의 출석과 출석 위원 과반수의 합의에 따르되, 의견이 나뉠 경우에는 출석 위원 과반수에 이를 때까지 소청인에게 가장 불리한 의견에 차례로 유리한 의견을 더하여 그 중 가장 유리한 의견을 합의된 의견으로 본다. <개정 2008.3.28>

② 소청심사위원회의 위원은 그 위원회에 계류(계류)된 소청 사건의 증인이 될 수 없으며, 다음 각 호의 사항에 관한 소청 사건의 심사·결정에서 제척된다. <개정 2008.3.28, 2011.5.23>

1. 위원 본인과 관계있는 사항
2. 위원 본인과 친족 관계에 있거나 친족 관계에 있었던 자와 관계있는 사항

③ 소청 사건의 당사자는 다음 각 호의 어느 하나에 해당하는 때에는 그 이유를 구체적으로 밝혀 그 위원에 대한 기피를 신청할 수 있고, 소청심사위원회는 해당 위원의 기피 여부를 결정하여야 한다. 이 경우 기피신청을 받은 위원은 그 기피 여부에 대한 결정에 참여할 수 없다. <신설 2011.5.23>

1. 소청심사위원회의 위원에게 제2항 각 호의 사항이 있는 경우
2. 심사·결정의 공정을 기대하기 어려운 사정이 있는 경우

④ 소청심사위원회 위원은 제3항 각 호의 어느 하나에 해당하는 때에는 스스로 그 사건의 심사·결정에서 회피할 수 있다. <신설 2011.5.23>

⑤ 소청심사위원회의 결정은 다음과 같이 구분한다. <개정 2008.3.28, 2011.5.23>

1. 심사 청구가 이 법이나 다른 법률에 적합하지 아니한 것이면 그 청구를 각하(각하)한다.
2. 심사 청구가 이유 없다고 인정되면 그 청구를 기각(기각)한다.
3. 처분의 취소 또는 변경을 구하는 심사 청구가 이유 있다고 인정되면 처분을 취소 또는 변경하거나 처분 행정청에 취소 또는 변경할 것을 명한다.
4. 처분의 효력 유무 또는 존재 여부에 대한 확인을 구하는 심사 청구가 이유 있다고 인정되면 처분의 효력 유무 또는 존재 여부를 확인한다.
5. 위법 또는 부당한 거부처분이나 부작위에 대하여 의무 이행을 구하는 심사 청구가 이유 있다고 인정되면 지체 없이 청구에 따른 처분을 하거나 이를 할 것을 명한다.

⑥ 소청심사위원회의 취소명령 또는 변경명령 결정은 그에 따른 징계나 그 밖의 처분이 있을 때까지는 종전에 행한 징계처분 또는 제78조의2에 따른 징계부가금(이하 "징계부가금"이라 한다) 부과처분에 영향을 미치지 아니한다. <개정 2008.12.31, 2010.3.22, 2011.5.23>

⑦ 소청심사위원회가 징계처분 또는 징계부가금 부과처분(이하 "징계처분등"이라 한다)

을 받은 자의 청구에 따라 소청을 심사할 경우에는 원징계처분보다 무거운 징계 또는 원징계부가금 부과처분보다 무거운 징계부가금을 부과하는 결정을 하지 못한다. <개정 2010.3.22, 2011.5.23>

⑧ 소청심사위원회의 결정은 그 이유를 구체적으로 밝힌 결정서로 하여야 한다. <개정 2008.3.28, 2011.5.23>

⑨ 소청의 제기·심리 및 결정, 그 밖에 소청절차에 필요한 사항은 국회규칙, 대법원규칙, 헌법재판소규칙, 중앙선거관리위원회규칙 또는 대통령령으로 정한다. <개정 2008.3.28, 2011.5.23>

제14조의2(임시위원의 임명) ① 제14조제2항부터 제4항까지의 규정에 따른 소청심사위원회 위원의 제척·기피 또는 회피 등으로 심사·결정에 참여할 수 있는 위원 수가 3명 미만이 된 경우에는 3명이 될 때까지 국회사무총장, 법원행정처장, 헌법재판소사무처장, 중앙선거관리위원회사무총장 또는 행정안전부장관은 임시위원을 임명하여 해당 사건의 심사·결정에 참여하도록 하여야 한다.

② 임시위원의 자격 등에 관하여는 제10조제1항 각 호 및 같은 조제5항을, 결격사유에 관하여는 제10조의2를 준용한다.

제15조(결정의 효력) 제14조에 따른 소청심사위원회의 결정은 처분 행정청을 기속(기속)한다.

제16조(행정소송과의 관계) ① 제75조에 따른 처분, 그 밖에 본인의 의사에 반한 불리한 처분이나 부작위(불작위)에 관한 행정소송은 소청심사위원회의 심사·결정을 거치지 아니하면 제기할 수 없다.

② 제1항에 따른 행정소송을 제기할 때에는 대통령의 처분 또는 부작위의 경우에는 소속 장관(대통령령으로 정하는 기관의 장을 포함한다. 이하 같다)을, 중앙선거관리위원회위원장의 처분 또는 부작위의 경우에는 중앙선거관리위원회사무총장을 각각 피고로 한다.

제17조(인사에 관한 감사) ① 행정안전부장관은 대통령령으로 정하는 바에 따라 행정기관의 인사행정 운영의 적정 여부를 정기 또는 수시로 감사할 수 있으며, 필요하면 관계 서류를 제출하도록 요구할 수 있다.

② 국회·법원·헌법재판소 및 선거관리위원회 소속 공무원의 인사 사무에 대한 감사는 국회의장, 대법원장, 헌법재판소장 또는 중앙선거관리위원회위원장의 명을 받아 국회사무총장, 법원행정처장, 헌법재판소사무처장 및 중앙선거관리위원회사무총장이 각각 실시한다.

③ 제1항과 제2항에 따른 감사 결과 위법 또는 부당한 사실이 발견되면 지체 없이 관계 기관의 장에게 그 시정(시정)과 관계 공무원의 징계를 요구하여야 하며, 관계 기관의 장은 지체 없이 시정하고 관계 공무원을 징계처분하여야 한다.

제18조(통계 보고) ① 국회사무총장, 법원행정처장, 헌법재판소사무처장, 중앙선거관리위원회사무총장 또는 행정안전부장관은 국회·법원·헌법재판소·선거관리위원회 또는 행정 각 기관의 인사에 관한 통계보고 제도를 정하여 실시하고 정기 또는 수시로 필요한 보고를 받을 수 있다.

② 제1항의 인사에 관한 통계보고 제도에 관한 사항은 국회규칙, 대법원규칙, 헌법재판소규칙, 중앙선거관리위원회규칙 또는 대통령령으로 정한다.

제19조(인사기록) ① 국가기관의 장은 그 소속 공무원의 인사기록을 작성·유지·보관하

여야 한다.

② 제1항의 인사기록에 관한 사항은 국회규칙, 대법원규칙, 헌법재판소규칙, 중앙선거관리위원회규칙 또는 대통령령으로 정한다.

제19조의2(인사관리의 전자화) ① 국회사무총장, 법원행정처장, 헌법재판소사무처장, 중앙선거관리위원회사무총장 및 행정안전부장관은 공무원의 인사관리를 과학화하기 위하여 공무원의 인사기록을 데이터베이스화하여 관리하고 인사 업무를 전자적으로 처리할 수 있는 시스템을 구축하여 운영할 수 있다.

② 제1항에 따른 시스템의 구축·운영 등에 필요한 사항은 국회규칙, 대법원규칙, 헌법재판소규칙, 중앙선거관리위원회규칙 또는 대통령령으로 정한다.

제19조의3(공직후보자 등의 관리) ① 행정안전부장관은 정무직공무원(선거로 취임하는 공무원은 제외한다), 국가고시 시험 위원, 위원회 위원 등의 직위를 희망하거나 그 직위에 관한 일정한 자격을 갖춘 후보자(이하 "공직후보자"라 한다)를 체계적으로 관리하기 위하여 공직후보자에 관한 정보를 수집하여 관리할 수 있다.

② 행정안전부장관은 제1항에 따라 공직후보자에 관한 정보를 수집·관리하는 경우 미리 서면이나 전자 매체로 본인의 동의를 받아야 하며, 본인이 요구하면 관리하는 정보를 폐기하여야 한다. 다만, 본인이 직접 제공한 기관 외의 다른 기관에 제공하는 것을 동의한 정보와 공공 기록물, 출판물, 인터넷 및 언론 보도 등으로 일반에게 공개되고 불특정 다수인이 구입하여 열람할 수 있는 정보는 그러하지 아니하다.

③ 행정안전부장관은 제2항에도 불구하고 공직후보자의 관리를 위하여 필요하면 「개인정보 보호법」 제2조제6호에 따른 공공기관에 재직 중인 자이거나 재직하였던 자에 관한 인사 또는 성과평가 등에 관한 자료를 해당 공공기관에 요청할 수 있다. <개정 2011.3.29>

④ 행정안전부장관은 국가기관이나 지방자치단체 등이 인사상 목적으로 제1항의 공직후보자에 관한 정보를 요청하면 「개인정보 보호법」 등 관계 법령에 위배되지 아니하는 범위에서 해당 정보를 제공할 수 있다. <개정 2011.3.29>

⑤ 행정안전부장관은 공직후보자에 관한 정보를 수집하는 경우 그 목적에 필요한 최소한의 범위에서 수집하여야 하며 목적 외의 용도로 활용하여서는 아니 된다.

⑥ 제1항부터 제4항까지의 규정에 따른 수집 정보의 범위, 정보수집 절차 및 수집된 정보의 활용·보호 등에 필요한 사항은 대통령령으로 정한다.

제20조(권한 위탁) 국회사무총장, 법원행정처장, 헌법재판소사무처장, 중앙선거관리위원회사무총장 또는 행정안전부장관은 이 법에 따른 권한의 일부를 국회규칙, 대법원규칙, 헌법재판소규칙, 중앙선거관리위원회규칙 또는 대통령령으로 정하는 바에 따라 다른 기관에 위탁할 수 있다.

제3장 직위분류제 <개정 2008.3.28>

제21조(직위분류제의 확립) 직위분류제에 관하여는 이 법에 규정한 것 외에는 대통령령으로 정한다.

제22조(직위분류제의 원칙) 직위분류를 할 때에는 모든 대상 직위를 직무의 종류와 곤란성 및 책임도에 따라 직군·직렬·직급 또

는 직무등급별로 분류하되, 같은 직급이나 같은 직무등급에 속하는 직위에 대하여는 동일하거나 유사한 보수가 지급되도록 분류하여야 한다.

제22조의2(직무분석) ① 중앙인사관장기관의 장 또는 소속 장관은 합리적인 인사관리를 위하여 필요하면 직무분석을 실시할 수 있다.

② 제1항에 따른 직무분석의 실시와 그 결과의 활용 등에 필요한 사항은 국회규칙, 대법원규칙, 헌법재판소규칙, 중앙선거관리위원회규칙 또는 대통령령으로 정한다.

제23조(직위의 정급) ① 국회사무총장, 법원행정처장, 헌법재판소사무처장, 중앙선거관리위원회사무총장 또는 행정안전부장관은 법령(국회규칙, 대법원규칙, 헌법재판소규칙 및 중앙선거관리위원회규칙을 포함한다)으로 정하는 바에 따라 직위분류제의 적용을 받는 모든 직위를 어느 하나의 직급 또는 직무등급에 배정하여야 한다.

② 국회사무총장, 법원행정처장, 헌법재판소사무처장, 중앙선거관리위원회사무총장 또는 행정안전부장관은 법령(국회규칙, 대법원규칙, 헌법재판소규칙 및 중앙선거관리위원회규칙을 포함한다)으로 정하는 바에 따라 제1항에 따른 정급(정급)을 재심사하고, 필요하다고 인정하면 이를 개정하여야 한다.

제24조(직위분류제의 실시) 직위분류제는 대통령령으로 정하는 바에 따라 그 실시가 쉬운 기관, 직무의 종류 및 직위부터 단계적으로 실시할 수 있다.

제25조 삭제 <1973.2.5>

제4장 임용과 시험 <개정 2008.3.28>

제26조(임용의 원칙) 공무원의 임용은 시험성적·근무성적, 그 밖의 능력의 실증에 따라 행한다. 다만, 국가기관의 장은 국회규칙, 대법원규칙, 헌법재판소규칙, 중앙선거관리위원회규칙 또는 대통령령으로 정하는 바에 따라 장애인·이공계전공자·저소득층 등에 대한 채용·승진·전보 등 인사관리상의 우대와 실질적인 양성 평등을 구현하기 위한 적극적인 정책을 실시할 수 있다. <개정 2008.12.31>

제26조의2(근무시간의 단축 임용) 국가기관의 장은 업무의 특성이나 기관의 사정 등을 고려하여 소속 공무원을 국회규칙, 대법원규칙, 헌법재판소규칙, 중앙선거관리위원회규칙 또는 대통령령으로 정하는 바에 따라 통상적인 근무시간보다 짧게 근무하는 공무원으로 임용할 수 있다.

제26조의3(외국인과 복수국적자의 임용) ① 국가기관의 장은 국가안보 및 보안·기밀에 관계되는 분야를 제외하고 국회규칙, 대법원규칙, 헌법재판소규칙, 중앙선거관리위원회규칙 또는 대통령령으로 정하는 바에 따라 외국인을 공무원으로 임용할 수 있다. <개정 2011.5.23>

② 국가기관의 장은 다음 각 호의 어느 하나에 해당하는 분야로서 국회규칙, 대법원규칙, 헌법재판소규칙, 중앙선거관리위원회규칙 또는 대통령령으로 정하는 분야에는 복수국적자(대한민국 국적과 외국 국적을 함께 가진 사람을 말한다. 이하 같다)의 임용을 제한할 수 있다. <신설 2011.5.23>

1. 국가의 존립과 헌법 기본질서의 유지를 위한 국가안보 분야
2. 내용이 누설되는 경우 국가의 이익을 해하게 되는 보안·기밀 분야
3. 외교, 국가 간 이해관계와 관련된 정책결

정 및 집행 등 복수국적자의 임용이 부적합한 분야

제26조의4(지역·기능 인재의 추천 채용 및 견습근무) ① 임용권자는 우수한 인재를 공직에 유치하기 위하여 학업 성적 등이 뛰어난 고등학교 이상 졸업자나 졸업 예정자를 추천·선발하여 3년의 범위에서 견습으로 근무하게 하고, 그 근무기간 동안 근무성적과 자질이 우수하다고 인정되는 자는 6급 이하의 공무원(제4조제2항에 따라 같은 조 제1항의 계급 구분을 적용하지 아니하는 공무원 중 6급 이하에 상당하는 공무원을 포함한다. 이하 같다) 또는 기능직공무원으로 임용할 수 있다. <개정 2010.3.22, 2011.5.23>

② 제1항에 따라 견습으로 근무하는 자를 공무원(기능직공무원은 제외한다)으로 임용할 때에는 행정 분야와 기술 분야별로 적정한 구성을 유지하고 지역별 균형을 이루도록 하여야 한다. <개정 2010.3.22>

③ 제1항에 따라 견습으로 근무하는 자는 직무상 행위를 하거나 「형법」, 그 밖의 법률에 따른 벌칙을 적용할 때 공무원으로 본다.

④ 제1항에 따른 추천·선발 방법, 견습근무 기간, 임용 직급 등에 관한 사항은 대통령령으로 정한다. <신설 2010.3.22>

제27조(결원 보충 방법) 국가기관의 결원은 신규채용·승진임용·강임·전직 또는 전보의 방법으로 보충한다.

제28조(신규채용) ① 공무원은 공개경쟁 채용시험으로 채용한다. <개정 2011.5.23>

② 제1항에도 불구하고 다음 각 호의 어느 하나에 해당하는 경우에는 경력 등 응시요건을 정하여 같은 사유에 해당하는 다수인을 대상으로 경쟁의 방법으로 채용하는 시험(이하 "경력경쟁채용시험"이라 한다)으로 공무원을 채용할 수 있다. 다만, 제1호, 제3호, 제4호, 제5호, 제7호, 제11호의 어느 하나에 해당하는 경우 중 다수인을 대상으로 시험을 실시하는 것이 적당하지 아니하여 국회규칙, 대법원규칙, 헌법재판소규칙, 중앙선거관리위원회규칙 또는 대통령령으로 정하는 경우에는 다수인을 대상으로 하지 아니한 시험으로 공무원을 채용할 수 있다. <개정 2010.3.22, 2011.5.23>

1. 제70조제1항제3호의 사유로 퇴직하거나 제71조제1항제1호의 휴직 기간 만료로 퇴직한 경력직공무원을 퇴직한 날부터 3년(「공무원연금법」에 따른 공무상 질병 또는 부상으로 인한 휴직의 경우에는 5년) 이내에 퇴직 시에 재직한 직급(고위공무원단에 속하는 공무원은 퇴직 시에 재직한 직위와 곤란성과 책임도가 유사한 직위를 말한다. 이하 이 호에서 같다)의 경력직공무원으로 재임용하는 경우 또는 경력직공무원으로 재직하던 중 특수경력직공무원이나 다른 종류의 경력직공무원이 되기 위하여 퇴직한 자를 퇴직 시에 재직한 직급의 경력직공무원으로 재임용하는 경우

2. 공개경쟁 채용시험으로 임용하는 것이 부적당한 경우에 같은 종류의 직무에 관한 자격증 소지자를 임용하는 경우

3. 임용예정 직급과 같은 직급(고위공무원단에 속하는 일반직공무원은 임용예정 직위와 곤란성과 책임도가 유사한 직위를 말한다)에서 국회규칙, 대법원규칙, 헌법재판소규칙, 중앙선거관리위원회규칙 또는 대통령령으로 정하는 기간 동안 근무한 경력이 있는 자 또는 임용예정 직급(고위공무원단에 속하는 일반직공무원은 임용예정 직위를 말한다)에 상응한 근무 또는 연구 실적이 3년 이상인 자(고위공무원단에 속하는 특정직공무원은 제외한다)를

임용하는 경우

4. 임용 예정직에 관련된 특수 목적을 위하여 설립된 학교(대학원을 포함한다) 중 대통령령으로 정하는 학교의 졸업자로서 각급 기관에서 실무 수습을 마친 자를 임용하는 경우

5. 1급 공무원을 임용하거나 제23조에 따라 배정된 직무등급이 가장 높은 등급의 직위에 고위공무원단에 속하는 일반직공무원을 임용하는 경우

6. 공개경쟁 채용시험으로 결원을 보충하기 곤란한 특수한 직무분야·환경 또는 섬, 외딴 곳 등 특수한 지역에 근무할 자를 임용하는 경우

7. 일반직공무원을 기능직공무원으로, 기능직공무원을 일반직공무원으로 임용하는 경우와 지방공무원을 그 직급에 해당하는 국가공무원(고위공무원단에 속하는 일반직공무원으로 임용하는 경우에는 해당 직위와 곤란성과 책임도가 유사한 직위의 국가공무원을 말한다)으로 임용하는 경우

8. 외국어에 능통하고 국제적 소양과 전문 지식을 지닌 자를 임용하는 경우

9. 임용 예정직에 관련된 전문계·예능계 및 사학계(사학계)의 고등학교·전문대학 및 대학(대학원을 포함한다)의 학과 중 대통령령으로 정하는 학과의 졸업자로서 행정안전부장관이 정하는 바에 따라 해당 학교장의 추천을 받은 자를 연구 또는 기술 직렬의 공무원이나 기능직공무원으로 임용하는 경우

10. 국회규칙, 대법원규칙, 헌법재판소규칙, 중앙선거관리위원회규칙 또는 대통령령으로 정하는 임용 예정직에 관련된 과학기술 분야 또는 공개경쟁 채용시험으로 결원 보충이 곤란한 특수 전문 분야의 연구나 근무경력이 있는 자를 임용하는 경우

11. 제26조의4에 따라 견습근무를 마친 자와 제85조에 따라 재학 중 장학금을 받고 졸업한 자를 임용하는 경우

12. 연고지나 그 밖에 지역적 특수성을 고려하여 일정한 지역에 거주하는 자를 그 지역에 소재하는 기관에 임용하는 경우

③ 삭제 <2011.5.23>

④ 제2항에 따른 경력경쟁채용시험의 경우에는 제70조제1항제3호의 사유로 퇴직한 자를 우선하여 채용하여야 하며, 경력경쟁채용시험으로 임용할 수 있는 공무원의 직급 또는 직위, 직급별 또는 직위별 응시 자격 및 시험 등에 필요한 사항은 국회규칙, 대법원규칙, 헌법재판소규칙, 중앙선거관리위원회규칙 또는 대통령령으로 정한다. <개정 2011.5.23>

⑤ 제2항제6호·제8호 또는 제12호에 따라 경력경쟁채용시험으로 채용된 자는 정원조정·직제개편 등 국회규칙, 대법원규칙, 헌법재판소규칙, 중앙선거관리위원회규칙 또는 대통령령으로 정하는 경우 외에는 5년간 전직이나 해당 기관 외의 기관으로 전보될 수 없으며, 5년 이내에 퇴직하면 그 근무경력은 제2항제3호의 경력경쟁채용시험 응시에 필요한 근무 또는 연구 실적에 넣어 계산하지 아니한다. <개정 2011.5.23>

제28조의2(전입) 국회, 법원, 헌법재판소, 선거관리위원회 및 행정부 상호 간에 다른 기관 소속 공무원을 전입하려는 때에는 시험을 거쳐 임용하여야 한다. 이 경우 임용 자격 요건 또는 승진소요최저연수·시험과목이 같을 때에는 국회규칙, 대법원규칙, 헌법재판소규칙, 중앙선거관리위원회규칙 또는 대통령령으로 정하는 바에 따라 그 시험의 일부나 전부를 면제할 수 있다.

제28조의3(전직) 공무원을 전직 임용하려는

때에는 전직시험을 거쳐야 한다. 다만, 국회규칙, 대법원규칙, 헌법재판소규칙, 중앙선거관리위원회규칙 또는 대통령령으로 정하는 전직의 경우에는 시험의 일부나 전부를 면제할 수 있다.

제28조의4(개방형 직위) ① 임용권자나 임용제청권자는 해당 기관의 직위 중 전문성이 특히 요구되거나 효율적인 정책 수립을 위하여 필요하다고 판단되어 공직 내부나 외부에서 적격자를 임용할 필요가 있는 직위에 대하여는 개방형 직위로 지정하여 운영할 수 있다. 다만, 「정부조직법」 등 조직 관계 법령에 따라 1급부터 3급까지의 공무원 또는 이에 상당하는 공무원으로 보할 수 있는 직위(고위공무원단 직위를 포함하며, 실장·국장 밑에 두는 보조기관 또는 이에 상당하는 직위는 제외한다) 중 계약직공무원으로도 보할 수 있는 직위는 개방형 직위로 지정된 것으로 본다.

② 임용권자나 임용제청권자는 제1항에 따른 개방형 직위에 대하여는 직위별로 직무의 내용·특성 등을 고려하여 직무수행요건을 설정하고 그 요건을 갖춘 자를 임용하거나 임용제청하여야 한다.

③ 삭제 <2008.12.31>

④ 개방형 직위의 운영 등에 필요한 사항은 국회규칙, 대법원규칙, 헌법재판소규칙, 중앙선거관리위원회규칙 또는 대통령령으로 정한다.

제28조의5(공모 직위) ① 임용권자나 임용제청권자는 해당 기관의 직위 중 효율적인 정책 수립 또는 관리를 위하여 해당 기관 내부 또는 외부의 공무원 중에서 적격자를 임용할 필요가 있는 직위에 대하여는 공모 직위(공모 직위)로 지정하여 운영할 수 있다.

② 임용권자나 임용제청권자는 제1항에 따른 공모 직위에 대하여는 직위별로 직무의 내용·특성 등을 고려하여 직무수행요건을 설정하고 그 요건을 갖춘 자를 임용하거나 임용제청하여야 한다.

③ 삭제 <2008.12.31>

④ 중앙인사관장기관의 장은 공모 직위를 운영할 때 각 기관간 인력의 이동과 배치가 적절한 균형을 유지할 수 있도록 관계 기관의 장과 협의하여 이를 조정할 수 있다.

⑤ 공모 직위의 운영 등에 필요한 사항은 국회규칙, 대법원규칙, 헌법재판소규칙, 중앙선거관리위원회규칙 또는 대통령령으로 정한다.

제28조의6(고위공무원단에 속하는 공무원으로의 임용 등) ① 고위공무원단에 속하는 공무원의 채용과 고위공무원단 직위로의 승진임용 및 고위공무원으로서 적격한지 여부를 심사하기 위하여 행정안전부에 고위공무원임용심사위원회를 둔다.

② 고위공무원임용심사위원회는 위원장을 포함하여 5인 내지 7인의 위원으로 구성하며, 위원장은 행정안전부 소속 정무직공무원이 된다.

③ 임용권자 또는 임용제청권자는 고위공무원단에 속하는 공무원의 채용 또는 고위공무원단 직위로 승진임용하고자 하는 경우 임용대상자를 선정하여 고위공무원임용심사위원회의 심사를 거쳐 임용 또는 임용제청하여야 한다. 다만, 고위공무원단에 속하는 공무원의 채용에 있어서는 임용절차 간소화, 직무의 특수성 등을 고려하여 경력직 고위공무원을 특수경력직 또는 다른 경력직 고위공무원으로 채용하는 경우 등 대통령령으로 정하는 경우에는 고위공무원임용심사위원회의 심사를 생략할 수 있다. <개정 2008.12.31>

④ 제1항부터 제3항까지에 따른 고위공무원 임용심사위원회의 구성 및 운영, 위원자격 등에 관하여 필요한 사항은 대통령령으로 정한다.

제29조(시보 임용) ① 5급 공무원(제4조제2항에 따라 같은 조 제1항의 계급 구분을 적용하지 아니하는 공무원 중 5급에 상당하는 공무원을 포함한다. 이하 같다)을 신규 채용하는 경우에는 1년, 6급 이하의 공무원과 기능직공무원을 신규 채용하는 경우에는 6개월간 각각 시보(시보)로 임용하고 그 기간에 근무성적이 좋으면 정규 공무원으로 임용한다. 다만, 국회규칙, 대법원규칙, 헌법재판소규칙, 중앙선거관리위원회규칙 또는 대통령령으로 정하는 경우에는 시보 임용을 면제하거나 그 기간을 단축할 수 있다. <개정 2011.5.23>

② 휴직한 기간, 직위해제 기간 및 징계에 따른 정직이나 감봉 처분을 받은 기간은 제1항의 시보 임용 기간에 넣어 계산하지 아니한다.

③ 시보 임용 기간 중에 있는 공무원이 근무성적이나 교육훈련 성적이 나쁜 경우에는 제68조와 제70조에도 불구하고 면직시키거나 면직을 제청할 수 있다.

제30조 삭제 <1981.4.20>

제31조(경쟁시험 합격자의 우선임용 및 결원 보충의 조정) ① 임용권자나 임용제청권자는 결원을 보충할 때 공개경쟁 채용시험 합격자와 공개경쟁 승진시험 합격자를 우선하여 임용하거나 임용제청하여야 한다.

② 중앙인사관장기관의 장은 각급 기관의 5급 이상 공무원(제4조제2항에 따라 같은 조 제1항의 계급 구분을 적용하지 아니하는 공무원 중 5급 이상에 상당하는 공무원을 포함한다. 이하 같다)의 결원을 보충할 때 공개경쟁 채용시험 합격자, 공개경쟁 승진시험 합격자 및 일반 승진시험 합격자의 보충임용이 적절한 균형을 유지할 수 있도록 조정하고 규제하여야 한다.

제31조의2(국무위원 임명 전 인사청문 실시) 대통령이 국무위원을 임명하려면 미리 국회의 인사청문을 거쳐야 한다.

제32조(임용권자) ① 행정기관 소속 5급 이상 공무원 및 고위공무원단에 속하는 일반직공무원은 소속 장관의 제청으로 행정안전부장관과 협의를 거친 후에 국무총리를 거쳐 대통령이 임용하되, 고위공무원단에 속하는 일반직공무원의 경우 소속 장관은 해당 기관에 소속되지 아니한 공무원에 대하여도 임용제청할 수 있다. 이 경우 국세청장은 국회의 인사청문을 거쳐 대통령이 임명한다.

② 소속 장관은 소속 공무원에 대하여 제1항 외의 모든 임용권을 가진다.]]

③ 대통령은 대통령령으로 정하는 바에 따라 제1항에 따른 임용권의 일부를 소속 장관에게 위임할 수 있으며, 소속 장관은 대통령령으로 정하는 바에 따라 제2항에 따른 임용권의 일부와 대통령으로부터 위임받은 임용권의 일부를 그 보조기관 또는 소속 기관의 장에게 위임하거나 재위임할 수 있다.

④ 국회 소속 공무원은 국회의장이 임용하되, 국회규칙으로 정하는 바에 따라 그 임용권의 일부를 소속 기관의 장에게 위임할 수 있다.

⑤ 법원 소속 공무원은 대법원장이 임용하되, 대법원규칙으로 정하는 바에 따라 그 임용권의 일부를 소속 기관의 장에게 위임할 수 있다.

⑥ 헌법재판소 소속 공무원은 헌법재판소장이 임용하되, 헌법재판소규칙으로 정하는 바에 따라 그 임용권의 일부를 헌법재판소사무

처장에게 위임할 수 있다.

⑦ 선거관리위원회 소속 5급 이상 공무원은 중앙선거관리위원회의 의결을 거쳐 중앙선거관리위원회위원장이 임용하고, 6급 이하 및 기능직공무원은 중앙선거관리위원회사무총장이 임용한다. 이 경우 중앙선거관리위원회위원장은 중앙선거관리위원회규칙으로 정하는 바에 따라 중앙선거관리위원회 상임위원·사무총장 및 시·도선거관리위원회위원장에게, 중앙선거관리위원회사무총장은 시·도선거관리위원회위원장에게 그 임용권의 일부를 각각 위임할 수 있다.

제32조의2(인사교류) 행정안전부장관은 행정기관 상호 간에 인사교류가 필요하다고 인정하면 인사교류계획을 수립하고, 국무총리의 승인을 받아 이를 실시할 수 있다.

제32조의3(겸임) 직위와 직무 내용이 유사하고 담당 직무 수행에 지장이 없다고 인정하면 국회규칙, 대법원규칙, 헌법재판소규칙, 중앙선거관리위원회규칙 또는 대통령령으로 정하는 바에 따라 일반직공무원을 대학 교수 등 특정직공무원이나 특수 전문 분야의 일반직공무원 또는 대통령령으로 정하는 관련 교육·연구기관, 그 밖의 기관·단체의 임직원과 서로 겸임하게 할 수 있고, 대통령령으로 정하는 관련 교육·연구기관, 그 밖의 기관·단체의 임직원은 특수 전문 분야의 별정직공무원으로 겸임하게 할 수 있다.

제32조의4(파견근무) ① 국가기관의 장은 국가적 사업의 수행 또는 그 업무 수행과 관련된 행정 지원이나 연수, 그 밖에 능력 개발 등을 위하여 필요하면 소속 공무원을 다른 국가기관·공공단체·정부투자기관·국내외의 교육기관·연구기관, 그 밖의 기관에 일정기간 파견근무하게 할 수 있으며, 국가적 사업의 공동 수행 또는 전문성이 특히 요구되는 특수 업무의 효율적 수행 등을 위하여 필요하면 국가기관 외의 기관·단체의 임직원을 파견받아 근무하게 할 수 있다.

② 파견권자는 파견 사유가 소멸하거나 파견 목적이 달성될 가망이 없으면 그 공무원을 지체 없이 원래의 소속 기관에 복귀시켜야 한다.

③ 제1항에 따라 국가기관 외의 기관·단체에서 파견된 임직원은 직무상 행위를 하거나 「형법」, 그 밖의 법률에 따른 벌칙을 적용할 때 공무원으로 본다.

④ 공무원을 파견근무하게 하거나 국가기관 외의 기관·단체의 임직원을 파견받아 근무하게 하는 경우 그 사유·기간·절차, 파견된 자의 인사교류를 위한 신규 채용, 파견된 자의 승진임용, 파견근무 중 복무, 그 밖에 필요한 사항은 국회규칙, 대법원규칙, 헌법재판소규칙, 중앙선거관리위원회규칙 또는 대통령령으로 정한다.

제32조의5(보직관리의 원칙) ① 임용권자나 임용제청권자는 법령으로 따로 정하는 경우 외에는 소속 공무원의 직급과 직류를 고려하여 그 직급에 상응하는 일정한 직위를 부여하여야 한다. 다만, 고위공무원단에 속하는 일반직공무원에 대하여는 자격·경력 등을 고려하여 그에 상응하는 일정한 직위를 부여하여야 한다.

② 소속 공무원을 보직할 때에는 그 공무원의 전공분야·훈련·근무경력·전문성·적성 등을 고려하여 적격한 직위에 임용하여야 한다. 이 경우 보직관리 기준에 필요한 사항은 국회규칙, 대법원규칙, 헌법재판소규칙, 중앙선거관리위원회규칙 또는 대통령령으로 정한다.

제33조(결격사유) 다음 각 호의 어느 하나에 해당하는 자는 공무원으로 임용될 수 없다. <개정 2010.3.22>

1. 금치산자 또는 한정치산자
2. 파산선고를 받고 복권되지 아니한 자
3. 금고 이상의 실형을 선고받고 그 집행이 종료되거나 집행을 받지 아니하기로 확정된 후 5년이 지나지 아니한 자
4. 금고 이상의 형을 선고받고 그 집행유예 기간이 끝난 날부터 2년이 지나지 아니한 자
5. 금고 이상의 형의 선고유예를 받은 경우에 그 선고유예 기간 중에 있는 자
6. 법원의 판결 또는 다른 법률에 따라 자격이 상실되거나 정지된 자

6의 2. 공무원으로 재직기간 중 직무와 관련하여 「형법」 제355조 및 제356조에 규정된 죄를 범한 자로서 300만원 이상의 벌금형을 선고받고 그 형이 확정된 후 2년이 지나지 아니한 자

7. 징계로 파면처분을 받은 때부터 5년이 지나지 아니한 자
8. 징계로 해임처분을 받은 때부터 3년이 지나지 아니한 자

제34조(시험 실시기관) ① 행정기관 소속 공무원의 채용시험·승진시험, 그 밖의 시험은 행정안전부장관이 실시한다. 다만, 행정안전부장관이 단독으로 실시하기 곤란하면 관계기관과 공동으로 실시할 수 있으며, 행정안전부장관은 대통령령으로 정하는 바에 따라 그 시험의 일부를 다른 행정기관의 장에게 위임하여 실시할 수 있다. <개정 2008.3.28>

② 삭제 <2004.3.11>

③ 국회 및 법원 소속 공무원의 채용시험·승진시험, 그 밖의 시험은 국회사무처 또는 법원행정처에서 실시한다. 이 경우 국회사무총장 또는 법원행정처장은 국회규칙 또는 대법원규칙으로 정하는 바에 따라 그 시험의 일부를 소속 기관에 위임하여 실시할 수 있다. <개정 2008.3.28>

④ 헌법재판소 소속 공무원의 채용시험·승진시험, 그 밖의 시험은 헌법재판소사무처에서 실시한다. 다만, 헌법재판소사무처장은 그 시험의 전부나 일부를 행정안전부장관 또는 법원행정처장에게 위탁하여 실시할 수 있다. <개정 2008.3.28>

⑤ 선거관리위원회 소속 공무원의 채용시험·승진시험, 그 밖의 시험은 중앙선거관리위원회사무처에서 실시하되, 중앙선거관리위원회규칙으로 정하는 바에 따라 그 시험의 일부를 시·도선거관리위원회에 위임하여 실시할 수 있다. 다만, 중앙선거관리위원회사무총장은 시험의 전부나 일부를 행정안전부장관에게 위탁하여 실시하거나 행정안전부장관이 실시한 공개경쟁 채용시험에 합격한 자를 선거관리위원회에서 실시한 공개경쟁 채용시험에 합격한 자로 보아 임용할 수 있다. <개정 2008.3.28>

제35조(평등의 원칙) 공개경쟁에 따른 채용시험은 같은 자격을 가진 모든 국민에게 평등하게 공개하여야 하며 시험의 시기와 장소는 응시자의 편의를 고려하여 결정한다.

제36조(응시 자격) 각종 시험에 있어서 담당할 직무 수행에 필요한 최소한도의 자격요건은 국회규칙, 대법원규칙, 헌법재판소규칙, 중앙선거관리위원회규칙 또는 대통령령으로 정한다.

제36조의2(채용시험의 가점) 「국가기술자격법」이나 그 밖의 법령에 따른 자격을 취득한 자가 공무원 채용시험에 응시하면 국회규칙, 대법원규칙, 헌법재판소규칙, 중앙선거

관리위원회규칙 또는 대통령령으로 정하는 바에 따라 일정한 점수를 가산할 수 있다.

제37조(시험의 공고) ① 공개경쟁 채용시험, 공개경쟁 승진시험 또는 경력경쟁채용시험을 실시할 때에는 임용예정 직급, 응시 자격, 선발 예정 인원, 시험의 방법·시기·장소 , 그 밖에 필요한 사항을 국회규칙, 대법원규칙, 헌법재판소규칙, 중앙선거관리위원회규칙 또는 대통령령으로 정하는 바에 따라 공고하여야 한다. 다만, 제28조제2항 단서에 따라 다수인을 대상으로 하지 아니한 시험의 경우에는 공고하지 아니할 수 있다. <개정 2011.5.23>

② 원활한 결원 보충을 위하여 필요하면 근무예정 지역 또는 근무예정 기관을 미리 정하여 공개경쟁 채용시험을 실시할 수 있다. 이 경우 그 시험에 따라 채용된 공무원은 국회규칙, 대법원규칙, 헌법재판소규칙, 중앙선거관리위원회규칙 또는 대통령령으로 정하는 기간 동안 해당 근무 지역 또는 근무 기관에 근무하여야 한다.

제38조(채용후보자 명부) ① 시험 실시기관의 장은 채용시험에 합격한 자를 국회규칙, 대법원규칙, 헌법재판소규칙, 중앙선거관리위원회규칙 또는 대통령령으로 정하는 바에 따라 채용후보자 명부에 등재하여야 한다.

② 5급 공무원 공개경쟁 채용시험에 합격한 자의 채용후보자 명부의 유효기간은 5년으로 하고, 그 밖의 채용후보자 명부의 유효기간은 2년의 범위에서 국회규칙, 대법원규칙, 헌법재판소규칙, 중앙선거관리위원회규칙 또는 대통령령으로 정한다. 다만, 시험 실시기관의 장은 필요에 따라 1년의 범위에서 그 기간을 연장할 수 있다.

③ 다음 각 호의 기간은 제2항에 따른 기간에 넣어 계산하지 아니한다.

1. 공개경쟁 채용시험 합격자가 채용후보자 명부에 등재된 후 그 유효기간 내에 「병역법」에 따른 병역 복무를 위하여 군에 입대한 경우(대학생 군사훈련 과정 이수자를 포함한다)의 의무복무 기간
2. 국회규칙, 대법원규칙, 헌법재판소규칙, 중앙선거관리위원회규칙 또는 대통령령으로 정하는 사유로 임용되지 못한 기간

④ 제2항에 따라 시험 실시기관의 장이 채용후보자 명부의 유효기간을 연장하기로 결정하면 지체 없이 이를 공고하여야 한다.

제39조(채용후보자의 임용 절차) ① 시험 실시기관의 장은 채용후보자 명부에 등재된 채용후보자를 국회규칙, 대법원규칙, 헌법재판소규칙, 중앙선거관리위원회규칙 또는 대통령령으로 정하는 바에 따라 임용권이나 임용제청권을 갖는 기관에 추천하여야 한다. 다만, 공개경쟁 채용시험 합격자의 우선임용을 위하여 필요하면 행정안전부장관이 채용후보자를 제32조제1항부터 제3항까지의 규정에도 불구하고 근무할 기관을 지정하여 임용하거나 임용제청할 수 있다.

② 각 임용권자나 임용제청권자는 제1항에 따라 추천받은 채용후보자를 임용한 때에는 그 결과를 시험 실시기관의 장에게 지체 없이 알려야 한다.

③ 채용후보자가 다음 각 호의 어느 하나에 해당하면 채용후보자로서의 자격을 잃는다.

1. 제1항에 따라 추천받은 기관의 임용 또는 임용제청에 따르지 아니한 경우
2. 제50조에 따른 시보 공무원이 될 자에 대한 교육훈련에 따르지 아니한 경우
3. 훈련 성적이 국회규칙, 대법원규칙, 헌법재판소규칙, 중앙선거관리위원회규칙 또는 대통

령령으로 정하는 기준 이하인 경우

제40조(승진) ① 승진임용은 근무성적평정·경력평정, 그 밖에 능력의 실증에 따른다. 다만, 1급부터 3급까지의 공무원으로의 승진임용 및 고위공무원단 직위로의 승진임용의 경우에는 능력과 경력 등을 고려하여 임용하며, 5급 공무원으로의 승진임용의 경우에는 승진시험을 거치도록 하되, 필요하다고 인정하면 국회규칙, 대법원규칙, 헌법재판소규칙, 중앙선거관리위원회규칙 또는 대통령령으로 정하는 바에 따라 승진심사위원회의 심사를 거쳐 임용할 수 있다.

② 6급 이하 공무원으로의 승진임용의 경우 필요하다고 인정하면 국회규칙, 대법원규칙, 헌법재판소규칙, 중앙선거관리위원회규칙 또는 대통령령으로 정하는 바에 따라 승진시험을 병용(병용)할 수 있다.

③ 승진에 필요한 계급별 최저 근무연수, 승진 제한, 그 밖에 승진에 필요한 사항은 국회규칙, 대법원규칙, 헌법재판소규칙, 중앙선거관리위원회규칙 또는 대통령령으로 정한다.

제40조의2(승진임용의 방법) ① 1급 공무원으로의 승진은 바로 하급 공무원 중에서, 2급 및 3급 공무원으로의 승진은 같은 직군 내의 바로 하급 공무원 중에서 각각 임용하거나 임용제청하며, 고위공무원단 직위로의 승진임용은 대통령령으로 정하는 자격·경력 등을 갖춘 자 중에서 임용하거나 임용제청한다.

② 승진시험에 따른 승진은 승진시험 합격자 중에서 국회규칙, 대법원규칙, 헌법재판소규칙, 중앙선거관리위원회규칙 또는 대통령령으로 정하는 승진임용 순위에 따라 임용하거나 임용제청한다. 다만, 공개경쟁 승진시험에 합격하여 승진후보자 명부에 등재된 자의 임용 방법에 관하여는 제39조제1항과 제2항을 준용한다.

③ 제1항과 제2항 외의 승진은 같은 직렬의 바로 하급 공무원 중에서 임용하되, 임용하려는 결원의 수에 대하여 승진후보자 명부의 높은 순위에 있는 자부터 차례로 국회규칙, 대법원규칙, 헌법재판소규칙, 중앙선거관리위원회규칙 또는 대통령령으로 정하는 범위에서 임용하거나 임용제청하여야 한다.

④ 각급 기관의 장은 국회규칙, 대법원규칙, 헌법재판소규칙, 중앙선거관리위원회규칙 또는 대통령령으로 정하는 바에 따라 근무성적·경력평정, 그 밖에 능력의 실증에 따른 순위에 따라 직급별로 승진후보자 명부를 작성한다.

⑤ 5급 공무원 공개경쟁 승진시험에 합격한 자의 승진후보자 명부는 국회사무총장, 법원행정처장, 헌법재판소사무처장, 중앙선거관리위원회사무총장 또는 행정안전부장관이 작성한다.

제40조의3(승진 심사) ① 제40조의2제1항·제3항 또는 제40조의4제1항제1호부터 제3호까지의 규정에 따라 임용하거나 임용제청을 할 때에는 미리 승진심사위원회의 심사를 거쳐야 한다.

② 제1항에 따른 승진 심사를 위하여 국회사무총장, 법원행정처장, 헌법재판소사무처장 또는 중앙선거관리위원회사무총장 소속으로 중앙승진심사위원회를 두고, 행정부 소속 공무원의 승진 심사는 제28조의6제3항에 따라 고위공무원임용심사위원회가 담당하며, 각 임용권자나 임용제청권자 단위별로 보통승진심사위원회를 둔다.

③ 승진심사위원회의 구성·권한 및 운영, 그 밖에 필요한 사항은 국회규칙, 대법원규칙, 헌법재판소규칙, 중앙선거관리위원회규칙 또

는 대통령령으로 정한다.

제40조의4(우수 공무원 등의 특별승진) ① 공무원이 다음 각 호의 어느 하나에 해당하면 제40조 및 제40조의2에도 불구하고 특별승진임용하거나 일반 승진시험에 우선 응시하게 할 수 있다.

1. 청렴하고 투철한 봉사 정신으로 직무에 모든 힘을 다하여 공무 집행의 공정성을 유지하고 깨끗한 공직 사회를 구현하는 데에 다른 공무원의 귀감(귀감)이 되는 자
2. 직무수행 능력이 탁월하여 행정 발전에 큰 공헌을 한 자
3. 제53조에 따른 제안의 채택·시행으로 국가 예산을 절감하는 등 행정 운영 발전에 뚜렷한 실적이 있는 자
4. 재직 중 공적이 특히 뚜렷한 자가 제74조의2에 따라 명예퇴직 할 때
5. 재직 중 공적이 특히 뚜렷한 자가 공무로 사망한 때

② 특별승진의 요건, 그 밖에 필요한 사항은 국회규칙, 대법원규칙, 헌법재판소규칙, 중앙선거관리위원회규칙 또는 대통령령으로 정한다.

제41조(승진시험 방법) ① 승진시험은 일반 승진시험과 공개경쟁 승진시험으로 구분한다.

② 일반 승진시험은 승진후보자 명부의 높은 순위에 있는 자부터 차례로 임용하려는 결원 또는 결원과 예상 결원을 합한 총결원의 2배수 이상 5배수 이내 범위의 자에 대하여 실시하며, 시험성적 점수와 승진후보자 명부에 따른 평정 점수를 합산한 종합 성적에 따라 합격자를 결정한다. 다만, 유능한 공무원을 발탁하기 위하여 승진기회의 확대가 필요한 경우에는 대통령령으로 정하는 바에 따라 배수의 범위를 달리하여 시험을 실시할 수 있다. <개정 2011.5.23>

③ 공개경쟁 승진시험은 5급 공무원 승진에 한정하되, 기관간 승진기회의 균형을 유지하고 유능한 공무원을 발탁하기 위하여 필요한 경우에 실시하며, 시험성적에 따라 합격자를 결정한다.

④ 제2항과 제3항에 따른 승진시험의 응시대상자, 응시 방법, 합격자 결정 방법, 합격의 효력, 그 밖에 승진시험에 필요한 사항은 국회규칙, 대법원규칙, 헌법재판소규칙, 중앙선거관리위원회규칙 또는 대통령령으로 정한다.

제42조(국가유공자 우선 임용) ① 공무원을 임용할 때에 법령으로 정하는 바에 따라 국가유공자를 우선 임용하여야 한다.

② 제1항에 따른 우선 임용에 관한 사항은 국회사무총장, 법원행정처장, 헌법재판소사무처장, 중앙선거관리위원회사무총장 또는 행정안전부장관이 관장한다. 다만, 그 임용에 관한 법령의 제정·개폐 또는 중요 정책에 관하여는 국가보훈처장과 협의한다.

제43조(휴직·파견 등의 결원보충 등) ① 공무원이 제71조제1항제1호·제3호·제5호·제6호, 제71조제2항 또는 제73조의2에 따라 6개월 이상 휴직하면 휴직일부터 그 휴직자의 직급 또는 상당 계급(고위공무원단에 속하는 공무원은 해당 휴직자의 직위와 곤란성과 책임도가 유사한 직위를 말한다)에 해당하는 정원이 따로 있는 것으로 보고 결원을 보충할 수 있다. 다만, 제71조제2항제4호에 따라 휴직하는 경우에는 국회규칙, 대법원규칙, 헌법재판소규칙, 중앙선거관리위원회규칙 또는 대통령령으로 정하는 경우에 한하여 3개월 이상 휴직하는 경우에도 결원을 보충할 수 있고, 출산휴가와 육아휴직을 연속하여 사용하는 경우에는 출산휴가일부터 후임자를 보충

할 수 있다. <개정 2008.12.31, 2011.5.23>
② 공무원을 제32조의4에 따라 파견하는 경우에는 국회규칙, 대법원규칙, 헌법재판소규칙, 중앙선거관리위원회규칙 또는 대통령령으로 정하는 바에 따라 파견 기간 중 그 파견하는 직급(고위공무원단에 속하는 일반직공무원은 그 파견하는 직위와 곤란성과 책임도가 유사한 직위를 말한다. 이하 이 조에서 같다)에 해당하는 정원이 따로 있는 것으로 보고 결원을 보충할 수 있다. 다만, 남은 파견기간이 2개월 이하인 경우에는 그러하지 아니하다.
③ 파면처분·해임처분·면직처분 또는 강등처분에 대하여 소청심사위원회나 법원에서 무효나 취소의 결정 또는 판결을 하면 그 파면처분·해임처분·면직처분 또는 강등처분에 따라 결원을 보충하였던 때부터 파면처분·해임처분·면직처분을 받은 사람의 직급 또는 강등처분을 받은 사람의 원직급에 해당하는 정원이 따로 있는 것으로 본다. <개정 2011.5.23>
④ 제1항부터 제3항까지의 규정에 따른 정원은 다음 각 호의 어느 하나에 해당하는 사유가 발생한 이후 그 직급에 최초로 결원이 발생한 때에 각각 소멸된 것으로 본다. 다만, 제1항에 따른 특수경력직공무원의 정원은 제1호의 사유가 발생한 때에 소멸된 것으로 본다. <개정 2011.5.23>
1. 휴직자의 복직
2. 파견된 자의 복귀
3. 파면·해임·면직된 사람의 복귀 또는 강등된 사람의 원직급 회복
제43조의2 삭제 <1978.12.5>
제43조의3 삭제 <1978.12.5>
제44조(시험 또는 임용의 방해행위 금지) 누구든지 시험 또는 임용에 관하여 고의로 방해하거나 부당한 영향을 주는 행위를 하여서는 아니 된다.
제45조(인사에 관한 부정행위 금지) 누구든지 채용시험·승진·임용, 그 밖에 인사기록에 관하여 거짓이나 부정하게 진술·기재·증명·채점 또는 보고하여서는 아니 된다.

제5장 보수 <개정 2008.3.28>

제46조(보수 결정의 원칙) ① 공무원의 보수는 직무의 곤란성과 책임의 정도에 맞도록 계급별·직위별 또는 직무등급별로 정한다. 다만, 직무의 곤란성과 책임도가 매우 특수하거나 결원을 보충하는 것이 곤란한 직무에 종사하는 공무원과 제4조제2항에 따라 같은 조 제1항의 계급 구분을 적용하지 아니하는 공무원의 보수는 따로 정할 수 있다.
② 공무원의 보수는 일반의 표준 생계비, 물가 수준, 그 밖의 사정을 고려하여 정하되, 민간 부문의 임금 수준과 적절한 균형을 유지하도록 노력하여야 한다.
③ 경력직공무원 간의 보수 및 경력직공무원과 특수경력직공무원 간의 보수는 균형을 도모하여야 한다.
④ 공무원의 보수 중 봉급에 관하여는 법률로 정한 것 외에는 대통령령으로 정한다.
⑤ 이 법이나 그 밖의 법률에 따른 보수에 관한 규정에 따르지 아니하고는 어떠한 금전이나 유가물(유가물)도 공무원의 보수로 지급할 수 없다.
제47조(보수에 관한 규정) ① 공무원의 보수에 관한 다음 각 호의 사항은 대통령령으로 정한다.
1. 봉급·호봉 및 승급에 관한 사항

2. 수당에 관한 사항
3. 보수 지급 방법, 보수의 계산, 그 밖에 보수 지급에 관한 사항
② 제1항에도 불구하고 특수 수당과 제51조 제2항에 따른 상여금(상여금)의 지급 또는 특별승급에 관한 사항은 국회규칙, 대법원규칙, 헌법재판소규칙, 중앙선거관리위원회규칙 또는 대통령령으로 정한다.
③ 제1항에 따른 보수를 거짓이나 그 밖의 부정한 방법으로 수령한 경우에는 수령한 금액의 2배의 범위에서 가산하여 징수할 수 있다. <신설 2008.12.31>
④ 제3항에 따른 보수의 종류, 가산금액 등에 관한 사항은 대통령령으로 정한다. <신설 2008.12.31>
제48조(실비 변상 등) ① 공무원은 보수 외에 국회규칙, 대법원규칙, 헌법재판소규칙, 중앙선거관리위원회규칙 또는 대통령령으로 정하는 바에 따라 직무 수행에 필요한 실비(실비) 변상을 받을 수 있다.
② 공무원이 소속 기관장의 허가를 받아 본래의 업무 수행에 지장이 없는 범위에서 담당 직무 외의 특수한 연구과제를 위탁받아 처리하면 그 보상을 지급받을 수 있다.
제49조(국가기관 외의 기관 등에서 파견된 자의 보수) 제32조의4제1항에 따라 국가기관 외의 기관·단체에서 파견된 임직원의 보수는 파견한 기관이 지급하며, 파견받은 기관은 제48조를 준용하여 실비 변상 등을 할 수 있다. 다만, 특히 필요한 경우 파견받은 기관은 파견한 기관과 협의하여 보수를 지급할 수 있다.

제6장 능률 <개정 2008.3.28>

제50조(교육훈련) ① 모든 공무원과 시보 공무원이 될 자는 담당 직무와 관련된 학식·기술 및 응용능력을 배양하기 위하여 법령으로 정하는 바에 따라 교육훈련을 받아야 한다.
② 국회사무총장, 법원행정처장, 헌법재판소사무처장, 중앙선거관리위원회사무총장 또는 행정안전부장관은 각 기관의 협조를 받아 교육훈련에 관한 종합적인 기획 및 조정을 한다.
③ 각 기관의 장과 관리직위에 있는 공무원은 일상업무 및 교육훈련 등을 통하여 계속적으로 소속 직원의 능력을 발전시킬 책임을 진다.
④ 교육훈련 실적은 인사관리에 반영하여야 한다.
제51조(근무성적의 평정) ① 각 기관의 장은 정기 또는 수시로 소속 공무원의 근무성적을 객관적이고 엄정하게 평정하여 인사관리에 반영하여야 한다.
② 제1항에 따른 근무성적평정 결과 근무성적이 우수한 자에 대하여는 상여금을 지급하거나 특별승급시킬 수 있다.
③ 제1항의 근무성적평정에 관한 사항은 국회규칙, 대법원규칙, 헌법재판소규칙, 중앙선거관리위원회규칙 또는 대통령령으로 정한다.
제52조(능률 증진을 위한 실시사항) 국회사무총장, 법원행정처장, 헌법재판소사무처장, 중앙선거관리위원회사무총장 또는 행정안전부장관은 공무원의 근무능률을 높이기 위하여 공무원의 보건·휴양·안전·후생, 그 밖에 필요한 사항에 대한 기준을 설정하여야 하며, 각 기관의 장은 이를 실시하여야 한다.
제53조(제안 제도) ① 행정 운영의 능률화와 경제화를 위한 공무원의 창의적인 의견이나

고안(고안)을 계발하고 이를 채택하여 행정 운영의 개선에 반영하도록 하기 위하여 제안 제도를 둔다.

② 제안이 채택되고 시행되어 국가 예산을 절약하는 등 행정 운영 발전에 뚜렷한 실적이 있는 자에게는 상여금을 지급할 수 있으며 특별승진이나 특별승급을 시킬 수 있다.

③ 제2항에 따른 상여금이나 그 밖에 제안 제도의 운영에 필요한 사항은 대통령령으로 정한다.

제54조(상훈 제도) ① 공무원으로서 직무에 힘을 나아거나 사회에 공헌한 공적이 뚜렷한 자에게는 훈장 또는 포장을 수여하거나 표창을 한다.

② 제1항에 따른 훈장·포장 및 표창에 관한 사항은 법률로 정한 것 외에는 대통령령으로 정한다. 다만, 표창에 관한 사항은 국회규칙, 대법원규칙, 헌법재판소규칙 또는 중앙선거관리위원회규칙으로도 정할 수 있다.

제7장 복무 <개정 2008.3.28>

제55조(선서) 공무원은 취임할 때에 소속 기관장 앞에서 국회규칙, 대법원규칙, 헌법재판소규칙, 중앙선거관리위원회규칙 또는 대통령령으로 정하는 바에 따라 선서(선서)하여야 한다. 다만, 불가피한 사유가 있으면 취임 후에 선서하게 할 수 있다.

제56조(성실 의무) 모든 공무원은 법령을 준수하며 성실히 직무를 수행하여야 한다.

제57조(복종의 의무) 공무원은 직무를 수행할 때 소속 상관의 직무상 명령에 복종하여야 한다.

제58조(직장 이탈 금지) ① 공무원은 소속 상관의 허가 또는 정당한 사유가 없으면 직장을 이탈하지 못한다.

② 수사기관이 공무원을 구속하려면 그 소속 기관의 장에게 미리 통보하여야 한다. 다만, 현행범은 그러하지 아니하다.

제59조(친절·공정의 의무) 공무원은 국민 전체의 봉사자로서 친절하고 공정하게 직무를 수행하여야 한다.

제59조의2(종교중립의 의무) ① 공무원은 종교에 따른 차별 없이 직무를 수행하여야 한다.

② 공무원은 소속 상관이 제1항에 위배되는 직무상 명령을 한 경우에는 이에 따르지 아니할 수 있다.

제60조(비밀 엄수의 의무) 공무원은 재직 중은 물론 퇴직 후에도 직무상 알게 된 비밀을 엄수(엄수)하여야 한다.

제61조(청렴의 의무) ① 공무원은 직무와 관련하여 직접적이든 간접적이든 사례·증여 또는 향응을 주거나 받을 수 없다.

② 공무원은 직무상의 관계가 있든 없든 그 소속 상관에게 증여하거나 소속 공무원으로부터 증여를 받아서는 아니 된다.

제62조(외국 정부의 영예 등을 받을 경우) 공무원이 외국 정부로부터 영예나 증여를 받을 경우에는 대통령의 허가를 받아야 한다.

제63조(품위 유지의 의무) 공무원은 직무의 내외를 불문하고 그 품위가 손상되는 행위를 하여서는 아니 된다.

제64조(영리 업무 및 겸직 금지) ① 공무원은 공무 외에 영리를 목적으로 하는 업무에 종사하지 못하며 소속 기관장의 허가 없이 다른 직무를 겸할 수 없다.

② 제1항에 따른 영리를 목적으로 하는 업무의 한계는 국회규칙, 대법원규칙, 헌법재판소규칙, 중앙선거관리위원회규칙 또는 대통령령

으로 정한다.

제65조(정치 운동의 금지) ① 공무원은 정당이나 그 밖의 정치단체의 결성에 관여하거나 이에 가입할 수 없다.

② 공무원은 선거에서 특정 정당 또는 특정인을 지지 또는 반대하기 위한 다음의 행위를 하여서는 아니 된다.

1. 투표를 하거나 하지 아니하도록 권유 운동을 하는 것
2. 서명 운동을 기도(기도)·주재(주재)하거나 권유하는 것
3. 문서나 도서를 공공시설 등에 게시하거나 게시하게 하는 것
4. 기부금을 모집 또는 모집하게 하거나, 공공자금을 이용 또는 이용하게 하는 것
5. 타인에게 정당이나 그 밖의 정치단체에 가입하게 하거나 가입하지 아니하도록 권유 운동을 하는 것

③ 공무원은 다른 공무원에게 제1항과 제2항에 위배되는 행위를 하도록 요구하거나, 정치적 행위에 대한 보상 또는 보복으로서 이익 또는 불이익을 약속하여서는 아니 된다.

④ 제3항 외에 정치적 행위의 금지에 관한 한계는 국회규칙, 대법원규칙, 헌법재판소규칙, 중앙선거관리위원회규칙 또는 대통령령으로 정한다.

제66조(집단 행위의 금지) ① 공무원은 노동운동이나 그 밖에 공무 외의 일을 위한 집단 행위를 하여서는 아니 된다. 다만, 사실상 노무에 종사하는 공무원은 예외로 한다.

② 제1항 단서의 사실상 노무에 종사하는 공무원의 범위는 국회규칙, 대법원규칙, 헌법재판소규칙, 중앙선거관리위원회규칙 또는 대통령령으로 정한다.

③ 제1항 단서에 규정된 공무원으로서 노동조합에 가입된 자가 조합 업무에 전임하려면 소속 장관의 허가를 받아야 한다.

④ 제3항에 따른 허가에는 필요한 조건을 붙일 수 있다.

제67조(위임 규정) 공무원의 복무에 관하여 필요한 사항은 이 법에 규정한 것 외에는 국회규칙, 대법원규칙, 헌법재판소규칙, 중앙선거관리위원회규칙 또는 대통령령으로 정한다.

제8장 신분 보장 <개정 2008.3.28>

제68조(의사에 반한 신분 조치) 공무원은 형의 선고, 징계처분 또는 이 법에서 정하는 사유에 따르지 아니하고는 본인의 의사에 반하여 휴직·강임 또는 면직을 당하지 아니한다. 다만, 1급 공무원과 제23조에 따라 배정된 직무등급이 가장 높은 등급의 직위에 임용된 고위공무원단에 속하는 공무원은 그러하지 아니하다.

제69조(당연 퇴직) 공무원이 제33조 각 호의 어느 하나에 해당할 때에는 당연히 퇴직한다. 다만, 같은 조 제5호는 「형법」 제129조부터 제132조까지 및 직무와 관련하여 「형법」 제355조 및 제356조에 규정된 죄를 범한 자로서 금고 이상의 형의 선고유예를 받은 경우만 해당한다. <개정 2010.3.22>

제70조(직권 면직) ① 임용권자는 공무원이 다음 각 호의 어느 하나에 해당하면 직권으로 면직시킬 수 있다. <개정 2008.3.28>

1. 삭제 <1991.5.31>
2. 삭제 <1991.5.31>
3. 직제와 정원의 개폐 또는 예산의 감소 등에 따라 폐직(폐직) 또는 과원(과원)이 되었을 때
4. 휴직 기간이 끝나거나 휴직 사유가 소멸된

후에도 직무에 복귀하지 아니하거나 직무를 감당할 수 없을 때
5. 제73조의3제3항에 따라 대기 명령을 받은 자가 그 기간에 능력 또는 근무성적의 향상을 기대하기 어렵다고 인정된 때
6. 전직시험에서 세 번 이상 불합격한 자로서 직무수행 능력이 부족하다고 인정된 때
7. 징병검사·입영 또는 소집의 명령을 받고 정당한 사유 없이 이를 기피하거나 군복무를 위하여 휴직 중에 있는 자가 군복무 중 군무(군무)를 이탈하였을 때
8. 해당 직급에서 직무를 수행하는데 필요한 자격증의 효력이 없어지거나 면허가 취소되어 담당 직무를 수행할 수 없게 된 때
9. 고위공무원단에 속하는 공무원이 제70조의2에 따른 적격심사 결과 부적격 결정을 받은 때

② 임용권자는 제1항제3호부터 제8호까지의 규정에 따라 면직시킬 경우에는 미리 관할 징계위원회의 의견을 들어야 한다. 다만, 제1항제5호에 따라 면직시킬 경우에는 징계위원회의 동의를 받아야 한다. <개정 2008.3.28>

③ 임용권자나 임용제청권자는 제1항제3호에 따라 소속 공무원을 면직시킬 때에는 임용형태, 업무 실적, 직무수행 능력, 징계처분 사실 등을 고려하여 면직 기준을 정하여야 한다. <개정 2008.3.28>

④ 제3항에 따른 면직 기준을 정하거나 제1항제3호에 따라 면직 대상자를 결정할 때에는 임용권자 또는 임용제청권자(임용권자나 임용제청권자가 분명하지 아니하면 중앙인사관장기관의 장을 말한다)별로 심사위원회를 구성하여 그 심사위원회의 심의·의결을 거쳐야 한다. <개정 2008.3.28>

⑤ 제4항에 따른 심사위원회의 위원장은 임용권자 또는 임용제청권자가 되며, 위원은 면직 대상자보다 상위 계급자 또는 고위공무원단에 속하는 일반직공무원 중에서 위원장이 지명하는 5명 이상 7명 이내로 구성하되, 면직 대상자의 상위 계급자 또는 고위공무원단에 속하는 일반직공무원을 우선하여 지명하여야 한다. 다만, 상위 계급자 또는 고위공무원단에 속하는 일반직공무원이 부족하면 4명 이내로 구성할 수 있다. <개정 2008.3.28>

⑥ 제1항제4호에 따른 직권 면직일은 휴직 기간이 끝난 날 또는 휴직 사유가 소멸한 날로 한다. <개정 2008.3.28>

제70조의2(적격심사) ① 고위공무원단에 속하는 일반직공무원은 다음 각 호의 어느 하나에 해당하면 고위공무원으로서 적격한지 여부에 대한 심사(이하 "적격심사"라 한다)를 받아야 한다. <개정 2010.3.22>
1. 고위공무원단에 속하는 공무원으로 임용된 날부터 매 5년이 되는 때. 다만, 해당 기간에 제28조의4에 따른 개방형 직위 또는 제28조의5에 따른 공모 직위에 임용된 자는 그 임용일부터 5년이 되는 때를 말한다.
2.근무성적평정에서 최하위 등급의 평정을 총 2년 이상 받은 때. 이 경우 고위공무원단에 속하는 일반직공무원으로 임용되기 전에 고위공무원단에 속하는 별정직공무원 또는 계약직공무원으로 재직한 경우에는 그 재직기간 중에 받은 최하위등급의 평정을 포함한다.
3. 대통령령으로 정하는 정당한 사유 없이 직위를 부여받지 못한 기간이 총 2년에 이른 때

② 제1항제1호에 따른 적격심사는 그 사유가 발생한 날부터 6개월 이내에 실시하여야 하며, 같은 항 제2호 및 제3호에 따른 적격심사는 그 사유가 발생한 날부터 3개월 이내에

실시하여야 한다.

③ 적격심사는 근무성적과 능력의 평정에 따르되, 다음 각 호의 어느 하나에 해당하는 자로서 대통령령으로 정하는 바에 따라 고위공무원의 직무를 계속 수행하게 하는 것이 곤란하다고 판단되는 자를 부적격자로 결정한다.

1. 제1항제1호의 사유에 해당하는 자로서 근무성적 또는 무보직 기간 등이 같은 항 제2호나 제3호의 사유에 상당하는 정도인 자
2. 제1항제2호나 제3호의 사유에 해당하는 자

④ 제1항부터 제3항까지의 규정에 따른 적격심사는 제28조의6제1항에 따른 고위공무원임용심사위원회에서 실시한다. <개정 2011.5.23>

⑤ 소속 장관은 소속 공무원이 제1항 각 호의 어느 하나에 해당되면 지체 없이 행정안전부장관에게 적격심사를 요구하여야 한다.

제71조(휴직) ① 공무원이 다음 각 호의 어느 하나에 해당하면 임용권자는 본인의 의사에도 불구하고 휴직을 명하여야 한다. <개정 2008.3.28>

1. 신체·정신상의 장애로 장기 요양이 필요할 때
2. 삭제 <1978.12.5>
3. 「병역법」에 따른 병역 복무를 마치기 위하여 징집 또는 소집된 때
4. 천재지변이나 전시·사변, 그 밖의 사유로 생사(생사) 또는 소재(소재)가 불명확하게 된 때
5. 그 밖에 법률의 규정에 따른 의무를 수행하기 위하여 직무를 이탈하게 된 때
6. 「공무원의 노동조합 설립 및 운영 등에 관한 법률」 제7조에 따라 노동조합 전임자로 종사하게 된 때 <개정 2008.3.28>

② 임용권자는 공무원이 다음 각 호의 어느 하나에 해당하는 사유로 휴직을 원하면 휴직을 명할 수 있다. 다만, 제4호의 경우에는 대통령령으로 정하는 특별한 사정이 없으면 휴직을 명하여야 한다. <개정 2008.3.28, 2011.5.23>

1. 국제기구, 외국 기관, 국내외의 대학·연구기관, 다른 국가기관 또는 대통령령으로 정하는 민간기업, 그 밖의 기관에 임시로 채용될 때
2. 국외 유학을 하게 된 때
3. 중앙인사관장기관의 장이 지정하는 연구기관이나 교육기관 등에서 연수하게 된 때
4. 만 8세 이하(취학 중인 경우에는 초등학교 2학년 이하를 말한다)의 자녀를 양육하기 위하여 필요하거나 여성공무원이 임신 또는 출산하게 된 때
5. 사고나 질병 등으로 장기간 요양이 필요한 부모, 배우자, 자녀 또는 배우자의 부모를 간호하기 위하여 필요한 때
6. 외국에서 근무·유학 또는 연수하게 되는 배우자를 동반하게 된 때

③ 제1항과 제2항의 휴직 제도 운영에 관하여 필요한 사항은 국회규칙, 대법원규칙, 헌법재판소규칙, 중앙선거관리위원회규칙 또는 대통령령으로 정한다. <개정 2008.3.28>

④ 임용권자는 제2항제4호에 따른 휴직을 이유로 인사에 불리한 처우를 하여서는 아니 된다. <개정 2008.3.28>

제72조(휴직 기간) 휴직 기간은 다음과 같다. <개정 2011.5.23>

1. 제71조제1항제1호에 따른 휴직 기간은 1년(「공무원연금법」에 따른 공무상 질병 또는 부상으로 인한 휴직기간은 3년) 이내로 한다.
2. 제71조제1항제3호와 제5호에 따른 휴직 기

간은 그 복무 기간이 끝날 때까지로 한다.
3. 제71조제1항제4호에 따른 휴직 기간은 3개월 이내로 한다.
4. 제71조제2항제1호에 따른 휴직 기간은 그 채용 기간으로 한다. 다만, 민간기업이나 그 밖의 기관에 채용되면 3년 이내로 한다.
5. 제71조제2항제2호와 제6호에 따른 휴직 기간은 3년 이내로 하되, 부득이한 경우에는 2년의 범위에서 연장할 수 있다.
6. 제71조제2항제3호에 따른 휴직 기간은 2년 이내로 한다.
7. 제71조제2항제4호에 따른 휴직 기간은 자녀 1명에 대하여 1년(여성공무원은 3년) 이내로 한다.
8. 제71조제2항제5호에 따른 휴직 기간은 1년 이내로 하되, 재직 기간 중 총 3년을 넘을 수 없다.
9. 제71조제1항제6호에 따른 휴직 기간은 그 전임 기간으로 한다.

제73조(휴직의 효력) ① 휴직 중인 공무원은 신분은 보유하나 직무에 종사하지 못한다.
② 휴직 기간 중 그 사유가 없어지면 30일 이내에 임용권자 또는 임용제청권자에게 신고하여야 하며, 임용권자는 지체 없이 복직을 명하여야 한다.
③ 휴직 기간이 끝난 공무원이 30일 이내에 복귀 신고를 하면 당연히 복직된다.

제73조의2(특수경력직공무원의 휴직) ① 정무직공무원에 대하여는 제71조제1항제3호, 같은 조 제2항제4호, 같은 조 제4항, 제72조제2호·제7호 및 제73조를 준용한다.
② 별정직공무원에 대하여는 제71조제1항제1호·제3호·제4호, 같은 조 제2항제4호·제5호, 같은 조 제4항, 제72조제1호부터 제3호까지, 같은 조 제7호·제8호 및 제73조를 준용한다.
③ 계약직공무원에 대하여는 제71조제1항제1호·제3호, 같은 조 제2항제4호, 같은 조 제4항, 제72조제1호·제2호·제7호 및 제73조를 준용한다. 다만, 제71조제2항제4호는 휴직을 시작하려는 날부터 남은 계약 기간이 6개월이 넘는 사람에 한하여 준용한다.
④ 특수경력직공무원의 휴직에 대하여 다른 법률에 특별한 규정이 있는 경우에는 그 규정에 따른다.

제73조의3(직위해제) ① 임용권자는 다음 각 호의 어느 하나에 해당하는 자에게는 직위를 부여하지 아니할 수 있다. <개정 2008.3.28, 2010.3.22>
1. 삭제 <1973.2.5>
2. 직무수행 능력이 부족하거나 근무성적이 극히 나쁜 자
3. 파면·해임·강등 또는 정직에 해당하는 징계 의결이 요구 중인 자
4. 형사 사건으로 기소된 자(약식명령이 청구된 자는 제외한다)
5. 고위공무원단에 속하는 일반직공무원으로서 제70조의2제1항제2호 및 제3호의 사유로 적격심사를 요구받은 자
② 제1항에 따라 직위를 부여하지 아니한 경우에 그 사유가 소멸되면 임용권자는 지체 없이 직위를 부여하여야 한다. <개정 2008.3.28>
③ 임용권자는 제1항제2호에 따라 직위해제된 자에게 3개월의 범위에서 대기를 명한다. <개정 2008.3.28>
④ 임용권자 또는 임용제청권자는 제3항에 따라 대기 명령을 받은 자에게 능력 회복이나 근무성적의 향상을 위한 교육훈련 또는 특별한 연구과제의 부여 등 필요한 조치를

하여야 한다. <개정 2008.3.28>
⑤ 공무원에 대하여 제1항제2호와 제3호 또는 제4호의 직위해제 사유가 경합하면 제3호 또는 제4호의 직위해제 처분을 하여야 한다. <개정 2008.3.28>
제73조의4(강임) ① 임용권자는 직제 또는 정원의 변경이나 예산의 감소 등으로 직위가 폐직되거나 하위의 직위로 변경되어 과원이 된 경우 또는 본인이 동의한 경우에는 소속 공무원을 강임할 수 있다. <개정 2010.3.22>
② 제1항에 따라 강임된 공무원은 상위 직급 또는 고위공무원단 직위에 결원이 생기면 제40조·제40조의2·제40조의4 및 제41조에도 불구하고 우선 임용된다. 다만, 본인이 동의하여 강임된 공무원은 본인의 경력과 해당 기관의 인력 사정 등을 고려하여 우선 임용될 수 있다.
제74조(정년) ① 공무원의 정년은 다른 법률에 특별한 규정이 있는 경우를 제외하고는 60세로 한다. <개정 2008.6.13>
② 삭제 <2008.6.13>
③ 삭제 <1998.2.24>
④ 공무원은 그 정년에 이른 날이 1월부터 6월 사이에 있으면 6월 30일에, 7월부터 12월 사이에 있으면 12월 31일에 각각 당연히 퇴직된다. <개정 2008.3.28>
제74조의2(명예퇴직 등) ① 공무원으로 20년 이상 근속(근속)한 자가 정년 전에 스스로 퇴직하면 예산의 범위에서 명예퇴직 수당을 지급할 수 있다.
② 직제와 정원의 개폐 또는 예산의 감소 등에 따라 폐직 또는 과원이 되었을 때에 20년 미만 근속한 자가 정년 전에 스스로 퇴직하면 예산의 범위에서 수당을 지급할 수 있다.
③ 제1항에 따라 명예퇴직수당을 지급받은 자가 제1호 및 제3호에 해당하는 경우에는 명예퇴직수당을 지급한 국가기관의 장, 제2호에 해당하는 경우에는 재임용한 국가기관의 장이 그 명예퇴직 수당을 환수하여야 한다. 이 경우 환수금을 내야할 자가 기한 내에 내지 아니하면 국세 체납처분의 예에 따라 이를 징수할 수 있다. <개정 2008.12.31>
1. 재직 중의 사유로 금고 이상의 형을 받은 경우
2. 경력직공무원, 그 밖에 국회규칙, 대법원규칙, 헌법재판소규칙, 중앙선거관리위원회규칙 또는 대통령령으로 정하는 공무원으로 재임용되는 경우
3. 명예퇴직 수당을 초과하여 지급받거나 그 밖에 명예퇴직 수당의 지급 대상이 아닌 자가 지급받은 경우
④ 제1항에 따른 명예퇴직 수당과 제2항에 따른 수당의 지급대상범위·지급액·지급절차와 제3항에 따른 명예퇴직 수당의 환수액·환수절차 등에 필요한 사항은 국회규칙, 대법원규칙, 헌법재판소규칙, 중앙선거관리위원회규칙 또는 대통령령으로 정한다.
제74조의3(별정직공무원의 자진퇴직에 따른 수당) ① 다른 법률에 특별한 규정이 있는 경우 외에는 별정직공무원(비서관·비서는 제외한다)이 직제와 정원의 개폐 또는 예산의 감소 등으로 폐직 또는 과원이 되었을 때에 스스로 퇴직하면 예산의 범위에서 수당을 지급할 수 있다. <개정 2011.5.23>
② 제1항에 따른 수당의 지급대상범위·지급액·지급절차 등에 필요한 사항은 국회규칙, 대법원규칙, 헌법재판소규칙, 중앙선거관리위원회규칙 또는 대통령령으로 정한다.

제9장 권익의 보장 <개정 2008.3.28>

제75조(처분사유 설명서의 교부) 공무원에 대하여 징계처분등을 할 때나 강임·휴직·직위해제 또는 면직처분을 할 때에는 그 처분권자 또는 처분제청권자는 처분사유를 적은 설명서를 교부(교부)하여야 한다. 다만, 본인의 원(원)에 따른 강임·휴직 또는 면직처분은 그러하지 아니하다. <개정 2010.3.22>

제76조(심사청구와 후임자 보충 발령) ① 제75조에 따른 처분사유 설명서를 받은 공무원이 그 처분에 불복할 때에는 그 설명서를 받은 날부터, 공무원이 제75조에서 정한 처분 외에 본인의 의사에 반한 불리한 처분을 받았을 때에는 그 처분이 있은 것을 안 날부터 각각 30일 이내에 소청심사위원회에 이에 대한 심사를 청구할 수 있다. 이 경우 변호사를 대리인으로 선임할 수 있다.

② 본인의 의사에 반하여 파면 또는 해임이나 제70조제1항제5호에 따른 면직처분을 하면 그 처분을 한 날부터 40일 이내에는 후임자의 보충발령을 하지 못한다. 다만, 인력 관리상 후임자를 보충하여야 할 불가피한 사유가 있고, 제3항에 따른 소청심사위원회의 임시결정이 없는 경우에는 국회사무총장, 법원행정처장, 헌법재판소사무처장, 중앙선거관리위원회사무총장 또는 행정안전부장관과 협의를 거쳐 후임자의 보충발령을 할 수 있다.

③ 소청심사위원회는 제1항에 따른 소청심사청구가 파면 또는 해임이나 제70조제1항제5호에 따른 면직처분으로 인한 경우에는 그 청구를 접수한 날부터 5일 이내에 해당 사건의 최종 결정이 있을 때까지 후임자의 보충발령을 유예하게 하는 임시결정을 할 수 있다.

④ 제3항에 따라 소청심사위원회가 임시결정을 한 경우에는 임시결정을 한 날부터 20일 이내에 최종 결정을 하여야 하며 각 임용권자는 그 최종 결정이 있을 때까지 후임자를 보충발령하지 못한다.

⑤ 소청심사위원회는 제3항에 따른 임시결정을 한 경우 외에는 소청심사청구를 접수한 날부터 60일 이내에 이에 대한 결정을 하여야 한다. 다만, 불가피하다고 인정되면 소청심사위원회의 의결로 30일을 연장할 수 있다.

⑥ 공무원은 제1항의 심사청구를 이유로 불이익한 처분이나 대우를 받지 아니한다.

제76조의2(고충 처리) ① 공무원은 누구나 인사·조직·처우 등 각종 직무 조건과 그 밖에 신상 문제에 대하여 인사 상담이나 고충 심사를 청구할 수 있으며, 이를 이유로 불이익한 처분이나 대우를 받지 아니한다.

② 제1항에 따라 청구를 받은 중앙인사관장기관의 장, 임용권자 또는 임용제청권자는 이를 제3항에 따른 고충심사위원회에 부쳐 심사하게 하거나 소속 공무원에게 상담하게 하고, 그 결과에 따라 고충의 해소 등 공정한 처리를 위하여 노력하여야 한다.

③ 공무원의 고충을 심사하기 위하여 중앙인사관장기관에 중앙고충심사위원회를, 임용권자 또는 임용제청권자 단위로 보통고충심사위원회를 두되, 중앙고충심사위원회의 기능은 소청심사위원회에서 관장한다.

④ 중앙고충심사위원회는 보통고충심사위원회의 심사를 거친 재심청구와 5급 이상 공무원 및 고위공무원단에 속하는 일반직공무원의 고충을, 보통고충심사위원회는 소속 6급 이하 공무원과 기능직공무원의 고충을 각각 심사한다. 다만, 6급 이하 공무원과 기능직공무원의 고충은 임용권자를 달리하는 둘 이상의 기관에 관련된 경우에는 중앙고충심사위

원회에서, 원 소속 기관의 보통고충심사위원회에서 고충을 심사하는 것이 부적당하다고 인정될 경우에는 직근 상급기관의 보통고충심사위원회에서 각각 심사할 수 있다.

⑤ 이 법의 적용을 받는 자와 다른 법률의 적용을 받는 자가 서로 관련되는 고충의 심사청구에 대하여는 이 법의 규정에 따라 설치된 고충심사위원회가 국회규칙, 대법원규칙, 헌법재판소규칙, 중앙선거관리위원회규칙 또는 대통령령으로 정하는 바에 따라 심사할 수 있다.

⑥ 중앙인사관장기관의 장, 임용권자 또는 임용제청권자는 심사 결과 필요하다고 인정되면 처분청이나 관계 기관의 장에게 그 시정을 요청할 수 있으며, 요청받은 처분청이나 관계 기관의 장은 특별한 사유가 없으면 이를 이행하고, 그 처리 결과를 알려야 한다. 다만, 부득이한 사유로 이행하지 못하면 그 사유를 알려야 한다.

⑦ 고충심사위원회의 구성·권한·심사절차, 그 밖에 필요한 사항은 국회규칙, 대법원규칙, 헌법재판소규칙, 중앙선거관리위원회규칙 또는 대통령령으로 정한다.

제76조의3(특수경력직공무원의 고충 처리) 다른 법률에 특별한 규정이 있는 경우 외에는 특수경력직공무원에 대하여도 국회규칙, 대법원규칙, 헌법재판소규칙, 중앙선거관리위원회규칙 또는 대통령령으로 정하는 바에 따라 제76조의2를 준용할 수 있다.

제77조(사회보장) ① 공무원이 질병·부상·폐질(폐질)·퇴직·사망 또는 재해를 입으면 본인이나 유족에게 법률로 정하는 바에 따라 적절한 급여를 지급한다.

② 제1항의 법률에는 다음 각 호의 사항을 규정하여야 한다.

1. 공무원이 상당한 기간 근무하여 퇴직하거나 사망한 경우에 본인이나 그 유족에게 연금 또는 일시금을 지급하는 사항
2. 공무로 인한 부상이나 질병으로 인하여 사망하거나 퇴직한 공무원 또는 그 유족에게 연금 또는 보상을 지급하는 사항
3. 공무상의 부상·질병으로 인하여 요양하는 동안 소득 능력에 장애를 받을 경우 공무원이 받는 손실 보상에 관한 사항
4. 공무로 인하지 아니한 사망·폐질·부상·질병·출산, 그 밖의 사고에 대한 급여 지급 사항

③ 정부는 제2항 외에 법률로 정하는 바에 따라 공무원의 복리와 이익의 적절하고 공정한 보호를 위하여 그 대책을 수립·실시하여야 한다.

제10장 징계 <개정 2008.3.28>

제78조(징계 사유) ① 공무원이 다음 각 호의 어느 하나에 해당하면 징계 의결을 요구하여야 하고 그 징계 의결의 결과에 따라 징계처분을 하여야 한다.

1. 이 법 및 이 법에 따른 명령을 위반한 경우
2. 직무상의 의무(다른 법령에서 공무원의 신분으로 인하여 부과된 의무를 포함한다)를 위반하거나 직무를 태만히 한 때
3. 직무의 내외를 불문하고 그 체면 또는 위신을 손상하는 행위를 한 때

② 징계에 관하여 다른 법률의 적용을 받는 공무원이 이 법의 징계에 관한 규정을 적용받는 공무원으로 임용된 경우에 임용 이전의 다른 법률에 따른 징계 사유는 그 사유가 발생한 날부터 이 법에 따른 징계 사유가 발생

한 것으로 본다.

③ 특수경력직공무원이 경력직공무원으로 임용된 경우에 임용 전의 해당 특수경력직공무원의 징계를 규율하는 법령상의 징계 사유는 그 사유가 발생한 날부터 이 장(장)에 따른 징계 사유가 발생한 것으로 본다.

④ 제1항의 징계 의결 요구는 5급 이상 공무원 및 고위공무원단에 속하는 일반직공무원은 소속 장관이, 6급 이하 공무원 및 기능직 공무원은 소속 기관의 장 또는 소속 상급기관의 장이 한다. 다만, 국무총리·행정안전부장관 및 국회규칙, 대법원규칙, 헌법재판소규칙, 중앙선거관리위원회규칙 또는 대통령령으로 정하는 각급 기관의 장은 다른 기관 소속 공무원이 징계 사유가 있다고 인정하면 관계 공무원에 대하여 관할 징계위원회에 직접 징계를 요구할 수 있다.

제78조의2(징계부가금) ① 제78조에 따라 공무원의 징계 의결을 요구하는 경우 그 징계 사유가 금품 및 향응 수수(수수), 공금의 횡령(횡령)·유용(유용)인 경우에는 해당 징계 외에 금품 및 향응 수수액, 공금의 횡령액·유용액의 5배 내의 징계부가금 부과 의결을 징계위원회에 요구하여야 한다.

② 징계위원회에서 징계부가금 부과 의결을 하기 전에 금품 및 향응 수수, 공금의 횡령·유용으로 다른 법률에 따라 형사처벌을 받거나 변상책임 등을 이행한 경우(몰수나 추징을 당한 경우를 포함한다)에는 징계위원회는 대통령령으로 정하는 바에 따라 조정된 범위에서 징계부가금 부과를 의결하여야 하며, 징계부가금 부과 의결을 한 후에 형사처벌을 받거나 변상책임 등을 이행한 경우(몰수나 추징을 당한 경우를 포함한다)에는 징계위원회는 대통령령으로 정하는 바에 따라 징계부가금의 감면 등의 조치를 하여야 한다.

③ 제1항에 따라 징계부가금 부과처분을 받은 사람이 납부기간 내에 그 부가금을 납부하지 아니한 때에는 처분권자(대통령이 처분권자인 경우에는 처분 제청권자)는 국세 체납처분의 예에 따라 징수할 수 있다.

제78조의3(재징계의결 등의 요구) ① 처분권자(대통령이 처분권자인 경우에는 처분 제청권자)는 다음 각 호에 해당하는 사유로 소청심사위원회 또는 법원에서 징계처분등의 무효 또는 취소(취소명령 포함)의 결정이나 판결을 받은 경우에는 다시 징계 의결 또는 징계부가금 부과 의결(이하 "징계의결등"이라 한다)을 요구하여야 한다. 다만, 제3호의 사유로 무효 또는 취소(취소명령 포함)의 결정이나 판결을 받은 감봉·견책처분에 대하여는 징계의결을 요구하지 아니할 수 있다. <개정 2010.3.22>

1. 법령의 적용, 증거 및 사실 조사에 명백한 흠이 있는 경우
2. 징계위원회의 구성 또는 징계의결등, 그 밖에 절차상의 흠이 있는 경우
3. 징계양정 및 징계부가금이 과다(과다)한 경우

② 처분권자는 제1항에 따른 징계의결등을 요구하는 경우에는 소청심사위원회의 결정 또는 법원의 판결이 확정된 날부터 3개월 이내에 관할 징계위원회에 징계의결등을 요구하여야 하며, 관할 징계위원회에서는 다른 징계사건에 우선하여 징계의결등을 하여야 한다. <개정 2010.3.22>

제79조(징계의 종류) 징계는 파면·해임·강등·정직(정직)·감봉·견책(견책)으로 구분한다. <개정 2008.12.31>

제80조(징계의 효력) ① 강등은 1계급 아래

로 직급을 내리고(고위공무원단에 속하는 공무원은 3급으로 임용하고, 연구관 및 지도관은 연구사 및 지도사로 한다) 공무원신분은 보유하나 3개월간 직무에 종사하지 못하며 그 기간 중 보수의 3분의 2를 감한다. <신설 2008.12.31>

② 제1항에도 불구하고 이 법의 적용을 받는 특정직공무원 중 외무공무원과 교육공무원의 강등의 효력은 다음 각 호와 같다. <신설 2008.12.31>

1. 외무공무원의 강등은 「외무공무원법」 제20조의2에 따라 배정받은 직무등급을 1등급 아래로 내리고(14등급 외무공무원은 고위공무원단 직위로 임용하고, 고위공무원단에 속하는 외무공무원은 9등급으로 임용한다) 공무원신분은 보유하나 3개월간 직무에 종사하지 못하며 그 기간 중 보수의 3분의 2를 감한다.
2. 교육공무원의 강등은 「교육공무원법」 제2조제10항에 따라 동종의 직무 내에서 하위의 직위에 임명하고, 공무원신분은 보유하나 3개월간 직무에 종사하지 못하며 그 기간 중 보수의 3분의 2를 감한다. 다만, 「고등교육법」 제14조에 해당하는 교원 및 조교에 대하여는 강등을 적용하지 아니한다.

③ 정직은 1개월 이상 3개월 이하의 기간으로 하고, 정직 처분을 받은 자는 그 기간 중 공무원의 신분은 보유하나 직무에 종사하지 못하며 보수의 3분의 2를 감한다. <개정 2008.3.28, 2008.12.31>

④ 감봉은 1개월 이상 3개월 이하의 기간 동안 보수의 3분의 1을 감한다. <개정 2008.3.28, 2008.12.31>

⑤ 견책(견책)은 전과(전과)에 대하여 훈계하고 회개하게 한다. <개정 2008.3.28, 2008.12.31>

⑥ 공무원으로서 징계처분을 받은 자에 대하여는 그 처분을 받은 날 또는 그 집행이 끝난 날부터 국회규칙, 대법원규칙, 헌법재판소규칙, 중앙선거관리위원회규칙 또는 대통령령으로 정하는 기간 동안 승진임용 또는 승급할 수 없다. 다만, 징계처분을 받은 후 직무수행의 공적으로 포상 등을 받은 공무원에 대하여는 국회규칙, 대법원규칙, 헌법재판소규칙, 중앙선거관리위원회규칙 또는 대통령령으로 정하는 바에 따라 승진임용이나 승급을 제한하는 기간을 단축하거나 면제할 수 있다. <개정 2008.3.28, 2008.12.31>

⑦ 징계에 관하여 다른 법률의 적용을 받는 공무원이 이 법의 징계에 관한 규정을 적용받는 공무원이 된 경우에는 다른 법률에 따라 받은 징계처분은 그 처분일부터 이 법에 따른 징계처분을 받은 것으로 본다. 다만, 제79조에서 정한 징계의 종류 외의 징계처분의 효력에 관하여는 국회규칙, 대법원규칙, 헌법재판소규칙, 중앙선거관리위원회규칙 또는 대통령령으로 정한다. <개정 2008.3.28, 2008.12.31>

⑧ 특수경력직공무원이 경력직공무원으로 임용된 경우에는 해당 특수경력직공무원의 징계를 규율하는 법령에 따라 받은 징계처분은 그 처분일부터 이 법에 따른 징계처분을 받은 것으로 본다. 다만, 제79조에서 정한 징계의 종류 외의 징계처분의 효력에 관하여는 국회규칙, 대법원규칙, 헌법재판소규칙, 중앙선거관리위원회규칙 또는 대통령령으로 정한다. <개정 2008.3.28, 2008.12.31>

제81조(징계위원회의 설치) ① 공무원의 징계처분등을 의결하게 하기 위하여 국회규칙, 대법원규칙, 헌법재판소규칙, 중앙선거관리위원회규칙 또는 대통령령으로 정하는 기관에

징계위원회를 둔다. <개정 2010.3.22>
② 징계위원회의 종류·구성·권한·심의절차 및 징계 대상자의 진술권에 필요한 사항은 국회규칙, 대법원규칙, 헌법재판소규칙, 중앙선거관리위원회규칙 또는 대통령령으로 정한다.
③ 징계의결등에 관하여는 제13조제2항을 준용한다. <개정 2010.3.22>
제82조(징계 등 절차) ① 공무원의 징계처분등은 징계위원회의 의결을 거쳐 징계위원회가 설치된 소속 기관의 장이 하되, 국무총리 소속으로 설치된 징계위원회(국회·법원·헌법재판소·선거관리위원회에 있어서는 해당 중앙인사관장기관에 설치된 상급 징계위원회를 말한다. 이하 같다)에서 한 징계의결등에 대하여는 중앙행정기관의 장이 한다. 다만, 파면과 해임은 징계위원회의 의결을 거쳐 각 임용권자 또는 임용권을 위임한 상급 감독기관의 장이 한다. <개정 2010.3.22>
② 징계의결등을 요구한 기관의 장은 징계위원회의 의결이 가볍다고 인정하면 그 처분을 하기 전에 직근 상급기관에 설치된 징계위원회(국무총리 소속으로 설치된 징계위원회의 의결에 대하여는 그 징계위원회)에 심사나 재심사를 청구할 수 있다. 이 경우 소속 공무원을 대리인으로 지정할 수 있다. <개정 2010.3.22>
제83조(감사원의 조사와의 관계 등) ① 감사원에서 조사 중인 사건에 대하여는 제3항에 따른 조사개시 통보를 받은 날부터 징계 의결의 요구나 그 밖의 징계 절차를 진행하지 못한다.
② 검찰·경찰, 그 밖의 수사기관에서 수사 중인 사건에 대하여는 제3항에 따른 수사개시 통보를 받은 날부터 징계 의결의 요구나 그 밖의 징계 절차를 진행하지 아니할 수 있다.
③ 감사원과 검찰·경찰, 그 밖의 수사기관은 조사나 수사를 시작한 때와 이를 마친 때에는 10일 내에 소속 기관의 장에게 그 사실을 통보하여야 한다.
제83조의2(징계 및 징계부가금 부과 사유의 시효) ① 징계의결등의 요구는 징계 등의 사유가 발생한 날부터 2년(금품 및 향응 수수, 공금의 횡령·유용의 경우에는 5년)이 지나면 하지 못한다. <개정 2010.3.22>
② 제83조제1항 및 제2항에 따라 징계 절차를 진행하지 못하여 제1항의 기간이 지나거나 그 남은 기간이 1개월 미만인 경우에는 제1항의 기간은 제83조제3항에 따른 조사나 수사의 종료 통보를 받은 날부터 1개월이 지난 날에 끝나는 것으로 본다.
③ 징계위원회의 구성·징계의결등, 그 밖에 절차상의 흠이나 징계양정 및 징계부가금의 과다(과다)를 이유로 소청심사위원회 또는 법원에서 징계처분등의 무효 또는 취소의 결정이나 판결을 한 경우에는 제1항의 기간이 지나거나 그 남은 기간이 3개월 미만인 경우에도 그 결정 또는 판결이 확정된 날부터 3개월 이내에는 다시 징계의결등을 요구할 수 있다. <개정 2010.3.22>
제83조의3(특수경력직공무원의 징계) 다른 법률에 특별한 규정이 있는 경우 외에는 특수경력직공무원에 대하여도 국회규칙, 대법원규칙, 헌법재판소규칙, 중앙선거관리위원회규칙 또는 대통령령으로 정하는 바에 따라 이 장을 준용할 수 있다.

제11장 벌칙 <개정 2008.3.28>

第84조(벌칙) 제44조·제45조·제65조 또는 제66조를 위반한 자는 다른 법률에 특별히 규정된 경우 외에는 1년 이하의 징역 또는 500만원 이하의 벌금에 처한다. <개정 2010.3.22>

제12장 보칙 <개정 2008.3.28>

第85조(장학금의 지급) ① 국회사무총장, 법원행정처장, 헌법재판소사무처장, 중앙선거관리위원회사무총장 또는 행정안전부장관은 우수한 공무원을 확보하기 위하여 필요하면 「초·중등교육법」, 「고등교육법」, 그 밖에 다른 법률에 따라 설치된 각급 학교(기능대학과 학위과정이 설치된 교육기관을 포함한다)의 재학생으로서 공무원으로 임용되기를 원하는 자에게 장학금을 지급하고 졸업 후 일정한 의무복무 기간을 부과하여 공무원으로 근무하게 할 수 있다.

② 국회사무총장, 법원행정처장, 헌법재판소사무처장, 중앙선거관리위원회사무총장 또는 행정안전부장관은 제1항에 따라 장학금을 지급받은 자가 본인에게 책임이 있는 사유로 그 지급이 중단되거나 공무원으로 임용되지 아니한 때 또는 의무복무 기간을 마치지 아니하고 퇴직한 때에는 본인이나 연대 보증인에게 지급한 장학금의 전부 또는 일부의 반납을 명할 수 있으며 이를 이행하지 아니하면 국세 체납처분의 예에 따라 징수할 수 있다. 다만, 국회규칙, 대법원규칙, 헌법재판소규칙, 중앙선거관리위원회규칙 또는 대통령령으로 정하는 불가피한 사유가 있으면 그러하지 아니하다.

③ 장학금으로 지급될 학비의 범위, 그 지급대상, 의무복무 기간, 의무 불이행 시 환수할 금액, 그 밖에 필요한 사항은 국회규칙, 대법원규칙, 헌법재판소규칙, 중앙선거관리위원회규칙 또는 대통령령으로 정한다. 이 경우 의무복무 기간은 장학금을 지급받은 기간의 두 배 내에서 정하여야 한다.

부칙

지방공무원법 일부개정 2011.05.23(법률 10700호)

제1장 총칙 <개정 2008.12.31>

제1조(목적) 이 법은 지방자치단체의 공무원에게 적용할 인사행정의 근본 기준을 확립하여 지방자치행정의 민주적이며 능률적인 운영을 도모함을 목적으로 한다.

제2조(공무원의 구분) ① 지방자치단체의 공무원(지방자치단체가 경비를 부담하는 지방공무원을 말하며, 이하 "공무원"이라 한다)은 경력직공무원과 특수경력직공무원으로 구분한다.

② "경력직공무원"이란 실적과 자격에 따라 임용되고 그 신분이 보장되는 공무원을 말하며, 그 종류는 다음 각 호와 같다.

1. 일반직공무원: 기술·연구 또는 행정 일반에 대한 업무를 담당하며 직군·직렬별로 분류되는 공무원
2. 특정직공무원: 공립 대학 및 전문대학에 근무하는 교육공무원, 자치경찰공무원 및 지방소방공무원과 그 밖에 특수 분야의 업무를 담당하는 공무원으로서 다른 법률에서 특정직공무원으로 지정하는 공무원
3. 기능직공무원: 기능적인 업무를 담당하며

그 기능별로 분류되는 공무원
③ "특수경력직공무원"이란 경력직공무원 외의 공무원을 말하며, 그 종류는 다음 각 호와 같다.
1. 정무직공무원
가. 선거로 취임하거나 임명할 때 지방의회의 동의가 필요한 공무원
나. 고도의 정책결정업무를 담당하거나 이러한 업무를 보조하는 공무원으로서 법령 또는 조례에서 정무직으로 지정하는 공무원
2. 별정직공무원: 특정한 업무를 담당하기 위하여 별도의 자격기준에 따라 임용되는 공무원으로서 법령 또는 조례에서 별정직으로 지정하는 공무원
3. 계약직공무원: 지방자치단체와의 채용계약에 따라 전문지식·기술이 요구되거나 임용에 신축성 등이 요구되는 업무에 일정 기간 종사하는 공무원
4. 삭제 <2011.5.23>
④ 제3항에 따른 별정직공무원과 계약직공무원의 임용조건, 임용절차, 근무 상한연령, 그 밖에 필요한 사항은 대통령령 또는 조례로 정한다. <개정 2011.5.23>
제3조(적용범위) ① 이 법의 규정은 제31조, 제41조제1항, 제42조부터 제46조까지, 제46조의2, 제46조의3, 제47조부터 제51조까지, 제51조의2, 제52조부터 제59조까지, 제61조, 제74조부터 제79조까지 및 제82조 외에는 이 법과 그 밖의 법률에 특별한 규정이 없으면 특수경력직공무원에게 적용하지 아니한다. 다만, 제31조 및 제61조는 정무직공무원에게는 적용하지 아니한다. <개정 2011.5.23>
② 제25조의2는 대통령령으로, 제25조의3은 대통령령 또는 조례로 정하는 공무원에게만 적용된다. <개정 2011.5.23>
③ 제57조 및 제58조는 제1항에도 불구하고 대통령령으로 정하는 특수경력직공무원에게 적용하지 아니한다.
제3조의2 삭제 <1981.4.20>
제4조(일반직공무원 및 기능직공무원의 계급구분 등) ① 일반직공무원은 1급부터 9급까지의 계급으로 구분하고, 기능직공무원은 기능1급부터 기능9급까지의 계급으로 구분한다. <개정 2010.6.8, 2011.5.23>
② 대통령령으로 정하는 연구 또는 특수기술 직렬 공무원에 내하여는 제1항에 따른 계급구분을 적용하지 아니할 수 있다.
③ 삭제 <2010.6.8>
④ 제1항 및 제2항에 따른 각 계급의 직무의 종류별 명칭은 대통령령으로 정한다. <개정 2010.6.8>
제5조(정의) 이 법에서 사용하는 용어의 뜻은 다음과 같다.
1. "직위(직위)"란 1명의 공무원에게 부여할 수 있는 직무와 책임을 말한다.
2. "직급(직급)"이란 직무의 종류·곤란성과 책임도가 상당히 유사한 직위의 군(군)을 말하며, 같은 직급에 속하는 직위에 대하여는 임용자격·시험, 그 밖의 인사행정에서 동일한 취급을 한다.
3. "정급(정급)"이란 직위를 직급에 배정하는 것을 말한다.
4. "강임(강임)"이란 같은 직렬 내에서 하위 직급에 임명하거나 하위 직급이 없어 다른 직렬의 하위 직급에 임명하는 것을 말한다.
5. "전직(전직)"이란 직렬을 달리하여 임명하는 것을 말한다.
6. "전보(전보)"란 같은 직급 내에서의 보직변경을 말한다.
7. "직군(직군)"이란 직무의 성질이 유사한 직

렬의 군을 말한다.
8. "직렬(직렬)"이란 직무의 종류가 유사하고, 그 책임과 곤란성의 정도가 다른 직급의 군을 말한다.
9. "직류(직류)"란 같은 직렬 내에서 담당 분야가 같은 직무의 군을 말한다.
10. "직무등급"이란 직무의 곤란성과 책임도가 상당히 유사한 직위의 군을 말한다.

제2장 인사기관 <개정 2008.12.31>

제6조(임용권자) ① 지방자치단체의 장(특별시·광역시·도 또는 특별자치도의 교육감을 포함한다. 이하 같다)은 이 법에서 정하는 바에 따라 그 소속 공무원의 임명·휴직·면직과 징계를 하는 권한(이하 "임용권"이라 한다)을 가진다.
② 제1항에 따라 임용권을 가지는 자는 그 권한의 일부를 그 지방자치단체의 조례로 정하는 바에 따라 보조기관, 그 소속 기관의 장, 지방의회의 사무처장·사무국장·사무과장 또는 교육위원회의 의사국장에게 위임할 수 있다.
③ 임용권자(임용권의 위임을 받은 자를 포함한다. 이하 같다)는 대통령령으로 정하는 바에 따라 소속 공무원의 인사기록을 작성·보관하여야 한다.
제6조의2(인사관리의 전자화) ① 행정안전부장관 또는 지방자치단체의 장은 공무원의 인사관리를 과학화하기 위하여 공무원의 인사기록을 데이터베이스화하여 관리하고 인사업무를 전자적으로 처리할 수 있는 시스템을 구축하여 운영할 수 있다.
② 제1항에 따른 시스템의 구축·운영 등에 필요한 사항은 대통령령으로 정한다.

제7조(인사위원회의 설치) ① 지방자치단체에 임용권자(임용권을 위임받은 자는 제외하되, 그중 시의 구청장과 지방자치단체의 장이 필요하다고 인정하는 소속 기관의 장을 포함한다)별로 인사위원회를 두되, 특별시·광역시·도 또는 특별자치도(이하 "시·도"라 한다)에는 필요하면 제1인사위원회와 제2인사위원회를 둘 수 있다.
② 인사위원회는 위원 7명 이상 9명 이하로 구성하되, 제3항 각 호에 따라 위촉되는 위원이 2분의 1 이상이어야 하고, 그 밖에 위원회의 구성에 관하여 필요한 사항은 대통령령으로 정한다.
③ 위원은 해당 지방자치단체의 공무원(국가공무원을 포함한다) 및 다음 각 호에 해당하는 사람으로서 인사행정에 관한 학식과 경험이 풍부한 사람 중에서 지방자치단체의 장이 임명하거나 위촉하되, 위원의 자격요건에 관하여 필요한 사항은 대통령령으로 정한다. 다만, 시험위원은 시험실시기관의 장이 따로 위촉할 수 있다.
1. 법관·검사 또는 변호사 자격이 있는 사람
2. 대학에서 조교수 이상으로 재직하거나 초등학교·중학교·고등학교 교장 또는 교감으로 재직하는 사람
3. 공무원(국가공무원을 포함한다)으로서 20년 이상 근속하고 퇴직한 사람
4. 「비영리민간단체 지원법」에 따른 비영리민간단체에서 10년 이상 활동하고 있는 지역단위 조직의 장
5. 상장법인의 임원 또는 「공공기관의 운영에 관한 법률」 제5조에 따라 지정된 공기업의 지역단위 조직의 장으로 근무하고 있는 사람
④ 다음 각 호의 어느 하나에 해당하는 사람

은 위원으로 위촉될 수 없다.
1. 제31조 각 호의 어느 하나에 해당하는 사람
2. 「정당법」에 따른 정당의 당원
3. 지방의회의원
⑤ 제3항에 따라 위촉되는 위원의 임기는 3년으로 하되, 한 번만 연임할 수 있다.
⑥ 지방자치단체는 조례로 정하는 바에 따라 위원에게 실비보상을 할 수 있다.
⑦ 위원은 그 직무에 관하여 알게 된 비밀을 누설하여서는 아니 된다.
⑧ 위원 중 공무원이 아닌 위원은 그 직무상 행위와 관련하여 「형법」이나 그 밖의 법률에 따른 벌칙을 적용할 때 공무원으로 본다.
제8조(인사위원회의 기능 등) ① 인사위원회는 다음 각 호의 사무를 관장한다. <개정 2010.3.22>
1. 공무원 충원계획의 사전심의 및 각종 임용시험의 실시
2. 임용권자의 요구에 따른 보직관리 기준 및 승진·전보임용 기준의 사전의결
3. 승진임용의 사전심의
4. 임용권자의 요구에 따른 공무원의 징계 의결 또는 제69조의2에 따른 징계부가금(이하 "징계부가금"이라 한다) 부과 의결(이하 "징계의결등"이라 한다)
5. 지방자치단체의 장이 지방의회에 제출하는 공무원의 임용·교육훈련·보수 등 인사와 관련된 조례안 및 규칙안의 사전심의
6. 임용권자의 인사운영에 대한 개선 권고
7. 그 밖에 법령 또는 조례에 따라 인사위원회 관장에 속하는 사항
② 인사위원회는 제1항의 기능 수행에 필요하다고 인정하면 임용권자에게 관계 서류의 제출을 요구할 수 있고, 제1항제4호의 사무처리를 위하여 사실 조사를 하거나 증인의 증언을 요구할 수 있다.
③ 제1항제2호에 따른 사전의결 대상 및 제7조제1항에 따라 복수의 인사위원회가 설치된 경우 각 인사위원회의 사무분장에 필요한 사항은 대통령령으로 정한다.
④ 인사위원회의 징계의결등에 관한 절차는 따로 대통령령으로 정한다. <개정 2010.3.22>
제9조(인사위원회의 기관) ① 인사위원회에 위원장·부위원장 각 1명을 두며, 위원장은 시·도의 국가공무원으로 임명하는 부시장·부지사·부교육감, 시·군·구(자치구를 말한다. 이하 같다)의 부시장·부군수·부구청장이 되고, 부위원장은 해당 인사위원회에서 호선(호선)한다. 다만, 임용권을 위임받은 기관에 두는 인사위원회의 위원장과 부위원장은 해당 인사위원회에서 호선한다.
② 제7조제1항에 따라 시·도에 복수의 인사위원회를 두는 경우 제1인사위원회의 위원장은 제1항 본문에 따르고, 제2인사위원회의 위원장은 부시장·부지사(「지방자치법」 제110조제6항 후단에 따라 특정지역의 사무를 담당하는 부시장·부지사를 말한다) 또는 인사를 담당하는 국장이 된다.
③ 위원장은 인사위원회를 대표하며, 인사위원회의 사무를 총괄한다.
④ 부위원장은 위원장을 보좌하며, 위원장이 부득이한 사유로 직무를 수행할 수 없을 때에는 그 직무를 대행한다.
제9조의2(위원의 신분보장) ① 인사위원회의 위원장, 부위원장 및 위원(공무원인 위원장, 부위원장 및 위원은 제외한다. 이하 이 조에서 같다)은 제7조제3항 각 호에 따른 자격요건이 상실되거나 제7조제4항 각 호의 어느 하나에 해당할 때에는 그 직을 당연히 퇴

직한다.
② 인사위원회의 위원장, 부위원장 및 위원은 장기의 심신쇠약으로 직무를 수행할 수 없게 된 경우 외에는 본인의 의사에 반하여 그 직에서 면직되지 아니한다.
제10조(인사위원회의 회의) ① 인사위원회의 회의는 위원장이 필요하다고 인정할 때에 소집하고 위원장은 그 의장이 된다.
② 인사위원회의 회의는 재적위원 3분의 2 이상의 출석과 출석위원 과반수의 찬성으로 의결한다.
③ 인사위원회의 위원은 그 친족의 징계의결 등에 관여하지 못한다. <개정 2010.3.22>
④ 그 밖에 인사위원회의 운영에 필요한 사항은 대통령령으로 정한다.
제11조(인사위원회의 사무직원) ① 인사위원회에 간사와 서기를 둔다.
② 간사와 서기는 해당 기관의 장이 그 소속 공무원 중에서 임명한다.
③ 간사는 위원장의 명을 받아 인사위원회의 사무를 처리하며 서기는 간사를 보조한다.
제12조 삭제 <1991.5.31>
제13조(소청심사위원회의 설치) 공무원의 징계, 그 밖에 그 의사에 반하는 불리한 처분이나 부작위(부작위)에 대한 소청을 심사·결정하기 위하여 시·도에 제6조에 따른 임용권자별로(임용권을 위임받은 자는 제외한다) 지방소청심사위원회 및 교육소청심사위원회(이하 "심사위원회"라 한다)를 둔다.
제14조(심사위원회의 위원) ① 심사위원회는 위원 7명으로 구성하되, 제2항제1호 및 제2호에 따라 위촉되는 위원이 4명 이상이 되도록 하여야 한다.
② 위원은 다음 각 호의 어느 하나에 해당하는 사람 중에서 특별시장·광역시장·도지사 또는 특별자치도지사(이하 "시·도지사"라 한다) 또는 교육감이 임명하거나 위촉한다. 다만, 인사위원회위원, 「정당법」에 따른 당원, 지방의회의원 및 제31조 각 호의 어느 하나에 해당하는 사람은 심사위원회의 위원이 될 수 없다.
1. 법관·검사 또는 변호사로 재직하는 사람
2. 대학에서 법률학을 담당하는 부교수 이상으로 재직하는 사람
3. 소속 국장급 이상의 공무원
③ 제2항에 따라 위촉되는 위원의 임기는 2년으로 하되, 연임할 수 있다.
④ 위원에게는 해당 지방자치단체의 조례로 정하는 바에 따라 실비보상을 할 수 있다.
⑤ 위원 중 공무원이 아닌 위원은 그 직무상 행위와 관련하여 「형법」이나 그 밖의 법률에 따른 벌칙을 적용할 때 공무원으로 본다.
⑥ 심사위원회의 운영에 필요한 사항은 대통령령으로 정한다.
제15조(심사위원회의 위원장) ① 심사위원회에 위원장 1명을 두며, 위원장은 심사위원회에서 제14조제2항제1호 또는 제2호에 해당하는 심사위원회 위촉위원 중에서 호선한다.
② 위원장은 심사위원회를 대표하고, 심사위원회의 사무를 총괄한다.
③ 위원장이 부득이한 사유로 직무를 수행할 수 없을 때에는 위원장이 미리 지정한 위원이 그 직무를 대행한다.
제15조의2(위원의 신분보장) ① 심사위원회의 위촉위원은 금고 이상의 형벌이나 장기의 심신쇠약으로 직무를 수행할 수 없게 된 경우 외에는 본인의 의사에 반하여 그 직에서 면직되지 아니한다.
② 심사위원회의 위원이 제14조제2항 단서의 결격사유 중 어느 하나에 해당할 때에는 그

직을 당연히 퇴직한다.

제16조(심사위원회의 사무직원) ① 심사위원회에 간사 및 서기를 둔다.

② 간사와 서기는 시·도지사 또는 교육감이 그 소속 공무원 중에서 임명한다.

③ 간사는 위원장의 명을 받아 심사위원회의 사무를 처리하고, 서기는 간사를 보조한다.

제17조(심사위원회의 심사) ① 심사위원회는 이 법에 따른 소청을 접수하면 지체 없이 심사하여야 한다.

② 심사위원회는 제1항의 심사를 할 때 필요하다고 인정하면 사실 조사를 하거나 증인을 소환하여 질문을 하거나 관계 서류를 제출하도록 명할 수 있다.

③ 심사위원회가 소청사건을 심사하기 위하여 징계 요구 기관이나 관계 기관의 소속 공무원을 증인으로 소환하면 해당 기관의 장은 이에 따라야 한다.

④ 심사위원회는 필요하다고 인정하면 특별한 학식·경험이 있는 자에게 검증(검증)이나 감정(감정)을 의뢰할 수 있다.

⑤ 심사위원회가 공무원이 아닌 사람을 증인으로 소환하여 질문할 때에는 대통령령으로 정하는 바에 따라 실비보상을 하여야 한다.

제18조(소청인의 진술권) ① 심사위원회가 소청사건을 심사할 때에는 대통령령으로 정하는 바에 따라 소청인 또는 그 대리인에게 진술 기회를 주어야 한다.

② 제1항의 진술 기회를 주지 아니한 결정은 무효로 한다.

제19조(심사위원회의 결정) ① 심사위원회의 결정은 재적위원 3분의 2 이상의 출석과 출석위원 과반수의 합의에 따르되, 의견이 나뉜 경우에는 출석위원 과반수에 이를 때까지 소청인에게 가장 불리한 의견에 차례로 유리한 의견을 더하여 그 중에서 가장 유리한 의견을 합의된 의견으로 본다.

② 심사위원회의 위원은 위원회에 계류(계류)된 소청사건의 증인이 될 수 없으며, 다음 사항에 관한 소청사건의 심사·결정에서 제척된다. <개정 2011.5.23>

1. 위원 본인과 관계있는 사항

2. 위원 본인과 친족이거나 친족이었던 사람과 관계있는 사항

③ 소청 사건의 당사자는 다음 각 호의 어느 하나에 해당하는 때에는 그 이유를 구체적으로 밝혀 그 위원에 대한 기피를 신청할 수 있고, 심사위원회는 해당 위원의 기피 여부를 결정하여야 한다. 이 경우 기피신청을 받은 위원은 그 기피 여부에 대한 결정에 참여할 수 없다. <신설 2011.5.23>

1. 심사위원회의 위원에게 제2항 각 호의 사항이 있는 경우

2. 심사·결정의 공정을 기대하기 어려운 사정이 있는 경우

④ 심사위원회 위원은 제3항 각 호의 어느 하나에 해당하는 때에는 스스로 그 사건의 심사·결정에서 회피할 수 있다. <신설 2011.5.23>

⑤ 심사위원회의 결정은 다음 각 호와 같이 구분한다. <개정 2011.5.23>

1. 심사청구가 이 법 또는 다른 법률에 적합하지 아니하면 그 청구를 각하한다.

2. 심사청구가 이유 없다고 인정되면 그 청구를 기각한다.

3. 처분의 취소 또는 변경을 구하는 심사청구가 이유 있다고 인정되면 처분을 취소 또는 변경하거나 처분행정청에 취소 또는 변경할 것을 명한다.

4. 처분의 효력 유무 또는 존재 여부에 대한

확인을 구하는 심사청구가 이유 있다고 인정되면 처분의 효력 유무 또는 존재 여부를 확인한다.

5. 위법 또는 부당한 거부처분이나 부작위에 대하여 의무이행을 구하는 심사청구가 이유 있다고 인정되면 지체 없이 청구에 따른 처분을 하거나 처분을 할 것을 명한다.

⑥ 심사위원회의 취소명령 또는 변경명령 결정은 그에 따른 징계나 그 밖의 처분이 있을 때까지는 종전에 행한 징계처분 또는 징계부가금 부과처분(이하 "징계처분등"이라 한다)에 영향을 미치지 아니한다. <개정 2010.3.22, 2011.5.23>

⑦ 심사위원회가 징계처분등을 받은 자의 청구에 따라 소청을 심사할 경우에는 원징계처분보다 무거운 징계 또는 원징계부가금 부과처분보다 무거운 징계부가금을 부과하는 결정을 하지 못한다. <개정 2010.3.22, 2011.5.23>

⑧ 심사위원회의 결정은 그 이유를 구체적으로 밝힌 결정서로 하여야 한다. <개정 2011.5.23>

제19조의2(임시위원의 임명) ① 제19조제2항부터 제4항까지의 규정에 따른 심사위원회 위원의 제척·기피 또는 회피 등으로 심사·결정에 참여할 수 있는 위원 수가 3명 미만이 된 경우에는 3명이 될 때까지 시·도지사 또는 교육감은 임시위원을 임명하여 해당 사건의 심사·결정에 참여하도록 하여야 한다.

② 임시위원의 자격 등에 관하여는 제14조제2항 각 호 및 같은 조 제5항을, 결격사유에 관하여는 제14조제2항 단서를 준용한다.

제20조(결정의 효력) 제19조에 따른 심사위원회의 결정은 처분행정청을 기속(기속)한다.

제20조의2(행정소송과의 관계) 제67조에 따른 처분, 그 밖에 본인의 의사에 반한 불리한 처분이나 부작위에 관한 행정소송은 심사위원회의 심사·결정을 거치지 아니하면 제기할 수 없다.

제21조(소청 절차) 소청의 제기, 심사 및 결정, 그 밖에 소청 절차에 관하여 필요한 사항은 대통령령으로 정한다.

제3장 직위분류제 <개정 2008.12.31>

제22조(직위분류제의 확립) ① 직위분류제에 관하여 이 법에 규정된 것 외에는 대통령령으로 정한다.

② 제1항의 직위분류제에서는 모든 대상 직위를 직무의 종류와 곤란성 및 책임도에 따라 직군·직렬·직급 또는 직무등급별로 분류하되, 같은 직급이나 같은 직무등급에 속하는 직위에 대하여는 같은 자격요건을 필요로 하고 동일하거나 유사한 보수가 지급되도록 분류하여야 한다.

제22조의2(직무분석) ① 임용권자는 합리적인 인사관리를 위하여 필요하면 직무분석을 할 수 있다.

② 제1항에 따른 직무분석 및 그 결과의 활용 등에 필요한 사항은 대통령령으로 정한다.

제23조(직위의 정급) ① 지방자치단체의 장은 대통령령으로 정하는 바에 따라 직위분류제의 적용을 받는 모든 직위를 어느 하나의 직급 또는 직무등급에 배정하여야 한다.

② 지방자치단체의 장은 대통령령으로 정하는 바에 따라 제1항에 규정된 정급(정급)을 재심사하고, 필요하다고 인정하면 이를 개정하여야 한다.

제24조(직위분류제의 실시) 일반직을 대상으로 하는 직위분류제는 대통령령으로 정하

는 바에 따라 실시하기 쉬운 것부터 단계적으로 실시할 수 있다.

제4장 임용과 시험 <개정 2008.12.31>

제25조(임용의 기준) 공무원의 임용은 시험성적, 근무성적, 경력평정, 그 밖의 능력의 실증(실증)에 따라 한다. 다만, 지방자치단체의 장은 대통령령으로 정하는 바에 따라 장애인, 이공계 전공자, 저소득층 등에 대한 임용·승진·전보 등 인사관리상의 우대와 실질적 양성평등을 실현하기 위한 적극적인 정책을 실시할 수 있다.

제25조의2(외국인과 복수국적자의 임용) ① 지방자치단체의 장은 국가안보 및 보안·기밀에 관계되는 분야를 제외한 분야에서 대통령령으로 정하는 바에 따라 외국인을 공무원으로 임용할 수 있다. <개정 2011.5.23>

② 지방자치단체의 장은 다음 각 호의 어느 하나에 해당하는 분야로서 대통령령으로 정하는 분야에는 복수국적자(대한민국 국적과 외국 국적을 함께 가진 사람을 말한다. 이하 같다)의 임용을 제한할 수 있다. <신설 2011.5.23>

1. 국가의 존립과 헌법 기본질서의 유지를 위한 국가안보 분야
2. 내용이 누설되는 경우 국가 또는 지방자치단체의 이익을 해하게 되는 보안·기밀 분야
3. 외교, 국가 간 이해관계와 관련된 정책 결정 및 집행 등 복수국적자의 임용이 부적합한 분야

제25조의3(근무시간의 단축 임용) 지방자치단체의 장은 업무의 특성 또는 기관의 사정 등을 고려하여 신규임용되는 공무원 또는 소속 공무원을 대통령령 또는 조례로 정하는 바에 따라 통상적인 근무시간보다 짧게 근무하는 공무원으로 임용할 수 있다. <개정 2011.5.23>

제26조(결원 보충 방법) 임용권자는 공무원의 결원을 신규임용·승진임용·강임·전직 또는 전보의 방법으로 보충한다.

제27조(신규임용) ① 공무원의 신규임용은 공개경쟁임용시험으로 한다. <개정 2011.5.23>

② 제1항에도 불구하고 다음 각 호의 어느 하나에 해당하는 경우에는 경력 등 응시요건을 정하여 같은 사유에 해당하는 다수인을 대상으로 경쟁의 방법으로 임용하는 시험(이하 "경력경쟁임용시험"이라 한다)으로 공무원을 임용할 수 있다. 다만, 제1호, 제3호, 제4호, 제5호, 제7호, 제10호의 어느 하나에 해당하는 경우 중 다수인을 대상으로 시험을 실시하는 것이 적당하지 아니하여 대통령령으로 정하는 경우에는 다수인을 대상으로 하지 아니한 시험으로 공무원을 임용할 수 있다. <개정 2011.5.23>

1. 제62조제1항제1호의 사유로 퇴직하거나 제63조제1항제1호의 휴직기간 만료로 퇴직한 경력직공무원을 퇴직한 날부터 3년(「공무원연금법」에 따른 공무상 질병 또는 부상으로 인한 휴직의 경우는 5년) 이내에 퇴직 시에 재직한 직급의 경력직공무원으로 재임용하는 경우 또는 경력직공무원으로 재직하던 중 특수경력직공무원이나 다른 종류의 경력직공무원이 되기 위하여 퇴직한 사람을 퇴직 시에 재직한 직급의 경력직공무원으로 재임용하는 경우
2. 공개경쟁임용시험으로 임용하는 것이 부적당한 경우에 임용예정 직무에 관한 자격증 소지자를 임용하는 경우

3. 임용예정 직급과 같은 직급에서 대통령령으로 정하는 기간 동안 근무한 경력이 있는 사람 및 임용예정 직급에 상응한 근무 또는 연구 실적이 3년 이상인 사람을 임용하는 경우
4. 임용예정직에 관련된 특수목적을 위하여 설립된 학교(대학원을 포함한다) 중 대통령령으로 정하는 학교의 졸업자로서 국가기관 또는 지방자치단체에서 실무수습을 마친 사람을 임용하는 경우
5. 1급 공무원을 임용하는 경우
6. 공개경쟁임용시험으로 결원을 보충하기 곤란한 특수한 직무분야나 직무환경 또는 섬, 외딴 곳 등 특수한 지역에 근무할 사람을 임용하는 경우
7. 일반직공무원을 기능직공무원으로, 기능직공무원을 일반직공무원으로 임용하는 경우와 국가공무원을 그 직급(고위공무원단에 속하는 공무원의 경우 해당 직위와 곤란성 및 책임도가 유사한 직위를 말한다)에 해당하는 지방공무원으로 임용하는 경우
8. 임용예정직에 관련된 실업계·예능계 및 사학계(사학계)의 고등학교·전문대학 및 대학(대학원을 포함한다)의 학과 중 대통령령으로 정하는 학과 졸업자로서 교육과학기술부장관 또는 행정안전부장관이 정하는 바에 따라 해당 학교장의 추천을 받은 사람을 연구 또는 기술직렬 공무원이나 기능직공무원으로 임용하는 경우
9. 대통령령으로 정하는 임용예정직에 관련된 과학기술 분야 및 이에 준하는 특수 전문 분야의 연구경력이나 근무경력이 있는 사람을 임용하는 경우
10. 제41조의4에 따라 재학 중 장학금을 받고 졸업한 사람을 임용하는 경우
11. 외국어에 능통하고 국제적 소양과 전문지식을 지닌 사람을 임용하는 경우
12. 연고지나 그 밖에 지역적 특수성을 고려하여 일정한 지역에 거주하는 사람을 그 지역에 소재하는 기관에 임용하는 경우

③ 삭제 <2011.5.23>

④ 제2항에 따른 경력경쟁임용시험의 경우에는 제62조제1항제1호의 사유로 퇴직한 사람을 우선하여 임용하여야 하며, 경력경쟁임용시험으로 임용할 수 있는 공무원의 직급, 직급별 응시자격 및 시험 등에 필요한 사항은 대통령령으로 정한다. <개정 2011.5.23>

⑤ 제2항제6호·제11호 또는 제12호에 따라 경력경쟁임용시험으로 임용된 사람은 5년간 전직 및 해당 기관 외의 기관으로 전보되거나 다른 지방자치단체로 전출될 수 없고, 5년 이내에 퇴직하면 그 근무경력은 제2항제3호의 경력경쟁임용시험응시에 필요한 근무 또는 연구실적에 포함하지 아니한다. 다만, 다음 각 호의 어느 하나에 해당하는 경우로서 직위가 없어지거나 과원(과원)이 되어 전직·전보 또는 전출되거나 제62조제1항제1호에 따라 직권면직된 경우에는 그러하지 아니하다. <개정 2011.5.23>
1. 지방자치단체를 폐지하거나 설치하거나 나누거나 합친 경우
2. 직제와 정원이 개정되거나 폐지된 경우
3. 예산이 감소된 경우

⑥ 지방자치단체의 장이 제2항제7호에 따라 국가기관 또는 다른 지방자치단체에 근무하는 국가공무원을 해당 지방자치단체의 공무원으로 경력경쟁임용하려면 제29조의3을 준용하여 동의를 받아야 한다. <개정 2011.5.23>

제28조(시보임용) ① 5급 공무원을 신규임용

하는 경우에는 1년, 6급 이하 공무원과 기능직공무원을 신규임용하는 경우에는 6개월간 시보로 임용하고, 그 기간에 근무성적이 좋으면 정규 공무원으로 임용한다. 다만, 대통령령으로 정하는 경우에는 시보임용을 면제하거나 그 기간을 단축할 수 있다.

② 휴직 기간, 직위해제 기간 및 징계에 따른 정직 또는 감봉처분을 받은 기간은 제1항의 시보임용 기간에 산입(산입)하지 아니한다.

③ 시보임용 기간 중의 공무원이 근무성적 또는 교육훈련성적이 나쁜 경우에는 제60조와 제62조에도 불구하고 면직할 수 있다.

제29조 삭제 <1981.4.20>

제29조의2(전직) 공무원이 전직할 때에는 전직시험을 거쳐야 한다. 다만, 대통령령으로 정하는 전직의 경우는 예외로 한다.

제29조의3(전입) 지방자치단체의 장은 다른 지방자치단체의 장의 동의를 받아 그 소속 공무원을 전입하도록 할 수 있다.

제29조의4(개방형직위) ① 임용권자는 해당 기관의 직위 중 전문성이 특히 요구되거나 효율적인 정책 수립을 위하여 필요하다고 판단되어 공직 내부나 외부에서 적격자를 임용할 필요가 있는 직위를 개방형직위로 지정하여 운영할 수 있다. 다만, 「지방자치법」 등 지방자치단체의 조직 관계 법령이나 조례·규칙에 따라 시·도는 5급 이상, 시·군·구는 6급 이상 공무원 또는 이에 상당하는 공무원으로 임명할 수 있는 직위 중 계약직공무원으로도 임명할 수 있는 직위는 개방형직위로 본다.

② 임용권자는 제1항에 따른 개방형직위에 대하여는 대통령령으로 정하는 바에 따라 직위별로 직무의 내용·특성 등을 고려하여 직무수행 요건을 설정하고 그 요건을 갖춘 사람을 임용하여야 한다.

③ 임용권자는 개방형직위를 지정·변경하거나 직위별 직무수행 요건을 설정·변경하려면 미리 해당 인사위원회의 심의·의결을 거쳐야 한다.

④ 개방형직위의 임용후보자 선발시험은 제32조제3항 및 제4항에도 불구하고 해당 지방자치단체의 인사위원회에서 실시한다.

⑤ 그 밖에 개방형직위의 운영 등에 필요한 사항은 대통령령으로 정한다.

제29조의5(공모직위) ① 임용권자는 해당 기관의 직위 중 업무의 효율적인 처리를 위하여 해당 기관 내부 또는 외부의 공무원(국가공무원을 포함한다) 중에서 적격자를 임용할 필요가 있는 직위를 공모직위(공모직위)로 지정하여 운영할 수 있다.

② 임용권자는 제1항에 따른 공모직위에 대하여는 직위별로 직무의 내용·특성 등을 고려하여 직무수행 요건을 설정하고 그 요건을 갖춘 사람을 임용하여야 한다.

③ 공모직위의 운영 등에 필요한 사항은 대통령령으로 정한다.

제30조(공개경쟁시험 합격자의 우선임용 및 결원 보충의 조정) ① 결원을 보충할 때에는 공개경쟁임용시험 합격자와 공개경쟁승진시험 합격자를 우선하여 임용하여야 한다.

② 교육과학기술부장관 또는 행정안전부장관은 지방자치단체의 5급 이상 공무원의 결원을 보충할 때 공개경쟁임용시험 합격자, 공개경쟁승진시험 합격자 및 일반승진시험 합격자의 보충임용이 적절한 균형을 유지하도록 조정할 수 있다.

제30조의2(인사교류) ① 교육과학기술부장관 또는 행정안전부장관은 인력의 균형 있는 배치와 지방자치단체의 행정 발전을 위하여 교

육과학기술부 또는 행정안전부와 지방자치단체 간에 인사교류가 필요하다고 인정하면 교육과학기술부 또는 행정안전부에 두는 인사교류협의회가 정한 인사교류 기준에 따라 인사교류안을 작성하여 해당 지방자치단체의 장에게 인사교류를 권고할 수 있다. 이 경우 해당 지방자치단체의 장은 정당한 사유가 없으면 인사교류를 하여야 한다.

② 시·도지사는 해당 지방자치단체 및 관할 구역의 지방자치단체 간에 인사교류가 필요하다고 인정하면 해당 시·도에 두는 인사교류협의회에서 정한 인사교류 기준에 따라 인사교류안을 작성하여 관할 구역의 지방자치단체의 장에게 인사교류를 권고할 수 있다. 이 경우 해당 지방자치단체의 장은 정당한 사유가 없으면 인사교류를 하여야 한다.

③ 제1항 및 제2항에 따른 인사교류의 대상에 관하여는 대통령령으로 정하고, 인사교류협의회의 구성 및 운영, 인사교류의 절차, 그 밖에 인사교류에 필요한 사항은 교육과학기술부령, 행정안전부령 또는 시·도 규칙으로 정한다.

제30조의3(겸임) 직위와 직무내용이 유사하고 담당 직무 수행에 지장이 없다고 인정되면 대통령령으로 정하는 바에 따라 일반직공무원을 특정직공무원, 특수 전문 분야의 일반직공무원, 대학교수 등 교육공무원 또는 대통령령으로 정하는 관련 교육·연구기관이나 그 밖의 기관·단체의 임직원과 겸임하게 할 수 있다. 또한 대통령령으로 정하는 관련 교육·연구기관이나 그 밖의 기관·단체의 임직원은 특수 전문 분야의 별정직공무원으로 겸임하게 할 수 있다.

제30조의4(파견근무) ① 임용권자는 그 업무 수행과 관련된 행정 지원이나 연수, 그 밖에 능력개발 등을 위하여 필요하면 소속 공무원을 지방자치단체의 다른 기관, 다른 지방자치단체, 국가기관, 공공단체, 「공공기관의 운영에 관한 법률」 제4조제1항 각 호에 해당하는 기관(「지방공기업법」에 따른 지방직영기업, 지방공사 및 지방공단을 포함한다), 국내외의 교육기관·연구기관, 그 밖의 기관에 일정 기간 파견근무하게 할 수 있으며, 전문성이 특히 요구되는 특수업무의 효율적 수행 등을 위하여 필요하면 인사위원회의 의결을 거쳐 지방자치단체 외의 기관·단체의 임직원을 파견받아 근무하게 할 수 있다.

② 파견권자는 파견 사유가 소멸되거나 파견 목적이 달성될 가망이 없으면 그 공무원을 지체 없이 원래의 소속 기관에 복귀시켜야 한다.

③ 제1항에 따라 지방자치단체 외의 기관·단체에서 파견된 임직원은 직무상 행위를 할 때에는 공무원으로 본다. 「형법」이나 그 밖의 법률에 따른 벌칙을 적용할 때에도 또한 같다.

④ 공무원을 파견근무하게 하거나 지방자치단체 외의 기관·단체의 임직원을 파견받아 근무하게 하는 경우 파견 사유·기간·절차와 파견기간 중의 복무, 그 밖에 필요한 사항은 대통령령으로 정한다.

제30조의5(보직관리의 원칙) ① 임용권자는 법령에서 따로 정하는 경우 외에는 소속 공무원의 직급과 직종을 고려하여 그 직급에 상응하는 일정한 직위를 부여하여야 한다.

② 소속 공무원을 보직할 때에는 해당 공무원의 전공분야·훈련·근무경력·전문성 및 적성 등을 고려하여 적격한 직위에 임용하여야 한다. 이 경우 보직관리 기준에 관하여 필요한 사항은 대통령령으로 정한다.

제31조(결격사유) 다음 각 호의 어느 하나에 해당하는 사람은 공무원이 될 수 없다. <개정 2010.3.22>

1. 금치산자 및 한정치산자
2. 파산선고를 받고 복권되지 아니한 사람
3. 금고 이상의 형을 선고받고 그 집행이 끝나거나 집행을 받지 아니하기로 확정된 후 5년이 지나지 아니한 사람
4. 금고 이상의 형을 선고받고 그 집행유예기간이 끝난 날부터 2년이 지나지 아니한 사람
5. 금고 이상의 형의 선고유예를 선고받고 그 선고유예기간 중에 있는 사람
6. 법원의 판결 또는 다른 법률에 따라 자격이 상실되거나 정지된 사람

6의 2. 공무원으로 재직기간 중 직무와 관련하여 「형법」 제355조및 제356조에 규정된 죄를 범한 사람으로서 300만원 이상의 벌금형을 선고받고 그 형이 확정된 후 2년이 지나지 아니한 사람

7. 징계로 파면처분을 받은 날부터 5년이 지나지 아니한 사람
8. 징계로 해임처분을 받은 날부터 3년이 지나지 아니한 사람

제32조(시험의 실시) ① 6급 및 7급 공무원의 신규임용시험은 시·도 단위로 해당 시·도인사위원회에서 실시한다. 다만, 농촌진흥사업에 종사하는 연구 및 지도직공무원에 대한 신규임용시험은 따로 대통령령으로 정하는 기관에서 실시한다.

② 8급 및 9급 공무원의 신규임용시험과 6·7·8급 공무원에의 승진시험, 6·7·8·9급 공무원의 전직시험, 기능직공무원의 신규임용·승진 및 전직시험은 해당 지방자치단체의 인사위원회에서 실시한다.

③ 5급 이상 공무원의 각종 임용시험은 대통령령으로 정하는 기관에서 실시한다.

④ 임용예정직과 관련이 있는 자격증 소지자의 경력경쟁임용시험은 제3항에도 불구하고 시·도인사위원회에서 실시한다. <개정 2011.5.23>

⑤ 임용권자는 제36조 및 제39조에 따른 신규임용후보자 또는 승진후보자가 없거나 인사행정 운영상 특히 필요하다고 인정되면 그 직위의 신규임용 또는 승진시험에 상응하는 국가 또는 다른 지방자치단체의 시험에 합격한 사람을 그 직위의 신규임용 및 승진시험에 합격한 사람으로 보아 임용할 수 있다.

⑥ 시장·군수·구청장(자치구의 구청장을 말한다. 이하 같다)은 우수 인력의 확보 또는 시험관리상 필요하다고 인정하면 제2항에도 불구하고 시·도인사위원회에 시험의 실시를 위탁할 수 있다.

제33조(평등의 원칙) 공개경쟁에 따른 임용시험은 같은 자격을 가진 모든 국민에게 평등하게 공개하여야 하며, 시험의 시기와 장소는 응시자의 편의를 고려하여 결정하여야 한다.

제34조(수험자격) 각종 시험의 수험자격은 대통령령으로 정한다.

제34조의2(신규임용시험의 가점) 「국가기술자격법」이나 그 밖의 법령에 따른 자격을 취득한 사람이 공무원 신규임용시험에 응시하면 대통령령으로 정하는 바에 따라 일정한 점수를 가산할 수 있다.

제35조(시험의 공고) ① 공개경쟁신규임용시험, 공개경쟁승진시험 또는 경력경쟁임용시험을 실시할 때에는 임용예정 직급, 응시자격, 선발예정 인원, 시험의 방법·시기·장소 등에 관하여 필요한 사항을 대통령령으로 정하는 바에 따라 공고하여야 한다. 다만, 제27조

제2항 단서에 따라 다수인을 대상으로 하지 아니한 시험의 경우에는 공고하지 아니할 수 있다. <개정 2011.5.23>

② 결원 보충을 원활히 하기 위하여 필요하면 근무예정지역 또는 근무예정기관을 미리 정하여 공개경쟁신규임용시험을 실시할 수 있다. 이 경우 그 시험에 따라 임용된 공무원은 대통령령으로 정하는 기간 동안 해당 근무지역 또는 근무기관에 근무하여야 한다.

제36조(신규임용후보자 명부) ① 지방자치단체의 장은 해당 지방자치단체의 인사위원회에서 실시한 신규임용시험에 합격한 사람을 대통령령으로 정하는 바에 따라 신규임용후보자 명부에 등재(등재)하여야 한다.

② 제32조제3항에 따라 대통령령으로 정하는 기관이 5급 공무원의 신규임용시험을 실시한 경우에는 대통령령으로 정하는 바에 따라 시·도지사 및 교육감은 그 합격자를 신규임용후보자 명부에 등재하여야 한다.

③ 신규임용후보자 명부는 누구든지 열람할 수 있다.

④ 5급 공무원 공개경쟁임용시험에 합격한 사람의 임용후보자 명부의 유효기간은 5년으로 하고, 그 밖의 신규임용후보자 명부의 유효기간은 2년의 범위에서 대통령령으로 정한다. 다만, 시험실시기관의 장은 필요하면 1년의 범위에서 그 기간을 연장할 수 있다.

⑤ 공개경쟁임용시험 합격자가 임용후보자등록을 마친 후 그 명부의 유효기간 내에 「병역법」에 따른 병역복무를 위하여 군에 입대한 경우(대학생 군사훈련과정이수자를 포함한다)의 의무복무기간과 대통령령으로 정하는 사유로 임용되지 못한 기간은 제4항의 기간에 포함하지 아니한다.

⑥ 제4항 단서에 따라 신규임용후보자 명부의 유효기간을 연장하는 경우에는 지방자치단체의 장은 지체 없이 이를 공고하여야 한다.

⑦ 신규임용후보자 명부에 등재되어 실무수습 중인 사람은 그 직무상 행위를 하거나 「형법」이나 그 밖의 법률에 따른 벌칙을 적용할 때 공무원으로 본다. <신설 2010.3.22>

제37조(신규임용 방법) ① 제36조제1항 또는 제2항에 따라 신규임용후보자 명부를 작성한 지방자치단체의 장이 그 명부에 등재된 자 중에서 공무원을 신규임용할 때에는 신규임용후보자 명부의 최고순위자부터 3배수의 범위에서 임명하여야 한다.

② 시장·군수·구청장 및 제6조제2항에 따라 임용권의 위임을 받은 자가 공무원을 신규임용할 때에는 제36조제1항 또는 제2항에 따라 신규임용후보자 명부를 작성한 지방자치단체의 장에게 임용후보자의 추천을 요청하여야 한다.

③ 제2항에 따른 요청을 받은 자는 지체 없이 신규임용후보자 명부에 등재된 사람 중에서 그 순위에 따라 직위별로 3배수의 범위에 해당하는 임용후보자를 추천하여야 한다.

④ 임용권자는 제3항에 따라 임용후보자를 추천받으면 요청한 인원을 선택하여 임용하고, 그 결과를 임명후보자의 추천을 받은 날부터 7일 이내에 그 추천을 한 자에게 알려야 한다.

⑤ 임용후보자가 임용 또는 훈련에 응하지 아니하거나 훈련성적이 규칙으로 정하는 기준 이하일 때에는 임용후보자로서의 자격을 상실한다.

제38조(승진) ① 계급 간의 승진임용은 근무성적평정, 경력평정, 그 밖의 능력의 실증에

따라 한다. 다만, 1급부터 3급까지의 공무원으로의 승진임용은 능력과 경력 등을 고려하여 임용하며, 5급 공무원으로의 승진임용은 승진시험을 거치도록 하되, 필요하다고 인정하면 대통령령으로 정하는 바에 따라 인사위원회의 의결을 거쳐 임용할 수 있다.

② 6급 이하 공무원으로의 승진임용의 경우 필요하다고 인정하면 대통령령으로 정하는 바에 따라 승진시험을 병용(병용)할 수 있다.

③ 승진에 필요한 계급별 최저근무연수, 승진의 제한, 그 밖에 승진에 필요한 사항은 대통령령으로 정한다.

제39조(승진임용의 방법) ① 1급 공무원으로의 승진은 바로 하급 공무원 중에서, 2급 및 3급 공무원으로의 승진은 같은 직군 내의 바로 하급 공무원 중에서 각각 임용한다.

② 승진시험에 따른 승진은 승진시험 합격자 중에서 대통령령으로 정하는 승진임용 순위에 따라 임용한다. 다만, 공개경쟁승진시험 또는 특별시·광역시 단위별로 실시한 기술직렬 5급 공무원 및 제4조제2항에 따른 연구 또는 특수기술직렬의 공무원 중 5급 공무원에 상당하는 공무원으로의 일반승진시험에 합격하여 승진후보자 명부에 등재된 사람의 임용방법에 관하여는 제37조제1항부터 제4항까지의 규정을 준용한다.

③ 제1항 및 제2항 외의 승진은 같은 직렬의 바로 하급 공무원 중에서 임용하되, 임용하려는 결원에 대하여 승진후보자 명부의 높은 순위에 있는 사람부터 차례로 대통령령으로 정하는 범위에서 임용하여야 한다.

④ 제1항 및 제3항에 따라 승진임용할 때에는 해당 인사위원회의 사전심의를 거쳐야 한다. 이 경우 시·군·구의 부시장·부군수·부구청장으로 승진임용하기 위한 인사위원회의 사전심의를 할 때에는 제9조제1항에도 불구하고 인사위원회위원장의 직무는 위촉위원 중에서 호선하는 사람이 수행한다.

⑤ 임용권자는 대통령령으로 정하는 바에 따라 근무성적평정, 경력평정, 그 밖의 능력의 실증에 의한 순위에 따라 직급별로 승진후보자 명부를 작성한다. 다만, 우수 인력의 확보와 승진기회의 균형 유지를 위하여 특별시장 또는 광역시장은 해당 특별시·광역시 및 군·구 소속 기술직렬 6급 공무원 및 제4조제2항에 따른 연구 또는 특수기술직렬의 공무원 중 6급 공무원에 상당하는 공무원에 대하여 군수·구청장이 작성한 승진후보자 명부를 기초로 대통령령으로 정하는 바에 따라 특별시·광역시 단위별로 승진후보자 명부를 통합하여 작성할 수 있다.

⑥ 5급 공무원 공개경쟁승진시험에 합격한 사람의 승진후보자 명부는 시·도지사 및 교육감이 작성하고, 특별시·광역시 단위별로 실시한 기술직렬 5급 공무원 및 제4조제2항에 따른 연구 또는 특수기술직렬의 공무원 중 5급 공무원에 상당하는 공무원으로의 일반승진시험에 합격한 사람의 승진후보자 명부는 특별시장·광역시장 및 교육감이 작성한다.

제39조의2(승진시험의 방법) ① 승진시험은 일반승진시험과 공개경쟁승진시험으로 구분한다.

② 일반승진시험은 승진후보자 명부(제39조제5항 단서에 따른 특별시·광역시 및 군·구 소속 기술직렬 6급 공무원의 일반승진시험의 경우에는 특별시·광역시 단위별로 작성된 승진후보자 명부를 말한다. 이하 같다)의 높은 순위에 있는 사람부터 차례로 임용하려는 결원 또는 결원과 예상결원을 합한 총결원의

2배수 이상 5배수 이하 범위의 사람에 대하여 실시하며, 시험성적 점수와 승진후보자 명부에 의한 평정점수를 합산한 종합성적으로 합격자를 결정한다.

③ 공개경쟁승진시험은 5급 공무원으로의 승진에 한정하되, 지방자치단체 간 승진 기회의 균형을 유지하고 유능한 공무원을 발탁하기 위하여 필요한 경우에 실시하며, 시험성적으로 합격자를 결정한다.

④ 제2항 및 제3항에 따른 승진시험의 응시대상자, 시험방법, 합격자 결정 방법, 합격의 효력, 그 밖에 승진시험에 필요한 사항은 대통령령으로 정한다.

제39조의3(우수 공무원 등의 특별승진) ① 공무원이 다음 각 호의 어느 하나에 해당할 때에는 제38조 및 제39조제1항부터 제3항까지의 규정에도 불구하고 특별승진임용할 수 있다. 다만, 6급 공무원에 대하여는 승진시험에 우선 응시하게 하거나 인사위원회의 승진의결 대상자로 할 수 있다.

1. 청렴하고 투철한 봉사정신으로 직무에 모든 힘을 다하여 공무집행의 공정성을 유지하고 깨끗한 공직사회를 구현하는 데에 다른 공무원의 귀감이 되는 사람
2. 직무수행능력이 탁월하여 행정발전에 큰 공헌을 한 사람
3. 제78조에 따른 제안을 채택하고 시행함으로써 국가 또는 지방자치단체 예산을 절감하는 등 행정운영 발전에 뚜렷한 실적이 있는 사람
4. 재직 중 공적이 특히 뚜렷한 사람이 제66조의2에 따라 명예퇴직할 때
5. 재직 중 공적이 특히 뚜렷한 사람이 공무로 사망하였을 때

② 특별승진임용의 요건과 그 밖에 필요한 사항은 대통령령으로 정한다.

제40조(국가유공자의 우선 임용) 공무원을 임용할 때 법령에서 정하는 바에 따라 국가유공자를 우선 임용하여야 한다.

제41조(휴직자·장기훈련자 등의 결원 보충) ① 공무원이 제63조제1항제1호·제2호·제4호·제5호, 제63조제2항 또는 제65조의2에 따라 6개월 이상 휴직한 경우에는 휴직일부터 그 휴직자의 직급 또는 상당 계급에 해당하는 정원이 따로 있는 것으로 보고 결원을 보충할 수 있다. 다만, 제63조제2항제4호에 따라 휴직할 때에는 대통령령 또는 지방자치단체의 조례로 정하는 경우에는 3개월 이상 휴직하더라도 결원을 보충할 수 있고, 출산휴가와 육아휴직을 연속하여 사용하는 경우에는 출산휴가일부터 후임자를 보충할 수 있다. <개정 2011.5.23>

② 공무원이 제30조의4에 따라 파견된 경우에는 대통령령으로 정하는 바에 따라 파견기간 중 그 파견자의 직급에 해당하는 정원이 따로 있는 것으로 보고 결원을 보충하거나 파견된 사람의 승진임용을 할 수 있다. 다만, 남은 파견기간이 2개월 이하인 경우에는 그러하지 아니하다.

③ 공무원에게 한 파면처분·해임처분·면직처분 또는 강등처분에 대하여 심사위원회 또는 법원에서 무효나 취소의 결정 또는 판결을 한 경우에는 그 파면처분·해임처분·면직처분 또는 강등처분에 의하여 결원을 보충하였던 때부터 파면처분·해임처분·면직처분을 받은 사람의 직급 또는 강등처분을 받은 사람의 원직급에 해당하는 정원이 따로 있는 것으로 본다. <개정 2011.5.23>

④ 제1항부터 제3항까지의 규정에 따른 정원은 다음 각 호의 어느 하나에 해당하는 사유

가 발생한 이후 해당 직급에 최초로 결원이 발생한 때에 각각 소멸된 것으로 본다. 다만, 제1항에 따른 특수경력직공무원의 정원은 제1호의 사유가 발생한 때에 소멸된 것으로 본다. <개정 2011.5.23>
1. 휴직자의 복직
2. 파견된 사람의 복귀
3. 파면·해임·면직된 사람의 복귀 또는 강등된 사람의 원직급 회복

제41조의2 삭제 <1981.4.20>

제41조의3 삭제 <1981.4.20>

제41조의4(장학금 지급) ① 지방자치단체의 장은 우수한 공무원을 확보하기 위하여 필요하면 「초·중등교육법」, 「고등교육법」, 그 밖의 법률에 따라 설치된 각급학교(기능대학과 학위과정이 설치된 교육기관을 포함한다)의 재학생으로서 공무원으로 임용되기를 원하는 사람에게 장학금을 지급하고 졸업 후 일정한 의무복무 기간을 부과하여 공무원으로 근무하게 할 수 있다.

② 제1항에 따라 장학금을 받은 사람이 본인에게 책임이 있는 사유로 장학금 지급이 중단되거나 공무원으로 임용되지 아니한 경우 또는 의무복무 기간을 마치지 아니하고 퇴직한 경우에는 본인이나 연대보증인에게 지급한 장학금의 전부 또는 일부의 반납을 명할 수 있으며, 이를 이행하지 아니하면 지방세 체납처분의 예에 따라 징수할 수 있다. 다만, 대통령령으로 정하는 불가피한 사유가 있을 때에는 그러하지 아니하다.

③ 장학금으로 지급될 학비의 범위, 지급 대상, 채용방법, 의무복무 기간, 의무 불이행 시 환수할 금액, 그 밖에 필요한 사항은 대통령령으로 정한다. 이 경우 의무복무 기간은 장학금을 받은 기간의 2배 이내에서 정하여야 한다.

제41조의5 삭제 <1981.4.20>

제42조(시험 또는 임용 방해행위의 금지) 누구든지 시험 또는 임용에 관하여 고의로 방해하거나 부당한 영향을 미치는 행위를 하여서는 아니 된다.

제43조(인사에 관한 부정행위의 금지) 누구든지 임용시험·승진·임용, 그 밖에 인사기록에 관하여 거짓이나 부정하게 진술·기재·증명·채점 또는 보고를 하여서는 아니 된다.

제5장 보수 <개정 2008.12.31>

제44조(보수결정의 원칙) ① 공무원의 보수는 직무의 곤란성과 책임의 정도에 맞도록 계급별·직위별 또는 직무등급별로 정한다. 다만, 직무의 곤란성과 책임의 정도가 매우 특수하거나 결원을 보충하기 어려운 직무에 종사하는 공무원 및 제4조제2항의 연구 또는 특수기술직렬의 공무원의 보수는 따로 정할 수 있다.

② 공무원의 보수는 일반의 표준생계비, 물가수준, 그 밖의 사정을 고려하여 정하되, 민간부문의 임금수준과 적절한 균형을 유지하도록 노력하여야 한다.

③ 경력직공무원 간, 경력직공무원과 특수경력직공무원 간에 보수의 균형을 도모하여야 한다.

④ 이 법이나 그 밖의 법령에서 정한 보수에 관한 규정에 따르지 아니하고는 어떠한 금전이나 유가물(유가물)도 공무원의 보수로 지급될 수 없다.

제45조(보수에 관한 규정) ① 공무원의 보수에 관한 다음 각 호의 사항은 대통령령으

로 정한다.
1. 봉급·호봉 및 승급에 관한 사항
2. 수당에 관한 사항
3. 보수 지급 방법, 보수 계산, 그 밖에 보수 지급에 관한 사항
② 제1항에도 불구하고 특수수당과 제76조제2항에 따른 상여금의 지급 또는 특별승급에 관한 사항은 대통령령으로 정한다.
③ 제1항에 따른 보수를 거짓이나 그 밖의 부정한 방법으로 수령한 경우에는 수령한 금액의 2배의 범위에서 가산하여 징수할 수 있다.
④ 제3항에 따른 보수의 종류, 가산금액 등에 관한 사항은 대통령령으로 정한다.
제46조(실비보상 등) ① 공무원은 보수 외에 해당 지방자치단체의 조례로 정하는 바에 따라 직무 수행에 필요한 실비보상을 받을 수 있다.
② 공무원은 소속 기관의 장의 허가를 받아 본래의 업무수행에 지장이 없는 범위에서 담당 직무 외의 특수한 연구과제를 위탁받아 처리한 경우에는 그 보상을 받을 수 있다.
제46조의2(별정직공무원의 자진퇴직에 따른 수당) 별정직공무원(비서관·비서는 제외한다)이 다음 각 호의 어느 하나에 해당하는 경우로서 직위가 없어지거나 과원이 되어 근무상한연령에 도달하기 1년 전에 스스로 퇴직하는 경우에는 다른 법률에 특별한 규정이 있는 경우가 아니면 대통령령으로 정하는 바에 따라 예산의 범위에서 수당을 지급할 수 있다. <개정 2011.5.23>
1. 지방자치단체를 폐지하거나 설치하거나 나누거나 합친 경우
2. 직제와 정원이 개정되거나 폐지된 경우
3. 예산이 감소된 경우

제46조의3(지방자치단체 외의 기관 등에서 파견된 사람의 보수) 제30조의4제1항에 따라 지방자치단체 외의 기관·단체에서 파견된 임직원의 보수는 파견한 기관에서 지급하며 파견받은 기관은 제46조를 준용하여 실비보상 등을 할 수 있다. 다만, 특히 필요한 경우에는 대통령령으로 정하는 바에 따라 파견받은 기관은 파견기관과 협의하여 보수를 지급할 수 있다.

제6장 복무 <개정 2008.12.31>

제47조(복무 선서) 공무원은 취임할 때에 소속 기관장 앞에서 조례로 정하는 바에 따라 선서를 하여야 한다. 다만, 불가피한 사유가 있을 때에는 취임 후에 선서하게 할 수 있다.
제48조(성실의 의무) 모든 공무원은 법규를 준수하며 성실히 그 직무를 수행하여야 한다.
제49조(복종의 의무) 공무원은 직무를 수행할 때 소속 상사의 직무상 명령에 복종하여야 한다. 다만, 이에 대한 의견을 진술할 수 있다.
제50조(직장이탈 금지) ① 공무원은 소속 상사의 허가 없이 또는 정당한 이유 없이 직장을 이탈하지 못한다.
② 수사기관이 공무원을 구속하려면 소속 기관의 장에게 미리 통보하여야 한다. 다만, 현행범은 그러하지 아니하다.
제51조(친절·공정의 의무) 공무원은 주민 전체의 봉사자로서 친절하고 공정하게 직무를 수행하여야 한다.
제51조의2(종교중립의 의무) ① 공무원은 종교에 따른 차별 없이 직무를 수행하여야 한다.
② 공무원은 소속 상관이 제1항에 위배되는

직무상 명령을 한 경우에는 이에 따르지 아니할 수 있다.

제52조(비밀 엄수의 의무) 공무원은 직무상 알게 된 비밀을 엄수하여야 한다.

제53조(청렴의 의무) ① 공무원은 직무와 관련하여 직접적이든 간접적이든 사례(사례)·증여 또는 향응을 주거나 받을 수 없다.

② 공무원은 직무상 관계가 있든 없든 그 소속 상사에게 증여하거나 소속 공무원으로부터 증여를 받아서는 아니 된다.

제54조(외국정부의 영예 등을 받을 경우) 공무원은 외국정부로부터 영예 또는 증여를 받을 경우에는 대통령의 허가를 받아야 한다.

제55조(품위 유지의 의무) 공무원은 품위를 손상하는 행위를 하여서는 아니 된다.

제56조(영리 업무 및 겸직 금지) ① 공무원은 공무 외에 영리를 목적으로 하는 업무에 종사하지 못하며, 소속 기관의 장의 허가 없이 다른 직무를 겸할 수 없다.

② 제1항에 따른 영리를 목적으로 하는 업무의 한계는 대통령령으로 정한다.

제57조(정치운동의 금지) ① 공무원은 정당이나 그 밖의 정치단체의 결성에 관여하거나 가입할 수 없다.

② 공무원은 선거에서 특정정당 또는 특정인을 지지하거나 반대하기 위하여 다음 각 호의 어느 하나에 해당하는 행위를 하여서는 아니 된다.

1. 투표를 하거나 하지 아니하도록 권유하는 것
2. 서명운동을 기획·주재하거나 권유하는 것
3. 문서 또는 도화(도화)를 공공시설 등에 게시하거나 게시하게 하는 것
4. 기부금품을 모집하거나 모집하게 하는 행위 또는 공공자금을 이용하거나 이용하게 하는 것
5. 타인에게 정당이나 그 밖의 정치단체에 가입하게 하거나 가입하지 아니하도록 권유하는 것

③ 공무원은 다른 공무원에게 제1항과 제2항에 위배되는 행위를 하도록 요구하거나 정치적 행위에 대한 보상 또는 보복으로 이익 또는 불이익을 약속하여서는 아니 된다.

④ 제1항부터 제3항까지에서 규정한 사항 외에 공무원의 정치적 행위의 금지에 관한 한계는 대통령령으로 정한다. <신설 2011.5.23>

제58조(집단행위의 금지) ① 공무원은 노동운동이나 그 밖에 공무 외의 일을 위한 집단행위를 하여서는 아니 된다. 다만, 사실상 노무에 종사하는 공무원은 예외로 한다.

② 제1항 단서에 규정된 사실상 노무에 종사하는 공무원의 범위는 조례로 정한다.

③ 제1항 단서에 규정된 사실상 노무에 종사하는 공무원으로서 노동조합에 가입한 사람이 조합업무를 전임(전임)으로 하려면 소속 지방자치단체의 장의 허가를 받아야 한다.

④ 제3항에 따른 허가에는 필요한 조건을 붙일 수 있다.

제59조(위임규정) 공무원의 복무에 필요한 사항은 이 법에서 규정하는 것 외에는 대통령령 또는 해당 지방자치단체의 조례로 정한다.

제7장 신분보장 <개정 2008.12.31>

제60조(신분보장의 원칙) 공무원은 형의 선고·징계 또는 이 법에서 정하는 사유가 아니면 본인의 의사에 반하여 휴직·강임 또는 면직을 당하지 아니한다. 다만, 1급 공무원은 그러하지 아니하다.

제61조(당연퇴직) 공무원이 제31조 각 호의 어느 하나에 해당할 때에는 당연히 퇴직한다. 다만, 같은 조 제5호는 「형법」 제129조부터 제132조까지 및 직무와 관련하여 「형법」 제355조 및 제356조에 규정된 죄를 범한 사람으로서 금고 이상의 형의 선고유예를 받은 경우만 해당한다. <개정 2010.3.22>

제62조(직권면직) ① 임용권자는 공무원이 다음 각 호의 어느 하나에 해당할 때에는 직권으로 면직시킬 수 있다.

1. 다음 각 목의 어느 하나에 해당하는 경우로서 직위가 없어지거나 과원이 된 때
가. 지방자치단체를 폐지하거나 설치하거나 나누거나 합친 경우
나. 직제와 정원이 개정되거나 폐지된 경우
다. 예산이 감소된 경우
2. 휴직기간이 끝나거나 휴직사유가 소멸된 후에도 직무에 복귀하지 아니하거나 직무를 감당할 수 없을 때
3. 전직시험에서 3회 이상 불합격한 사람으로서 직무수행 능력이 부족하다고 인정될 때
4. 징병검사·입영 또는 소집 명령을 받고 정당한 이유 없이 이를 기피하거나 군복무를 위하여 휴직 중인 사람이 군복무 중 군무(군무)를 이탈하였을 때
5. 제65조의3제3항에 따라 대기명령을 받은 사람이 그 기간 중 능력 또는 근무성적의 향상을 기대하기 어렵다고 인정될 때
6. 해당 직급에서 직무를 수행하는 데 필요한 자격증의 효력이 없어지거나 면허가 취소되어 담당 직무를 수행할 수 없게 되었을 때

② 임용권자는 제1항에 따라 면직시킬 경우에는 미리 인사위원회의 의견을 들어야 한다. 다만, 제1항제5호에 따라 면직시킬 경우에는 해당 인사위원회의 동의를 받아야 하며, 시·군·구의 5급 이상 공무원은 시·도인사위원회의 동의를 받아야 한다.

③ 임용권자는 제1항제1호에 따라 소속 공무원을 면직시킬 때에는 임용형태, 업무실적, 직무수행능력, 징계처분 사실 등을 고려하여 면직 기준을 정하여야 한다.

④ 제3항의 면직 기준을 정하거나 제1항제1호에 따라 면직 대상자를 결정할 때에는 미리 해당 인사위원회의 의결을 거쳐야 한다.

⑤ 제1항제2호에 따른 직권면직일은 휴직기간이 끝난 날 또는 휴직사유가 소멸한 날로 한다.

제63조(휴직) ① 공무원이 다음 각 호의 어느 하나에 해당하면 임용권자는 본인의 의사에도 불구하고 휴직을 명하여야 한다.

1. 신체·정신상의 장애로 장기요양이 필요할 때
2. 「병역법」에 따른 병역의무를 마치기 위하여 징집되거나 소집되었을 때
3. 천재지변 또는 전시·사변이나 그 밖의 사유로 생사(생사) 또는 소재(소재)가 불명확하게 되었을 때
4. 「공무원의 노동조합 설립 및 운영 등에 관한 법률」 제7조에 따라 노동조합 전임자로 종사하게 되었을 때
5. 그 밖에 법률에 따른 의무를 수행하기 위하여 직무를 이탈하게 되었을 때

② 공무원이 다음 각 호의 어느 하나에 해당하는 사유로 휴직을 원하면 임용권자는 휴직을 명할 수 있다. 다만, 제4호의 경우에는 대통령령으로 정하는 특별한 사정이 없으면 휴직을 명하여야 한다. <개정 2011.5.23>

1. 국제기구·외국기관, 국내외의 대학·연구기관, 다른 국가기관 또는 대통령령으로 정하

는 민간기업, 그 밖의 기관에 임시로 채용될 때
2. 해외유학을 하게 되었을 때
3. 교육과학기술부장관 또는 행정안전부장관이 지정하는 연구기관이나 교육기관 등에서 연수하게 되었을 때
4. 만 8세 이하(취학 중인 경우에는 초등학교 2학년 이하를 말한다)의 자녀를 양육하기 위하여 필요하거나 여성공무원이 임신 또는 출산하게 되었을 때
5. 사고나 질병 등으로 장기간 요양이 필요한 부모·배우자·자녀 또는 배우자의 부모의 간호를 위하여 필요할 때
6. 외국에서 근무·유학 또는 연수하게 되는 배우자를 동반할 때
③ 제1항과 제2항의 휴직제도 운영에 필요한 사항은 대통령령으로 정한다.
④ 임용권자는 제2항제4호에 따른 휴직을 이유로 불리한 처우를 하여서는 아니 된다.
제64조(휴직기간) 휴직기간은 다음 각 호와 같다. <개정 2011.5.23>
1. 제63조제1항제1호에 따른 휴직기간은 1년(「공무원연금법」에 따른 공무상 질병 또는 부상으로 인한 휴직기간은 3년) 이내로 한다.
2. 제63조제1항제2호 및 제5호에 따른 휴직기간은 복무기간이 끝날 때까지로 한다.
3. 제63조제1항제3호에 따른 휴직기간은 3개월 이내로 한다.
4. 제63조제1항제4호에 따른 휴직기간은 그 전임기간으로 한다.
5. 제63조제2항제1호에 따른 휴직기간은 그 채용기간으로 한다. 다만, 민간기업이나 그 밖의 기관에 채용되는 경우에는 3년 이내로 한다.
6. 제63조제2항제2호 및 제6호에 따른 휴직기간은 3년 이내로 하되, 부득이한 경우에는 2년의 범위에서 연장할 수 있다.
7. 제63조제2항제3호에 따른 휴직기간은 2년 이내로 한다.
8. 제63조제2항제4호에 따른 휴직기간은 자녀 1명에 대하여 1년(여성공무원은 3년) 이내로 한다.
9. 제63조제2항제5호에 따른 휴직기간은 1년 이내로 하되, 재직기간 중 총 3년을 초과할 수 없다.
제65조(휴직의 효력) ① 휴직 중인 공무원은 공무원의 신분은 보유하나 직무에 종사하지 못한다.
② 휴직 중인 공무원은 휴직기간 중 그 사유가 소멸되면 30일 이내에 임용권자에게 신고하여야 하며, 임용권자는 지체 없이 복직을 명하여야 한다.
③ 휴직기간이 끝난 공무원이 30일 이내에 복귀신고를 하면 당연히 복직된다.
제65조의2(특수경력직공무원의 휴직) ① 정무직공무원에 대하여는 제63조제1항제2호, 같은 조 제2항제4호, 같은 조 제4항, 제64조제2호·제8호 및 제65조를 준용한다.
② 별정직공무원에 대하여는 제63조제1항제1호부터 제3호까지, 같은 조 제2항제4호·제5호, 같은 조 제4항, 제64조제1호부터 제3호까지, 같은 조 제8호·제9호 및 제65조를 준용한다.
③ 계약직공무원에 대하여는 제63조제1항제1호·제2호, 같은 조 제2항제4호, 같은 조 제4항, 제64조제1호·제2호·제8호 및 제65조를 준용한다. 다만, 제63조제2항제4호는 휴직을 시작하려는 날부터 남은 계약 기간이 6개월이 넘는 사람에 한하여 준용한다.
④ 특수경력직공무원의 휴직에 대하여 다른

법률에 특별한 규정이 있는 경우에는 그 규정에 따른다.

제65조의3(직위해제) ① 임용권자는 다음 각 호의 어느 하나에 해당하는 사람에 대하여는 직위를 부여하지 아니할 수 있다. <개정 2010.3.22>

1. 직무수행 능력이 부족하거나 근무성적이 극히 나쁜 사람
2. 파면·해임·강등·정직에 해당하는 징계 의결이 요구되고 있는 사람
3. 형사사건으로 기소된 사람(약식명령이 청구된 사람은 제외한다)

② 임용권자는 제1항에 따라 직위를 주지 아니한 경우에 그 사유가 소멸되면 지체 없이 직위를 부여하여야 한다.

③ 임용권자는 제1항제1호에 따라 직위를 주지 아니할 때에는 미리 해당 인사위원회의 의견을 들어야 하며, 직위해제된 사람에게는 3개월의 범위에서 대기를 명한다.

④ 임용권자는 제3항에 따라 대기명령을 받은 사람에게 능력 회복이나 근무성적의 향상을 위한 교육훈련 또는 특별한 연구과제의 부여 등 필요한 조치를 하여야 한다.

⑤ 공무원에 대하여 제1항제1호와 제2호 또는 제3호의 직위해제사유가 경합(경합)할 때에는 같은 항 제2호 또는 제3호의 직위해제 처분을 하여야 한다.

제65조의4(강임) ① 임용권자는 직제 또는 정원의 변경이나 예산의 감소 등으로 직위가 없어지거나 하위의 직위로 변경되어 과원이 되었을 때 또는 본인이 동의한 경우에는 소속 공무원을 강임할 수 있다. <개정 2010.3.22>

② 제1항에 따라 강임된 공무원은 상위 직급에 결원이 생기면 제38조, 제39조 및 제39조의2에도 불구하고 우선 임용된다. 다만, 본인이 동의하여 강임된 공무원은 본인의 경력과 해당 기관의 인력 사정 등을 고려하여 우선 임용될 수 있다.

제66조(정년) ① 공무원의 정년은 다른 법률에 특별한 규정이 있는 경우를 제외하고는 60세로 한다.

② 제1항에 따른 정년을 적용할 때 공무원은 그 정년에 이른 날이 1월에서 6월 사이에 있으면 6월 30일에, 7월에서 12월 사이에 있으면 12월 31일에 각각 당연히 퇴직한다.

제66조의2(명예퇴직 등) ① 공무원으로 20년 이상 근속(근속)한 사람이 정년 전에 스스로 퇴직하는 경우에는 예산의 범위에서 명예퇴직수당을 지급할 수 있다.

② 다음 각 호의 어느 하나에 해당하는 경우로서 직위가 없어지거나 과원이 되었을 때 20년 미만 근속한 사람이 정년 전에 스스로 퇴직하는 경우에는 예산의 범위에서 수당을 지급할 수 있다.

1. 지방자치단체를 폐지하거나 설치하거나 나누거나 합친 경우
2. 직제와 정원이 개정되거나 폐지된 경우
3. 예산이 감소된 경우

③ 제1항에 따라 명예퇴직수당을 받은 사람이 제1호 또는 제3호에 해당하는 경우에는 명예퇴직수당을 지급한 지방자치단체의 장이 그 명예퇴직수당을 환수하고, 제2호에 해당하는 경우에는 재임용한 지방자치단체의 장이 그 명예퇴직수당을 환수하여야 한다. 이 경우 환수금을 내야 할 사람이 기한 이내에 내지 아니하면 지방세 체납처분의 예에 따라 징수할 수 있다.

1. 재직 중의 사유로 금고 이상의 형을 선고받은 경우

2. 경력직공무원, 그 밖에 대통령령으로 정하는 공무원으로 재임용되는 경우
3. 명예퇴직수당을 초과하여 받거나 그 밖에 명예퇴직수당 지급 대상이 아닌 사람이 지급받은 경우
④ 제1항의 명예퇴직수당 및 제2항의 수당 지급 대상 범위, 지급액, 지급절차와 제3항에 따른 명예퇴직수당의 환수액, 환수 절차 등에 관하여 필요한 사항은 대통령령으로 정한다.

제8장 권익의 보장 <개정 2008.12.31>

제67조(처분사유 설명서의 교부 및 심사의 청구) ① 임용권자가 공무원에 대하여 징계처분등을 할 때와 강임·휴직·직위해제 또는 면직처분을 할 때에는 그 공무원에게 처분의 사유를 적은 설명서를 교부하여야 한다. 다만, 본인의 원(원)에 따른 강임·휴직 또는 면직처분의 경우에는 그러하지 아니하다. <개정 2010.3.22>
② 제1항에 따른 설명서를 받은 공무원이 그 처분에 불복할 때에는 설명서를 받은 날부터 30일 이내 또는 공무원이 제1항에서 정한 처분 외에 본인의 의사에 반하는 불이익처분을 받았을 때에는 그 처분이 있은 것을 안 날부터 30일 이내에 심사위원회에 그 처분에 대한 심사를 청구할 수 있다. 이 경우 변호사를 대리인으로 선임할 수 있다.
③ 본인의 의사에 반하여 파면 또는 해임이나 제62조제1항제5호에 따른 면직처분을 하였을 때에는 그 처분을 한 날부터 40일 이내에는 후임자를 보충발령하지 못한다. 다만, 인력 관리상 후임자를 보충하여야 할 불가피한 사유가 있는 경우(제4항에 따른 임시결정을 한 경우는 제외한다)에는 해당 인사위원회의 의결을 거쳐 후임자를 보충발령할 수 있다.
④ 제2항에 따른 심사청구가 파면 또는 해임이나 제62조제1항제5호에 따른 면직처분으로 인한 경우에는 심사위원회는 그 청구를 접수한 날부터 5일 이내에 해당 사건의 최종결정이 있을 때까지 후임자의 보충발령을 유예하게 하는 임시결정을 할 수 있다.
⑤ 제4항에 따라 심사위원회가 임시결정을 한 경우에는 임시결정을 한 날부터 20일 이내에 최종결정을 하여야 하며, 임용권자는 그 최종결정이 있을 때까지 후임자를 보충발령하지 못한다.
⑥ 심사위원회는 제4항에 따른 임시결정을 한 경우 외에는 소청심사청구를 접수한 날부터 60일 이내에 이에 대한 결정을 하여야 한다. 다만, 불가피하다고 인정되면 심사위원회의 의결로 30일을 연장할 수 있다.
⑦ 공무원은 제2항의 심사청구를 이유로 불이익한 처분이나 대우를 받지 아니한다.
제67조의2(고충처리) ① 공무원은 누구나 인사·조직·처우 등 각종 근무조건과 그 밖의 신상문제에 대하여 인사상담이나 고충의 심사를 청구할 수 있으며, 임용권자는 이를 이유로 불이익을 주는 처분이나 대우를 하여서는 아니 된다.
② 제1항에 따라 인사상담 또는 고충심사청구를 받은 임용권자는 이를 인사위원회 회의에 부쳐 심사하게 하거나 소속 공무원과 상담하게 하고 그 결과에 따라 고충의 해소 등 공정한 처리를 위하여 노력하여야 한다.
③ 인사위원회는 임용권자로부터 인사상담이나 고충심사의 요구를 받으면 지체 없이 이를 심사하고 임용권자에게 보고하거나 알려야 한다.

④ 제3항에 따라 인사상담이나 고충심사 결과에 대한 보고 또는 통지를 받은 임용권자는 심사결과를 청구인에게 알릴 뿐 아니라 직접 고충 해소를 위한 조치를 하거나 관계 기관의 장에게 시정요청을 할 수 있으며, 요청을 받은 관계 기관의 장은 특별한 사유가 없으면 이를 이행하고 그 처리 결과를 임용권자에게 알려야 한다. 다만, 부득이한 사유로 이행하지 못할 경우에는 그 사유를 알려야 한다.

⑤ 인사상담이나 고충심사의 절차, 그 밖에 필요한 사항은 대통령령으로 정한다.

제67조의3(특수경력직공무원의 고충처리) 다른 법률에 특별한 규정이 있는 경우 외에는 대통령령으로 정하는 바에 따라 특수경력직공무원에 대하여도 제67조의2를 준용할 수 있다.

제68조(사회보장) ① 공무원이 질병·부상·장애·분만·퇴직·사망 또는 재해를 입은 경우에는 본인이나 유족에게 법률에서 정하는 바에 따라 적절한 급여를 지급한다.

② 지방자치단체는 법률에서 정하는 바에 따라 공무원의 복지와 이익을 적절·공정하게 보호하기 위하여 그 대책을 수립·실시하여야 한다.

제9장 징계 <개정 2008.12.31>

제69조(징계사유) ① 공무원이 다음 각 호의 어느 하나에 해당하면 징계의결을 요구하여야 하고, 징계의결의 결과에 따라 징계처분을 하여야 한다.

1. 이 법 또는 이 법에 따른 명령이나 지방자치단체의 조례 또는 규칙을 위반하였을 때
2. 직무상의 의무(다른 법령에서 공무원의 신분으로 인하여 부과된 의무를 포함한다)를 위반하거나 직무를 태만히 하였을 때
3. 공무원의 품위를 손상하는 행위를 하였을 때

② 징계에 관하여 다른 법률의 적용을 받는 공무원(국가공무원을 포함한다)이 이 법에 따른 징계에 관한 규정을 적용받은 공무원으로 임용된 경우에 임용 이전의 다른 법률에 따른 징계사유는 그 사유가 발생한 날부터 이 법에 따른 징계사유가 발생한 것으로 본다. 다만, 같은 사유로 이미 징계처분을 받은 경우에는 그러하지 아니하다.

③ 특수경력직공무원이 경력직공무원으로 임용된 경우에 임용 전의 해당 특수경력직공무원의 징계를 규율하는 법령상의 징계사유는 그 사유가 발생한 날부터 이 장의 규정에 따른 징계사유가 발생한 것으로 본다.

④ 경력직공무원이 특수경력직공무원으로 임용된 경우에 임용 전의 해당 경력직공무원의 징계를 규율하는 법령상의 징계사유는 그 사유가 발생한 날부터 특수경력직공무원의 징계를 규율하는 법령상의 징계사유가 발생한 것으로 본다.

제69조의2(징계부가금) ① 제69조에 따라 공무원의 징계 의결을 요구하는 경우 그 징계 사유가 금품 및 향응 수수(수수), 공금의 횡령(횡령)·유용(유용)인 경우에는 해당 징계 외에 금품 및 향응 수수액, 공금의 횡령액·유용액의 5배 내의 징계부가금 부과 의결을 인사위원회에 요구하여야 한다.

② 인사위원회에서 징계부가금 부과 의결을 하기 전에 금품 및 향응 수수, 공금의 횡령·유용으로 다른 법률에 따라 형사처벌을 받거나 변상책임 등을 이행한 경우(몰수나 추징을 당한 경우를 포함한다)에는 인사위원회는 대

통령령으로 정하는 바에 따라 조정된 범위에서 징계부가금 부과를 의결하여야 하며, 징계부가금 부과 의결을 한 후에 형사처벌을 받거나 변상책임 등을 이행한 경우(몰수나 추징을 당한 경우를 포함한다)에는 인사위원회는 대통령령으로 정하는 바에 따라 징계부가금의 감면 등의 조치를 하여야 한다.

③ 제1항에 따라 징계부가금 부과처분을 받은 사람이 납부기간 내에 그 부가금을 납부하지 아니한 때에는 처분권자는 지방세 체납처분의 예에 따라 징수할 수 있다.

제69조의3(재징계의결 등의 요구) ① 처분권자는 다음 각 호에 해당하는 사유로 심사위원회 또는 법원에서 징계처분등의 무효 또는 취소(취소명령 포함)의 결정이나 판결을 받은 경우에는 다시 징계의결등을 요구하여야 한다. 다만, 제3호의 사유로 무효 또는 취소(취소명령포함)의 결정이나 판결을 받은 감봉·견책처분에 대하여는 징계의결을 요구하지 아니할 수 있다. <개정 2010.3.22>

1. 법령의 적용, 증거 및 사실 조사에 명백한 흠이 있는 경우
2. 인사위원회의 구성 또는 징계의결등, 그 밖에 절차상의 흠이 있는 경우
3. 징계양정 또는 징계부가금이 과다(과다)한 경우

② 처분권자는 제1항에 따른 징계의결등을 요구하는 경우에는 심사위원회의 결정 또는 법원의 판결이 확정된 날부터 3개월 이내에 관할 인사위원회에 징계의결등을 요구하여야 하며, 관할 인사위원회에서는 다른 징계사건에 우선하여 징계의결등을 하여야 한다. <개정 2010.3.22>

제70조(징계의 종류) 징계는 파면·해임·강등·정직·감봉 및 견책으로 구분한다.

제71조(징계의 효력) ① 강등은 1계급 아래로 직급을 내리고(연구관 및 지도관은 연구사 및 지도사로 한다) 공무원신분은 보유하나 3개월간 직무에 종사하지 못하며 그 기간 중 보수의 3분의 2를 감한다. 다만, 「고등교육법」 제14조에 해당하는 교원 및 조교에 대하여는 강등을 적용하지 아니한다.

② 정직은 1개월 이상 3개월 이하의 기간으로 하고, 정직처분을 받은 사람은 그 기간 중 공무원의 신분은 보유하나 직무에 종사하지 못하며 보수의 3분의 2를 삭감한다.

③ 감봉은 1개월 이상 3개월 이하의 기간 보수의 3분의 1을 삭감한다.

④ 견책은 전과(전과)에 대하여 훈계하고 뉘우치게 한다.

⑤ 징계처분을 받은 공무원은 그 처분을 받은 날 또는 그 집행이 끝난 날부터 대통령령으로 정하는 기간 동안 승진임용 또는 승급을 할 수 없다. 다만, 징계처분을 받은 후 직무수행의 공적으로 포상 등을 받은 공무원에 대하여는 대통령령으로 정하는 바에 따라 승진임용이나 승급의 제한기간을 단축하거나 면제할 수 있다.

⑥ 징계에 관하여 다른 법률의 적용을 받는 공무원이 이 법의 징계에 관한 규정을 적용받는 공무원이 된 경우에는 다른 법률에 따라 받은 징계처분은 그 처분일부터 이 법에 따른 징계처분을 받은 것으로 본다. 다만, 제70조에서 정한 징계의 종류 외의 징계처분의 효력에 관하여는 대통령령으로 정한다.

⑦ 특수경력직공무원이 경력직공무원으로 임용된 경우에 해당 특수경력직공무원의 징계를 규율하는 법령에 따라 받은 징계처분은 그 처분일부터 이 법에 따른 징계처분을 받은 것으로 본다. 다만, 제70조에서 정한 징계

의 종류 외의 징계처분의 효력에 관하여는 대통령령으로 정한다.

⑧ 경력직공무원이 특수경력직공무원으로 임용된 경우에는 해당 경력직공무원의 징계를 규율하는 법령에 따라 받은 징계처분은 그 처분일부터 특수경력직공무원의 징계를 규율하는 법령상의 징계처분을 받은 것으로 본다.

제72조(징계 등 절차) ① 징계처분등은 인사위원회의 의결을 거쳐 임용권자가 한다. 다만, 5급 이상 공무원 또는 이와 관련된 하위직공무원의 징계처분등과 소속 기관(시ㆍ도와 구ㆍ시ㆍ군, 구ㆍ시ㆍ군)을 달리하는 동일사건에 관련된 사람의 징계처분등은 시ㆍ도의 인사위원회의 의결로 한다. <개정 2010.3.22>

② 징계의결등을 요구한 기관의 장은 인사위원회의 의결이 가볍다고 인정하면 그 처분을 하기 전에 직근 상급기관에 설치된 인사위원회(시ㆍ도인사위원회의 의결에 대하여는 그 인사위원회, 시ㆍ도에 복수의 인사위원회를 두는 경우 제1인사위원회의 의결에 대하여는 그 인사위원회, 제2인사위원회의 의결에 대하여는 제1인사위원회)에 심사 또는 재심사를 청구할 수 있다. 이 경우 소속 공무원을 대리인으로 지정할 수 있다. <개정 2010.3.22>

제73조(징계의 관리) ① 감사원에서 조사 중인 사건이나 각 행정기관에서 대통령령으로 정하는 바에 따라 조사 중인 사건에 대하여는 제3항에 따른 조사개시 통보를 받은 날부터 징계의결 요구나 그 밖의 징계절차를 진행하지 못한다. <개정 2010.3.22>

② 검찰ㆍ경찰, 그 밖의 수사기관에서 수사 중인 사건에 대하여는 제3항에 따른 수사개시 통보를 받은 날부터 징계의결 요구나 그 밖의 징계절차를 진행하지 아니할 수 있다.

③ 감사원과 검찰ㆍ경찰, 그 밖의 수사기관 및 제1항에 따른 행정기관은 조사나 수사를 시작하였을 때와 마쳤을 때에는 10일 이내에 소속 기관의 장에게 해당 사실을 알려야 한다. <개정 2010.3.22>

제73조의2(징계 및 징계부가금 부과 사유의 시효) ① 징계의결등의 요구는 징계 등의 사유가 발생한 날부터 2년(금품 및 향응 수수, 공금의 횡령ㆍ유용의 경우에는 5년)이 지나면 하지 못한다. <개정 2010.3.22>

② 제73조제1항 및 제2항에 따라 징계절차를 진행하지 못하여 제1항의 기간이 지나거나 그 남은 기간이 1개월 미만인 경우에는 제1항의 기간은 제73조제3항에 따른 조사나 수사의 종료 통보를 받은 날(조사 결과에 대하여 이의가 제기된 경우에는 이의를 제기한 사람이 이의에 대한 결정을 통보받은 날을 말한다)부터 1개월이 지난 날에 끝나는 것으로 본다. <개정 2010.3.22>

③ 인사위원회의 구성, 징계의결등, 그 밖의 절차상의 흠이나 징계양정 및 징계부가금의 과다를 이유로 심사위원회 또는 법원에서 징계처분등의 무효 또는 취소의 결정이나 판결을 한 경우에는 제1항의 기간이 지나거나 그 남은 기간이 3개월 미만이더라도 그 결정 또는 판결이 확정된 날부터 3개월 이내에는 다시 징계의결등을 요구할 수 있다. <개정 2010.3.22>

제73조의3(특수경력직공무원의 징계) 다른 법률에 특별한 규정이 있는 경우 외에는 대통령령으로 정하는 바에 따라 특수경력직공무원에 대하여도 이 장의 규정을 준용할 수 있다.

제10장 능률 <개정 2008.12.31>

제74조(훈련) ① 모든 공무원과 시보공무원이 될 사람은 담당 직무와 관련된 학식·기술 및 응용 능력을 배양하기 위하여 법령에서 정하는 바에 따라 훈련을 받아야 한다.
② 교육과학기술부장관 또는 행정안전부장관은 공무원 훈련에 관한 종합적인 기획·조정 및 감독을 한다.
③ 지방자치단체의 장과 감독 직위에 있는 공무원은 일상 업무를 통하여 계속적으로 부하직원을 훈련시킬 책임을 진다.
④ 훈련성적은 인사관리에 반영하여야 한다.
제75조(훈련기관) 교육과학기술부, 행정안전부와 지방자치단체에 공무원의 훈련기관을 둘 수 있다.
제76조(근무성적의 평정) ① 임용권자는 정기 또는 수시로 소속 공무원의 근무성적을 객관적이고 엄정하게 평정하여 인사관리에 반영하여야 한다.
② 제1항에 따른 근무성적 평정결과 근무성적이 우수한 사람에 대하여는 상여금을 지급하거나 특별승급시킬 수 있다.
③ 제1항의 근무성적 평정에 관한 사항은 대통령령으로 정한다.
제77조(능률 증진을 위한 사항) 지방자치단체의 장은 공무원의 근무 능률을 높이기 위하여 보건·휴양·안전·후생, 그 밖에 필요한 사항에 대한 기준을 설정하고, 이를 실시하여야 한다.
제78조(제안제도) ① 행정운영의 능률화와 경제화를 위한 공무원의 창의적인 의견이나 고안을 계발하고 이를 채택하여 행정운영 개선에 반영하기 위하여 제안제도를 둔다.
② 제안이 채택되고 시행되어 국가 또는 지방자치단체 예산을 절약하는 등 행정운영 발전에 뚜렷한 실적이 있는 사람에게는 상여금을 지급할 수 있으며 특별승진 또는 특별승급시킬 수 있다.
③ 제2항에 따른 상여금, 특별승진 또는 특별승급에 관하여는 대통령령으로 정하고, 그 밖에 제안제도의 운영에 필요한 사항은 규칙으로 정한다.
제79조(표창) 지방자치단체의 장은 공무원으로서 직무에 특히 성실하거나 사회에 공헌한 공적이 뚜렷한 사람에게는 조례로 정하는 바에 따라 표창을 행한다.

제11장 보칙 <개정 2008.12.31>

제80조(국가공무원과의 교류) ① 이 법에 따라 임용된 공무원은 그 직에 상응한 국가공무원에 임용될 수 있다.
② 제1항에 따라 공무원을 국가공무원으로 임용하려면 「국가공무원법」에 따른 경력경쟁채용시험을 거쳐야 한다. 다만, 제32조제3항에 따라 신규임용 및 승진시험을 거친 5급 이상 공무원에 대하여는 이를 면제한다. <개정 2011.5.23>
③ 공무원이 국가공무원에 임용될 경우 경력계산을 할 때 공무원으로 재직한 기간은 국가공무원으로 재직한 기간으로 본다.
제81조(지방자치단체의 인사행정에 관한 지도·감독) 교육과학기술부장관 또는 행정안전부장관은 시·도의 인사행정이 이 법에 따라 운영되도록 지도·감독하고, 시·도지사는 해당 시·도의 관할 구역 시·군·구의 인사행정이 이 법에 따라 운영되도록 지도·감독한다.

제12장 벌칙 <개정 2008.12.31>

제82조(벌칙) 제42조·제43조·제57조 또는 제58조를 위반한 자는 다른 법률에 특별히 규정된 경우 외에는 1년 이하의 징역 또는 500만원 이하의 벌금에 처한다. <개정 2010.3.22>

부칙 <제10700호,2011.5.23>

제1조(시행일) 이 법은 공포 후 3개월이 경과한 날부터 시행한다. 다만, 제3조제1항, 제25조의2제2항, 제41조, 제63조제2항제4호, 제64조제8호 및 제65조의2의 개정규정은 공포한 날부터 시행하고, 제4조제1항의 개정규정은 공포 후 1년이 경과한 날부터 시행한다.

제2조(육아휴직자의 결원보충에 관한 적용례) 제41조제1항 단서의 개정규정은 부칙 제1조 단서에 따른 제41조제1항 단서의 개정규정 시행 당시 출산휴가 중인 사람에 대하여도 적용한다.

제3조(기능10급으로 재직 중인 공무원에 대한 경과조치) 부칙 제1조 단서에 따른 제4조제1항의 개정규정 시행 당시의 기능10급 공무원은 기능9급 공무원으로 부칙 제1조 단서에 따른 제4조제1항의 개정규정 시행일에 임용된 것으로 본다.

제4조(복수국적자의 임용분야 제한에 따른 경과조치) 부칙 제1조 단서에 따른 제25조의2제2항의 개정규정 시행 당시 제25조의2제2항의 개정규정에 따라 복수국적자가 임용될 수 없는 분야에 임용되어 재직 중인 복수국적자는 부칙 제1조의 단서에 따른 제25조의2제2항의 개정규정 시행 후 6개월 이내에 복수국적자를 임용할 수 있는 분야에 임용되거나 외국 국적을 포기하여야 한다.

제5조(진행 중인 시험에 관한 경과조치) 부칙 제1조 본문에 따른 제27조, 제32조제4항, 제35조제1항 및 제80조제2항의 개정규정 시행 당시 진행 중인 시험에 대하여는 종전의 규정에 따른다.

제6조(다른 법률의 개정) 제주특별자치도 설치 및 국제자유도시 조성을 위한 특별법 일부를 다음과 같이 개정한다.

제50조제3항 중 "제27조제3항 단서·제4항"을 "제27조제4항"으로 한다.

제7조(다른 법령과의 관계) 이 법 시행 당시 다른 법령에서 종전의 「지방공무원법」의 규정을 인용한 경우 이 법 중 그에 해당하는 규정이 있는 때에는 종전의 규정을 갈음하여 이 법의 해당 규정을 인용한 것으로 본다.

부칙

경찰관직무집행법 일부개정 2006.02.21(법률 7849호)

제1조(목적) ① 이 법은 국민의 자유와 권리의 보호 및 사회공공의 질서유지를 위한 경찰관(국가경찰공무원에 한한다. 이하 같다)의 직무수행에 필요한 사항을 규정함을 목적으로 한다. <개정 2006.2.21>

② 이 법에 규정된 경찰관의 직권은 그 직무수행에 필요한 최소한도 내에서 행사되어야 하며 이를 남용하여서는 아니된다.

제2조(직무의 범위) 경찰관은 다음 각호의 직무를 행한다.

1. 범죄의 예방·진압 및 수사
2. 경비·요인경호 및 대간첩작전수행
3. 치안정보의 수집·작성 및 배포
4. 교통의 단속과 위해의 방지
5. 기타 공공의 안녕과 질서유지

제3조(불심검문) ① 경찰관은 수상한 거동 기타 주위의 사정을 합리적으로 판단하여 어떠한 죄를 범하였거나 범하려 하고 있다고 의심할 만한 상당한 이유가 있는 자 또는 이미 행하여진 범죄나 행하여지려고 하는 범죄 행위에 관하여 그 사실을 안다고 인정되는 자를 정지시켜 질문할 수 있다.

② 그 장소에서 제1항의 질문을 하는 것이 당해인에게 불리하거나 교통의 방해가 된다고 인정되는 때에는 질문하기 위하여 부근의 경찰서·지구대·파출소 또는 출장소(이하 "경찰관서"라 하되, 지방해양경찰관서를 포함한다)에 동행할 것을 요구할 수 있다. 이 경우 당해인은 경찰관의 동행요구를 거절할 수 있다. <개정 1988.12.31, 1996.8.8, 2004.12.23>

③ 경찰관은 제1항에 규정된 자에 대하여 질문을 할 때에 흉기의 소지여부를 조사할 수 있다.

④ 제1항 또는 제2항의 규정에 의하여 질문하거나 동행을 요구할 경우 경찰관은 당해인에게 자신의 신분을 표시하는 증표를 제시하면서 소속과 성명을 밝히고 그 목적과 이유를 설명하여야 하며, 동행의 경우에는 동행장소를 밝혀야 한다. <개정 1991.3.8>

⑤ 제2항의 규정에 의하여 동행을 한 경우 경찰관은 당해인의 가족 또는 친지등에게 동행한 경찰관의 신분, 동행장소, 동행목적과 이유를 고지하거나 본인으로 하여금 즉시 연락할 수 있는 기회를 부여하여야 하며, 변호인의 조력을 받을 권리가 있음을 고지하여야 한다. <신설 1988.12.31>

⑥ 제2항의 규정에 의하여 동행을 한 경우 경찰관은 당해인을 6시간을 초과하여 경찰관서에 머물게 할 수 없다. <신설 1988.12.31, 1991.3.8>

⑦ 제1항 내지 제3항의 경우에 당해인은 형사소송에 관한 법률에 의하지 아니하고는 신체를 구속당하지 아니하며, 그 의사에 반하여 답변을 강요당하지 아니한다. <신설 1988.12.31>

제4조(보호조치등) ① 경찰관은 수상한 거동 기타 주위의 사정을 합리적으로 판단하여 다음 각호의 1에 해당함이 명백하며 응급의 구호를 요한다고 믿을 만한 상당한 이유가 있는 자를 발견한 때에는 보건의료기관 또는 공공구호기관에 긴급구호를 요청하거나 경찰관서에 보호하는 등 적당한 조치를 할 수 있다. <개정 1988.12.31>

1. 정신착란 또는 술취한 상태로 인하여 자기 또는 타인의 생명·신체와 재산에 위해를 미칠 우려가 있는 자와 자살을 기도하는 자
2. 미아·병자·부상자등으로서 적당한 보호자가 없으며 응급의 구호를 요한다고 인정되는 자. 다만, 당해인이 이를 거절하는 경우에는 예외로 한다.

② 제1항의 긴급구호요청을 받은 보건의료기관이나 공공구호기관은 정당한 이유없이 긴급구호를 거절할 수 없다.

③ 제1항의 경우에 피구호자가 휴대하고 있는 무기·흉기등 위험을 야기할 수 있는 것으로 인정되는 물건은 경찰관서에 임시영치할 수 있다.

④ 경찰관이 제1항의 조치를 한 때에는 지체없이 이를 피구호자의 가족·친지 기타의 연고자에게 그 사실을 통지하여야 하며, 연고자가 발견되지 아니할 때에는 피보호자를 적당한 공중보건의료기관이나 공공구호기관에 즉시 인계하여야 한다.

⑤ 경찰관은 제4항의 규정에 의하여 피구호자를 공중보건의료기관 또는 공공구호기관에

인계한 때에는 즉시 그 사실을 소속 경찰서장 또는 지방해양경찰관서의 장에게 보고하여야 한다. <신설 1988.12.31, 1996.8.8>

⑥ 제5항의 보고를 받은 소속 경찰서장 또는 지방해양경찰관서의 장은 대통령령이 정하는 바에 의하여 피구호자를 인계한 사실을 지체없이 당해 공중보건의료기관·공공구호기관의 장 및 그 감독행정청에 통보하여야 한다. <신설 1988.12.31, 1996.8.8>

⑦ 제1항의 규정에 의한 경찰관서에서의 보호는 24시간을, 제3항의 임시영치는 10일을 초과할 수 없다. <개정 1988.12.31>

제5조(위험발생의 방지) ① 경찰관은 인명 또는 신체에 위해를 미치거나 재산에 중대한 손해를 끼칠 우려가 있는 천재, 사변, 공작물의 손괴, 교통사고, 위험물의 폭발, 광견·분마류등의 출현, 극단한 혼잡 기타 위험한 사태가 있을 때에는 다음의 조치를 할 수 있다.

1. 그 장소에 집합한 자, 사물의 관리자 기타 관계인에게 필요한 경고를 발하는 것
2. 특히 긴급을 요할 때에는 위해를 받을 우려가 있는 자를 필요한 한도 내에서 억류하거나 피난시키는 것
3. 그 장소에 있는 자, 사물의 관리자 기타 관계인에게 위해방지상 필요하다고 인정되는 조치를 하게 하거나 스스로 그 조치를 하는 것

② 경찰관서의 장은 대간첩작전수행 또는 소요사태의 진압을 위하여 필요하다고 인정되는 상당한 이유가 있을 때에는 대간첩작전지역 또는 경찰관서·무기고등 국가중요시설에 대한 접근 또는 통행을 제한하거나 금지할 수 있다.

③ 경찰관이 제1항의 조치를 한 때에는 지체없이 이를 소속경찰관서의 장에게 보고하여야 한다.

④ 제2항의 조치를 하거나 제3항의 보고를 받은 경찰관서의 장은 관계기관의 협조를 구하는 등 적당한 조치를 하여야 한다.

제6조(범죄의 예방과 제지) ① 경찰관은 범죄행위가 목전에 행하여지려고 하고 있다고 인정될 때에는 이를 예방하기 위하여 관계인에게 필요한 경고를 발하고, 그 행위로 인하여 인명·신체에 위해를 미치거나 재산에 중대한 손해를 끼칠 우려가 있어 긴급을 요하는 경우에는 그 행위를 제지할 수 있다.

② 삭제 <1988.12.31>

제7조(위험방지를 위한 출입) ① 경찰관은 제5조제1항·제2항 및 제6조제1항에 규정한 위험한 사태가 발생하여 인명·신체 또는 재산에 대한 위해가 절박한 때에 그 위해를 방지하거나 피해자를 구조하기 위하여 부득이 하다고 인정할 때에는 합리적으로 판단하여 필요한 한도 내에서 타인의 토지·건물 또는 선차내에 출입할 수 있다.

② 흥행장·여관·음식점·역 기타 다수인이 출입하는 장소의 관리자 또는 이에 준하는 관계인은 그 영업 또는 공개시간 내에 경찰관이 범죄의 예방 또는 인명·신체와 재산에 대한 위해예방을 목적으로 그 장소에 출입할 것을 요구한 때에는 정당한 이유없이 이를 거절할 수 없다.

③ 경찰관은 대간첩작전수행에 필요한 때에는 작전지역안에 있어서의 제2항에 규정된 장소안을 검색할 수 있다.

④ 제1항 내지 제3항의 규정에 의하여 경찰관이 필요한 장소에 출입할 때에는 그 신분을 표시하는 증표를 제시하여야 하며, 함부로 관계인의 정당한 업무를 방해하여서는 아니된다.

제8조(사실의 확인등) ① 경찰관서의 장은 직무수행에 필요하다고 인정되는 상당한 이유가 있을 때에는 국가기관 또는 공사단체등에 대하여 직무수행에 관련된 사실을 조회할 수 있다. 다만, 긴급을 요할 때에는 소속경찰관으로 하여금 현장에 출장하여 당해 기관 또는 단체의 장의 협조를 얻어 그 사실을 확인하게 할 수 있다.

② 경찰관은 미아를 인수할 보호자의 여부, 유실물을 인수할 권리자의 여부 또는 사고로 인한 사상자를 확인하기 위하거나 행정처분을 위한 교통사고조사상의 사실을 확인하기 위하여 필요한 때에는 관계인에게 출석을 요하는 사유·일시 및 장소를 명확히 한 출석요구서에 의하여 경찰관서에 출석할 것을 요구할 수 있다.

제9조(유치장) 경찰서 및 지방해양경찰관서에 법률이 정한 절차에 따라 체포·구속되거나 신체의 자유를 제한하는 판결 또는 처분을 받은 자를 수용하기 위하여 유치장을 둔다. <개정 1996.8.8, 1999.5.24>

제10조(경찰장비의 사용등) ① 경찰관은 직무수행중 경찰장비를 사용할 수 있다. 다만, 인명 또는 신체에 위해를 가할 수 있는 경찰장비에 대하여는 필요한 안전교육과 안전검사를 실시하여야 한다.

② 제1항의 "경찰장비"라 함은 무기, 경찰장구, 최루제 및 그 발사장치, 감식기구, 해안감시기구, 통신기기, 차량·선박·항공기등 경찰의 직무수행을 위하여 필요한 장치와 기구를 말한다.

③ 경찰장비를 임의로 개조하거나 임의의 장비를 부착하여 통상의 용법과 달리 사용함으로써 타인의 생명·신체에 위해를 주어서는 아니된다.

④ 제1항 단서의 경찰장비의 종류 및 그 사용기준, 안전교육·안전검사의 기준등에 대하여는 대통령령으로 정한다.

제10조의2(경찰장구의 사용<개정 1999.5.24>) ① 경찰관은 현행범인인 경우와 사형·무기 또는 장기 3년 이상의 징역이나 금고에 해당하는 죄를 범한 범인의 체포·도주의 방지, 자기 또는 타인의 생명·신체에 대한 방호, 공무집행에 대한 항거의 억제를 위하여 필요하다고 인정되는 상당한 이유가 있을 때에는 그 사태를 합리적으로 판단하여 필요한 한도내에서 경찰장구를 사용할 수 있다. <개정 1991.3.8, 1999.5.24>

② 제1항의 "경찰장구"라 함은 경찰관이 휴대하여 범인검거와 범죄진압등 직무수행에 사용하는 수갑·포승·경찰봉·방패등을 말한다. <신설 1999.5.24>

제10조의3(분사기등의 사용<개정 1999.5.24>) ① 경찰관은 범인의 체포·도주의 방지 또는 불법집회·시위로 인하여 자기 또는 타인의 생명·신체와 재산 및 공공시설안전에 대한 현저한 위해의 발생을 억제하기 위하여 부득이한 경우 현장책임자의 판단으로 필요한 최소한의 범위안에서 분사기(총포·도검·화약류등 단속법의 규정에 의한 분사기와 최루등의 작용제) 또는 최루탄을 사용할 수 있다.<개정 1999.5.24>

② 삭제 <1999.5.24>

제10조의4(무기의 사용) ① 경찰관은 범인의 체포·도주의 방지, 자기 또는 타인의 생명·신체에 대한 방호, 공무집행에 대한 항거의 억제를 위하여 필요하다고 인정되는 상당한 이유가 있을 때에는 그 사태를 합리적으로 판단하여 필요한 한도 내에서 무기를 사용할 수 있다. 다만, 형법에 규정한 정당방위

와 긴급피난에 해당하는 때 또는 다음 각호의 1에 해당하는 때를 제외하고는 사람에게 위해를 주어서는 아니 된다.<개정 1988.12.31, 1999.5.24>

1. 사형·무기 또는 장기 3년 이상의 징역이나 금고에 해당하는 죄를 범하거나 범하였다고 의심할 만한 충분한 이유가 있는 자가 경찰관의 직무집행에 대하여 항거하거나 도주하려고 할 때 또는 제삼자가 그를 도주시키려고 경찰관에게 항거할 때에 이를 방지 또는 체포하기 위하여 무기를 사용하지 아니하고는 다른 수단이 없다고 인정되는 상당한 이유가 있을 때
2. 체포·구속영장과 압수·수색영장을 집행할 때에 본인이 경찰관의 직무집행에 대하여 항거하거나 도주하려고 할 때 또는 제삼자가 그를 도주시키려고 경찰관에게 항거할 때 이를 방지 또는 체포하기 위하여 무기를 사용하지 아니하고는 다른 수단이 없다고 인정되는 상당한 이유가 있을 때
3. 범인 또는 소요행위자가 무기·흉기등 위험한 물건을 소지하고 경찰관으로부터 3회 이상의 투기명령 또는 투항명령을 받고도 이에 불응하면서 계속 항거하여 이를 방지 또는 체포하기 위하여 무기를 사용하지 아니하고는 다른 수단이 없다고 인정되는 상당한 이유가 있을 때
4. 대간첩작전수행에 있어 무장간첩이 경찰관의 투항명령을 받고도 이에 불응하는 경우

② 제1항의 "무기"라 함은 인명 또는 신체에 위해를 가할 수 있도록 제작된 권총·소총·도검등을 말한다.<신설 1999.5.24>

③ 대간첩·대테러작전등 국가안전에 관련되는 작전을 수행할 때에는 개인화기외에 공용화기를 사용할 수 있다.<신설 1999.5.24>

제11조(사용등록의 보관) 제10조의3의 규정에 의한 분사기나 최루탄 또는 제10조의4의 규정에 의한 무기를 사용하는 경우 그 책임자는 사용일시·사용장소·사용대상·현장책임자·종류·수량등을 기록하여 보관하여야 한다.

제12조(벌칙) 이 법에 규정된 경찰관의 의무에 위반하거나 직권을 남용하여 다른 사람에게 해를 끼친 자는 1년 이하의 징역이나 금고에 처한다.

제13조(시행령) 이 법 시행에 관하여 필요한 사항은 대통령령으로 정한다.

부칙

주요참고문헌

김남진, 행정법Ⅱ, 법문사, 2002.
김남진・김연태, 행정법Ⅱ, 법문사, 2007.
김도창, 일반행정법론(하), 청운사, 1993.
김동희, 행정법Ⅱ, 박영사, 2008.
김성수, 개별행정법, 법문사, 2001.
김재호, "경찰권의 근거", 저스티스, 1999.6.
김철수, 헌법학개론, 박영사, 2006.
김철용, 행정법(Ⅱ), 박영사, 2009.
박균성, 행정법론(하), 박영사, 2008.
박윤흔, 최신행정법강의(하), 박영사, 2001.
석종현, 일반행정법(하), 삼영사, 2001.
윤세창・이호승, 행정법(하), 박영사, 1994.
이상규, 신행정법론(하), 법문사, 1996.
정하중, "독일경찰법의 체계와 한국경찰관직무집행법의 개선방향(하)", 사법행정, 1994.3.
최송화, "학칙의 법적 성격과 국가감독", 법학연구 제37권 제1호, 1996.
홍정선, 행정법원론(하), 박영사, 2008.

田中二郎, 行政法(中), 弘文堂, 1993.

● 설계경
_한국외국어대학교 졸업(법학석사, 법학박사)
_국립산업대학교, 단국대학교, 용인대학교 등 행정법 강사
_종로행정고시학원, 한교행정고시학원, 서광행정고시학원 행정법 강사
_한국외국어대학교 법학과 대우교수, 한국싸이버대학교 겸임교수
_한국법제발전연구소 연구원
_영산대학교 법과대학 교수

주요논저
▪ 무효등확인소송의 소의 이익(석사학위논문)
▪ 경찰작용의 하자와 국가배상제도에 관한 연구(박사학위논문)
▪ 자치경찰제 도입에 관한 고찰
▪ 환경행정소송의 원고적격에 관한 고찰
▪ 행정법학(상) - 박균하 · 설계경 공저
▪ 경찰행정법 - 유상현 · 설계경 공저

● 김기재
_한국외국어대학교 법학과 졸업
_한국외국어대학교 대학원 졸업(법학석사, 법학박사)
_공주영상대학 겸임교수, 환경법학회 재무이사
_한국법제발전연구소 수석연구원
_한국외국어대학교 겸임교수

주요논저
▪ 경찰상 무기사용의 한계와 권리구제에 관한 연구(박사학위논문)
▪ 도시계획제한과 손실보상에 관한 연구(석사학위논문)
▪ 손실보상의 판단에 관한 소고
▪ 항공법상 항공사고조사위원회의 개선방안
▪ 주요국가의 경찰상 무기사용에 관한 소고

행정법학(하)

2006년 8월 21일 초판 인쇄
2006년 8월 26일 초판 발행
2011년 9월 01일 재판 발행

저자_ 설계경 · 김기재
발행인_ 김용성　　발행처_ 법률출판사
등록 1996.2.15 제1-1982호
서울 동대문구 휘경동 187-20 오스카빌딩 4층
값 25,000원
ISBN 978-89-5821-184-6　93360